媒介营销管理
智能化融媒时代的理论、政策与战略实践（第二版）

Media Marketing Management

张 宏 著

北京大学出版社
PEKING UNIVERSITY PRESS

图书在版编目(CIP)数据

媒介营销管理:智能化融媒时代的理论、政策与战略实践/张宏著.—2版.
—北京:北京大学出版社,2013.8
(21世纪新闻与传播学系列教材·传媒经济学系列)
ISBN 978-7-301-22888-3

Ⅰ.①媒… Ⅱ.①张… Ⅲ.①传播媒介–营销管理–高等学校–教材
Ⅳ.①G206.2

中国版本图书馆 CIP 数据核字(2013)第 165029 号

书　　名	媒介营销管理:智能化融媒时代的理论、政策与战略实践(第二版) MEIJIE YINGXIAO GUANLI：ZHINENGHUA RONGMEI SHIDAI DE LILUN、ZHENGCE YU ZHANLÜE SHIJIAN(DI-ER BAN)
著作责任者	张　宏　著
责任编辑	周丽锦
标准书号	ISBN 978-7-301-22888-3
出版发行	北京大学出版社
地　　址	北京市海淀区成府路 205 号　100871
网　　址	http：//www.pup.cn
电子信箱	ss@pup.pku.edu.cn
新浪微博	@北京大学出版社　@未名社科-北大图书
电　　话	邮购部 010-62752015　发行部 010-62750672　编辑部 010-62765016
印　刷　者	北京虎彩文化传播有限公司
经　销　者	新华书店
	730 毫米×980 毫米　16 开本　28.5 印张　512 千字 2006 年 9 月第 1 版 2013 年 8 月第 2 版　2023 年 7 月第 7 次印刷
定　　价	70.00 元

未经许可,不得以任何方式复制或抄袭本书之部分或全部内容。
版权所有,侵权必究
举报电话:010-62752024　电子信箱:fd@pup.pku.edu.cn
图书如有印装质量问题,请与出版部联系,电话:010-62756370

随着数字化、信息化技术的进步，人类社会已经进入融媒时代，而且即将进入智媒时代，这必将给我们的生活带来深远的影响！

——张 宏

致 谢

《媒介营销管理》初版面世后，得到了广大传媒界学子和业界人士的认可，并且能够多次重印，实在是令人非常荣幸，在此衷心地感谢广大读者的厚爱。本书还被评为北京市精品教材，这既是一种值得欣慰的荣誉，也是一种鞭策我继续努力的动力。

笔者在构思《媒介营销管理》的过程中，就考虑要把经济学和营销学乃至管理学的理论框架与媒介产业进行深度融合，为读者提供全新的思维和解决问题的框架，因为如果没有理论基础，媒介产业组织所实施的营销和管理活动就会缺乏前瞻性，而只顾眼前的利益，无法更好地有效利用资源。这是一个艰苦的尝试。但幸好有北大出版社周丽锦和谢佳丽两位女士及其团队的大力支持和帮助，并且在得到两位女士的许多中肯的建议后得以完成。今天，《媒介营销管理》能够以修订版（第二版）的方式再次和广大读者见面，也完全是周丽锦和谢佳丽两位女士的功劳，在此致以深深的敬意。

感谢我所在学校的领导、同事和那些可爱的学生们。在良好的工作和研究环境中上课和研究已经成为我每天必不可少的生活情景。也正是这些才使得我坚持到了今天，是他们让我感受到大学教师"传道授业和解惑"的快乐和责任。而且我也坚信，这种快乐和责任会伴随我今后的人生。

在修订本书的过程中，我依然得到了传媒学界和业界人士的鼎力帮助，那些真知灼见都在本书里有所体现。本书也参考了许多领域研究者的研究成果。因为篇幅的关系，在此不能一一列举这些业内外专家和研究者的名字，谨表示衷心的感谢。

张　宏
二〇一二年春·北京

第二版序言

笔者写作《媒介营销管理》的初衷,是在传统的媒介产业教育中输入新的理念和模式,希冀能够真正对我国的文化、影视与传媒等产业的发展有所帮助。因此,《媒介营销管理》在构思阶段就采取了和以往媒介产业领域的著作截然不同的框架结构,尝试着将经济学、营销学和管理学的知识体系与文化媒介产业进行深度的融合。笔者希望打造出一本既能够提供给读者从产业本质的层面上分析媒介产业实践的基础理论工具,又能够帮助产业界人士提高实战工作能力的著作。

自《媒介营销管理》出版以来,已经过去了七年的时光。在这段时间内,因为经济和社会环境以及相关技术快速发展等原因,包括我国在内,世界媒介产业及其格局发生了巨大的变化。特别是各种新媒介业态的发展极为迅猛,有时候甚至会让人觉得其汹汹来势已经造成了要全面取代传统媒介的氛围(也许各类新媒介产业的从业人员还真的怀有这种产业发展志向)。面对这样的产业变化格局,有必要对《媒介营销管理》的内容进行全面的修订,以便应对媒介产业的最新发展状况,展示媒介产业活生生的实质,而且也只有这样做才更能符合笔者写作《媒介营销管理》的初衷。

笔者在初版的序言中,已经提出媒介产业的主动权正在经历着从卖方市场向买方市场转移的过程。不但遥控器让电视台不知所措,而且互联网和手机等新媒介的普及也让更多的传统媒体组织感到惶惶不安。现在看来,这个产业主动权转移的过程正在加速,它势必引起各种传统和新媒介产业组织的生产活动乃至组织形态的根本变革。实际上,这种变革已经开始出现了。如"制播分离"已经从水面下的操作变成了政策推动;"三网融合"也似乎看见了曙光;各种媒介产品或服务也纷纷改头换面,尽可能利用不同的媒介渠道和消费者进行全方位的接触;产业竞争也早已成了各类媒介操作平台的竞争。

这是因为,经济和社会节奏的高速变化必然会带来生产和生活方式的变化,消费者希望能够以更简便和快捷的方式充分享受他们的生活,这就是媒介产业的环境变革。这些变革虽然给媒介产业组织带来了生存的风险,但同时也为媒体组织创造了很多的机会,我们就有机会看到各类媒体组织及其产品形态的兴盛衰落,而且这个兴衰的过程会越来越快,周期越来越短。这是产业发展的必然,是任何产业都要正视的客观规律,没有什么特殊性可言。

现在,不但世界上大大小小的资讯都是通过各种传统的或者现代的(所谓新兴的)媒体组织传递到消费者手中的,而且其他产业领域的组织机构也开始广泛地利用"媒介渠道"销售自己的产品。虽然我们可以看到这样那样的问题,但电视购物和网络购物正在改变我们的生活和消费习惯,也必然会影响到我们的生活质量,这就是活生生的现实。我们不但会从网络或电视媒体上购买价格低廉的文化产品,也能够购买包括餐饮在内的所有日常生活用品,而且只要我们愿意,我们还可以在网络或者电视媒体上购买汽车和房屋这样贵重的产品。从这个意义上讲,产业大融合是一个历史的必然,既可以说媒体组织或媒介形态成了其他行业的销售渠道,也可以说是媒介产业把其他产业的产品变成了自己的"媒介商品"。因此,既有的媒介产业的定义乃至产业范畴都应该重新界定。

我们用既有的概念来看媒介产业的发展,就会发现以广播电视和报刊为代表的传统媒介产业组织虽然占据着优势的资源,本来可以通过产业创新的思维,在实现产业自身发展的同时,创造出更多的产业价值,但实际上,它们不但在气势上完全被新兴的媒介产业组织所压倒,而且其所实现的产业价值也早已被新兴的媒介产业甩在了后面。笔者认为,传统的媒介教育理念和模式对此要负有一定的责任。今天,虽然市场化、产业化的概念已经在各个产业扎下了根,但是在媒介产业中,特别是在传统媒介产业中,还是给人一种喊口号的感觉。大多数传统媒介的从业人员嘴上高喊着媒介产业要面向市场,要通过营销和管理战略,为"媒介消费者"服务,实现产业的发展,但实质上却不知道该如何利用营销以及管理的理念和战略手段,去真正为"媒介消费者"服务。那么,结局就只能有一个,其产业领域将会逐渐被侵蚀,直至最后消亡。如果真的到了那个时候,所谓新媒体取代传统媒体的"预言"或许就真的会变成残酷的现实。

《媒介营销管理》的修订工作正是在上述这个大环境下展开的。在修订的过程中,笔者坚持了变与不变相结合的原则。

所谓变,就是把前面所述的包括各类新媒介在内的媒介产业的巨大变迁和近期的研究成果,整合到《媒介营销管理》的修订版(第二版)中,让读者了解活生生的媒介产业的发展和趋势。因此,笔者对《媒介营销管理》的内容和结构都进行了大幅度的修改,里面所用的案例也全部作了更新,以便贴近时代的发展。因此,修订的工作量相当巨大。第二版还增设了"著者观点"和"业界大观"等板块,在阐述笔者的媒介观点的同时,也介绍了大量学界和业界专业人士的观点、实践、经验和主张。这些人士的观点和主张是多元化的，笔者并没有对其进行任何的修饰，目的就是兼顾百家之言，希望能给读者提供更多样化的视角。

而所谓的不变就是笔者写作《媒介营销管理》的初衷，这也正是在初版序言中提到的两个目的。第一个目的就是要为学生及研究人员提供一个实用的、能对媒体组织的营销及营销管理战略进行系统分析的工具和思维框架，帮助他们从产业的本质上理解媒体组织的营销及营销管理活动及其意义，并为其今后的职业生涯奠定在市场环境中设计和实施合理的营销及营销管理战略的基础。

第二个目的就是向媒体组织和从业人员提供合理的关于营销管理战略行动的思考模式，全面揭示和阐述媒介营销管理战略的理论和实践内容，并指导媒体组织的经营管理人员设计合理的营销管理活动。

之所以要坚持这两个目的，是因为我们的学生，特别是媒体组织的经营管理人员最缺乏的就是经济学和营销管理学的系统训练，常常是用"拍脑门"的方式或依靠过往的工作经验制定未来的发展战略。这是我国的媒介产业发展缓慢、缺乏国际竞争力的根本原因之一。我们常常看到的情景是，有时候某个媒体组织的某个产品获得了成功，可是经营管理人员自己却不明白到底是因为什么原因成功。当别人来取经的时候，管理者便随便总结出几条来应付。这不但对自身有害，而且对整个媒介产业的发展也是有百弊而无一利。

近年来，因为媒介产业"迅速发展"，国内很多大学纷纷开设了和传媒领域相关的专业，学习传媒的学生也越来越多，但媒介产业教育的一大误区就在于，我们的学校往往过于注重技术层面的教学，甚至混淆了技术和艺术的区别，把技术层面的内容当作艺术层面的内容进行教学活动。虽然也有一些学校开设了相关的媒介产业经济和营销管理的课程，但要么是因为没有正确的理念和合适的师资，只能把这些课程编入课程大纲起到点缀的作用而已，要么是没有合适的教材或著作供学生学习和研究。特别令人担忧的是，一些媒介案例类的出版物，也只是在告诉学生一些发生过的"故事"，甚至片面夸大其成功的经验，而学生们因为没有受过系统的训练，很难运用理论对案例进行深层次的分析，所以对于这些案例故事，学生们也只能是"知其然而不知其所以然"。在这样的教育模式下，我们的学生能够知道一些营销和管理学的名词，但就是不能在学习了案例的基础上去创新。在走上工作岗位后，他们对市场还是一知半解，只能模仿别人的东西来做自己的媒介产品或服务以及媒介的营销工作，这对我国媒介行业的发展是极为不利的。我们国内盛行"山寨"其他发达国家的节目之风，甚至让一些国家指责我们不对知识产权进行保护，也是和这个原因分不开的。

笔者多年来一直参与对业界人士的培训，发现很多业界人士在参加培训时，总是希望教师直接教授他们怎么做，而很少去想如何根据市场环境和组织拥有的资源，系统地展开适合自己的营销管理战略活动。这种急功近利的思维会阻碍个人能力的增加，同样对其所在的媒体组织的发展也是不利的，自然对媒介行业的发展也是不利的。

为了我国媒介产业的发展，也为了各类媒体组织的生存和发展，媒体组织的经营管理人员，乃至全行业的从业人员都有必要抛弃至今为止的习惯性思维，要从媒介营销管理战略的高度理解媒体组织的营销问题，要学会在瞬息万变和竞争激烈的媒介市场环境中，获得并且充分运用产业经营资源，使用并整合各种有效的营销战略手段，在充分而有效地满足"媒介消费者"的各种需求的同时，展开合理的市场竞争，合理拓展"媒介产业"的规模和边界，带来媒体组织的经济利益和发展。

《媒介营销管理》的第二版，在内容和案例上虽然进行了大量的修订，但在语言和逻辑框架上依然沿袭了初版的风格，这主要还是为了方便读者学习和研究媒介营销以及营销管理的核心内容，希望能做到循序渐进。首先，为了能够充分理解和掌握媒介营销管理的核心内容，就有必要对一些基础的知识进行了解，所以在第一大部分的导论环节中，主要阐述了媒体组织营销管理的核心框架的内容和媒介经济学的基础概念，帮助读者理解什么是媒介营销和营销管理战略。在读者对媒介营销管理和媒介市场的概念有了初步的了解之后，接下来在第二大部分主要阐述媒体组织的营销战略的基本内容，主要包括媒介市场与媒介产品或服务的策划与开发战略、媒介消费者价值认知战略、媒介品牌价值传播战略和媒介渠道战略等方面的内容。在第三大部分中，主要阐述媒体组织的营销管理战略，这部分还会涉及媒体组织的竞争战略、媒体组织的多元化战略和资源配置战略、国际化营销战略等方面的内容。

有一点需要说明的是，《媒介营销管理》的第二版为了适合在校大学生和研究生的学习和研究，以及帮助媒介产业在职人员提高能力，也编辑了最新的案例，并作了一定的案例解析。但笔者一直以为，营销战略除了在最基本的思维框架上有绝对的正确错误之分外，具体的战略行为没有绝对的正确错误之分，关键在于适合不适合时代与环境。在这个意义上，所有的案例都是其他媒体组织（在过去实施过）的经验。因此读者应当理解的是，在掌握媒介营销管理理论的基础上，要去学习和理解那些成功的媒体组织为什么那么做，为什么能成功，而不是去单纯地模仿它们怎么做。这是因为任何成功的案例都离不开发生时的时代和社会环境的大背景条件，而时代和环境是时时刻刻在变化的，而且这种变化是迅猛的，因此过去成功的经验并不代表今天一定也能成功。

为了使读者在学习后能进行充分的思考和练习,在每一章后,用战略思考训练取代了传统的课后练习,其中也选取了大量的实际问题,希望读者能用学到的理论知识,对问题作出具有战略性的解释或回答。

《媒介营销管理》第二版能够满足多元化的读者需求。如果是作为本科生或者研究生的专业教材,教师可以按照章节的顺序,安排一个学期的教学进度。如果是专业人员为了提高自己的工作能力和工作效率而使用本书,可以根据自己的实际需要,有针对性地读取各个章节的内容。

目 录

第一篇 导 论

第一章 媒介营销管理导论 (3)
  第一节 媒介产业的发展与新理念 (3)
  第二节 媒介的营销与营销管理 (9)
  第三节 营销管理活动的效益与责任 (14)
  业界大观 多重背景之下的网络营销变局 (18)

第二章 媒介经济学与营销管理决策 (24)
  第一节 媒介经济学教会我们什么 (24)
  著者观点 中国各类媒体的市场状态与发展趋势分析 (31)
  著者观点 文化艺术领域的各种奖励 (34)
  著者观点 中国的媒介产业公共品的误区 (36)
  第二节 媒介市场机制与应用分析 (38)
  案例研究 品牌影响力和政策对媒介市场的影响 (44)
  著者观点 媒介营销管理战略的核心境界是什么？ (51)
  著者观点 收视率的"逆增长" (53)
  第三节 与媒介生产决策有关的一般规律 (54)
  著者观点 如何解读"长尾理论"，并创造出"珠峰理论" (60)
  第四节 现实中的媒介行业市场特征与生产决策 (62)
  著者观点 新媒介的经济学本质及产业政策重点 (68)

第二篇　媒介营销战略

第三章　媒介营销概论 (73)
第一节　媒介营销和价值创造 (75)
第二节　媒介的营销手段和战略组合 (83)
案例研究　图书出版行业的巨变及电影业的渠道思维转变 (85)
著者观点　新媒介的营销本质及营销战略 (90)

第四章　媒介市场与价值品开发战略 (95)
第一节　媒介市场与战略行动 (95)
案例研究　媒介研究方法应用案例 (100)
业界大观　用户数据价值高　小心使用才更妙 (106)
案例研究　某电视剧首播收视简析 (109)
业界大观　移动浏览新闻领先　赢利之路仍然艰难 (112)
著者观点　洞察消费者并给予尊重 (115)
第二节　媒介产品与服务的策划与开发流程 (118)
案例研究　从硬件到智能乃至云端的手机媒介 (120)
案例研究　媒介消费者帮助交通广播制作节目并提供创意和内容 (122)
案例研究　高预算电影《变形金刚》的风险规避 (127)
著者观点　衍生的商机——电影衍生品的市场透视 (133)
第三节　策划与生产过程的管理 (135)
业界大观　有中国特色的媒体策划 (136)
业界大观　情节点(卡片系统)与主流电影 (141)
案例研究　日本TBS电视台《世界遗产》的制作秘诀 (148)

第五章　价格与消费者价值认知战略 (165)
第一节　常见的价格战略的目标、政策及制约 (165)
案例研究　印度政府用价格战略推进数字化进程 (167)
第二节　价格战略的本质与思维 (169)
著者观点　资费套餐与市场收益最大化及其对消费者福利的影响 (173)
第三节　各种价格战略的思考路径 (175)

著者观点　对文化媒介产品或服务的定价维持制度以及相关
　　　　　　　问题的思考 ……………………………………………… (176)
　　案例研究　国内电子商务公司之间的价格血拼 ………………… (178)
　　第四节　对价格战略的管理 ……………………………………… (179)
　　案例研究　媒体组织与广告代理公司实现双赢的可能性 ……… (180)

第六章　媒介渠道平台化及创新战略 ……………………………… (185)
　　第一节　对媒介形态的再认识 …………………………………… (185)
　　第二节　产业链中的流通渠道组织与产业效率 ………………… (190)
　　第三节　媒介信息与内容产业的营销渠道战略 ………………… (193)
　　著者观点　把内容流通渠道变成融资渠道——兼论媒介产业组织的
　　　　　　　营销效率 ……………………………………………… (196)
　　著者观点　物流产业发展的效率空间和政策引导 ……………… (200)
　　第四节　媒介产业链的运营与整合 ……………………………… (202)
　　著者观点　制播分离的效率原则 ………………………………… (203)
　　著者观点　内容为王 vs 渠道为王 vs 平台为王 ………………… (208)
　　案例研究　媒介产业链的自律行为与政策管制 ………………… (210)
　　第五节　常见的媒介产业链竞合战略选择 ……………………… (214)
　　业界大观　互联网广告产业服务链的合作与控制 ……………… (217)
　　业界大观　"季播剧"及其产业链条分析 ……………………… (220)

第七章　媒介品牌价值传播战略 …………………………………… (228)
　　第一节　品牌战略的课题 ………………………………………… (228)
　　案例研究　一个卓越的媒介品牌——奥普拉·温弗瑞 ………… (230)
　　第二节　品牌价值传播战略及效果分析 ………………………… (238)
　　案例研究　品牌纪录片成为广告宣传新策略 …………………… (240)
　　案例研究　影视产品官网的设计应用 …………………………… (242)
　　著者观点　植入式广告走向智能时代 …………………………… (243)
　　业界大观　以水载舟：从企业到受众——简述企业公关活动的
　　　　　　　媒体传播 ……………………………………………… (248)
　　案例研究　*Vogue* 带着赠品进入中国 …………………………… (251)
　　第三节　企业利用媒介传播品牌价值 …………………………… (253)
　　业界大观　文心雕龙——用自媒内刊传播独具风采的品牌文化 … (254)
　　业界大观　电视台媒体资源整合营销项目实践流程 …………… (258)
　　业界大观　挖掘数据价值，推进数字化广告运营 ……………… (261)

第三篇　媒体组织的营销管理

第八章　媒体组织营销管理概论 ……………………………………………（269）
　　第一节　媒体组织对环境进行营销管理 …………………………………（269）
　　　业界大观　政府干预市场的政策手段的有效性 …………………………（279）
　　第二节　媒体组织实施营销管理的目的及其战略 ………………………（280）
第九章　竞争与合作战略 ………………………………………………………（287）
　　第一节　市场竞争与竞争战略的目标 ……………………………………（287）
　　　业界大观　2010年媒体组织竞争压力来源调查 …………………………（288）
　　　案例研究　地铁媒介的多样化竞争 ………………………………………（291）
　　　著者观点　从独播剧、自制剧到定制剧 …………………………………（295）
　　　著者观点　"网游下乡"开拓新市场 ………………………………………（302）
　　第二节　竞争战略 …………………………………………………………（304）
　　　案例研究　"银河拯救，成功！" ……………………………………………（311）
　　第三节　构筑营销管理体系进行竞争 ……………………………………（316）
　　　业界大观　低成本类型电影的营销 ………………………………………（323）
　　　著者观点　新型战略：快速占位战略 ……………………………………（334）
　　　业界大观　阳谋电视剧 ……………………………………………………（343）
第十章　事业领域的多元化战略 ……………………………………………（353）
　　第一节　经营压力带来事业多元化战略 …………………………………（354）
　　第二节　多元化战略的理论基础 …………………………………………（358）
　　　案例研究　日本动漫衍生品开发的借鉴 …………………………………（361）
　　第三节　多元化事业战略的定位 …………………………………………（366）
　　　案例研究　凤凰卫视的定位与发展 ………………………………………（366）
　　　著者观点　电视媒体实行多元化战略的思考路径 ………………………（375）
　　第四节　并购与战略性合作 ………………………………………………（383）
　　第五节　媒体组织的资源分配战略 ………………………………………（387）
第十一章　国际化经营战略 …………………………………………………（395）
　　第一节　媒体组织的国际化经营战略及其动机 …………………………（398）
　　　著者观点　对3D时代中国电影内容产业发展的思考 …………………（400）
　　　业界大观　国际影视版权贸易 ……………………………………………（403）

业界大观　境外频道在中国内地的业务模式 …………………（413）
案例研究　国际化的日本动漫 ……………………………（417）
第二节　对国际化经营战略的思考 ………………………（420）
案例研究　在世界舞台上演的太阳马戏 …………………（423）
第三节　国际合作与中国传媒产业的国际化路径 ………（429）
著者观点　产业发展要基于对现实清醒的认识 …………（434）

致谢 …………………………………………………………（439）

第一篇

导 论

第一章

緒 论

第一章
媒介营销管理导论

现代经济社会所提供的商品已经越发离不开媒介产业的支持,甚至那些传统的文化与音乐产业等都已经成为大媒介产业的一部分,并且现代的经济社会是一个组织的时代,所以,媒介产品或服务也是由媒体组织根据市场需求,在组织各类资源的基础上生产完成的。媒介营销战略的巧拙决定了媒介产品和服务能否让消费者接受,而媒介营销管理的水平则决定了媒介营销效率的高低。因此,媒介营销与营销管理的水平关系到媒体组织的生存和发展,而生存和发展是任何媒体组织的最高经营战略目标。

第一节 媒介产业的发展与新理念

一、媒介改变生活

现代社会是一个完完全全的信息社会,人们所掌握信息的数量和质量越来越能决定其生活水平的高低,因此人们发现日常生活已经越来越离不开媒体组织及其所提供的各种信息和相应的服务。媒体组织和其所具有的传播功能伴随着技术、社会经济等条件的发展和进步,已经形成了多样化的媒介产业形态。从传统媒介到新媒介,从户内到户外(地下、地上乃至天空),各类媒体组织提供的各类信息及内容已经完全渗透入我们生活中的各个层面。我们很难想象没有媒体组织的社会生活是一个怎样的状态。虽然我们的生活被媒介影响乃至挟持已经是一个不争的事实,但随着近十年来的技术进步,媒介产业已经进入融媒乃至智媒时代,人们开始从单向被动地接受信息和内容,逐步转向主动搜索和互动。这些不但使我们的媒介生活发生了巨大的变化,而且也必将给人类的生活和生产活动带来巨大的影响。

我们可以试着举几个例子来说明这个问题。十年前,人们每天清晨起床后的第一件事情,也许是披上衣服走出家门,从门口的报箱中拿出一沓报纸查阅天气,获悉昨天的新闻头条。而十年后的今天,你只需睁开惺忪的睡眼,躺在温暖的被窝里,便可翻看移动运营商发送的手机报。十年前,在上班或上学的路上,拥有一部可以听歌的 MP3 打发时间已经算是件奢侈的事情,而十年后的今天,不仅 PSP、iPad、KINDLE 等各类移动终端平台会塞满你的包包,供你消遣路上的时光,而且地铁里、公交车上、出租车里随处可见的平面广告或移动电视内容,会让你置身于信息的世界,也许这其中就有你非常感兴趣的内容,或者对工作和生活有帮助的信息。在一天的工作中,十年前的你也许会为找不到客户发愁,或为一家家地上门拜访客户而跑断腿,而今天的你却可以直接在互联网上找到客户讯息,通过手机、MSN、QQ、阿里旺旺等层出不穷的方式建立新的客户关系;这为你节省了大量的时间和货币成本,企业的效益也因此得到了提高。而你也会因为大量使用这些新兴的媒介手段,而深深地体会到"无国境世界"的感觉,并开始考虑在全世界的范围内配置生产资源,提高工作效率。十年前的你,在工作之余,只想困倦地瘫倒在床上,看看电视、读读杂志,便已经心满意足。而十年后的你,却可以拥有更多的时间和精力去丰富你的人生。或许你会在淘宝网等电子商务平台上开一家小店,获取工作之外的收入;或许你通过网络大学学习各种知识,以便为你的职业生涯加分;或许你用 IPTV 业务订阅收看你喜欢的钓鱼频道,并成为朋友圈子里的钓鱼达人;或许你只是想简单地在贴吧中吐槽,或是通过微博记录下些许心得体会分享给大家,然而却意外地发现浏览你"作品"的人比一些大型媒介的受众数量还多,如果你能把这些人发展成为付费用户,那么也许你该考虑新的人生规划了。

如今的媒介产品或服务已经不再传统而狭义地存在于你的生活中。便携化、轻薄化、集成性和时尚性的工业产品设计,使更多的媒介产品或服务逐渐演变成为一个"全天候的伴随性"媒介形态,24 小时伴随在人们的身边。只要你需要,它随时随地可以为你提供"全方位的服务"。

我们还可以用更极端一些,但也已经是现实的例子来说明问题。如果读者是一个"宅男"或者"腐女",完全可以"蜗居"在家里,因为在数字化、互联网技术的背景下,媒体组织可以照顾你所有的生活,可以为你提供各种信息和娱乐内容(有电子出版物、影视、游戏等内容产业的支撑),帮助你在家里完成工作并获得收入(有 SOHO 办公产业的软硬件发展支撑),还能够帮助你购买任何东西(有电子购物与电子金融产业发展的支撑),并且在你指定的时间把东西送到你的眼前(有物流产业发展的支撑)。

由此可见，人们的生活已经和媒体组织提供的媒介产品或服务密不可分了。毫不夸张地讲，人们每天的生活都是一个从和媒介接触而开始，到和媒介说再见而结束的过程。

二、媒介改变社会产业结构

生活中无处不在的各种媒介产品及服务，构筑起了庞大的媒介产业，而媒介产业在改变人们生活的同时，也促进着其他相关产业的发展。例如我们已经看到，因为消费者需求以及传播技术的演变，传统的音乐、戏曲等文化产业已经严重地依赖媒介产业而生存，甚至已经成为大传媒产业的一部分。而电视产业作为文化传媒产业的主力，也发生了巨大的变化。随着平板电视的普及以及厂商之间大规模价格战的频发，平板电视的利润已经非常低。而伴随着市场与用户需求的改变，在未来三网融合的前提下，网络功能开始成为电视接收机的标准配置，电视产业以及内容市场或将进入网络电视竞争时代。如此趋势之下的电视机厂商利用发达的互联网技术和媒介技术，通过开发高附加值的网络电视，不但可以提高彩电业的利润，而且在设计网络电视的营销战略过程中，电视接收机制造商会与内容提供商及电信运营商进行合作，而这种合作必然会给整个电视产业的发展带来至关重要的影响。真正的网络电视应该拥有自己的内容平台，具备在线点播功能，并能接收电信运营商宽带和无线信号，因此网络电视机内置的网络芯片也会影响到电视机制造企业的竞争力。由此，我们可以看到一个逻辑关系——观众的媒介消费需求和媒介技术的发达影响到了电视(等其他)产业的生产技术和商业模式的变化，而这些变化反过来又会进一步影响到媒介产业的发展和变化趋势。例如，在政策限制和缓的大背景下，电视设备的制造商为了促销，自己出资购买版权，或者亲自生产版权内容，形成自己的内容资源平台，供消费者点播，将会给既有的电视产业带来什么影响呢？而国家的广电和信息产业政策又将如何应对呢？是一禁了之，还是加以引导、规范呢？

媒介产业对其他产业以及社会结构的影响将是十分巨大的。迄今为止，各个产业组织大都是依靠媒体组织为自己进行各式各样的宣传，可以说是各个产业组织和政府部门对媒体组织的"宣传需求"造就了今日的媒介产业。可在今天，各类产业组织机构在宣传自己的同时，还利用媒介渠道直接销售产品，而且我们还可以发现各个产业组织和政府机构甚至开始利用媒介技术的发展，创办自己的"媒体"部门。这个"媒体"部门并不是以往的那些和媒体组织对接的宣传或公关部门，而是实实在在的可以发挥媒介功能的"媒体"部门。所有的企业和政府，或者说所有的组织甚至是个人，不仅可以创建自己的官方网页并发布消息,甚至可以(变相地)拥有自己的网络视频渠道。从这个意义上讲,所有的产业组织和机构都在"被媒体化",并有可能成为一个拥有多媒体手段的生产组织,而且日益发达的搜索技术,也使得各个产业组织的"媒体"部门能够和社会的各种需求有机结合起来,充分发挥其作为"媒体"部门的品牌价值传播和销售作用。

可以想象,伴随着今后各种产业技术的发展和政策限制的缓和,各个产业组织都可以把自己打造成为一个完完全全的"媒体组织",在自己的主页或移动信息平台(如企业App)上发布所有的产品信息和资源需求,并通过物流渠道提供产品,获得资源。届时,整个社会组织的生产和生活结构都将发生翻天覆地的变化。而其实这个变化早已经成为可能。例如,戴尔(DELL)早在二十多年前创设的网络订购商业模式,就已经具备了这种雏形。

三、今日媒介的新特征

在传播学领域,我们习惯于将诞生于20世纪的报纸、广播、电视、电影这四大媒介形态称为"传统媒介",而将诞生于2000年左右的互联网、手机等形态称为"新媒介"。"传统媒介"属于单向传播型的媒介形态,即只能通过点对多的方式发布信息,因此也被称为"大众型媒介"。"新媒介"则是以"交互"性著称的双向传播媒介形态,即可以实现"点对点"的传播,根据用户选择而决定传播的信息。这种方式类似于人与人之间的交流,因此"新媒介"也被称为"人际型媒介"。这种分类方法尽管有一定的道理,但时至今日,新旧媒介之间的区别已经不再明显。从赢利模式上讲,传统媒介与新媒介的收入都是由"消费者付费"和"广告收入"两部分构成,同时随着技术的革新,传统媒介和新媒介在传播方式上也逐渐消弭了界限,"融合"成为两种媒介形式的新关键词。融合主要分为"技术性融合"与"内容性融合"两种模式。

技术性融合是指以传统媒介为代表的媒介形态,借助交互性强的数字化技术,创新或再造媒介传播方式。如Tivo,通过数字机顶盒技术,在互联网和有线电视的双重架构下,让电视传播具有点对点的特性。用户只要手持遥控器,便可以回看任一时间点的电视节目。同时,设备还能分析出观众对电视节目的偏好类型,并为观众提供同类型电视节目的预录服务和广告推送,因此Tivo成为人机间交互的典型。当然,报纸或杂志等出版行业,通过数字化出版技术,直接把内容推送到消费者数字终端平台也属于这个范畴。

内容性融合是指以新媒介为代表的媒介形态,通过整合传播内容,而具备了大众传播的特性。如搜狐、优酷、酷6等视频网站,为了保持各自的竞争优势,均花费高昂的购买成本抢夺视频资源,无论是在院线中热映的电影,还是在电视台同步热播的电视剧,均能在这些视频网站上收看。从某种意义上说,通过播映以往只能在传统媒体上收看的影视频内容,这些视频网站变成了新的电视台或是电影院,同样具备了大众传播的功能。而除了这种与其他媒体间的内容融合外,在互联网内部也形成了新的内容融合,如Facebook、开心网等社交网络,基本上都融合了邮箱、IM即时通信、博客、论坛、网络游戏等多种网络媒介产品或服务功能。

四、媒介产业的新理念

媒体组织在向消费者提供媒介产品或服务的时候,占用了大量自然和社会资源,而这些资源中有很大一部分属于公共资源。这些资源完全可以用来生产其他的产品或服务,以满足消费者不同的需求;而这些资源用来生产媒介产品或服务,也就意味着会相应地放弃其他产品或服务的生产。例如林木资源,如果用于制造纸浆并进而用于生产纸质媒介产品或服务,那么就无法再去生产家具或者其他木质产品。同样,频率和频谱资源也都是有限的,所以其能够容纳的媒介产品或服务也是有限的。这就意味着,我们生产出来的媒介产品或服务的价值必须高于那些被放弃的产品或服务的价值(媒介产品或服务的机会成本),这样的资源投入才会有价值。反过来,如果媒体组织不能向媒介消费者提供令消费者满意的媒介产品或服务,不但浪费了社会宝贵的资源,也浪费了消费者的财力和精力(消费者剩余)。实际上这些都是媒介经济学的概念,它们为媒介营销学和媒体组织管理学提供了严谨的理论支撑和指导作用,如果缺乏这样的理论支撑和指导,媒介产业的营销战略和管理战略就会成为无根之萍,媒体组织也就只能随波逐流,在遭遇风险的时候便会缺乏规避能力,而且政府的产业和经济发展规划也将没有效率可言。

所以,从产业本质上讲,媒体组织是一个提供各种媒介产品或服务(信息和内容)的产业组织,其行为属于商业行为。但是在国内,媒体组织大都被看作是一种文化或者艺术类的组织,所以其文化或艺术属性往往被过分夸大,人们真实的消费需求却被忽视了。人们的生活之所以会如此依赖媒体组织及其所提供的媒介产品或服务,是因为媒体组织能够帮助消费者(也可以说是全体国民)实现生活价值的最大化。生活价值的最大化,是指人们要在有限的时间、空间和经济收入等制约条件下,尽可能在减少时间和货币等支出的同时,得到能给其生活带来最大满足的价值品。价值品包括具体和抽象的两种表现,例如日用消费品和影视文化精神类的产品。而媒体组织不但可以通过自己的媒介渠道直接提供信息类和影视文化类的产品,还可以在衣食住行等日常生活用品领域进行各种直接或者间接的服务，从而使得消费者的生活价值，无论在物质上还是精神上都能够达到最大化。

读者可以想象一下，虽然在价格方面，便利店不具备竞争优势，但其发展速度之所以能够超越大型超市和百货店，是因为它和消费者保持了近距离接触，节约了消费者的时间和体力成本。实际上，这就意味着现代消费者重视时间支出成本的程度超过了货币支出成本，消费者整体的成本支出感觉在削弱，价值回报（生活价值）的水平得以提高。如果我们从这个角度进行深度的产业思考，就会发现媒体组织的终端设备和消费者的距离是最近的，有时候它就在你的手上。例如，手机因为技术的演变已经成为一个终端多媒体设备。因此，媒体组织在节约消费者的时间、精力和体力等方面，和其他产业组织相比具有无与伦比的优越性。媒介消费者的各种需求就是媒介产业的存立和发展之本，会造就媒介产业的新概念和新范畴。当媒介产业的从业人员通过创新思维，发现自己所在的"媒介产业"的概念可以做得范围很宽泛的时候，各类媒体终端就能够演变成为无所不能的"便利店"，而当各类媒体组织可以为媒介消费者提供全方位服务的时候，还会像现在这样担心自己的事业没有前途吗？

伴随着社会和经济的发展，以及媒介技术的突飞猛进，在某种意义上讲，媒介产业的进入门槛会越来越低。于是，我们发现媒介产品或服务的种类越来越丰富，媒介消费者可选择的余地也越来越大，这就意味着媒介产品或服务之间的市场竞争会越来越激烈。那么，媒介产业中的内容生产部门如何让媒介消费者把有限的金钱、时间和精力等成本用于消费自己的产品或服务呢？为了争夺媒介消费者，媒介产业中各个组织要不要进行合作，或者如何合作呢？当媒介产品或服务的消费市场趋于饱和时，媒体组织该如何应对呢？还有，在国际经济一体化的今天，我们的媒体组织该如何应对呢？

上述这些内容，实际上都是在阐明一种关于媒介营销管理的观点。而且，经过多年的发展和探索，我国的媒体组织开始意识到媒介营销和管理的重要性。比如，我国的各级电视台就已经通过品牌化的宣传活动，努力把广告时段转化为一种稀缺资源，并期望以此为基础，实现社会化招商、招标等营销行为，以期能够获得最大化的广告收入。甚至连电视台的广告招商结果都被夸张地称为"中国经济的晴雨表"。

因此，从事媒介产业的所有人员不但要懂得媒介经济学、媒介营销学，还要懂得媒介营销管理学的知识。这些内容都是相互关联的。媒介营销学的知识告诉你如何做媒介市场的营销活动，而媒介营销管理学则会教给你如何把媒介营销活动做得更好、更有效率。如果读者能够理解这一点，我们就比较容易接近并揭示出媒介营销的核心内容,并且能够全面地分析和理解媒体组织所采取的营销行动及其战略理念。

第二节 媒介的营销与营销管理

既然媒体组织提供的媒介产品或服务能够影响人们生活的质量,那么媒体组织所提供的媒介产品或服务本身的质量和生产效率也就变得非常重要,而(在新兴媒介产业概念下)媒介产品或服务的质量和生产效率的高低是由媒体组织实施的营销战略和营销管理战略所决定的。

一、媒介营销与营销管理的活动

媒介营销战略实质上是媒体组织在媒介市场或组织内部所采取的各种有利于消费者接受媒介产品或服务的行动,也就是媒体组织根据消费者的需求而采取的市场行为。更通俗地讲,媒介营销应该包含两大领域的内容:一个是作为内容的生产者如何让广大受众(消费者)接受的问题,而另一个则是作为渠道商,为其他产业组织提供包括全流通(商流、物流、信息流和货币流等)在内的全方位服务。

媒介营销管理战略则是指媒体组织的各级经营管理者为了实施高效的营销战略而采取的必要行动,其目的在于让整个媒体组织的市场行为和内部的资源配置更加有针对性和经济效率。但是,有一点必须明确的是,不是所有的营销战略都是值得提倡的,例如垃圾短信、虚假广告等内容。这些营销行为虽然因成本低廉而能带来巨大的经济利益,但是会降低消费者的生活价值水平,因此都要坚决制止,甚至需要诉诸法律进行制裁。而对于一些特殊的媒介产品或服务,即使消费者有需求,但只要其内容是不健康的,或是对消费者的生活价值观念有害的,媒体组织也不能采取相应的市场行为。这些就是媒体组织的社会责任。

媒体组织的各级经营管理以及从业人员必须明确的一点是,媒介营销战略的最高境界是社会营销,虽然媒体组织采取的营销战略手段可以是商业的,但其最根本的目的是要提高社会整体的生活和福利水平。也只有达到了这个境界后,消费者才会对媒体组织产生最高的忠诚度。

我们可以考察一下近年来媒体组织在媒介营销管理方面的发展趋势。例如:电视行业的"制播分离"已经从电视剧行业的市场化公开运作、栏目的水面下运作转化为政府政策的公开鼓励和推动,因此我们可以预计电视行业的组织将会发生翻天覆地的变化,大量从业人员将会从电视台这个组织机构分离出来进入市场化的环节,而电视产业链也会因此重组;传统媒体机构纷纷创建网络媒体和手机媒体部门,并且利用格式或者标准等技术手段抢占新媒介市场;而网络等新媒介则为了规避未来的政策风险,纷纷和内容制作单位合作,获得正版的内容资源;手机媒体刚刚进入3G时代,而4G的脚步声又已经临近了,人们可以用更短的时间和更少的频率资源享受更快更好的服务;一些地域的电视媒体为了生存而播出盗版影视节目和虚假广告的行为引发了政府的严厉管制,政府出台的政策造成全国地域性电视媒体组织出现生存危机,这个危机如果不能在短时间内得到解决,就有可能带来整个媒介产业政策更大的调整,而这又必然会带来电视媒体产业形态的大变迁;电影产业也一扫过去一段时间的沉寂,票房收入年年攀升,而就在业外资本看到电影市场的这一丝曙光,纷纷要搭高票房班车的时候,票房收入的虚假问题(诸如偷票房)却又甚嚣尘上;一些影视制作机构和一些拥有正规版权的网络媒体,通过法律途径,联手打击提供网络视频共享服务的媒体组织,并引发了政府实施大规模的市场清理行为,大量的视频共享网站纷纷关闭;文化产业作为国家未来的支柱产业受到了政府的高度重视,不论是在政策还是在资金上都给予了倾斜,但是相关举措对未来经济发展的牵引作用还有待观察;2009年,最吸引人注意的恐怕就是"华谊兄弟"在创业板上市的话题,这个原本很普通的企业组织的资本市场战略行为却被很多媒体称为"资本市场的一小步,文化产业的一大步";而到了2010年年初,政府发布了手机用户可以携号转网的信息,这就等于为处于竞争僵局状态的手机产业吹响了充分竞争的号角;搜索行业的国际巨头在中国市场的进退问题也给搜索市场带来巨大的震动……诸如此类现象,完全体现了媒体组织所进行的各种营销和营销管理活动的复杂性和重要性。到了2011年,长年不能解决的国内视频行业盗版播出的问题,却因为视频行业纷纷要在美国资本市场上市,似乎一夜之间就得到了解决。外国资本市场的上市门槛解决了国内政府和行业一直不能解决的问题,想来令人有些哭笑不得。

  现在中国的媒介产业存在的一个普遍问题是,其市场营销活动常常不符合市场规律,这是因为媒介产业的改革开放和其他产业相比相对滞后的缘故。我们常常看到矛盾的现象——媒介产业的各级从业人员普遍比较注重自身的文化和艺术感觉,而同时为了自身的生存又不得不重视市场和经济收入。在主导意识思维和追求经济利益的行为常常发生矛盾的状态下,媒体组织的行动就容易两极分化——要么是其媒介产品或服务没有市场空间,难以生存;要么就是过度追求市场,使得媒介产品或服务出现低俗化,甚至庸俗和恶俗的倾向。

  而且,正是因为不懂得媒介营销及相关的管理活动,我们的媒体组织很难有自己的品牌特色,很难提供有影响力和市场竞争力的媒介产品和服务。因此,要想使得我国的媒介产业实现健康发展,特别是具有国际竞争力,从而能够长期生存和发展,媒介产业的各级从业人员对媒介营销与营销管理的战略就应该有清醒的了解,其行为就不应该停留在口号的层面上,而应该在经济学、营销学以及营销管理战略的层面上实施深层次的、有效果的战略行为。

我们日常所看到的媒体组织的营销活动及营销管理战略的成功,必然在媒介经济学和营销管理学方面有其合理性。

二、媒体组织与环境的关系

众所周知,媒体组织的宣传能力是非常强大的。可以说,所有的产业都在依赖各类媒体组织的广告宣传功能和各自的目标消费者保持接触,而且伴随着竞争的日趋激烈,它们对媒体组织的这种依赖性也就愈发强烈,产业之间的交涉力常常会发生逆转。近年来,我们经常看到一条短信息或一条微博就很有可能让一个企业,甚至一个行业死去活来的现象,这就是媒介的力量。有很多人和企业借助媒介一夜成名,也有很多人和企业瞬间就被曝光,失去了往日的光彩。正是因为媒体组织拥有这种令人恐惧的力量,才造就了一个庞大的媒介产业市场,并带动了许多相关产业的发展。但是我们也应该看到,当一个媒体组织过分依赖其他行业组织的广告收入的时候,其他行业组织也可以利用巨大的广告投入绑架媒体组织的手脚,从而使其缺少独立性和自主性。

另外值得一提的是,媒介产业中明星云集,看上去光彩夺目,很让人有心驰神往的感觉。这给年轻人的人生和就业价值取向都带来了深远的影响。多少人在梦想着自己能够一夜成名,所以纷纷想要进入这个产业领域。因此在某种意义上讲,媒介产业组织不缺乏各类人力资源的储备,从而在人力资源市场的成本交涉上占据主导地位。

然而,无论对其他产业或者人们的思想价值观是否具有深刻的影响力,各种媒介形态的产品或服务,都是在制片人或主编的主导下,由策划、记者、摄像(影)、编导(辑)、主持(表演)、化妆、美工、道具等许多专业领域的人员,通过分工和合作的方式,共同创作完成的。所以说,媒介产品或服务的生产完全又是一种工业化分工协作的生产模式,而且对生产质量和成本有着严格的控制。媒体组织的从业人员的工作强度和辛苦程度也绝不亚于一般的工业品的生产者。如果我们把媒介产品或服务比作一个常见的工业产品(例如汽车),那么媒体策划人员和编导(辑)就相当于这个工业产品的设计、装配人员;记者和摄像等从业人员就相当于生产零配件的人员;广告部门的工作人员就相当于市场销售人员;而台长或社长、制片人或主编则是关于产品生产和销售的决策人员。所有这些人,我们都可以称其为媒介产业的人力资源,当然仅有这些资源还不能生产出媒介产品或者服务,还需要资本、设备以及土地等资源的配合。这些资源只能在媒体组织所处的社会环境中通过各种交易手段从资源的拥有者处获得,而这些资源的所有者之所以愿意和媒体组织进行交易,是因为能够获得相应的回报。

因此,虽然媒体组织具有强大的影响力,但它终归是在社会经济和政治这个大环境中生存的组织结构。从本质上讲,无论是媒介产品或服务与消费者之间的市场交易行为,还是与资源拥有者之间的资源交易行为,都是媒体组织作为一个独立的经济主体和其他各种经济主体在各类环境中进行的各种交换活动(市场营销及其管理行为)。比如,组织各种大型线上和线下活动;开发新的媒介产品或服务以吸引消费者的注意和消费;每年招聘新的员工以及其他资源的补充;媒介从业执照的审查和期限延长;组建新的频道、报纸或建立独立的发行渠道;在资本市场中上市、收购造纸厂或印刷厂;甚至所谓多元化经营酒店和会议中心……这些都是媒体组织在社会经济环境中所采取的营销管理行动。

媒体组织在社会经济和文化、政治这个环境中所进行的各种营销管理活动的巧拙,自然而然会影响到媒体组织能够取得的生存空间的大小。比如,如果媒体组织不能开发出优秀的媒介产品或服务,消费者就不会满意;即使能够开发出好的媒介产品或服务,而因为宣传或者销售渠道不畅通而不能顺利地到达消费者手中也同样没有意义;而如果面向消费者和利益相关者的品牌价值传播活动的开展方法不当,也会使营销活动的成本上升,从而削弱了媒体组织在媒介市场中的竞争力。

因为媒体组织是在各类环境中生存和发展的,所以我们就必须把媒体组织的各种活动放在变化的社会环境中来进行考察,这样才能够观察和把握在社会经济和政治环境中求生存的媒体组织的实态。因为环境是变化多端的,所以媒体组织所进行的各种营销活动都要能够应对环境以及环境的变化而变化。不过,这样的判断也许会产生一些歧义。严格地讲,媒体组织虽然应该顺应环境的变化而变化,但这并不意味着媒体组织一味单纯地在社会经济和政治环境中进行各种被动的营销活动。媒体组织要发挥自身的积极能动性,就应该主动地适应环境,改善和环境的关系,具备在环境中求生存的能力。也就是说,媒体组织要经常改变自身的(时间、空间和身份等)位置,从而不断地变换自己的营销战略和营销管理战略,根据环境的变化,开发出适当的媒介产品或服务,并使用正当合理的品牌价值传播活动把媒介产品或服务送到消费者手中,尽量使自身不要成为社会环境的牺牲品。

因此,从整体意义上说,媒体组织和环境所进行的各种交换活动是媒体整个营销管理活动的组成部分,能够对媒体组织的生存和发展产生正面的影响。

三、媒体组织是资源的集合体

让我们把研究的视线转向媒体组织内部。我们已经知道,媒体组织是一个庞杂的,由各类专业人员、大量的设备、大量的信息和技术、大量的资金所组成的一个生产性资源的集合体。既然媒体组织是一个生产性资源的集团,那么其天生就应该关注生产效率,使得各种资源(所有者)的投入能够得到最大的回报。换句话说,媒体组织的经营管理,在本质上就是从环境中得到各种资源,在组织内部对资源进行合理的配置,并生产出适合市场需求的媒介产品或服务,获得相应的经济利润,再通过内部的资源配置机制,把利润分配给资源的所有者。

一般而言,生产性资源(例如资本、设备、劳动力和信息等)在媒体组织设计的机制引导下,会被合理地配置并进而产生合作,共同完成媒介产品或服务的生产和销售过程。因为历史的原因,我国媒体组织的人员规模相对庞大甚至可以说是臃肿,虽然拥有的设备和资金也随着经济的发展越来越多,但是资源的配置和合作机制并不是很完善。

另外,由于媒介产品和服务大都兼具文化艺术和商品的双重属性,所以作为文化艺术创意载体的人力资源要素也就自然而然地被看作这个产业中一个重要的生产性资源要素。但也正是因为这一点,创意资源的所有者和其他资源的所有者往往会在价值观念上产生冲突,这使得媒体组织的资源配置难以实现最优,生产机制难以发挥作用。我们的媒体组织常常会在不自觉当中忽视媒介产业的商品是思想、创意和资本、技术等资源相结合的结晶这一客观事实,忽视媒体组织中每一个人力资源的能力、行为模式以及努力的程度都会影响到媒体组织的生产效率和生产质量这个客观规律。

所以,虽然这些生产性的资源组成了一个集合体,但这些聚集在一起的资源的生产力并不是很高。这就意味着我国的媒体组织要在组织内部的机制上做好深入而细致的工作,不停地完善制度的设计。在满足媒介消费者对媒介产品或服务的需求的基础之上,如何提高资源的配置效率等问题是媒体组织的营销管理者面对的主要工作。如果媒体组织的营销管理工作不能做好这一点,那么其拥有的各种资源,特别是人力资源所具备的创意能力等潜力就不会被最大化地激发出来,其生产媒介产品或服务的生产效率以及市场效益也必将会受到严重的影响。这些问题反映到市场上,其表现就是媒介产品或服务的质量低、成本高,没有市场竞争力,所以就需要政府提供相应的保护。而反过来,政府的保护又会进一步弱化媒体组织的竞争力,产业的进步也就无从实现。

第三节　营销管理活动的效益与责任

媒体组织对资源的配置和整合行为,构成了媒体组织的营销管理活动。营销管理活动虽然是为媒体组织的生存和发展服务的,但必须要在媒体组织的经营理念框架下实施,否则不但会给媒体组织带来实质性的伤害,也因为其巨大的影响力,有可能给社会造成巨大的伤害。能够对媒介营销管理活动的合理性起主导作用的是那些媒体组织的经营管理者,其级别越高影响力也就越大。媒体组织的经营管理者的根本作用在于把握社会经济和政治环境以及媒体组织自身的需求,指挥媒体组织的行动方向和环境的变化方向保持一致,从而实现媒体组织的长期生存和发展。

一、营销管理与效益

伴随着我国的经济发展,国内兴起了研究市场经济和市场营销的热潮。这个热潮也给没有全方位实施市场开放的媒介产业带来了影响。最近几年在媒介行业比较流行的一些词,诸如"眼球经济""注意力经济""影响力经济"等说法,虽然在学术上还有值得商榷的地方,但至少可以证明媒介产业中的人士已经具有营销战略的意识了。一些媒体组织也开始了有益的尝试。比如,很多媒体组织非常注重品牌建设,在战术操作层面上也能实施频道专业化、栏目包装等行为。

实际上,上述诸多概念都代表了营销管理研究领域的一些分支内容,只有把这些内容有机地组合起来,才能够为媒体组织的营销管理带来高绩效。

媒体组织的经营管理者无论做出什么营销决定,或是采取什么营销行动,都要首先考虑经济上的结果。也就是说,经营管理者只有在其事业领域中实现了经济上的成果,其存在和权威才能够得到普遍认可。在生产活动中,从业人员的福利、对社会发展的贡献、对文化繁荣的贡献等非经济的成果虽然也是经营管理者的责任目标,但是如果不能首先实现经济成果,对于经营管理者而言影响是致命的。比如,如果不能以合理的价格向消费者提供有价值的媒介产品和服务,就会影响到媒体组织的经济效益。如果其营销管理战略给媒体组织的生存和发展带来了负面影响的话,媒体组织的经营管理者肯定会被认为是一个失败者,并被组织的利益相关者追究责任。

但是,经济效益和社会效益并不是相互冲突的,这就是我们在前文中所阐述的那种在社会责任的前提下进行各种营销管理活动。**经济效益**是指媒体组织所获得的经济上的成果,是可以用具体的货币收入和组织发展的规模来衡量的。而**社会效益**是指媒体组织对社会发展的贡献,是很难用具体的数字来衡量的。实际上,这看似矛盾的两者完全可以做到有机结合,并不会产生根本上的矛盾。

中国的媒体组织大都是国有性质的,这是其特殊性和现实性。当然,伴随着媒介产业的逐步变革,大批的民营机构会出现并成长起来。但不论媒体组织是国有的,还是民营的,其经营管理者依照国家的法律和在社会道德伦理规范的约束下,在使用国家和社会的资源进行媒介产品或服务的生产活动中,如果能够向广大媒介消费者提供令人满意的媒介产品或服务,自然就会获得经济上的成果,实现经济效益。同时,也因为在媒介产品或服务的策划和制作等营销活动过程中,依照国家的法律和社会的伦理道德进行了营销管理活动,有效地宣传了党的思想和政策,丰富了国民的文化生活,提高了国民的生活水平,并相应地提高了国民的文化素质,自然也就实现了相应的社会效益。但是,一个媒体组织,如果不能向消费者提供令人满意的媒介产品或服务,自然不能获得经济上的利益,不但不能满足人民对文化和娱乐的需求,同时也造成了资源的浪费,给国家的经济发展造成了损失,更谈不上社会效益了。换句话说,电视节目没人看,经济效益和社会效益都谈不上。

二、营销管理是组织全体成员的职责

在前文中,我们已经言及对媒体组织的营销管理起主导作用的是经营管理者。他们的作用在于根据环境和组织的需要,做出各种营销决策,并借此实现组织的生存和发展。

一般而言,任何一个组织的高层经营管理者,所做的事情基本一样,也就是说,要时刻了解环境并根据环境的变化和组织自身拥有的资源,尽可能地做出正确的市场营销战略上的判断,并用各种管理战略手段(如激励战略、文化战略、人力资源战略等)引导组织整体向着既定的战略方向前进。那么,是不是只要媒体组织的最高经营管理者完成了媒介营销和营销管理的工作就可以了呢?答案是否定的。这是因为,顾名思义,媒体组织在本质上是一个组织的框架,所有的工作都是由组织框架内部的员工在分工合作机制的指导下完成的。媒体组织内部既有最高层的经营者,也有中层的管理者,而且在每个中层管理者的下面还有很多的层级和负责人,最后直到具体业务层面的每一位从业人员。媒体组织整体的利益会牵扯到所有从业人员的切身利益,影响到所有从业人员的生活状态;同样,每一位组织成员的个体行为也会影响到组织整体的利益,所以作为媒体组织的一员,都应该把组织的营销管理战略的制定和执行当作自己的职责,参与到其中。

在生产质量领域,"**全员质量管理**"的概念被全世界的行业和企业单位所接受。同样,营销管理战略的实施和质量控制也应该是组织**全员的职责**。对于一个媒体组织的营销管理战略而言,虽然其各个层级的管理者的职责不同,但其工作的基本原理是完全相同的。媒体组织的高层经营者要完成营销管理这个层面的工作,中层管理者同样要完成这个层面的工作,业务层面的员工也该完成相应的工作。简单地说,通过经营理念和品牌价值传播活动展现组织形象也是营销活动的重要组成部分,但是如果一个员工因为自身的行为损害了组织形象,那就意味着组织整体的营销活动质量要受到影响。

对于一个媒体组织的中层管理者而言,针对自己的工作环境进行营销管理是非常重要的。很多媒介产品或服务都是在各个中层管理者的营销管理下直接面对市场的。为了做好本职工作,中层管理人员也要时刻关注社会政治、经济以及市场等外部环境的变化,这一点和高层经营者所进行的营销管理没有本质上的不同。但对于一个中层管理者而言,由于自己所管辖的部门只是媒体组织中的一个部分,本部门所取得的任何成绩都是和其他部门的配合分不开的,所以为了获得媒体组织内部其他部门的配合,也要在媒体组织内部的环境中对各个部门的关系进行营销管理。所以,一个媒体组织的中层管理者,无论是面对媒体组织的外部环境,还是面对媒体组织内的环境,为了搞好自己的本职工作,都必须考虑并决定自己及其所管辖的部门应该采取的行动,这些就构成了中层管理者进行的营销管理的基本活动。

另外,对于一个媒体组织的中层管理者而言,其所管辖的部门也是一个资源的集合,是一个小规模的人力资源组织,所以自然就需要结合市场环境的变化,对部门的资源配置进行营销管理。部门中每一个人的行为和工作努力程度都会影响到该部门的生产效率和生产质量。所以,一个中层管理人员也应该考虑努力增强部门人员的工作意愿,并且把每一个人的努力很好地联结在一起,并使它们和部门的营销方向保持一致。

为什么要这样要求组织的中层管理者呢?为了回答这个问题,我们有必要先考察一下媒体组织的构造。

为了形象地说明问题,我们看一个经过处理后的比较简约的媒体组织机构图,这样会比较直观地了解经营者和管理者所要做的营销管理工作。

图1-1所示的是一般媒体组织的结构图,从中我们可以清楚地观察到媒体组织的结构呈现为金字塔式的构造。站在这个金字塔顶端的是媒体组织的经营

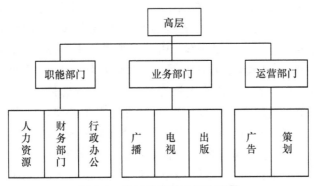

图1-1 常见的媒体组织结构图

者,也就是董事会和总经理层级的人物,这些经营者要根据组织外部的政治和经济环境以及传媒集团的内部要求,对传媒集团进行营销管理活动。

如果仔细观察传媒集团内部的职能部门、内容生产部门和运营部门的构造,就会发现每个部门也呈现为金字塔构造,站在金字塔顶端的人物就是各个部门的管理者。以运营部门为例。它首先要面对媒介市场这个外部大环境,同时还要面对职能部门和生产部门形成的媒体组织内部环境,这些外在和内在的环境势必对运营部门的各种决策有影响。同时,由于运营部门的工作内容的独特性,自然会对管理者的管理方向和能力有着和其他部门不同的要求,所以作为这个部门的负责人,既要兼顾外部环境和与其他部门的关系,又要考虑本部门内部的各种资源所反映出来的要求,对本部门进行全面的营销管理工作。

同样,如果对更下一级的部门,如广告部门的组织结构进行展开分析和解剖,也会发现它们具有金字塔式的构造,广告部门的负责人也要进行部门的营销管理。

任何一个有过中层管理经验的人都很清楚,作为一个部门的负责人,由于其地位和所掌握的信息的局限性,还有个人利益的驱动以及部门内部的感情因素等原因,往往过多地重视个人和本部门的利益,这样一来就会和其他部门产生矛盾和冲突。也就是说,在任何一个媒体组织内部,都存在着部门利益和组织其他部门之间的矛盾,这是由于部门管理上的惯性以及来自部门内部的稳定性要求,和整个媒体组织的发展方向以及和其他部门的管理习惯以及要求相互冲突所造成的。这些矛盾和冲突不但会影响部门的生存和发展,也会给整个媒体组织带来让人意想不到的问题,甚至会影响整个媒体组织的生存和发展。

一般来讲,媒体组织内部的运营部门,如广告中心等部门,由于经常面对媒介市场中的消费者,所以也就常常从市场营销的角度出发进行思考和从事日常工作,而制作部门的人员由于专业思维的原因,往往会从专业制作的角度出发来考虑媒介产品或服务的生产和制作。由于思维模式不同,所以很容易就造成部门之间的意见冲突。比如,在电视栏目的开发和制作方面,就需要广告部门和节目制作部门互相配合。而在进行电视栏目概念开发的时候,广告部门肯定会倾向于考虑电视节目与广告收入的关系,可能在广告主的要求这方面考虑得多一些,而节目制作部门则肯定会倾向于更多地考虑电视画面的艺术性和技术性。这就是所谓的"广告中心考虑的是如何在广告中插播节目,而制作部门考虑的是如何在节目中插播广告"。这两种不同的思维,必然会造成两个部门之间意见上的冲突,为了调和这些冲突,媒体组织将会花费巨大的人力和物力成本。

源于思维的惯性和专业工作的特点,媒体组织各个业务部门之间的冲突是必然和客观存在的正常现象。而为了解决媒体组织内部观念冲突的问题,甚至化矛盾为促进媒体组织发展的动力,就需要在媒体组织内部强化营销与营销管理的概念。在市场营销的理念下,各个部门要进行协调和合作,以便共同开发出优秀的媒介产品或服务。为此,媒体组织的运营部门要熟悉节目的制作环节,以便在和广告主交涉的时候,能在充分考虑到媒介产品或服务生产上的可行性以及制作上的难度等的基础上,适当地向广告主提出合理的建议。同样,媒介产品或服务的制作人员更应该了解媒介市场营销的概念,以便在策划和制作媒介产品或服务的时候,既能保证节目的质量,还能更多地考虑到市场的因素,满足广告主的需求。只有这样,媒介产品或服务的策划与开发才会更有效率,也才会更容易得到媒介市场的认可,从而媒体组织也就会得到发展。

业界大观

多重背景之下的网络营销变局

黄升民

相关数据显示,按购买力平价折算的汇率计算,中国到2020年(也有说2030年)将超过美国成为全球最大经济体,成为推动世界经济增长的主要力量。换言之,这几年和今后的十数年,中国将进入一个"大国经济"的轨道,这种快速崛起的规模巨大的经济必然带来传播需求的激增,也向网络产业提出了适应大国经济发展的模式需求。与此同时,数字化和三网融合迅猛推进。一方面,数字化带来传输资源的极大释放,媒体的内容、传输渠道的稀缺性被打破,生产、传输的需求被无限放大,资源解放要求重构传播和营销模式;另一方面,三网融合推动广电网、电信网、互联网在不断进退博弈中迅速完成全产业链布局,向媒体化演进。多重背景之下,时下大热的网络营销又将路向何方?

首先是多重背景之下网络营销的新生。

第一,3+1式的三网融合模式带来终端突破的可能。

我国对于三网融合的定义是指电信网、广播电视网、互联网在向宽带通信网、数字电视网、下一代互联网演进过程中,其技术功能趋于一致,业务范围趋于相同,网络互联互通、资源共享,能为用户提供语音、数据和广播电视等多种服务。

十年力量演变的发展,已经使得广电与通信双方的竞争符合了平台竞争的内在逻辑。广电的优势在于占领了内容高地,传输带宽,可管可控;而通信的优势在于用户服务和市场营销运营经验。这种情况下,平台已经具有一定规模,市场也逐渐形成,平台的核心价值——双边对等开放——就使得产业之间的竞争从基础网络的替代性竞争转向业务层面的复制性竞争。所以,我国的三网融合不是十多年前的替代性融合,而是在通信网的三家(电信、移动和联通)和广电网的一家(广电诸有线网络的整合)这样的"3+1"基础上的融合。再进一步来看三网融合的实现方式,我们可以发现,在我国的实际国情之下,广电与通信两方在体制与制度层面的融合以及实体网络上的融合都不可能实现,一种"融而不合"的模式逐步诞生。真正融合的力量势必在管控相对宽松的终端层面爆发,而这些智能终端正是网络营销赖以互动化、精准化、人性化发展的重要支撑。

由此,3+1式的三网融合、融而不合的发展局面以及终端爆发的必然性,互联网借助各类终端染指内容生产、进行媒体化布局都是最佳例证,而这些变化都给网络营销带来了全新的发展环境。

第二,媒体的规模化发展带来新的竞争环境。

适应大国经济和数字化带来的市场和需求的"无限",致使媒体经营迅速向规模化方向发展。

我们看到,在资本市场的驱动之下,传统报业向跨媒体、跨地域、跨平台、集团化方向发展,出现了广州日报、解放日报、成都日报、浙江日报等几大上市报业集团;广电系统则对知识体系、业务类型、组织架构、营销模式等进行转型和重构,出现了以央视、上海文广、湖南广电为代表的超百亿传媒航母;而以草根、开放为特点的互联网也进入寡头垄断时代,以腾讯、淘宝等为典型,虚拟经济裹挟着传统实业混血而成的巨型网络运营实体,颠覆了以往的互联网文化。

第三,大国化和数字化带来信息传播模式的变化。

数字化和互动技术彻底改变了媒体形态和信息传播模式,三网融合推动之后,原本稀缺的媒体资源更将变得如洪水般泛滥。

在这种情况之下,无限碎片化的消费者同时又在让人目不暇接的社交媒体上因喜好而重新聚合,在主动搜寻、创造、分享、消解和颠覆既往基于稀缺资源所构筑的信息操控模式的同时,在社区聚合和口碑传播过程当中反被擒获。

这对媒体经营而言是一个难得的机遇,人人活在网上且可寻址,导致市场经营者能够轻而易举地准确寻获目标消费者,并在满足消费者对产品和物质的需求的同时,让其可以进行更深入的精神交流。这个体系也叫作"全媒体营销"。如果以手机为代表的个人信息平台和以电视为代表的家庭信息平台形成的海量消费者数据库加上互联网的社区媒体所带有的共创分享平台,嵌入巨大的物流体系当中,则可宣布个人的、家庭的、社区的,乃至城市的信息平台建构完毕,从而形成史无前例的巨大无比的综合服务体系。

以互联网为代表的电子商务崛起、移动互联网的发展浪潮就是最好的例证。就营销而言,互联网始终走在浪潮前端,带动和影响整个传媒业的转型与突破。

第四,内容银行的构建将创造全新的内容产业。

当三网融合的脚步不断向前、用户需求日新月异地变化之时,媒体的"内容为王"也出现了新的突破,即内容银行的构建理想。互联网带来了海量内容,但与此同时,受限于成本和能力,个人上传的内容不可能特别精良,使得互联网上的内容过于海量而芜杂,这些芜杂的内容就像是"劣币",而那些真正高品质的内容——"良币"——则被淹没在劣币的海洋中,被发现的概率降低。如此一来,用户就更不愿意为这样的内容付费,从而形成一个恶性循环。

所以,在互联网上,虽然视频内容人气旺盛,却无法形成收费。此外,海量内容还带来垃圾流量,增加带宽压力和网站成本,却很难给网站带来回报,网站在这种经营模式下很难获利。为了建立公平、公正的交易体系,实现内容交易的货币化,同时在最大程度上实现内容的价值,内容银行的理念应运而生。

在内容银行的体系里,所有的内容生产者,不管是个人还是专业机构,都可以拥有一个实名制的账号,用于存储自己的内容。与此同时,银行为所有的内容生产者和需求者提供一个公平交易的标准体系,按照这个交易标准,各种内容都可以自由流转,实现自己的价值。内容银行的构建将从根本上解决目前内容产业中出现的问题、改变现有电视媒体以及网络视频行业的商业模式,也给整个网络营销体系带来巨大的冲击。然而在冲击之后,也将是全新的平台与发展方向。

其次是变局之下的网络营销的应对之道。

顺应三网融合的发展、全媒体营销的诞生以及大国化的平台,互联网的网络营销也产生了以下几条应对之道。

应对之一。从产业层面来说，互联网的发展将更加活跃，平台化架构日趋成熟。适应这个发展趋势，几大互联网巨头纷纷调整战略，借助其庞大的用户基础跑马圈地，通过基础拓展和业务捆绑努力加快平台建设。腾讯继推出腾讯网+QQ+腾讯微博+腾讯视频等联合的全平台精细化营销操作之后，近期在电商领域动作不断，不仅开展了一系列投资并购，还推出了包含QQ网购、QQ商城和拍拍网的所谓超级电商平台，甚至意欲涉足物流领域。与微博失之交臂的搜狐，则宣布"门户+"战略升级，将分跨门户、视频、社交网络、搜索、垂直等五大优势营销资源。

应对之二。从营销广度上说，互联网在与传统媒体的融合中大量吸纳其优势资源，这使其既具有互动性、精准性、整合性等平台传播优势，又具有传统媒体的一对多传播特质和内容优势。比如微博，既具有传统媒体"广播"的特征，又能通过私信、评论实现互动沟通。再比如限娱令颁布之后，搜狐视频与湖南卫视升级台网联动，推出全新选秀节目，且在制作班底、资金投入、主持人、节目创新、规模等方面媲美电视量级。特别是在营销上，搜狐视频不仅与湖南卫视王牌节目"天天向上"捆绑宣传，还同时利用搜狐矩阵和户外媒体、校园媒体、海外媒体等整合资源。

应对之三。从营销深度上看，互联网营销越来越将传播平台与销售终端无限贴近、融合。这个特征在电子商务和移动互联网领域表现得尤为明显。如淘宝的开放平台其实是一个传播—营销—销售的全产业链平台，如Solomon应用，对消费者所处位置和需求进行精准定位，提供各种信息服务，甚至直接达成销售。这一点对其他具有互动和LBS定位技术的户外媒体同样适用。

然而，仅有这几点应对还是不够充分的，必须看到，随着互联网越来越呈现寡头垄断态势，随着互联网越来越平台化甚至是向上游内容生产扩张，一方面其媒体属性逐渐浮现，即国家安全和社会责任在其媒体化过程中日益凸显，这就意味着国家层面对互联网越来越严格的监管和控制，另一方面，随着几大巨头市场规模的快速扩张，其对社会秩序、经济规律、组织文化的影响越来越大，如淘宝涨价引发中小企业反抗以失败告终的事件等，都意味着互联网已经跨入一个新的环境，有必要重新审视和建构与此相适应的组织架构、商业模式乃至企业文化。

总而言之，对于传媒业来说，没有哪一次的转型是轻松的，此次互联网的转型、网络营销的新变化同样痛苦不堪，尤其在文化方面的转变正经历一场脱胎换骨的磨难。表面光鲜亮丽、发展速度惊人的网络营销乃至整个互联网产业都在这一场变革当中重新谋求生存与发展道路，唯有越过这道坎才能有全新的平台、更大的空间以及更多的机遇。

战略思考训练

1. 2009年,在华谊兄弟获准上市的前一天,国家《文化产业振兴规划》细则出台,明确提出要打开文化传媒行业的投融资渠道,培育大型传媒集团,落实财税和金融支持文化体制改革的配套政策。请考察华谊兄弟上市后的业绩,探讨其与文化产业政策的执行力度的关系,并从更宏观的角度思考媒体组织与环境的关系。

2. 中国教育电视台曾经宣布:2010年该台将全面实现战略变身,充分利用全国教育系统资源,以四大国家政策优势、三大深入校园系统特色为依托,全面整合多渠道媒体资源,创建独具价值的媒体投资环境。请尝试考察中国教育电视台的战略效果并进行分析。

3. 真人秀节目是湖南电视台近十年来最具竞争力的战略手段,而在2011年秋季,湖南电视台宣布将于2012年全面停止真人秀节目,并且将推出一系列创新节目。请从政策环境、竞争环境、经济效益和社会效益等角度对此进行分析。

4. 美国《连线》杂志对新媒体的定义为"新媒体就是所有人对所有人的传播"。它既不分生产者与消费者两大阵营,也不分读者与作者。从传播学的角度上说,它不是一对多的,也不是多对一的,而是多对多的传播。所以,有观点认为,新媒体区别于传统媒体的根本点在于传播方式的不同。特别是在中国这样一个有着特别的传媒发展历史与管理体制的国家里,新媒体的产生天然地有着强大的内在需要与旺盛的生命力。对此观点,你有什么异议吗?请借此绘出新媒体发展历程的图谱并探讨未来可能的趋势。

5. 2011年春天,在美国拉斯维加斯举行的电影产业博览会开幕式上,华纳兄弟国际影院公司全球总裁米勒·奥克斯预测:"中国电影票房将在10年内超越美国。"对此我们应该采取什么样的态度对待呢?阐述你对中国电影产业的观点并说明为什么。

6. 常常有学者或者业界人士在不同的场合提出传统媒介行将消亡的观点,对此你怎么看并阐述原因。

7. 2011年,大量的互联网络公司被揭露存在着各种欺诈行为。请调查媒介产业中存在的各类欺诈行为,进行归类总结,并从营销管理的角度进行分析。

8. 三网融合一直是政府和业界高度关注的问题,而至今为止三网融合并没有得到真正的推进。因此一些政府和业界人士做出了悲观的判断,当然也有乐观主义者存在。简要论述你对三网融合的看法以及对其战略推进的可行性分析,并顺势阐述媒介技术和产业发展与社会和人民生活的关系。

9. 2011年夏季，《华盛顿邮报》总编辑拉朱·纳瑞斯蒂（Raju Narisetti）在《福布斯》杂志撰文称，"现在的主流媒体都妄图利用网站来对读者进行收费，这只是传统报刊订阅的翻版而已，它们的行事方式并没有发生改变。在拥有众多免费新闻聚合网站和应用的今天，这种做法是行不通的"。对此观点你怎么看？

10. 彭博社曾发表报道称柯达公司正在考虑提交破产保护申请。该消息导致柯达公司股价在信息公布的当天遭腰斩，盘中跌幅一度超过60%。而柯达公司随后否认公司提交了破产保护申请，于是公司股价暴涨71.77%。股价的暴跌和暴涨是简单的信息发布就能造成的吗？而到了2012年年初，该公司的股价连续一个月停留在1美元之下，甚至也许在读者读此教材的时候，柯达公司已经被纽约证券交易所摘牌。寻找柯达公司的相关资料并对其兴衰的过程和原因进行细致的分析。

11. 考察一些媒体组织的形态设计，并分析其对营销管理战略的影响。

12. 请用简单的文字对本章内容进行归纳总结。

第二章
媒介经济学与营销管理决策

经济学是一门非常严谨的、具有普遍性的科学,伴随着经济社会的发展,其自身也处在一个不断发展和完善的过程当中。因此,现代经济学完全可以解释文化与媒介产业的各种特征和规律。现代的媒介营销管理战略也必须是以经济学的基础理论为支撑的。通俗地说,经济学告诉我们什么是媒介市场的效率,而媒介营销和管理活动则告诉我们如何让媒介市场和组织实现效率。所以,如果不明白经济学的效率概念,媒体组织实施的营销和管理活动就无法创造真正的效率和效益。

在日常生活中,我们会看到地铁里的报贩们在傍晚时会用"买一赠一"的方法兜售当日的报纸;在一些演唱会或电影开场之前有人愿以高价求购入场券,而演唱会或电影开始之后,入场券的价格便一落千丈;如果有机会看到电视台的广告招商的价格,你就会发现有些时段的广告是无偿赠送的;报社或网络媒体常常用广告资源和广告主进行资源的互换,互相不收取费用;手机媒体常常用繁杂的套餐方式吸引各类消费者;人们用网络下载盗版影视内容的方式取代购买盗版影视光盘的行为;而在2009年年底,政府部门掀起了大规模的打击盗版活动;到了2011年,社会化媒体及营销的概念又开始引人注目。虽然人们对这些媒介领域的现象已经司空见惯,但是如果我们用经济学的常识进行细致的分析,就能够发现许多对媒介营销战略活动有意义的东西。

一个媒体组织应该在保障社会效益的前提下,追求经济利益的最大化,所以,为了帮助读者理解媒体组织应该如何追求经济利益的最大化,在本章,我们将要着重介绍媒体组织的市场、供需、产业政策、组织生产决策和利润的形成等基础知识,为学习和制定媒介营销和营销管理战略打下坚实的基础。

第一节 媒介经济学教会我们什么

人们常说"人们的欲望是无限的"和"资源是有限的"这样两句话。实际上,如何用有限的自然和社会资源来满足人类无限的欲望,正是经济学所要解决的最根本问题。不管经济学如何发展,其模型变得如何复杂,它永远都是在解决无限与有限这个永恒的问题,媒介经济学亦是如此。例如,电视台永远在追求如何用最低成本制造出高收视率(广告回报)的节目,而广告主也永远在追求在一定的广告投放额度的前提下,用哪一类的媒介产品或服务才能带来最大的消费人群。让我们抛开经济学生硬的解说,以轻松的方式理解和认识媒介经济学的基本概念。

一、媒介经济学要解决什么问题

在前文中,我们谈到作为消费者,我们的生活已经离不开媒体组织提供的媒介产品或服务。可是我们发现,伴随着社会和人类文明的进步,人们的兴趣爱好越来越广泛,因此媒介消费者想要得到的媒介信息和内容是多种多样的,比如有些人喜欢看电影,而有些人喜欢看电视,更有些人喜欢看报纸和杂志,而游戏也逐渐成为大多数人的最爱。这些是媒介的不同形态。而在这些不同的媒介形态中,有些人希望得到各种经济信息,有些人希望获得知识,也有些人只是为了单纯地娱乐。同样是为了获得知识,有些人希望了解浩瀚无垠的宇宙,而有些人只对身边的事物感兴趣。另外,同样是早上醒来的时间,有些人对天气感兴趣,而有些人则对前一天发生的国内外大事感兴趣。人们对媒介产品或服务的需求不胜枚举,可以说是无限的欲望,这就需要有无数的媒体组织生产出无数的媒介产品或服务才能满足这些欲望。然而,在现实生活中,虽然媒体组织的数量众多,但还是不能满足人们所有的媒介消费的欲望,这是因为我们的社会所拥有的资源不可能组建出这么多的媒体组织,更不可能生产出这么多的媒介产品或服务来。

不管是传统媒体,还是新媒体,都需要用纸张、电波以及网络等媒介资源作为载体向媒介消费者提供信息或内容。但是很可惜,媒介资源是稀缺的。就以电波为例,我们的天空中所能容纳的电波的波段数量是有限的,如果电波过多,各个波段之间就会互相干扰,结果会使通讯效果减弱。同样,生产报纸和杂志的纸张是用树木等稀缺资源制造出来的,而全球的树木资源在逐渐减少,不可能生产出人们需要的所有纸张。有线网络可以传输的内容也是有限的。同理,在影视剧领域,优秀的编剧、导演和演员都是稀缺资源,资源的稀缺限制了优秀影视剧的数量。所以,我们遇到的第一个难题就是稀缺的资源不能生产出能够满足全部消费者需求的媒介产品或服务。虽然资源的稀缺是一个难题,但是我们总会找到解决的办法。

首先是尽可能发现更多的媒介资源,或者发现可用于转化为媒介产品或服务生产的替代性资源。就像在纸张这种媒介资源没有被发现之前,人们用龟骨或者竹简传递信息和知识。而在发明了纸张之后,人们就认为广袤的森林是取之不尽的资源。可是因为树木资源也可以用于其他物品的生产,因此立刻变成稀缺资源了。后来,人们又发现可以通过无线电波传递信息,但马上又发现电波资源也不够用。人们终于明白,只要是生产性的资源,在巨大的需求面前永远是稀缺的。

既然媒介的资源是有限的,那么我们就应该考虑如何让这些有限的资源提供更多的信息和生产出更好的内容,从而提高我们的生活水平和质量。这就是传媒经济学中的效率问题。实际上,**媒介的效率**是指媒体组织的资源投入与产出的关系。也就是说,尽可能地减少媒介资源浪费,并让稀缺的媒介资源尽可能多地生产出我们需要的媒介产品或服务,这就是效率。减少资源的浪费是一个非常容易理解的概念,因为减少一点资源的浪费就可以多生产和消费一点媒介产品或服务,进而就能多满足一点人类的欲望。不过,人们更希望用一样的媒介资源投入生产出更多更好的媒介产品或服务。幸运的是,媒介产业的技术和技能的不断发展满足了人们这一朴素的愿望。人们惊喜地发现,日新月异的科技水平,在不增加或减少资源使用的情况下,能生产出更多更好的媒介产品和服务,真正地提高了我们的生活质量。比如,数字和数字压缩技术的发展使得同样的传输设施(资源)能够传递更多的信息内容;一张物理光盘(资源)中能存储的数据容量越来越大。这就是效率。所以,我们得出了一个结论:技术进步是缓解媒介资源的有限性问题的一个好方法。所以,各国政府和媒体组织都在不停地提倡和研究开发新的技术,比如数字技术、芯片技术、成像技术、光盘或硬盘存储技术、有线或无线传输技术等。当然,媒体组织之所以愿意投入巨大的成本,进行技术的研究和开发(R&D)工作,最根本的目的在于提高媒介产品或服务的质量以及降低生产成本(经济层面的性价比),这也是媒体组织为了取得媒介市场竞争中的优势地位而采取的最有效手段。所以,媒体组织不但要考虑自己投入的资源所带来的消费人群数量,还要帮助广告主用相对最小的广告投入获得最大的受众人数,例如新媒介技术手段相比传统的媒介手段,在传播成本上就相对比较低。

那么,该如何提高技术和技能水平?这个问题并不难回答,就是要通过提高媒介行业整体的教育水平、进行技能训练和丰富从业者的知识结构等教育环节来完成。世界各国都有完整的媒介教育体系,不断地为媒介行业输出各类人才。近代经济学常常把人们接受教育、丰富知识的教育环节称为**人力资源投资**。我们也已经看到,很多媒体组织开始顺应时代的要求,把过去的人事部门改称为人力资源部门,并且非常重视技能的培训工作。政府也出台各种政策,奖励各种新技术的开发和应用,而且会进一步在企业不愿意投入,但对行业未来发展有巨大影响作用的基础技术研发领域有所作为。

在以上的部分,我们从媒介资源的有限性这一话题开始,理解了效率和技术的关系,又涉及了媒介教育的问题。实际上,我们主要是为了引出以下的传媒经济学的核心概念。

按照经济学的基础理论,在媒介资源是稀缺的这个前提条件下,媒介经济学研究的核心内容就是必须要从根本上解决以下三个问题。第一个问题是用稀缺的媒介资源制作什么样的媒介产品或服务。第二个问题是如何制作媒介产品或服务。第三个问题是为谁制作媒介产品或服务,也就是媒体组织制作出来的信息和内容被谁消费的问题。而这些问题恰恰对应着媒介营销管理战略的核心问题。

二、媒介经济学解决问题的机制

让我们试着举一个读者身边常见的例子,来帮助理解上面的三个问题。众所周知,中国多数的电视媒体虽然拥有多个类型的频道,但大都是靠播出影视剧这种单一的产品来吸引广告投入。一般来讲,一线的影视明星能够带来一流的票房收入或较高的收视率。可是真正的一线明星(资源)的数量是极少的,因为物以稀为贵,所以他(她)们的身价直线上升。只有那些支付得起一线明星身价的影视制作机构,才能够获得这些明星的加盟;同样,能支付得起影视发行价格的电视媒体,才能买得起影视剧播出版权(资源)以支撑收视率并带来广告收入。这个例子很清楚地说明,一线明星的价格限制了影视制作单位对明星资源的需求,而影视剧的发行价格又限制了电视媒体对影视版权资源的需求。这也就是说,利用价格杠杆这个工具是解决媒介资源稀缺问题的一个好办法。

如果我们对上面的例子进行逻辑性的归纳总结就会发现:媒介资源的缺乏自然会引发资源价格的上升,并引发媒介产品或服务的价格上涨,进而减少消费者对媒介产品或服务的需求。同理,如果电视频道减少广告时间和板块这种资源的数量,就会拉动广告价位的上升,减少广告主的投放需求。

价格能够节约资源,或更准确地说,价格是一个对有限的资源进行有效率地分配的好工具。谁能支付相应的媒介产品或服务的价格,谁就能掌握媒介的资源、技术或产品和服务。这就是一种解决前述媒介经济学中三个核心问题的方法,即我们下面要详细论述的市场机制。

因为不同的社会对上述问题的解决方式不同,所以就有了"**市场经济**"和"**计划经济**"之分。这两种经济制度模式有着根本的区别。

在现代社会中,我们每个人一天要消费许多的信息和内容。如果仔细观察一下,你会发现你所消费的信息和内容,都是你自愿消费的,并没有人强迫我们什么。比如,拿着遥控器,你可以随心所欲地更换你想看的频道;同样,走过售报亭,你也可以在琳琅满目的报纸和杂志中挑选你喜欢的类型;还有,媒介消费者并没有强迫媒体组织生产和提供什么,但在媒介市场里总能得到想要消费的信息和文化娱乐内容。这种不可思议的供给和消费模式就是市场机制带给我们的好处。

市场机制就是利用市场里媒介生产组织和媒介消费者之间的相互作用产生一个价格,这个价格又对二者的生产和消费起着指导作用。

媒介市场中的生产与消费是一个供需关系。根据这个供需关系,在媒介市场中会形成价格这一信息指标。媒体组织的生产部门和消费者参照市场提供的价格信息,决定各自的生产和消费量。具体地说,媒体组织比较喜欢提供价格高的媒介产品或服务,这个价格包括媒介产品或服务的零售价格和广告价格,而市场价格的高低则是由收视率、发行份数等消费指标决定的,所以只要有足够的媒介消费者,就能带来相应的市场收入(产品销售价格的总和)。这就解决了我们的社会制作什么媒介产品或服务的问题。

之后,媒体组织为了获得最大的经济利益,会考虑生产成本的问题。实际上,媒介生产中的成本就是生产过程中投入的媒介资源的价格总和。为了尽可能多地获取利润,媒体组织往往会选择综合成本最低的技术和生产方式来提供或生产信息和内容,这样就解决了如何制作媒介产品或服务的问题。例如,在电视节目的生产环节,资本(设备)和人力资源有时候是可以相互替代的。在演播室需要多机位拍摄的时候,如果人力资源的市场价格(工资)相对比较低,就可以多使用摄像人员进行拍摄活动(劳动密集型生产方式),而如果资本价格(利息或者股票分红=资本的价格)相对较低,就可以更多地采用自动化摄像设备(资本密集型生产方式)。不过,我们要清醒地认识到,劳动密集型生产方式也好,资本密集型生产方式也好,在媒介经济学中都是很好的生产方式,本身没有优劣褒贬的意义,重要的是要从产业经济和资源的效率角度出发进行选择。这就解决了如何生产媒介产品或服务的问题。

消费者则根据价格、自己的收入水平以及个人爱好决定消费什么媒介产品或服务,这就解决了为谁制作的问题。也就是说,谁愿意支付媒介产品或服务的市场价格,谁就拥有其所有权或使用权。

如果对某种媒介产品或服务消费的数量增多,那么其市场价格就会提高,媒体组织就会相应地增加生产,资源投入也会因此发生改变,其相应的市场价格也会跟着改变,媒体组织就会根据综合成本的高低调整生产方式。所以,市场机制可以通过价格这一指标对媒介产品或服务的生产数量进行调整,进而对资源进行合理的调配。

与市场机制相对应的就是计划指令机制,也称计划经济。**计划经济**是一种以指令性的计划对资源和产品进行分配的制度。当然,在计划经济体制下,一国的经济计划是由政府的职能部门做出的,而且生产用的媒介资源等也往往是国有的,媒体组织的营销管理行为也主要是政府部门实施的。政府部门根据调查和预测,制订出整体媒介产品或服务的生产计划,然后要求媒体组织用什么生产资料生产什么信息和内容,再根据预先制订的计划指标,把生产出来的信息和内容直接传达给媒介产品或服务的消费者。虽然我们实施改革开放制度已经很久,但因为我们长时间实施过计划经济制度,再加上媒介产业的改革相对滞后,所以我国的媒介组织的生产机制还是受到了很大的影响。

实际上,市场经济体制和计划经济体制各有其利弊,都不能完全解决现实经济生活中的所有问题。比如说,这两种纯粹的经济制度都或多或少产生了经济上的非效率,影响了经济的发展。所以,现实中的各国政府所采取的经济制度,都既带有市场经济的成分也带有计划经济的成分,是一种**混合经济制度**。只不过在不同的国家,计划经济和市场经济的比重不同而已。

现代经济学把媒体组织、个人(或家庭)以及政府都称为经济主体。如果我们对媒介市场进行分类的话,市场一般可以分为以媒介产品或服务为主的媒介产品市场与以劳动力和资金为主的媒介资源市场。在媒介产品市场,媒体组织是媒介产品或服务的提供者,家庭或个人是媒介产品或服务的需要方。而在媒介资源市场,个人和家庭是劳动力和资金的提供方,媒体组织是需要方。在媒介产品市场里形成的各种价格就是我们常说的媒介产品或服务的零售价格以及媒介的广告价格,而在媒介资源市场里形成的价格就是媒介产业从业人员的工资以及资本利息。

三、市场的失败、国际贸易与政府的参与

我们已经发现市场机制给我们的生活带来了很大的便利。所以在很早以前,就有很多经济学家强调市场机制的作用,认为市场是万能的,激烈的市场竞争会使资源得到充分的利用,一个国家的经济会因此处在非常有效率的水平上,经济社会的问题都能通过市场机制来解决。可是,在现实生活中,完全竞争的市

场是不存在的,而且历史的经验也多次证明,市场机制并不是万能的,单纯依靠市场机制来解决经济社会的所有问题是不可能的,而且也会带来一些非效率的问题。比如,垄断和寡头就是很典型的例子,而且在现代媒介产业中,垄断和寡头的倾向越来越明显。

一般来讲,我们把市场机制本身的非效率现象统称为**市场的失败**。而为了化解市场的失败,尽可能地实现经济的高效率,政府就有必要积极地参与到市场中来。

市场的失败包括**不完全竞争**、**外部性**和**公共品**等几种形式。

不完全竞争的最典型例子就是垄断的媒体组织的诞生,此外还有寡头和垄断竞争等形式的媒体组织。**垄断**一般是指在媒介行业中只存在一个提供媒介产品或服务的媒体组织,该媒体组织有能力控制价格。**寡头**是指在媒介行业中只存在少数的媒体组织,所以媒体组织也有能力控制价格。而**垄断竞争**则是指在媒介行业中虽然存在较多的媒体组织,但是这些媒体组织生产出来的媒介产品或服务是互相有差别的,所以每个媒体组织都可以被看成是一个小型的垄断媒体组织,在各自相对垄断的市场中能够控制价格。

在中国的媒介行业中,垄断、寡头以及垄断竞争等形式的媒体组织都有存在。2012年之前,在我国香港地区免费电视台有两家,分别是无线和亚视;而收费电视台则包括香港有线、香港宽频、NowTV、无线收费电视等。在免费电视市场领域,虽然名义上是寡头体制,但在实质上已经形成了无线一台独大、近乎垄断的格局。为了增强竞争、优化节目质量,2011年香港广播事务管理局初步决定向电讯盈科、城市电讯及香港有线发放免费电视牌照,这意味着香港免费电视台由原先的两家变成五家。这很有可能会对香港的电视市场格局产生深远的影响并带来巨大的变化——香港的电视界因此有可能进入垄断竞争时代,节目可能会更丰富多彩,但同时很有可能使得原有的平均收益水平降低。如果电视台为了保证收益水平,在节目质量上把控不严,则有可能给教育、文化等领域带来负面影响。当然,最终的结果如何要拭目以待。

不管是垄断、寡头还是垄断竞争,它们都有一个共同的特征,那就是这些媒体组织可以控制价格,使受众或广告主等消费者处于不利的地位。最常见的做法就是减少生产的数量,以提高媒介产品或服务的价格,实际上这就意味着媒介资源的浪费和国家经济遭受效率上的损失。所以,世界上任何一个国家的政府都在致力于解决市场中的不完全竞争所带来的问题。比较常见的形式是政府用法律的手段禁止媒体组织的垄断行为,还有对于一些重要的容易形成垄断的媒体组织实行国有化政策。比如美国政府就曾经利用政策规定的形式,限制美国电视机构的制作规模,减轻形成垄断的威胁,逼迫其购买其他民间组织生产的电视节目,这实际上就是所谓的"制播分离"。在我国,"制播分离"也已逐渐成为媒介产业变革中的一大主流趋势。

垄断在某种意义上说是市场选择的结果,但是时代的发展也造就了一个让人不可思议的现象,那就是任何形式的媒介垄断都不可能长久。不管政府是否允许,只要垄断产生了高额利润,为了分得一杯羹,就会有新的组织出来挑战并打破垄断,特别是在新技术层出不穷的今天,行业进入的门槛越来越低,垄断状态也越来越容易被打破。所以,媒介市场永远呈现出一个朝着垄断的方向前进,而又不断出现新竞争的格局。

著者观点

中国各类媒体的市场状态与发展趋势分析

中国的电视产业是一个庞杂的产业系统,特别是伴随着"制播分离"趋势的进展,电视产业将会演变成一个由节目制作商、播出商、渠道(有线或者网络乃至手机等)运营商、消费者构成的长长的产业链条。

纵观中国乃至世界的电视产业格局,在网络电视没有发展起来之前,有线电视系统在各地形成了垄断的特征,这种垄断往往能够自然形成,而且从建设成本的角度考虑也是有必要的。手机电视媒体兴起后,由于手机运营商的数量比较少,容易形成寡头的格局,因而竞争也不会很激烈。而在电视节目消费市场,在中国的大多数地区,人们可以收看到五十到六十多个免费的电视频道。但是,中国的电视节目市场也不是完全竞争的市场,依照经济学的严格定义,中国的电视节目市场是一个垄断竞争的市场,在这个市场中,所有的电视媒体都在提供相似但不完全相同的电视节目。

虽然整体的电视产业存在着不完全竞争的特征,但由于竞争的存在,垄断的趋势也就会存在。例如,中央电视台就依靠自身的资金和政策优势,在新闻、体育等节目资源领域创建了垄断的竞争优势。特别是伴随着影视剧对电视媒体组织经营(主要是广告)收入的巨大影响,中央电视台也加大了对影视剧版权资源的争夺力度,"独播剧"是中央电视台的首创,其意图是要在优质电视剧版权资源方面形成垄断的力量,吸引大量的广告资源。这个举措也让一些有实力的省级电视台加入了"独播剧"的市场争夺,但由于资金实力的缺乏、对收视率市场判断失误等原因,省级电视台在"独播剧"领域取得的经济效果并不是十分明显。鉴于此,为了获得垄断的电影或者电视剧版权,省级电视台纷纷投资实施自制影视剧的战略,并尽可能在其中植入广告资源。而那些更弱小的地市级电视台,则在市场份额和广告收入上面临着巨大的压力,为此各个地市级台更愿意把自己在地市级的收视份额"资源"贡献出来进行共享,这样就可以形成一个较大的市场份额,以期在吸引广告投放上产生影响力。同样,市级台还可以联合购买影视剧版权,这样做就可以降低各个地市级电视台在购买影视剧版权上的成本支出。

广播产业虽然因为社会环境的变迁逐渐有了被边缘化的感觉,但其市场特征和电视产业相同。但是,伴随着人们出行机会的增加,交通台就具有了得天独厚的优势,可以垄断户外移动人群的媒介需求,因此在户外广告投放上面有着竞争优势。但今天,伴随着技术的进步所形成的户外接收媒体的多样化,以及各种娱乐终端平台的随身化,移动广播媒体的这种竞争优势正面临着严重的挑战。

中国的纸媒介(报纸、杂志)产业是典型的垄断竞争的格局,因为这个产业发展的时间最长,受众群也最成熟(知识结构层次比较高,因而有细分的市场需求)。

最近,由于网络电视越发受到消费者的青睐,大量的视频网站应运而生,提供着各式各样的服务内容,甚至国家网络电视台也低调进入了这个市场。不过,囿于版权问题难以解决以及资本持续投入上的制约等,那些小型的网络视频媒体很有可能会纷纷倒闭,或者采取互相合并的战术,最后这个行业很有可能会演变成为和传统电视产业一样的格局。

而其他的新媒介产业,如手机媒体,则属于典型的寡头格局。现在,中国的手机运营商(通信、数据服务和视频服务)只有三家,在市场上有着强势的价格控制权。而且这个竞争因为在发展时间上不同,形成了一种市场势力的顺序。特别是因为消费者不愿意更换正在使用的电话号码(资源),所以在某种程度上对后发的机构形成了一个市场壁垒。但是,随着政府表示出消费者可以携号转网的态度,市场竞争态势也许会有重大的变化出现,但也需要相应的营销努力。

市场失败的第二个表现就是外部性。从经济学层面上来讲,媒介市场上的所有交易都应该伴随着货币的支付(或赔偿),只有这样才能够使人们的利益达到最大化。如果媒体组织的媒介产品或服务对媒介的消费者有正面的影响,媒介消费者就应该向媒体组织支付货币;如果媒体组织的媒介产品或服务对消费者有伤害的话,就应该向消费者支付赔偿。在媒介市场中按照市场价格进行实际货币支付的交易是市场内部性的交易。广告主购买广告时段、读者购买报纸、观众收看付费电视、手机用户缴纳手机话费或者通信费等都是媒介市场内部的正常交易。免费电视虽然叫作"免费",但也是市场内部交易,只不过是观众把"电视收看费"在购买各类企业的产品时一并交给了企业,企业再把这部分费用以广告费的形式转交给电视媒体。我们可以把它看成是企业代替电视台向观众征收的(或者说企业组织把广告费转嫁给消费者),所以免费电视在本质上并不是"免费"的。

媒介的外部性是指有很多"媒介的交易"是在媒介市场以外进行的,交易双方没有相互支付货币或其他等价的东西。这些在媒介市场以外进行的"交易"所带来的社会影响有正面的,也有负面的。比如,读者以市场价格购买了一张报纸,那么经济学的理解是,这张报纸必须是安全合格的(内容和生产工艺)媒介产品或服务,在消费(阅读)价值上能够和消费者支付的货币价值相抵。但是,媒体组织在生产过程中,如果将暴力、低级媚俗等不健康的内容传播给了消费者,那么其在内容上就是不合格的产品;如果在生产工艺上为了降低印刷成本而使用了劣质油墨,那么也是不合格的产品。所以,这些做法都可能给读者带来负面的影响,包括货币支出的损失和身体健康的损失。这些损失的形成过程,意味着媒体组织和读者之间完成了"交易",然而这些媒体组织并没有因此给消费者任何赔偿,这就是典型的**"负外部性"**。媒介产业中的各种盗版、涉黄以及广告侵占影视节目的时间等问题都属于"媒介的负外部性交易",会给消费者带来经济或者精神等方面的损失。当然,并不是所有媒介市场外的交易都是负面的,也有一些**"正外部性"**。例如,一些优秀的媒介产品或服务能直接或间接地陶冶人们的情操,例如媒介产品或服务中体现出来的卓越的艺术性、思想性或社会公益性;或者免费公开媒介产业中的专利技术等会给社会大众的生活带来正面和积极的影响,而社会大众也没有向媒体组织支付相应的报酬。

现在,伴随着数字化、信息化技术的突飞猛进,媒介产业中最常见的一个负外部性的现象就是知识产权(版权)受到侵犯的问题。苹果公司近年来为了保障自己的市场利益,在欧洲市场针对安卓系统手机,常常挥舞知识产权的大棒进行诉讼。为此,谷歌也通过收购企业和相关专利采取了反制措施,这样不但可以支持合作的企业,也为自己今后直接推出手机奠定了基础。这其中最典型的就是苹果和三星之间的一系列诉讼。而在国内,各种盗版或"山寨"现象也是比较有代表性的负外部性表现。

一个生产信息和文化娱乐产品的媒体组织有权利通过市场收回其应得的利益,可是这些媒体组织往往会因为盗版的流行等原因无法收回其应得的利益。长此以往,媒体组织就不会投入精力生产更多更好的媒介信息和内容。这样一来,媒介产品或服务的质量就会下降,媒介市场也会相应地萎缩,从而最终给社会生活带来负面的影响。

外部性的影响常常没有通过媒介市场给交易双方以经济补偿,而且是不可能依靠市场的力量解决的。所以,就需要政府出面进行干涉,制定相关的法律(比如知识产权法等)进行规范和保护,也可以通过各种法律、法规等手段,禁止媒体组织制作和传播低俗的媒介产品或服务,或者用各种激励措施鼓励媒体组织制作优秀的媒介产品或服务。无论罚款还是奖励,实际上都是把"外部性"通过货币支付的方式进行了"内部化",只有这样才能最大程度上弥补市场外部性给媒体组织或者消费者造成的损失。

著者观点

文化艺术领域的各种奖励

文化艺术产品是作用于人们精神世界的艺术商品,对人们的世界观、价值观以及行为准则能带来极其巨大的影响。因此,各国政府都非常重视文化艺术领域的建设,并对那些有影响力的文化影视作品以各种形式给予奖励。在世界范围内,有着各种各样的评奖机构,最具代表性的当数美国的奥斯卡金像奖、艾美奖、普利策新闻奖等,除此之外还有法国的戛纳电影节、意大利的威尼斯电影节等。这些地方不但为电影作品提供了交易的机会,还通过评奖环节对一些优秀作品进行表彰。得到表彰的作品在随后的票房市场都会得到较好的回报。可见奖励是一种对电影作品的"市场补贴",能够直接或者间接地为电影产业的制造商提供经济回报。

在中国,为文化影视产品设立的奖项也是非常多的。诸如"五个一工程奖""华表奖""金鸡奖""百花奖""梅花奖"等都是有代表性的奖项,而且其中很多政府奖项在给予荣誉的同时,还直接给予影视制作单位现金奖励。

抛开那些复杂的评奖因素,单从奖项设立的本意上来讲,是为了对那些文化影视作品中体现出来的"价值"进行奖励。这个"价值"必须是在其作品中表现出来的、大大地超出行业一般水平的东西(思想性、艺术性、价值观等对社会进步的影响)。为了创造出这个价值,文化影视制作单位付出了辛苦的工作,并在市场销售(阅读或者观赏)过程中和媒介消费者进行了交易,给消费者带来了"超值"的享受,但是并没有因此得到应得的回报,这就是一种文化影视产业的"正外部性"。为了使文化影视制作单位,乃至整个行业能够长期创作出有"价值"的作品,就必须要使用荣誉和货币手段对这种"正外部性"进行内部化操作。所以说,在媒介经济学的层面上讲,奖励就是把文化影视艺术产业中的"正外部性"进行市场内部化,这同时也是增加整体社会价值的一个有效手段。

反之,对于那些大大低于行业正常水平的文化影视作品,特别是近年来一些带有恶俗性质的媒介产品或服务,因为其对社会和人们的生活有负面的影响,所以就要在名誉和货币层面进行相应的惩罚。

同理,政府用法律、法规和制度以及货币等奖惩手段实施的对文化影视作品的版权保护、对虚假信息和广告传播行为的制裁等行为,在媒介经济学的本质上和对文化影视艺术产品的奖惩没有本质的区别。

从这个意义上讲,文化传媒领域的各种奖励实际上就是一种"负税收",也就是说通过奖励制度可以降低生产制作单位的成本。不过,从目前国内的一些奖项的评审上看,还存在着很多不客观和不公正的因素,所以容易造成评审结果偏离奖项设立的初衷。如果这种做法演变成为风气,就会直接影响"价值品"的创作方向和水平,也会间接地影响社会经济资源的正确投入。这不但会影响媒介产业的正常发展,也会给国民经济的发展带来负面的影响。

媒介市场失败的另一个表现就是媒介公共品缺失的问题。**媒介公共品**是指那些在社会生活中非常必要但却很难由商业性质的媒介机构提供的产品或服务。众所周知,媒介产品或服务能够在很大程度上影响人们的精神和文化层面的生活价值,如果能够长期接受高雅的文化和艺术的熏陶,国民的基础素质会得到很大的提升。而且,世界范围的经验也证明,国民的高素质能带来较高的生产效率,并能快速推动国家经济的发展。但是,在高雅的文化影视艺术产品很难获得较好的市场经济回报的环境下,媒体组织往往愿意追求短期的经济效益,而不愿意提供那些具有公共色彩的媒介产品或服务。

在媒介产业领域有没有公共品呢?答案是肯定的。比如科普类、少儿教育类、高雅音乐类、老年健康类的内容,对国民的文化和素质教育、对国家长期的发展都是有利的,可是因为这些产品很难获得高额的市场利润,无法通过市场机制刺激商业媒体组织提供,所以从媒介经济学的属性上讲,这些都属于媒介产业的公共品,只有依靠政府部门来提供。比如,由政府出面开设公共频道,提供这方面的信息和内容。另外,政府还可以通过提供优惠政策和补贴的方法,要求媒体组织提供这类信息和内容。当然,媒介产业领域的公共品会因社会经济的发展、时代的变迁以及消费者需求的变化而在性质上发生改变。例如高雅音乐,也许因为某些国家大众的文化或者艺术素质普遍较低,那么就应该作为公共品由政府提供,而当社会经济和文化教育发展到一定水平之后,很有可能就会产生大量的消费需求,这个时候这类产品就可以从公共品转化为媒介商品,由商业媒体组织提供。

著者观点

中国的媒介产业公共品的误区

近年来,我国各级电视台因为各种原因都纷纷开设了公共频道,但是由于所有的电视机构都是凭借广告收入维持基本运营,再加上现在公益节目制作水平低下等原因,所以公共频道的市场收益不是很好。在这种状况下,为了维持公益频道的经营或者生存,我国公共频道的节目内容也都或多或少地偏离了真正意义上的公共品的内容。

由于公共频道对国民的素质教育有很强的正外部性,所以在我国开设公共频道是很有必要的。然而,政府机关通过行政指令,采用"一刀切"的方法,要求各地普遍建设公共频道的做法确实值得商榷。现在,也正是因为各地的电视机构都开设了公共频道,结果使得公共频道的供给大大超出了公众的需求,造成了频道资源的浪费。另外,为了填充这些公共频道的播出需求,各地电视机构虽然制作了一些带有公共色彩的节目,但还是不能从根本上满足播出数量的需求,结果就只能拿其他的节目放在公共频道里播出,甚至有些公共频道为了增加收入,急功近利地播出了诸如电视剧之类的娱乐节目,使得公共频道偏离了建设的初衷。

公共频道的节目应该具有很好的教育意义,只有这样才能充分发挥其正外部性的作用,达到提高国民素质的目的,所以其节目必须具有上乘的质量。然而在现在各地纷纷开设公共频道的前提下,如果政府的投入严重不足,必然会影响节目制作的水平。可以想象,这样的公共频道所带来的结果会如何。

正是因为公共频道对国民的素质教育具有重要性,而较高的国民素质才是国家可持续发展的原动力,所以公共频道的节目没有必要过多地考虑各个地域的色彩,政府应该集中有限的资金和精力开设全国通用的公共频道,并对这些频道注入足够的资金支持,吸引优秀的专业人才,保障电视节目制作的水平。

近年来,我们看到了很多针对我国的国际贸易争端,其原因是我国的出口产品具有很强的国际竞争力,从而能够占据大量国外的市场,因此对国外竞争产业的产品销售和产业就业造成了影响。但是在文化传媒与影视领域,反而是大量国外的文化传媒影视产品占领着我们的市场,这是因为我们的文化传媒与影视

作品没有市场竞争力。例如，在国家对国外电影没有全面放开市场的前提下，国内电影票房整体收入的一大半都是由进口影片创造的，我们的国产电影鲜有敢于和进口大片在同一个档期竞争的。这造成了我国在文化和媒介产品或服务领域的大量贸易赤字。

在国际经济学中，最为重要的概念是"比较优势"。**比较优势**是劳动生产率和机会成本的比较，它决定了一个国家的生产和贸易模式。在一个国家内，如果一个行业的劳动生产率大于它的机会成本，那么这个行业就具有比较优势。简单地说，在机会成本相同的情况下，一个国家应该选择能带来最大生产效率的行业进行生产，然后出口这个具有比较优势的行业的产品，进口不具有比较优势的行业的产品。在这个意义上讲，我们的文化传媒影视产品或服务不具备比较优势。通俗地说，就是在我国，用我们自己的资源生产出和国外进口大片同样质量的电影（即使能做到），我们耗费的资源（成本）将会远远多于国外同行。所以，单纯从自由贸易的角度讲，出口我们有比较优势的产品，进口文化传媒影视产品，对国家整体的经济效率是有好处的。

虽然国家之间进行文化和媒介行业的贸易往来会给国家整体带来更大的利益，使得一个国家整体的福利水平上升，但是这会损害进口国家的文化和媒介产业生产者的利益，因此政府往往愿意实行各项贸易保护政策（关税以及非关税壁垒），对国内的媒介产业进行保护。这在国际经济学中，属于**幼稚产业保护**等领域的研究范畴。这种行为也是国际社会所能接受的。通过对幼稚产业进行一定期限的保护，媒体行业有可能发展壮大成为具有比较优势的行业。在加入世贸组织时，我国政府就利用国际规则，对我国的媒体行业实施了政策性的保护措施，从产业形态和形式上，对外资进入我国的媒介市场做出了严格而细致的规定。这样做的目的就是提高现在和未来我国文化和媒介产品或服务的竞争能力，并在将来的产品国际贸易中获利。例如，现在我国实施的电影进口数量配额、黄金时段不允许播出境外的影视作品等贸易政策，都能给国内的影视媒介产业带来巨大的保护利益，在理论上存在通过市场培育，让这些行业在未来发展壮大的可能性。

而现阶段，鉴于中国的文化和媒介行业不具有比较优势，而国内的需求又比较巨大，所以这一行业在国际贸易上的赤字，在今后会有扩大化的倾向。这不但会影响到我国媒介行业的就业问题，而且势必带来中外之间关于文化和媒介产品或服务的经济或政治摩擦。因为文化艺术和影视作品对人们的思想和生活习惯有巨大的影响力，所以容易引起多方的关注。就像国外的物种往往会对本国的物种有侵蚀力，为了保护本国的自然生态，就需要对外来物种进行抵御一样，外来文化在对本地文化产生促进作用的同时，是不是会对本国文化有负面作用也是值得注意的。所以，**文化安全**的课题，需要政府和产业界高度关注。

根据当初的入世协议，虽然我们会逐渐放开我国的媒介市场，但在很长一段时间内，不会实现媒体行业的自由贸易。实际上，由于产业利益、政治文化安全利益等原因，不会有任何一个国家同意媒体行业实施全方位的自由贸易。但是，关税和配额等政策又违背自由贸易精神，所以打造具有国际竞争力的文化与传媒产业不但能为国家带来贸易收入，而且也是最好的文化安全的保障。

在国际社会，为了更有效地获取更多的经济利益，或是避免日益增多的文化与媒介产品或服务的贸易所带来的经济和政治摩擦，很多具有比较优势的媒体组织都在媒介产品或服务的进口国进行直接或间接的投资，比如在文化传媒产品的进口国建立独资或合资的媒介机构是近几十年来较为常见的媒体组织的营销管理行动。美国电影产业的大鳄们都在中国设有办事机构，协调美国电影产业和中国的电影市场，同时寻求进入中国的电影制作、发行和放映领域。

一般来讲，国际直接投资往往会给资本接受国带来如下影响。首先，直接投资能够提高资本接受国的就业水平，增加媒介从业人员的收入。其次，直接投资能够提高接受国的媒介行业的生产和管理能力，提高媒介产品或服务的质量。再次，直接投资会对接受国的国际文化贸易收支产生不同程度的影响。

以上，我们讨论了媒介经济学所要解决的问题，并且明白了媒介市场中的市场机制能够有效地解决这些问题，同时探讨了媒介市场机制带来的问题与解决对策，并对文化传媒产业的国际贸易问题做了详细的阐述。在下面的内容里，我们将就媒介行业的价格和成本等基本概念及其对媒介营销管理战略的影响进行分析。

第二节　媒介市场机制与应用分析

理性的媒体组织都在追求利润的最大化，而媒体组织的利润和市场价格以及生产成本息息相关，所以媒体组织的营销决策人员要清醒地认识到，所有的营销和营销管理战略，其最终目标就是影响目标市场的媒介产品或服务的价格、数量和成本。

一、媒介的需求、供给与媒介的价格有关

要想深入地考察媒介市场机制及其能够发挥的作用，首先要考察一下媒介

需求以及媒介需求曲线。

对于一个正常的媒介产品或服务,当消费者的收入、对媒介的品牌爱好以及心理预期等条件不变的时候,他们对于媒介产品或服务的需求量和媒介产品或服务的价格呈现反比的关系。也就是说,当价格较高时,消费者会有一个比较小的需求量;而当价格逐渐降低时,人们的需求量将变得多起来。比如,如果电影票的价格低,人们就会多看电影;如果电影票的价格升高,人们就会少看电影。同样,当媒体组织的广告板块价位上升时,广告主的广告投放量会减少;而广告板块的价位下降时,广告主会倾向于增加广告投入。为了更加直观,我们可以把媒介价格和媒介需求量的对应关系在图表中进行说明。

媒介的需求曲线表示在其他前提条件不变的时候,媒介产品或服务的价格与消费者的需求量的关系(如图2-1所示)。

从图2-1可以看出,A点是指当媒介产品或服务的价格处在P_1的水平时,媒介的需求量为Q_1,而B点则是指当媒介产品或服务的价格处于P_2的水平时,媒介的需求量为Q_2。也就是说,伴随着媒介产品或服务的价格从P_1下降到P_2,媒介的需求量相应地从Q_1增加到Q_2的水平。

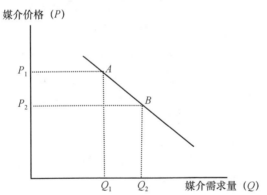

图2-1 需求曲线:媒介产品或服务的价格与需求量的关系

我们不难发现,从A点到B点是一个媒介需求量在**需求曲线上的移动**过程。这是关键性的内容,也就是说,在诸如消费者的媒介爱好、收入或心理预期等其他条件没有发生任何变化时,单纯的媒介产品或服务的价格的变化就会引起消费的需求量沿着需求曲线发生变动。媒介产品或服务的价格和消费量的乘积就是媒体组织的实际收入。当媒介市场中的价格发生变动时,媒体组织的实际收入就会发生改变。

接下来,我们考察当媒介产品或服务的价格不变,而其他条件发生变化时,需求会有什么样的变化。比如,虽然媒介产品或服务的市场价格并没有变化,但当消费者的收入有了大幅度的增加时,或者对某一类媒介产品或服务的爱好增强时,或者认为媒介产品或服务的价格在未来一段时间会上涨时,消费者就会有意识地增加对媒介产品或服务的需求量,比如增加购买电影兑换券、更换上网的套餐等。

从图 2-2 可以很明显地看出,当媒介产品或服务的价格没有发生变动时,其他因素的变化使得消费者对媒介产品或服务的需求发生变化(增加或减少)的过程。

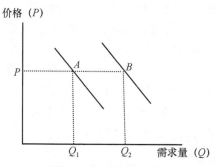

图 2-2　需求曲线的移动

在价格 P 的水平下,如果消费者的收入有了增加,需求量会由 A 点时的 Q_1 增加到 B 点时的 Q_2。这意味着**需求曲线本身发生了移动**,也就是说媒介产品或服务的需求量在价格不变的时候,(因消费者收入、爱好和预期的变化)也会有增加(或减少)的可能性,这会带来媒体组织收入的增加(或减少)。替代品的出现也会导致媒介需求的减少,例如同类杂志的增加会减少杂志的平均读者数量。所以,媒体组织的经营管理者要准确地了解需要采取什么营销手段(广告、品牌、渠道等战略)刺激消费者增加消费量。

现在,我们开始考察媒介产品或服务的供给和供给曲线。对于一个媒介产品或服务的供应商而言,既然是为了利益而生产,那么必然会追求高额利润。可以想象得出,当媒介市场的价格处在较高的水平时,因为有利可图,媒体组织往往会增加它们的供给量;而当市场价格处在较低的水平时,会压迫媒体组织的利润,所以媒体组织又会减少其供给量。**媒介的供给曲线**表示了媒介产品或服务的市场价格和媒体组织供给量的关系。这个关系可以用图 2-3 来表示。

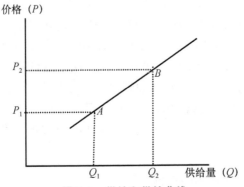

图 2-3 供给和供给曲线

从图 2-3 可以看出,A 点是指当价格处在 P_1 水平时,媒体组织的供给量为 Q_1,而 B 点则是指当价格处于 P_2 水平时,媒体组织的供给量为 Q_2。也就是说,伴随着价格从 P_1 上升到 P_2,供给量相应地从 Q_1 增加到 Q_2。

我们不难发现,从 A 点到 B 点是一个在供给曲线上的移动过程。这也是关键性的内容,意味着在其他条件没有变化时,媒介产品或服务的价格的变化会引起供给量沿着供给曲线发生变动。

下面,我们考察当媒介产品或服务的价格不变,而其他的条件发生变化时,供给量会有什么样的变化。

例如,当因为媒介生产技术有了改进、数字化技术飞速发展等,使得媒介生产成本得以大幅度下降时,虽然媒介产品或服务的价格并没有变化,但媒体组织也会增加其供给量。我们可以把这样的变化过程用图 2-4 表示出来。

图 2-4 很明显地表示出,当媒介产品或服务的价格没有发生变动时,其他一

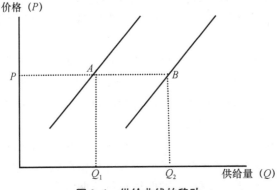

图 2-4 供给曲线的移动

些因素(如成本、技术和心理预期)的变化使得供给发生变化的过程。

我们可以很明显地看出,在媒介商品价格 P 的水平下,也许是因为技术进步等原因,使得生产成本下降,从而提高了媒体组织的利润水平,因而媒体组织愿意把供给量由 A 点时的 Q_1 增加到 B 点时的 Q_2。这就意味着媒体组织的供给曲线本身向右发生了移动(从 Q_1 增加到 Q_2)。反之,如果因工资福利水平上升,例如人们常说的演职人员的薪酬水平急剧上升,造成生产成本上升,利润水平下降,那么媒体组织也会减少其供给量,使得供给曲线向左移动(从 Q_2 减少到 Q_1)。

二、价格以及市场均衡的形成

在以上的内容里,我们分别考察了媒介产品或服务的需求、供给与价格以及其他影响因素之间的关系。我们虽然明白了各个价格水平下的消费者的需求量以及媒体组织的供给量,但并没有清楚地明白媒介市场中的价格是怎么形成的。因此我们就需要探求,诸如电影票价、媒介广告价格、杂志的零售价、手机资费,甚至盗版光盘等媒介产品或服务的价格是如何在媒介市场中形成的,而且还要探究这些价格变动的原因是什么。

一般来讲,如果市场环境是完全竞争的,那么媒介市场中的价格就是一个均衡价格;也就是说,媒介市场中的供求关系处在一个均衡的状态。

回想需求曲线和供给曲线的性质,我们就会发现在价格水平较高的时候,媒体组织希望多供给产品,而消费者则希望购买较少的商品,这时会发生商品剩余。在价格水平较低的状态下,媒体组织的供给量比较少,而消费者的需求量比较大,这时就会产生短缺。但在市场中,必然会有一个价格水平使得生产者的供给量正好等于消费者的需求量,此时市场就会达到均衡状态。这个价格水平就是市场均衡价格。为了更清楚地表示这个问题,我们把两条曲线结合在一起进行考察。

从图 2-5 可以看出,市场均衡的价格和数量正好发生在供给曲线和需求曲线相交的 E 点上。在这个位置,媒体组织希望供给的量和消费者希望购买的量达到一致,不会产生剩余和短缺。而在其他的价格水平下,媒体组织的供应量和消费者的需求量不会达到平衡。

现在我们已经很清楚地知道,需求曲线和供给曲线相交的点是媒介市场达到均衡的点,这个点决定了媒介产品或服务的价格和数量。我们也已经知道,由于一些价格以外的因素的变化,需求曲线和供给曲线自身会发生移动。所以,接下来我们要简单地考察一下曲线发生移动时,市场中的价格和数量的变化。

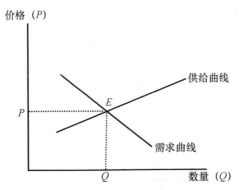

图 2-5 价格的形成和市场均衡

我们首先考察需求曲线移动时媒介产品或服务的价格和数量的变化。众所周知,当消费者的收入增加时,人们对于电影、书籍等文化传媒产品的支出就会相应地增加,因此媒介产品或服务的需求曲线会向右发生移动;而当消费者的收入减少时,媒介产品或服务的需求曲线就会向左发生移动。

我们可以从图 2-6 中很清楚地了解到,最初的市场均衡价格和均衡数量为 A 点的 P_1 和 Q_1,而当需求曲线向右发生移动时,在 B 点达到新的均衡,其均衡价格 P_2 比 P_1 高,均衡数量 Q_2 也比 Q_1 多。同样,当需求曲线向左移动后,在 C 点达到均衡,新的均衡价格 P_3 比 P_1 低,均衡数量 Q_3 也少于 Q_1。

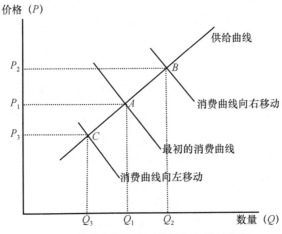

图 2-6 需求曲线移动时价格和数量的变化

现在,有必要考察供给曲线移动时对均衡价格和均衡数量的影响。我们利用图 2-7 来展示供给曲线移动的结果。

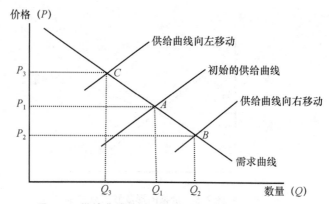

图 2-7 供给曲线移动时的价格与数量变化

当媒体组织取得技术进步的时候,比如数字化技术使得记录介质变得能重复使用,往往能够降低内容的生产成本,因此当价格不变时也能取得比以前更多的利益,所以就有可能增加供给量,推动供给曲线向右移动。然而,政府的税收或者相关的惩罚措施等限制性因素又会减少媒体组织的供给,使得媒体组织的供给曲线向左移动。

我们可以从图 2-7 中很清楚地了解到,最初的市场均衡价格和数量为 A 点的 P_1 和 Q_1。当供给曲线向右移动时,在 B 点达到新的均衡,其均衡价格 P_2 比 P_1 低,均衡数量 Q_2 也比 Q_1 多。同样,当供给曲线向左移动后,在 C 点达到均衡,新的均衡价格 P_3 比 P_1 高,均衡数量 Q_3 也少于 Q_1。

案例研究

品牌影响力和政策对媒介市场的影响

相比于其他的传统和新媒介,电视媒介由于在视听手段上具有优越性,所以在至今为止的一段时间内一直保持着强势地位。虽然蓬勃发展起来的那些"新媒介"的消费者的数量比电视等传统媒体要多,能带动广告主的兴趣,并进而带动广告投放,但是因为缺乏有效的可衡量市场效果的指标,所以相比较而言,广告主对于电视媒介的广告投放需求至少在未来的一段时间内依旧会很强。特别是如果电视媒体的品牌战略实施得好,带来的广告需求就会更多。例如我国一些优秀的电视频道就因为成功地打造出了娱乐品牌的栏目,带来了巨大的广告投放需求。许多广告商都希望能够把自己的广告投入这些品牌的栏目,这实际上就意味着对电视媒体的广告板块需求的曲线向右发生了移动,结果形成了如

图 2-6 所示的高价位。

也正是因为电视媒体能够获得广告主的青睐,能吸引到整体广告投放市场的大部分份额,而且特别是因为电视频道的线性播出关系,使得黄金时间段的广告资源极为有限,再加上电视观众比较集中所带来的收视率对广告收视效果的影响,因此广告主对黄金时段的广告投放需求也比较多,那么结果自然是黄金时段的广告价位大幅度地高于其他时段。在这种状态下,电视媒体为了获得更多的电视广告收入,往往愿意在黄金时段增加广告供给时间。这就相当于广告供给曲线向右大幅度移动,理论上广告供给数量的增加能降低广告价格,但是由于电视媒体的营销战略(播出优秀的电视剧)吸引了更多的广告主在黄金时段投放广告,这就意味着广告需求曲线也向右发生移动,所以又促使广告价位上涨,最后我们看到的状况是,广告的供给增加,但是由于需求也增加,因此电视媒体黄金时段的广告价格并没有下降,甚至因为需求增加的幅度超过了供给增加的幅度,价格依然会上升。

而在 2009 年年底,针对各级电视媒体擅自加长黄金时间广告播出的长度,已经严重影响消费者收视效果(满意度)的问题,广电总局发布了 61 号令,对电视媒体广告时间作了严格的规定,特别是把电视购物的时段当作广告时间进行处理。这就意味着电视媒体可以提供的广告时间相对变短,也就是说能够向媒介市场供给的广告时间大幅度减少,使得广告的供给曲线整体向左移动,那么其结果就只能是广告价位的上涨。图 2-7 所显示的供给曲线向左移动的结果恰好可以对此进行说明。

2011 年,国家广播电影电视总局直接规定了各地卫视的内容生产标准,基本上是要求各地卫视限制娱乐节目的数量,增加新闻节目的内容。如果我们把电视节目分为几个细分市场,此举就意味着:娱乐节目的市场供给量减少,其供给曲线向左移动;新闻节目的市场供给量增加,其供给曲线向右移动。再加上电视视频和网络视频之间有一定的竞争(经济学上的"替代")关系,所以限制电视娱乐节目很有可能意味着喜欢娱乐节目的观众流入网络视频节目,即电视节目的需求曲线向左移动,而网络视频的需求曲线向右移动,那么我们就可以大体上判定电视台和网络视频公司的广告收入走向了。

三、媒介供给和需求的弹性及其应用

在以上的内容里,我们已经初步了解了供给曲线和需求曲线如何决定市场的均衡价格和数量的问题。在以下的内容里,我们要使用这个工具和一些新的

概念来解释一些媒介现象,并阐述如何在媒体营销管理中进行应用。

在进入实质性的分析以前,我们有必要了解媒介产品或服务的价格弹性的概念,这也是一个媒介经济学中极为重要的概念。明白了这个概念,才能够明白媒体组织如何制定营销战略以增加自己的经济收入,也会明白为什么政府会采取一些税收或补贴政策,而这些政策在什么时候有极大的效果,什么时候却又没有什么效果。

每年的贺岁档都是电影制片商看中的市场,因此会投入较多的资源进行竞争,意图获得更多的回报。在2012年年初的贺岁档中,电影《金陵十三钗》的制片方因为高成本和对高市场回报的期待,要求院线方面给予更多的票房分成。虽然对于中国电影产业链的票房分成比例是否合理的问题一直存在争议,但至少在目前已经形成了一个大家约定俗成并遵守的比例。而此次制片方要求一部电影的票房分成提高,对于院线方而言就意味着利润的减少,在某种意义上讲和成本上升或纳税增加的含义是一样的。姑且不论院线方的抵制和政府的介入等因素,最后的结果是该电影的票价提高。制片方要求院线提高分成比例获得高回报,而院线方最终使用价格战略弥补了自己的损失,这些实际上都是营销战略。而这些战略之所以能够奏效,并且增加的支出最后以高票价的形式部分地转嫁给消费者,是因为消费者对该电影的需求弹性较小。而从消费者的角度而言,只要愿意花钱看此电影,在经济学的意义上讲,至少他们认为物有所值。

经济学中价格弹性的概念是很严谨的,一般分为需求的价格弹性和供给的价格弹性,并区别对待。

媒介的价格弹性是指当价格发生一个单位的变化时,需求(或供给)量变化的程度。其表示公式如下:

需求的价格弹性 = 需求量变化的百分比/价格变化的百分比

供给的价格弹性 = 供给量变化的百分比/价格变化的百分比

媒介的价格弹性的影响因素有很多,比如消费者时间和兴趣的变化、生产能力的形成等因素。一般而言,价格弹性可以分为三类:如果价格弹性的数值大于1,那么就称为富有弹性;如果数值为1,就称为单位弹性;如果数值小于1,就称作缺乏弹性。不过,我们为了简化起见,把当单位价格发生变化时,引起较大数量变动的情形称为有弹性,引起较小数量变动的情形称为缺乏弹性。

图2-8和图2-9直观地表示了需求的价格弹性的一些特征,这些对媒体组织的营销管理有着重要的影响。从图中可以看出,上升同样的价格水平,在左图的需求曲线的弹性情况下,消费数量大幅度减少,总的结果是媒体组织的收入减少,比较 OQ_2AP_2 和 OQ_1BP_1 的面积就可以看出来。而在右图的需求曲线的弹性

情况下,消费数量小幅度减少,而媒体组织的总收入反而有可能增加,同样比较 OQ_2AP_2 和 OQ_1BP_1 的面积就可以看出收入的变化。

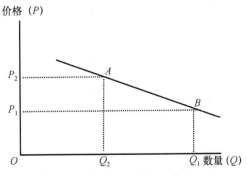

图2-8 需求的价格弹性较大

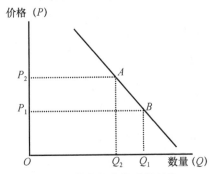

图2-9 需求的价格弹性较小

那么需求的价格弹性在现实的媒介营销管理中意味着什么呢?实际上意味着媒介产品或服务的品牌价值及其品牌战略经营概念。如果媒介产品或服务的消费者钟情于某一个栏目或报纸以及杂志,适当的价格上涨并不会减少消费者的消费量,反而会带来媒体组织收入的增加。所以说,打造品牌战略的本质,是为提升价格奠定基础。而对于需求弹性较大(品牌忠诚度低)的媒介产品或服务来说,可能更适合降价策略。

接下来我们考察一下供给的价格弹性的特征。

比较图2-10和图2-11就可以看出,在价格变动区间相同的前提下,由于图2-10中供给曲线的弹性比较大,所以引起的数量变化也较大。而图2-11中供给曲线的弹性比较小,所以引起的数量变化也就比较小。自然,供给的价格弹性不同,给媒体组织带来的收入变化也是不相同的,比较 OQ_2AP_2 和 OQ_1BP_1 的面积就可以看出供给的价格弹性大小对于企业收入的影响。

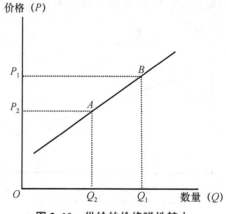

图 2-10 供给的价格弹性较大

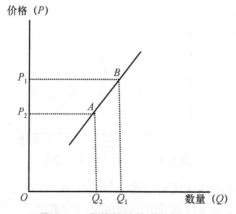

图 2-11 供给的价格弹性较小

关于媒介的价格弹性还有一些较为特殊的例子,而且其中一些特性对媒体的营销管理有着直接的作用和影响。为了更形象地说明这些问题,让我们同样用组图的方式来说明完全有弹性和完全无弹性供给以及需求的一些特性。图2-12 和图 2-13 表示了完全有弹性和完全无弹性的需求和供给的一些特征。

例如,在青少年中频繁出现的"网瘾"现象是社会各界关注度较高的问题。所谓网瘾,就是网络消费者执着于一些特殊的网络内容(例如游戏等)的消费,产生了近似于图 2-12 所示的完全无弹性的需求状况。与此相同,沉迷于暴力或黄色录像等在本质上也属于这种弹性类型。

学习了价格弹性以后,我们应用这个弹性工具分析一些媒介市场中的现象,

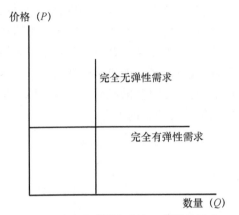

图 2-12　完全有弹性和完全无弹性的需求

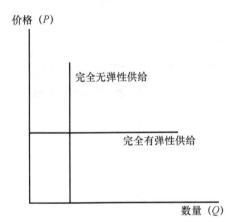

图 2-13　完全有弹性和完全无弹性的供给

这对媒介营销的学习是很有帮助的。首先,我们考虑政府的媒介政策对媒介产品或服务价格的影响。之所以考虑这个问题,是因为在政府实施媒介政策后,媒介市场中的价格就会受到影响,但是由于弹性不同,媒体组织和媒介消费者所受的影响程度是不一样的。在此我们主要考察媒体组织及其经营管理者把影响向消费者进行转嫁的能力和程度。让我们以政府征税为例分析以下两种不同的需求价格弹性的情况。

如图 2-14 和图 2-15 所示,在政府进行征税前,供给曲线和价格弹性不同的两条需求曲线相交在 A 点。也就是说,市场在 A 点达到了供需平衡,产生了均衡价格和均衡数量。请注意,两图中 A 点处的价格水平相同。政府对媒体组织进行征税后,媒体组织为了获得和以前一样的利益,必然将自己的供给曲线向上移动。在两个图中,供给曲线移动了同样的幅度,移动后的供给曲线和两条不同弹性的需求曲线分别在 B 点和 C 点相交,分别形成了不同的均衡价格和均衡数量。很明显,C 点的价格和数量都高于 B 点。分析了以上图形以后,我们可以得出这样的结论:在需求曲线具有较小的价格弹性时,媒体组织向消费者进行税金转嫁的能力较强,这也就意味着媒体的经营管理者可以用涨价的方式,向消费者转嫁因税收而引起的营销管理成本的上升。

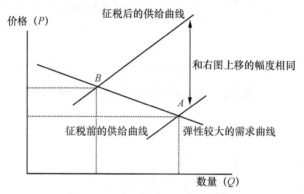

图 2-14 弹性较大时的税金转嫁

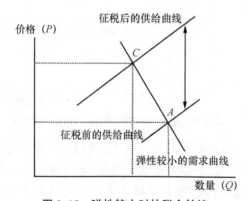

图 2-15 弹性较小时的税金转嫁

同样,读者可以自己分析政府对媒体组织进行补贴时的状况。补贴意味着媒介的供给曲线向下移动。读者可以试着在图 2-14 和图 2-15 中把供给曲线向下移动同样的距离,看看这对媒体组织和消费者的影响如何。

接下来,我们考察一个较为特殊的,但也是在影视以及媒体行业中常见的例子,这对我们学习媒体营销管理也是有帮助的。

我们已经知道在有些场合,供给曲线具有完全无弹性的特征。在供给完全无弹性的状态下,需求的增加立刻会引起均衡价格的急剧上涨。现实生活中的明星供给就近似具有供给完全无弹性的特性,这样我们就可以解释各类明星的出场价格为什么会急剧上升。

从图2-16可以明显地看出,因为供给的价格完全无弹性,任何对媒介产品或服务的需求的升温都会马上导致媒介产品或服务价格的快速上涨。同样,任何的需求降温,也会相应地引起价格的大幅度跌落。

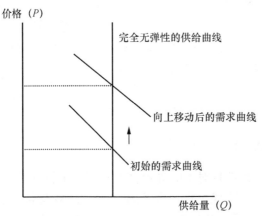

图2-16 完全无弹性的供给曲线的特性

著者观点

媒介营销管理战略的核心境界是什么?

在现代生活中,我们能看到传统的、新兴的媒体组织所采取的多种多样的营销战略。例如,电视媒体的独播剧战略、杂志媒体的赠送高档礼品战略、地铁报的免费战略、手机运营商的资费套餐战略、网络媒体的包月战略、广告价位的折扣战略、媒体的品牌战略等。甚至媒体组织播出或刊载黄色、暴力内容也是一种营销战略,虽然这种营销战略是应该禁止的。

从本质上讲,媒体组织实施的任何营销战略,其核心境界或者说要追求的终极目标都是很简单的,那就是要拥有市场力量和相应的经济"效果",即要做到把消费者对自己的媒介产品或者服务的需求曲线,在大幅度向右移动的同时,降低其价格弹性(提高品牌价值),直至没有任何价格弹性(绝对忠诚,如图2-12所示的完全无价格弹性的需求状态)。能做到这一点的媒体组织,其营销管理战略才可以称得上是有绝对效果(极大的成功),而且可以通过大幅度涨价等表象行为获得最大化的经济收益。

媒体组织实施营销管理战略的意义就在于降低营销战略实施过程中的成本,也就是图 2-7 所描述的供给曲线的下移。这样,当市场价格不变而成本下降的时候,自然就会达到较高的利润水平。当然,如果媒体组织通过营销管理战略让自己达到图 2-16 所示的完全无弹性供给(也就是垄断)的状态,就会获得相应的市场势力。这个时候媒体组织就可以采取限量生产的战略措施,通过供需杠杆抬高市场中的价格水平,获取最大化的市场收益。

总而言之,媒体组织的营销战略应该能让媒介消费者在增加消费数量的同时,变得绝对忠诚,也就是说要让需求曲线在向右移动的同时,发生顺时针方向的旋转并尽可能垂直,这样媒体组织就可以提高价格。如果媒体组织能同时使用相应的营销管理战略降低成本(或减少供给),那么就能实现最大化的经济价值。

四、媒介形态的替代与互补

现在中国的电影票价对于消费者收入而言处于较高的水平,有很多人在抱怨这个问题。如果电影票价有了回落,相信会有许多人走进电影院,但这也可能减少人们对电视、广播以及其他媒介产品或服务的消费。

据媒体报道,2012 年元旦,手机用户大都发现拜年的短信比往年少了很多,而通过微博拜年的数量则有相当大的增长。这意味着微博拜年的行为影响到了移动运营商的短信拜年收入。当一种媒介产品或服务的价格(或播放时间)的改变,增加(或减少)了消费者对这种媒介产品或服务的需求,减少(或增加)了对其他媒介产品或服务的消费的话,这两种媒介产品或服务就互为**替代品**。比如,黄金时段的中央电视台电视剧和地方卫视的电视剧就是典型的替代品的关系;中国移动、中国联通和中国电信三者的移动通信业务相互之间也是替代品的关系。而当一种媒介产品或服务的价格(或播放时间)的改变,在增加(或减少)了消费者对这种媒介产品或服务的需求的同时,也增加(或减少)了对其他媒介产品或服务的消费的话,这两种媒介产品或服务就是**互补品**。比如,安徽卫视的"电视剧大卖场"与"剧风行动"栏目就形成了很好的互补关系;同样,线上节目的收视率或广告投放和线下活动也形成了很好的互补关系。

因为消费者的时间和金钱是有限的,所以许多媒介产品或服务形成了相互替代的关系。在这种情况下,竞争就会显得格外激烈。电视媒介及其产品的流行,从广播和报纸的消费团体中抢走了大量的受众,但受影响最大的恐怕还是中国的电影行业。而现在,新媒体又向传统媒体发出了强力的挑战信号。

然而，不同媒体的特性也可以使得媒体组织的媒介产品或服务形成互补的关系。一般来讲，影像和声音可以引起人们的注意力，而文字可以引发人们的思考，这也许就是不同的媒介产品或服务可以形成互补关系的前提。

广播和电视等电子媒介，在信息报道的时效性和可视性方面具有很好的比较优势，但在信息的深度报道和分析方面则具有相对的劣势。而纸媒介的产品在信息的深度报道和分析方面有很强的比较优势，在时效性和可视性方面则具有相对的劣势。虽然电子媒介的产品和纸类媒介的产品具有竞争和替代的关系，但是如果各自都能发挥比较优势，避免劣势的话，是可以形成互补关系的。这样，就能实现营销管理的高效率。同样，传统媒体和新媒体之间也存在这样的关系。是形成竞争关系，还是互补关系，要看媒体组织的战略设计意图和环境状况。

著者观点

收视率的"逆增长"

电视剧是电视节目的一种产品形态，但由于视频网站具有片源丰富、片中无插播广告、观看时间可控、可随时快进等特性，不少观众从电视台流向了视频网站。在这种形势下，电视节目的收视率受到来自网络媒体的挑战。从这个角度看，电视节目与视频网络似乎是替代品关系。

然而，近几年爱奇艺、优酷等各大视频网站却纷纷向电视台抛出橄榄枝，希望能与各大卫视频道加强合作，同步购买，共同播出电视剧，并且"心甘情愿"地在每晚电视剧首播时间结束后，再更新网络视频。在此合作模式之下，各大卫视的收视率并没有遭到挑战，相反，在电视频道强大影响力的带动下，网台联合推广的电视剧点击量纷纷居高不下。比如湖南卫视首播的电视剧《宫2》全国收视率高达2.52%，也即全国约有3亿观众收看了该剧，而该剧的网络版权方腾讯视频，也收获了2.033亿次的高点击量。收视率与点击率实现同步增长，电视媒体与网络媒体之间形成了新型的"互补关系"。

这种情况的出现，归根到底是由视频网站的赢利模式所决定的。众所周知，视频网站需要依靠广告商的广告投入来实现赢利，而广告商购买的是视频网站的点击量。近些年视频网站的版权意识增强，纷纷斥巨资购买大量的电视剧。此举虽然长尾效应凸显，但由于网站购剧经验不足，缺乏对优秀电视剧的市场判断能力，不少买来的电视剧点击量低，广告收益价值不高。而电视台在对优秀电视剧的判断上早已形成经验，同时电视台公信力和影响力强，因此视频网站与电视媒体的联手可以实现优势互补。

另外,随着社交媒体的盛行,社交媒体与电视节目之间也形成了新的"互补"关系。比如2012年龙年春节晚会直播时,新浪微博上的广大网友也同步展开讨论。刘谦刚表演完镜子魔术,就有网友迅速在博客上揭秘。而在不远的将来,电视、手机、电脑三屏同步的现象,将成为新媒体时代崭新的媒介关系。

现在出现的一个问题是,由于中国媒介产业的从业人员受陈旧的新闻和节目制作的教育理念的影响,且缺少媒介营销管理理念,因此很多媒介产品或服务都具有相同的特征。广播电视内容的艺术性和可视性不够,纸类媒介产品或服务本应擅长的深度报道和分析也不能令人满意,结果大家都在同一个层面上展开竞争,形成了相互替代的关系。甚至一些新媒介也在走传统媒介的老路,过分追求同质化内容层面上的竞争。如果大家都在相同的领域展开竞争,也就意味着各自都在自己具有比较劣势的地方投入了大量的资金、人力和其他的营销管理资源,造成了浪费和营销管理的低效率。如果大家能够扬长避短,充分展开各自的优势,则会形成很好的互补关系,各自得到良性的发展。比如,对一个正在发生的事件,电子媒介可以在很短的时间内,利用自己的优势,向媒介产品或服务的消费者提供最快、最准确的信息,引起媒介消费者的兴趣,而消费者一旦对此产生兴趣之后,必然会关心整个事件的来龙去脉,这时纸类媒介则可以展开自己的优势,进行深入和详细的报道,呈现有价值的分析和观点。这样一来,广播电视、新媒介等形式的电子媒介和纸媒介等都能够取得很高的营销管理效率。

第三节　与媒介生产决策有关的一般规律

一、生产函数

我们知道,任何媒体组织都是在追求有效率的生产,并尽可能使得利润达到最大。为了了解媒体组织的生产情况,我们有必要对其进行考察。

我们知道,媒体组织是在投入人员、设备和资本等生产要素后,利用现有的技术和管理方法,向消费者提供媒介产品或服务的。所以说,投入和产出是有着极大的关联的,我们把这种投入和产出的相关关系称为媒体组织的生产函数。如果严谨地进行描述的话,**媒体组织的生产函数**是指在现有的生产和管理技术的前提下,一定的资源(人、财、物)投入所能带来的最大媒介产出。

在理解了生产函数的概念以后,我们要开始把握媒体组织的总产量、平均产量和边际产量等概念。这些概念虽然简单易懂,但却是媒介经济学理论中较为重要的概念,对媒体组织的营销管理战略有着深刻的指导意义。

总产量是指在一定的投入状态下的媒介产出总量。显而易见,在价格一定的情况下,总产出越多,媒体组织的销售收入也就越多。**边际产量**则是指每个追加的单位投入所带来的产出。边际产量的高低,影响着媒体组织的成本的高低。**平均产量**指的是用总产量除以投入量后得到的每个单位投入所带来的平均产出量。平均产量高,意味着媒体组织有较高的生产效率和较低的成本。

图 2-17 和图 2-18 对这些概念做了一个全面而细致的分析。可以看出,总产量是随着投入量的增加而增加的,但是其增加的幅度越来越小,这就是经济学领域边际产出递减的原理。图 2-18 更明确地表示了边际产出的递减效果。从中可以看出,随着单位投入的增加,边际产出是越来越少的。

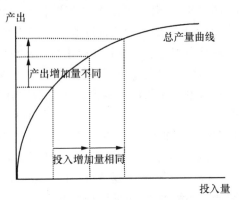

图 2-17 媒介的生产函数曲线

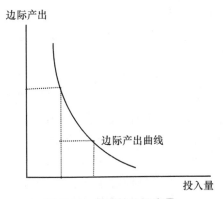

图 2-18 媒介的边际产量

媒介的边际收益递减规律是指当其他生产要素的投入不变时,随着某一种生产要素的单位投入量增加,其所带来的媒介边际产量是逐渐减少的。

例如电视节目的制作需要机房、设备和编辑人员这三种要素的投入。如果我们不增加机房和设备的投入,只增加编辑人员的数量,那么总节目时长(总产量)自然会增加。但是如果我们考察每一个编辑人员的产量时就会发现,由于编辑人员不断增加,平均每个人占有机房和设备的时间会逐渐减少,那么每个编辑人员单位时间的产出就会减少。也就是说,虽然大家的能力相同,但因为机房和设备的条件制约,追加的编辑人员带来的产量增量是减少的。

二、媒介的生产成本分析

没有相应的投入就不会有产出,媒体组织不投入人员、设备和资金等生产要素,也一样得不到任何媒介的产出。而投入要素并不是一个媒体组织先天就具有的,必须在各种市场中按照一定的价格标准购入这些要素;在这些价格的总和的基础上加上其他一些必要的管理成本就构成了媒体组织的总成本。

如果仔细地观察媒体组织的生产成本,就会发现生产成本是可以区分为两部分的。一部分成本是在短期内和媒体组织生产与否没有关系的成本,我们把这类成本称为**固定成本**。比如,设备的租金、银行贷款的利息、建造的大楼、正式在编的员工的工资等都形成了媒体组织的固定成本,即使媒体组织不进行任何生产,这些成本也是必须要支付的。另外一部分成本是和媒体组织生产量的多少有直接关系的成本,这类成本构成了媒体组织的**可变成本**。比如,随着媒体组织生产量的增加而增加的耗材支出、短期聘用的群众演员的工资等,都形成了媒体组织的可变成本。

媒体组织的**总成本**是固定成本和可变成本的总和,如图 2-19 所示。这意味着在某一个时间段内,并且在其生产技术水平不变时,媒体组织生产一定数量的媒介产品或服务所支出的货币总和。

一个媒体组织知道了自身生产的总成本,也就意味着知道了生产的平均成本。**平均成本**就是把总成本平均摊在每一个产出上的数额。媒体组织通过比较这个平均成本和价格,才知道是否有利润可图。因为媒体生产的总成本是随着产出的增加而增加的,所以平均成本也必然是随着产出量的增加,在经历了一段低落(规模经济效果)后逐渐转入上升(规模不经济效果),如图 2-20 所示。

一个理性的媒体组织的经营管理者除了重视生产的总成本、平均成本外,还应该特别注意边际成本。**边际成本**是指当媒体组织多生产一个单位的媒介产品或服务时,所要投入的成本的增加量。比如,每增加一份报纸、一个电视栏目的

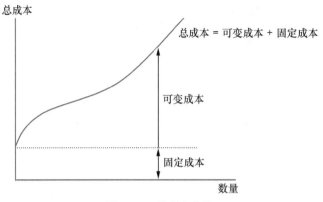

图 2-19　总成本曲线

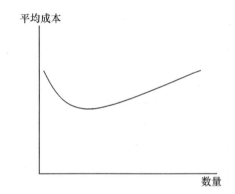

图 2-20　平均成本曲线

成本都是边际成本。从媒体组织的生产函数图示中,我们知道了生产的边际产出是递减的。也就是说,随着总产量的增加,每一个单位的投入要素所带来的产出是越来越少的。但如果我们反向思考,就会发现为了得到每个单位产出,所需的成本是越来越大的,这就意味着,随着生产的增加,每一个多生产出来的媒介产品或服务的边际成本有可能是越来越高的,图 2-21 就很好地显示了这一点。

实际上,平均成本和边际成本是有着很密切的关系的。多生产一个单位的产品必然会带来一个边际成本,而边际成本必然会加入总成本,然后影响平均成本的高低。如果把图 2-20 和图 2-21 叠放在一起,会观察到边际成本曲线必然经过平均成本曲线的最低点(见图 2-22)。

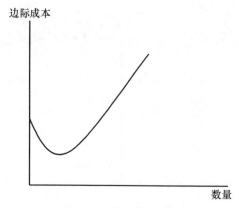

图 2-21 边际成本曲线

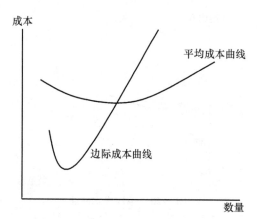

图 2-22 平均成本与边际成本的关系

三、媒体组织利用价格和边际成本决定生产数量

我们之所以如此细致地分析各个成本曲线及其关系,是因为我们想通过了解市场价格和媒体组织的生产成本的关系了解媒体组织的生产决策。

媒体组织为了追求利润的最大化,就必须使用媒介产品或服务生产的边际成本和媒介市场中的(广告与发行等的)价格进行比较,在边际成本等于市场价格的地方决定媒介产品或服务的生产数量。这是因为如果市场价格高于边际成本,那么媒体组织就会觉得还有利益可图,所以就要增加生产。如果媒体组织的边际成本高于市场价格,那么媒体组织必然会觉得受到了损失,所以就会减少生产。只有市场价格和媒体组织的边际成本相同时,媒体组织才能得到最大的经济收益。

从图 2-23 可以看出,市场价格线和边际成本曲线相交的地方,决定了媒体组织的生产量 Q。在点 Q,媒体组织的平均成本低于市场价格,所以就会产生如图中矩形阴影面积所示的利润。但是,如果媒体组织之间的竞争是完全的市场竞争,那么媒体组织就会取得"零"利润。这是因为,如果市场是完全竞争的,那么在其中媒体组织的数量是巨大的,而且产品是相同的,也就意味着生产技术和生产方式是一样的,同时也意味着媒体组织只能是市场价格的接受者。如果一个媒体组织取得了超额(超出成本)利润,其他媒体组织同样能够取得超额利润,这样就会在媒体组织之间引起降价竞争,直到所有的媒体组织都不能取得超额利润为止。

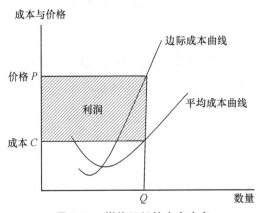

图 2-23 媒体组织的生产决定

图 2-24 和图 2-23 在很大程度上是相似的,如果读者把图 2-23 中的价格线和成本线都向下移动(这里所说的向下移动,意味着市场竞争的加剧所带来的结果,例如市场中的媒体组织增加等原因,使得市场价格下降,自然使得产量也随之下降,因此其制造成本相应减少),例如移动到图 2-24 中所示的位置,就会发现,此时的市场价格和制造成本在平均成本曲线的最低点处是一致的。自然,在这个时候,媒体组织就不会有超额利润,也就是我们所说的**零利润**。

然而在现实生活中,虽然完全竞争的媒介市场是不存在的,因为我们看不到完全一样的媒体组织或媒介产品和服务,但这却为我们提供了重要的分析手段。我们更多观察到的是垄断和垄断竞争形势下的媒体组织,所以接下来,我们就着重分析垄断和垄断竞争的媒体组织的生产决策和利润水平。

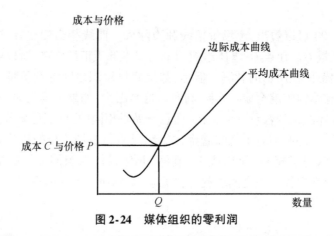

图 2-24 媒体组织的零利润

著者观点

如何解读"长尾理论",并创造出"珠峰理论"

近年来,很多出版物经过很好的市场营销战略或炒作,成为年度畅销书,其中有些书籍的确是值得一读的。

《长尾理论》也是一部畅销书,其作者根据多年的研究,把观察到的现象和数据经过分析后得出了"长尾理论"。这个理论立刻风靡中国,引起了巨大的反响,以至于很多产业界人士开口就是长尾,都想着做长尾战略。

该书作者把经济学理论,通过一些产业现象和数据娓娓道来,很有启发意义。不过,值得注意的是,由于很多读者误读了"长尾理论",所以在应用长尾理论时,很容易出现偏差。

什么是长尾呢?实际上,所谓的长尾就是消费需求曲线接近坐标轴的那部分。

真正的市场需求曲线是很长的,它会无限接近两个坐标轴,但并不与之相交,如图 2-25 所示。

图 2-25 中有两条虚线 P_1 和 P_2,它们之间的区域代表了市场中大多数消费者能够承受的价格空间。P_1 之上的价格区间,因为一般消费者很难承受,所以我把这部分称为"需求曲线珠峰区域"。在一般的市场中,这部分的需求极少,企业寻找这部分消费者的成本也比较高,所以也不愿意为其生产。而 P_2 以下的价格区域,虽然有着极其巨大的需求量(需求曲线长尾区域),但因为生产者也无法承受如此低廉的成本,所以也无法形成供给。所以一般教科书中的需求曲线能体现出来的只是 P_1 和 P_2 之间的部分。因为各种因素造成的曲线移动所形

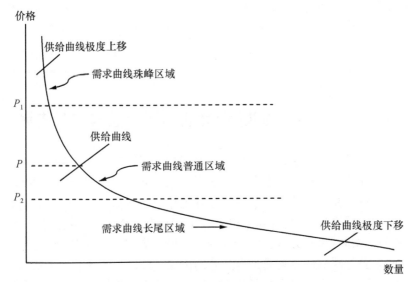

图 2-25　长尾理论与珠峰理论

成的价格变化,也只能在这部分内进行,超出的部分要么是消费者不能承受高价格,要么是企业无法支撑低成本。

在前文中,我们谈到了新技术的使用,其结果往往是带动生产成本的下降。如果出现划时代的技术进步,那么就有可能带动企业的边际生产成本急剧下降。例如数字化技术、大容量硬盘技术等,使得歌曲的保存和生产成本接近为零,对于像亚马逊那样的网络供应商,其生产(在服务器中储存)一首歌曲、一本图书的边际成本接近为零。这就意味着,供给曲线极度下移后,实现的市场价格就很有可能进入图 2-25 中所标示的"需求曲线长尾区域"。这就使得那些原本不能承受原有市场价格的需求者成为消费者,从而为媒体组织带来巨大的经济利益。

因此,所谓的"长尾理论"就是企业的边际生产成本急剧下降,甚至趋于零时所造成的供给曲线急剧下移,和需求曲线相互作用形成了非常低廉的价格,使得以前大量的市场潜在消费者成为真实的消费者。虽然市场价格较低,但因为成本更低,而且市场消费者的人数巨大,所以企业依然能够获得较多的市场收入。特别是,如果企业能够完全消化掉前期的投入成本(固定成本),或者为了带动对其他产品的消费或者广告投入也愿意**"免费"**供应这些媒介产品或服务。

同理,随着信息技术的快速进步,企业组织为寻找和接触消费者而支付的**搜索成本**也会急剧降低。因此,一些企业愿意为那些能够支付极其高昂的价格的消费者提供特殊的服务(例如天价手机、个性化服务等能体现独一无二的价值的产品或服务)。虽然价格较高,消费者比较少,但这样做同样能为企业带来巨大利益,所以我将之定义为"珠峰理论"。

第四节　现实中的媒介行业市场特征与生产决策

由于经济学的知识在媒介行业并没有得到普及,所以对于传媒行业的市场特征一直存在着多种看法。很多专家学者喜欢把媒体组织认定为垄断者,并且由于政治经济学在他们的头脑中占有主导地位,所以垄断或寡头以及垄断竞争往往被看成是罪恶的根源,受到了很多攻击和批判。然而,不管是垄断也好,寡头也好,乃至垄断竞争都是媒介市场机制的产物,是市场竞争的结果,并且也有一些垄断现象是政府的政策或是自然界的规律造成的。就像前文中所阐述的那样,我们承认垄断、寡头以及垄断竞争等现象会给媒介市场带来生产和资源使用上的低效率,但千万不能对其进行批判或攻击,我们所应该做的是以政策手段促进媒介市场的竞争,带动媒介资源向着高效率的行业流动,以此形成媒体组织生产的高效率。

一般来讲,在媒介行业中,并不存在完全的市场竞争,这一点和任何其他行业都是一样的。媒介行业是一个大的概念,其中存在很多细分的行业,比如报纸行业、杂志行业、电视行业、广告行业、网络行业等,所以我们可以看到有的媒介行业属于垄断性质(如有线电视网),有的媒介行业属于寡头性质(如手机运营商),还有的媒介行业属于垄断竞争性质(如电视台)。

一、垄断媒体组织的市场决策

如果在媒介行业,只有一个媒体组织提供媒介产品或服务的话,那么这个媒体组织就是垄断者。比如,我们看到在一个城市或地区,只有一个有线电视的接入服务运营商,那么我们就可以把它看作是一个典型的垄断媒体组织。同样,宽带的接入服务和固定电话的接入服务都是这种性质。

媒体组织的垄断特征,往往是由政府的政策和自然的力量这双重作用形成的。由于媒介的影响力非常强,所以政府往往会控制媒介行业的数量,只允许一个媒体组织进行排他性的经营活动。在我国,这种组织往往具有国有国营的性质。另外,如果一个媒体组织能够以低于两个或两个以上的媒体组织的成本向市场提供媒介产品或服务,就会形成自然垄断的现象。上述有线电视的运营服务商就兼有这两种性质,而且即使没有政府的排他性许可,有线电视的运营服务也应该具有自然垄断的性质。试想,如果有两家或两家以上的有线电视运营商可以提供内容接入服务,那么所有的运营商都要铺设相同的有线网络,结果每个运营商都要支付相同的铺设成本,所以由一个运营商提供接入服务会使平均总成本越来越低,如图2-26所示。

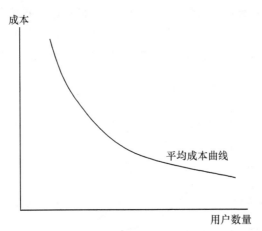

图2-26 垄断媒体组织的规模经济

因此,管线类的服务商一般天生具有垄断的特征。例如,我们在缴纳有线电视接入服务或宽带互联网接入服务的费用时,会发现我们是没有办法和接入商讨价还价的,因为定价权在这些垄断媒体组织的手中,这就是垄断的力量。最近,除了网络性质的服务商之外,一些提供具体服务内容的组织通过激烈的市场竞争,打败了对手之后也逐渐具备了市场垄断者的性格,所以也纷纷开始使用价格工具获得垄断的高额利润。所以接下来,我们要考察一些具有垄断性质的媒体组织是如何决定他们的生产和价格的。

垄断性质的媒体组织的目标是追求利润的最大化。通过前文的分析,我们已经知道只有当媒体组织获得的边际收益(市场价格)和边际成本相等时,才会实现利润的最大化。

首先,我们考察垄断性质的运营服务商的需求曲线、边际收益曲线和边际成本曲线,这是我们分析运营商的营销决策的必经之路。由于在市场上只有一个运营商提供有线或者宽带网络的接入服务,所以这个运营服务商就会面对整个用户市场,其需求曲线必然是向右下倾斜的。一个服务价格必然对应一个用户数量,如果想要增加用户数量,就必须降低价格,也就是说,运营商的边际收益会越来越小,所以其边际收益曲线也是向右下倾斜的,并且位置在需求曲线的下方。另外,可以把运营服务商的边际成本曲线看成一条水平的直线,这是因为运营服务商每增加一个用户,所增加的成本只是一段网线而已,所以其边际成本基本是固定不变的。

其次,我们再来考察运营商的供给决策和价格决策。我们已经知道媒体组织若想获得最大的利润,就必须在边际收益等于边际成本的地方提供服务,所以我们就很容易在两条曲线相交的地方找到运营商所愿意提供的服务量。需求曲线的特征告诉我们,一个数量对应一个价格,所以我们一旦找到了这个运营商愿意提供的服务量,就可以根据需求曲线找到运营商所愿意收取的价格。

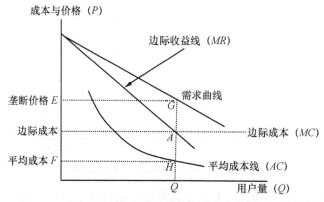

图 2-27 垄断组织的利润最大化决策

从图 2-27 可以看出,一个垄断的媒体组织可以在边际收益与边际成本两条曲线相交的 A 点处,决定其向市场提供的媒介产品或服务的数量,这个数量就是横坐标上的 Q 点。然后,垄断的媒体组织就可以根据这个数量决定市场的垄断价格,这个价格处在 E 点的水平位置上。我们可以发现,在垄断的媒体组织决定其提供的市场数量的条件下,其平均成本很低,处在 F 点的水平,所以垄断的媒体组织就可以因此获得高额的垄断利润,如图中的 $EFHG$ 所示的面积。

二、寡头媒体组织的市场决策

现在的无线移动通信运营商通过提供语音通信、数据和视频等服务内容,已经演变成为媒体组织了。而在中国的无线通信市场上,原来只存在着"中国移动"和"中国联通"这两家运营商,近年来随着市场政策的改革,"中国移动""中国联通"和"中国电信"三足鼎立。这也是一种寡头现象,而且这种寡头现象在很多媒介市场中都有发生,比如我国的电影制片厂和放映院线也属于寡头性质。当然,门户网站和搜索引擎的服务商也都属于寡头性质。

从媒介市场特征的角度讲，寡头处于完全的市场竞争和垄断之间。垄断的媒体组织因为没有竞争对手，所以就没有市场竞争，而在寡头的媒体组织之间则有可能展开殊死的市场竞争，当然这些寡头的媒体组织也可以通过合谋的手段避免竞争。不同的态度会带来不同的市场结果。

首先，让我们以楼宇电视广告为例，分析寡头媒介市场几种可能的状况。假设在一个城市中只存在两个楼宇电视广告的服务商，每个服务商的供应能力是每天提供100个楼宇电视广告时段，那么这个城市的楼宇电视广告市场的供给量共计200个广告时段。

对于楼宇电视广告来说，一旦楼宇电视广告播出系统（硬件部分）建成，每个广告播出的边际成本将会很低，所以如果这个楼宇电视广告市场是完全竞争的，两家供应商就会提供全部的播出服务，楼宇电视广告的市场均衡价格就应该很低。假设每个广告时段的价格为1000元，这时市场总的收益为20万元。所以，每个服务商会获得10万元的收益，而且这时该市场会达到最大的效率。

如果这两个服务商一起减少自己的供应量，每个服务商只提供75个，合计提供150个广告时段的话，每个广告时段的价格有可能达到3000元，这时总的市场收益将会是45万元，每个服务商将会获得22.5万元。如果这两个服务商把电视广告时段的供应量降低到100个，每个服务商只提供50个广告时段，这时每个广告时段的价格有可能会达到5000元，总的市场收益将会是50万元，这样一来每个服务商将会获得25万元。如果两个服务商继续减少广告时段的供给数量，每个服务商只提供25个，合计只提供50个广告时段的话，虽然每个广告时段的价格可以达到8000元的高位，但这时总的市场收益反而会降低到40万元，此时每个服务商只会获得20万元。

如果楼宇电视广告市场上只存在一个垄断者，那么这个垄断者为了追求利润的最大化，肯定只会提供100个广告时段，以此来抬高楼宇电视广告的收费价格，因此就能获得高额的垄断利润。这两个服务商也可以仿效垄断者的经营决策，一起把广告时段的供应量降低到100个。这样一来，两个服务商就能够一起获得相当于市场垄断者的结果，实现了共同利润的最大化。

理论上这两个服务商能够一起实现垄断的经济利益，但在现实生活中，如果两者之间没有形成这种协议，或者形成协议后并没有什么特别的保证手段，那么这种垄断的结果往往是难以保证的。

例如，其中的一个服务商可能会这样考虑问题：如果自己把供应量增加到100个，对方没有增加的话，那么市场的总供应量将会是150个，虽然总的市场收益将会减少，但自己的收益将会从25万元增加到30万元。同样，另外一个服务商也会这样想问题，也希望在对方不增加供应量的基础上，单独增加自己的供应量，结果也会提供100个广告时段。这样一来，市场上就会出现200个楼宇电视广告时段，价格自然就会降低，结果双方的收益大幅度减少，每个供应商只能获得10万元。在经济学中，把这种双方博弈带来的市场结果称作纳什均衡。

  上述例子说明了寡头之间的合作与私利的冲突。如果寡头之间进行合作，虽然违背公平交易的原则，但却能够带来事实上的垄断，自然就会带来经济利益；但是如果双方都追求私利，反而都不能获得最大的利润。在现实生活中的任何媒介市场上，由于所有的媒体组织都希望自己能够获得最大的市场份额和最大的经济收益，所以都会采取类似上述的行动。这样一来，媒介市场就很难产生垄断的结果，反而只会带来总的媒介产品或服务供给量的增加和市场价格的下降。由此我们可以得出一个更重要的结论：在一个寡头的媒介市场中，媒体组织的数量越多，相互监督的成本越大，合作的可能性也就越小，所以寡头市场的特征也就越来越接近竞争市场，不但媒介市场的价格会降低，媒介市场的生产效率也会提高。所以寡头的媒体组织在没有政府干预的情况下，一般会倾向于采取兼并手段，实现垄断能带来的高利润。

三、垄断竞争的媒体组织的市场决策

  大多数媒介市场都具有垄断竞争的特征。特别是大众传媒领域的报纸、杂志、广播电视以及图书音像出版行业都属于这种状况。媒介市场的垄断竞争，就像我们在前文中叙述的那样，是指在一个媒介市场中存在着众多的媒体组织，而且这些媒体组织提供相似而不相同的媒介产品或服务。从这点上看，报纸、杂志和广播电视都处于这种状态。就以卫星电视为例，我国任何一个地区的电视观众都可以收看到几十个卫星电视频道，而且这些卫星电视频道提供十分类似但又绝对不相同的电视节目内容。报纸和杂志也是如此，看似提供类似的新闻和内容，但由于报道和分析的角度不同，所以报道的内容也就不尽相同，甚至有可能出现截然相反的观点。

  既然是垄断竞争，那么必然和垄断、竞争有相同和不同的地方。媒体组织之间垄断竞争的格局是由市场竞争而引发的。试想，如果所有的媒体组织都提供相同的媒介产品或服务内容，那么我们的媒介市场就不需要这么多媒体组织生存了。电视、报纸和杂志等媒介市场只需要一家媒体组织就够了，因为这样不但生产成本会越来越低，而且在理论上可以实现最佳的社会生产效率。但是为了自身的生存，各个媒体组织都以不同的定位吸引不同的市场人群，这就是我们将在后续章节论述的媒体组织的市场细分化战略。媒体组织的市场细分化是指媒

体组织针对不同的市场人群提供极其有针对性的媒介产品或服务,这样一来就等于媒体组织在不同的市场人群中形成了独家垄断的格局,所以说媒体组织的垄断竞争是一种由于市场竞争而形成的局部市场垄断的局面。自然,上文中阐述的垄断的媒体组织的特征和市场决策机制也就会在垄断竞争的媒体组织身上完全体现出来,每一个媒体组织都可以自己设定市场价格,并且能够获取高额的垄断利润。这种垄断竞争策略实际上就是电视业界一直追求的频道专业化的理论基础。

虽然垄断竞争性质的媒体组织可以和垄断性质的媒体组织有着同样的特征,但这只是短期内的结果,长期的结果并不是这样。我们知道只要有高额利润存在,自然就会有新的市场参与者试图参加进来,但是垄断性质的媒体组织之所以会在市场上处于垄断地位,是因为有政府的政策、自然资源的垄断等高不可攀的进入壁垒保护着它,而垄断竞争形态的媒介市场中则一般没有很高的进入门槛,能够让一些新的媒体组织很轻松地参与进来,和现有的媒体组织分享高额的垄断利润。虽然广播和电视产业享受政府的政策保护,有着较高的进入门槛,但也正是因为行业保护,再加上媒体组织的市场意识不强,所以在这个市场上出现了马太效应,市场份额向几大组织集中,为其带来了巨大的广告收入。不过,只要有利润就有激励其他行业组织加入的动机,网络视频已经开始向广播电视行业发起了冲击,希望打破其行业壁垒。即使在通信领域,各种即时聊天或视频通信软件也给既有的市场格局带来了冲击。

一些具有垄断竞争特征的媒介产业的进入门槛却比较低。比如,以演艺市场为例,这也是一个典型的垄断竞争的市场,每一个歌手或演艺人员都用自己特有的风格垄断着自己特有的市场,为自己和唱片公司带来高额的垄断利润。但是,歌唱事业并不是一个进入门槛高的领域,每年都有很多新的歌手和演艺人员加入文艺演出市场,并且不断地发行新的唱片。伴随着这些市场参与者的增加,已经存在的演艺人员和唱片公司的高额垄断利润将会逐渐减少,甚至有些唱片公司会出现亏损,于是就会有一些唱片公司退出这个垄断竞争的媒介市场。所以说,垄断竞争的媒介市场永远处于一个有媒体组织不停地进入和退出的动态平衡的过程中。这是垄断竞争性质的媒介市场和垄断性质的媒介市场截然不同的地方。

自然,垄断竞争的媒介市场和完全竞争的媒介市场也有着截然不同的特征。虽然在垄断竞争的市场中,有媒体组织在不停地进进出出,表面上看起来和完全竞争的媒介市场有些相同,但是两者的根本不同点在于市场价格的设定。完全竞争的媒体组织接受市场中的均衡价格,价格等于边际成本也等于最小的平均成本,而且其生产量也处在有效规模之上。但是垄断竞争的媒体组织可以自己制定媒介产品或服务的价格,而且这个价格一般高于最小的平均成本,所以向市场提供的产量就有可能低于有效规模,这就意味着社会的生产效率有损失。

著者观点

新媒介的经济学本质及产业政策重点

近年来,新媒介一直是一个热点话题,学界和业界都投入了大量的精力进行研究。大家的关注点大都集中在技术和赢利模式等领域。而对于新媒介的本质,及其对社会经济的深远影响却很少有深入的研究。

经济学的核心思想实际上就是两个字:效率。所有的经济现象和社会生活决策(个人与企业的行为)都是围绕效率这两个字进行的。

在一个理想(效率最大化)的经济社会,每一个经济主体(企业、家庭和政府)都是完全理性的,所有的信息都能在每一个经济主体之间实现充分的共享。可想而知,在这个前提条件下,每一个经济主体因为掌握着所有的信息,就都能理性地做出最佳的决策,也就是说都能用最小的成本获得最大的回报。例如,如果消费者知道所有产品的质量和价格等信息,那么消费者就能以最小的价格成本购买到最好的产品。这样消费者就能获得最佳的经济效率。企业和政府也是如此,只要掌握所有的信息,并且没有任何的信息获取成本,就都能做出具有最佳经济效率的决策。

然而在现实生活中,这种信息完全共享的社会是不存在的。因此经济主体就只能根据有限的信息量作出决策,所以每一个经济主体都不能作出具有最佳经济效率的决策。这意味着信息的传递越是受到阻碍,社会的经济效率也就越低下。

而新媒介的本质在于信息渠道的增加和信息传递成本的降低。例如互联网、搜索引擎、手机媒体等新媒介形式,使得人们可以随时随地,而且是用更低的成本,在全世界范围内获取最新的信息。新媒介的出现,实质上是把现实社会朝着理想社会推进了一步,加快了信息共享的速度,扩大了信息共享的范围。由于人们可以用更低廉的成本获取更多的信息,从而使得每一个经济主体的行为决策更加理性,社会整体的经济效率也因此得以提高。

从这个角度讲,新媒介产业政策的重点也就很明晰了。因为新媒介可以从质上提高整体社会的经济效率,那么如何加快新媒介的产业布局,同时使得新媒介环境下信息传递的成本更加低廉,信息传递的速度更加迅捷,信息传递的内容更加真实可信等,都是新媒介产业政策的重点。虽然整合行政部门的利益的工作很困难,但行政部门利益的分割远远不如提升国家整体经济效益重要,而且更简单的道理是,国家整体经济效益提升之后,各个行政部门也必将是受益的。

除了政策的推进速度,著者认为,产业政策还要考虑政策有效性和政策立场的问题。例如关于通信的定价权、各种通信技术标准的制定、手机和网络的实名制等问题都关系到消费者的核心利益。众所周知,产业组织和消费者往往是有利益冲突的,如果政府制定政策的初衷是要保护消费者的利益,那么就要考虑政策实施的效果。

在本章,为了帮助读者理解和掌握媒介营销管理的精髓,我们从宏观的角度描述了媒体组织的营销管理的内容框架和一些媒介经济的基础知识,这些内容对今后的学习大有益处。在后续的章节中,我们将要通过具体的分析和论证,逐步揭示媒介营销战略以及媒介营销管理的理论和实践的核心内容。

战略思考训练

1. 考察纸媒介或电子媒介的市场状况,分析其市场竞争的激烈程度,并判断其市场状况是接近完全竞争、寡头、还是接近垄断或是垄断竞争。

2. 2011年上半年,利好的经济环境为报纸广告带来大约523亿元人民币的收入,同比增长率为13.2%,其中都市报为443亿元,同比增长率高于报纸的总体增长率,达到了14.23%的水平。你如何看待这个数据并给出你的理由。

3. 盗版猖獗一直是令我国政府头痛的事情,虽然多次严厉打击,但是一直没有很好的效果。但是近年来盗版商逐渐销声匿迹了,只能在一些地摊上看到其踪影,很少见到以往的大规模的商店销售模式。请分析为什么会有这样的结果,是政府的打击终于见到效果了,还是由于其他的原因使得这个行业萎缩了。

4. 一个影视制片人,花费了1亿元人民币做了一个电视连续剧,制作周期是两年,销售和回收周期是三年,最终回收1.2亿元人民币。该制片人常常引以为傲。从纯粹的经济效率角度讲,你如何判断这个项目?

5. 热门影视剧网络版权的价格飙升,从2010年的1万元一集,在2011年蹿升到100万元一集,而且网络视频公司收购大部头电视剧的价格全部超过2000万元。一年上涨百倍的涨价幅度,是视频企业没有料到的。某集团董事长分析说，最近搜狐、新浪、腾讯等传统势力纷纷进入视频领域，最好的方式就是提高版权内容的门槛，给后来者树立高门槛，让他们不能轻易进入。如何理解网络视频行业的市场特征并进行分析。

6. 媒介产品或服务的消费价格弹性意味着什么？在现实生活中，哪些媒介产品或服务具有较大的价格弹性，而哪些又具有较小的价格弹性？

7. 2011年的"十一"消费旺季即将来临之际，平板电脑的价格战已经炮火猛烈。率先开火的是联想。9月23日，其主打产品乐Pad A1从2499元的高位跳水至1000元。试分析联想此举的战略意义何在？其平板电脑战略带来的结果如何？请进行后续的考察。

8. 云计算的概念最近一直受到热炒。什么是云计算？其核心思想和目标是什么？对于媒介产业和消费者的利益又是什么？

9. 国家广播电影电视总局宣布从2010年1月1日起施行《广播电视广告播出管理办法》(61号令)，目的是净化银屏，规范广告播出，让消费者获得满意的消费体验。考察此管理办法的内容，从经济理论角度分析其效果，并考察其实际效果，然后展开你的解释。

10. 2011年年底，IBM公司的《未来五年5项预测》报告中的第四项是对移动通信技术的预测。IBM在一个视频中提出："现在，各经济体财富的多少由它们掌握信息渠道的程度所决定。在未来五年，移动通信技术的发展将消除信息鸿沟。"你是否认可这个观点？理由是什么？

11. 寻找一些经典的成功或失败的媒介营销管理案例，从经济学的角度进行细致的分析。

12. 请用简单的文字对本章内容进行归纳总结。

第二篇

媒介营销战略

第三章
媒介营销概论

> 媒介行业曾经被人称为暴利行业。在媒介产品或服务不丰富的时代,媒体组织不需要太多的营销努力就能获得市场;而在市场竞争相当激烈、新媒介技术与相关应用层出不穷的今天,媒体组织已经不得不重视市场营销的理念,并且用市场营销的战略指导自己的生产和销售活动。媒介营销已经为媒体组织的生存和发展做出了应有的贡献。

如果概述一下最近国内外媒介行业营销管理的最新发展,可以总结出一个规律,那就是从最初的以报纸、杂志、广播电视等物质平台传输模拟信号的信息和节目等内容来满足大众普遍的文化精神需求,到现在用网络、手机、电子书等物质平台传输或分发数字化的信息或视频内容,而且由于数字化具备双向互动的特征,因此能做到更精准地把握消费者的需求,从而做到有效传播,所以相对而言能满足消费者不同水平和层次的精神需求。同时,因为在这种数字化的生产和传播过程中能减少对物质资源等的消耗,所以相对而言这样的媒介行业的技术进步以及相应的营销战略是节能和环保的。如果有一天技术进步到可以在人的大脑中直接植入信息或内容,社会资源就可以更加节约,连物质平台都不需要了。

实际上,在上述这个规律性的论述中,已经涉及了媒介营销的消费者需求领域、内容生产领域、渠道或播控平台的集成和分发领域、内容购买与服务领域、成本控制领域等相关内容。可以看出:内容从模拟走向了数字化互动;销售和发行也已经从传统的渠道演变为平台集成化;媒介消费也越来越个性化;就连生产体制也体现出了从大规模团队向个体化逐渐演变的趋势,层出不穷的新技术和新思维幻化出众多的新媒体机构及相应的服务内容,使得个人制作信息与视频内容并且通过各种网络平台与人共享成为可能,这就为消费者免费获得内容奠定了基础。而另一方面,这些新技术和思维也为个性化制作和需求提供了空间,不但使得点击付费成为可能,更有可能改变整个产业经济的结构,甚至改变人类社会传统的就业观念,既有的社会结构可能会发生根本性的变革。而所有这些发展和变革又将使得媒介行业至今为止的营销战略发生根本性的改变。

营销的概念,在以往常常被理解为是营利性、生产性行业的经营手段之一,媒介行业自然也属于营利性的生产行业。而如今,营销的理念已经深入到所有的行业和领域,甚至政府、学校以及科研和文化单位等非营利部门也都纷纷采取营销的手段来促进自己目标的实现,这是因为营销的核心概念是"**交换**",而交换的目标可以是**营利**的,也可以是**非营利**的。实际上,所有的行业机构或组织都面临着和目标对象群体之间的交换问题。比如学校和学生之间要进行教育产品的交换;政府机关要想办法让国民理解政府政策;科研部门面临着经费的获得和成果的推广等问题;文化部门则面临着提高国民文化素质的问题。甚至连美国总统大选也是一场规模庞大的(大量使用媒介)、针对目标受众的关于政策和选票的营销战。所以说,营销的概念不能只限于那些以营利为目的的生产性部门,非营利的部门或组织也应该采取营销的战略和手段,完成和目标群体的交换,并通过交换最终实现自己的目标。近年来,在大众媒介上出现的越来越多的公益性广告和内容就已经证明市场营销概念的重要性已经被普遍接受。

所以,如果专家学者否认媒介行业是营利性的生产性行业,而认为媒介是喉舌机关的话,那么就可以把媒体组织划归政府机关部门,但这样也还是需要高效率的营销战略或手段来更好地实现传达政府信息的功能。

营销手段可以应用到所有的社会行业和层面,自然就可以应用到更具体的有形和非有形的产品和服务上,甚至于还可以应用到概念、场所以及人员等方面。比如,核心技术的开发、社会生活环境的保护、资源的节约、失学儿童的再教育、贫困地区的开发、国民素质的提高、爱国主义教育的开展等社会问题和活动都可以采用营销的手段,引起全社会公民的广泛关注并促使其行动,这样就可以达到我们期待的目标。

例如电视产业,在过去几十年中,伴随着电视传媒影响力的深入,主持人逐渐成为一个特殊的群体,特别是在亚洲,电视观众对于主持人的需求甚至决定了节目的生存状态。有调查结果显示,台湾受众认为主持人是众多节目制作要素中最重要的一个。也有些国家的电视机构把主持人当作影视娱乐艺人一样进行包装和宣传,以提高其影响力,进而带来收视率。因此,从某种意义上讲,主持人已经逐渐成为电视机构力推的一种产品或品牌。

在媒介领域,作为无形产品的创意或内容的模式也越来越受到重视。这是因为随着媒介产业化(产业链的形成)的加速形成,和收入挂钩的收视率早已成为一个媒介机构主要的考核目标。虽然这种做法的确有值得商榷的地方,但在目前的技术手段的前提下,收视率还算是一个相对客观的指标。而收视率的高低取决于节目的好坏。近年来,在国内,各式各样的真人秀节目充斥于银屏,而每一个真人秀节目的背后都有一个节目创意和模式,这都是需要制作和播出机构付费购买版权的。所以伴随着产业化的进程,创意已经逐渐演变成为一个单独的产业概念。内容创意机构早已成为媒介产业链上不可或缺的机构组织,模式的开发与营销(授权或版权销售)能为媒介组织带来丰厚的利润。也正是基于这一点,在媒介行业,有很多专家学者比较推崇"内容为王"的概念,认为内容是媒介产业的根本。但是,"内容为王"的概念却是在忽视了媒介产业链的效率的前提下产生的。

第一节 媒介营销和价值创造

所有的营销活动都是媒体组织为了实现更高级的经营战略目标而进行的布局,是向媒介消费者(普通受众、用户或者是其他行业组织)提供有价值的产品或服务,并且保有竞争优势的战略工具。如果单纯地追求营销活动的某一个环节的完善,而不能和媒体组织整体的战略意图进行有机的结合,那么任何营销活动都不会给媒体组织的战略意图的实施带来有利的影响,反而只会带来战略成本的增加,并让媒介营销失去了真正的意义。

一、媒体组织为何需要营销

目前,我国的媒介消费者可以利用广播、电视、报纸、杂志、网络,甚至是手机和户外屏幕等多种媒介形态、渠道或平台了解和挑选自己所需要的媒介产品或服务,而且大多数媒体组织都在提供相似的媒介产品或服务。特别是在技术进步的推动下,媒介行业的进入门槛相对降低,甚至每一个消费者都已经成为内容的生产者。在这个媒介产业相互融合的大背景下,任何形态的媒体组织都不是绝对的不可或缺,媒介市场不会因为一个媒体组织的出现或者消亡而有任何的改变,都会按照其固有规律运转。所以,在这样的市场环境中,媒体组织必须遵照市场规律,进行媒介产品或服务的策划、生产制作、价格制定以及市场品牌价值传播活动,以求得生存和发展。

现在,各行各业都在强调市场的作用,媒介行业也不例外。无论是媒体组织的经营管理者还是普通的从业人员,都开始接受甚至主动强调市场的作用。即使这样,我们的媒体组织所生产制作的媒介产品或服务依然不能满足消费者的需求,甚至有海量的媒介产品或服务无法进入消费领域,更谈不上打造国际竞争力。这些都意味着我们的媒介组织并没有把营销学的观点和战略价值应用到具体的实践活动当中。

首先,很多媒体组织的从业人员对市场的基本规律并没有真正和深入的了解。在任何国家,在市场经济发展初期,人们都不明白市场和市场规律到底是怎么一回事。在我国,在从计划经济体制朝着市场经济体制转型的过程中,媒介行业的改革最为滞后,所以对市场的理解也最为匮乏,依然停留于表面认识。很明显的一个事实就是,改革滞后的传媒领域虽然占据了较多的资源,但所创造的市场价值远远少于改革较早的电信领域。

其次,经营者的主观意识过于强烈,并且过于相信过往的经验。现在,除了一些国有的媒体组织的规模稍大一些之外,新近成立的大批民营媒体组织的规模都比较小。这些媒体组织的经营管理者大都拥有长期的媒介从业经验,他们从国营体制的媒体组织出来后,创建了各种类型的民营媒体组织,所以也是创业者。一般来讲,这样的媒体组织的经营管理者个性都比较强,并且非常相信长时间积累起来的工作经验。所以,在面临复杂多变的市场环境、需要做出各种决策的时候,很多人都是一拍脑门,然后跟着经验感觉走,偶然拍对了就能成功,拍错了就失败。因为失败的媒体组织自然会销声匿迹,所以人们往往只能看见那些偶然拍对脑门而成功的媒体组织,然后大家把这些媒体组织的经验稍加总结,甚至是拔高之后,得出的结论就是媒体组织若想成功就应该如此这般,甚至有些专家和学者把这些偶然的成功经验做成所谓的经典案例,进行广泛的宣传和推广。实际上,这种做法是非常危险的,因为拍脑门得出的成功经验不具有普遍意义,如若大规模地加以推广和实施,反而会给整个媒介行业以及经济的发展造成危害。

再次,效率和效果的概念不明确,使得组织最终被市场抛弃。这是全世界不成功的组织的通病。在市场经济非常发达的国家,市场经济的概念已经非常普及,许多媒体组织的经营管理者也很清楚必须按照市场规律来运作和管理媒体组织,那么为什么还会有大量的媒体组织由于经营不善而被兼并呢?

包括中国在内,追求媒介生产的高效率是世界上所有国家的媒体组织的营销管理的核心目标。就像我们在前文中所阐述的那样,媒介生产的高效率就是要用尽可能少的媒介资源生产出尽可能多的媒介产品或服务的价值。

很多媒体组织的成功,是其营销战略活动在一定时期内符合市场需求方向且有效率的表现。比如开发出了好的媒介产品或服务的项目,或者是建立了高效的媒介产品或服务的流通渠道,或者是降低了媒介产品或服务的生产成本而带来价格上的竞争优势等。但就是因为这样的成功(效率),反而会给很多媒体组织带来思维和战略行动上的惯性。这就解释了为什么我们能在很多的媒体组织内部看到大规模地总结、推广和普及经验的活动。

另一方面,一旦某个媒体组织获得了成功,不管是出于竞争的考虑,还是基于其他原因,整个行业会纷纷效仿,最后变成整个行业都在采取同样或类似的行动。特别是在中国,媒体组织之间这种被称为"取经"的活动非常盛行。

媒体组织以及行业之间总结经验、追求效率的活动在某种程度上是指,把个人或部门的成功经验(技能或方法)变成普遍的准则,通过在媒体组织内部,乃至在行业整体进行全面推广,使得大家都能熟练地掌握,从而实现更高的产出。实际上,这是一种追求规模效益的做法。

这种追求规模效益的做法虽然能够给媒体组织带来生产的高效率,也的确应该加以重视,但我们也要清醒地意识到,**生产效率高并不意味着市场效果好**。而且,"取经"有可能使得整个行业造就大量没有个性、同质化的媒介产品或服务,最后导致激烈的**同质化竞争**。

在上文中,我们阐述了市场的方向是不以媒体组织的意志为转移的。媒体组织的成功,严格地说应该是市场环境下的成功;也就是说,在一定的市场条件下,如果媒体组织的产品或其他营销活动和市场的需求相吻合,媒体组织的产品开发或其他的营销活动就会获得成功。这种成功意味着媒体组织的营销行动的方向和市场的方向取得了一致,即取得了市场效果。

然而,市场需求的方向是随时在改变的。如果媒体组织一味强化推广现在成功的经验,就意味着不断地强化现在的营销行动的方向,因此就很有可能偏离已经变化了的市场方向,并且越是强化现在的经验就越有可能偏离真正的媒介市场的方向,其后果也就可想而知了。很可惜的是,许多媒体组织往往注重追求生产效率,并且在这方面有很好的能力,而在感知市场环境的变化方面却相对滞后。

从上面关于效率与效果的分析可以看出,真正能够决定一个媒体组织能否在市场环境中生存和发展的根本要因是市场的效果,只有和市场的变化方向保持一致,媒体组织追求效率的活动才会有好的效果。

我们一直强调,媒体组织的营销战略方向要随着环境的变化而变化。在以往,市场环境的变化速度相对缓慢,所以媒体组织可以慢慢应对。而如今环境的变化是加速度的,甚至是突如其来的,例如经济危机的爆发有可能在短时间内造成一个国家的经济崩溃;而技术的发展也是日新月异,能让人们的生活习惯发生根本性的变革,例如触摸屏智能手机,在短短的时间内就取代了功能手机,并置长期的市场领导者于即将倒闭的境地。消费者的兴趣和价值取向也越发多元化,大量生产和大量消费的时代早已经成为过去,并且在今后这种趋势的演变将更为激烈和复杂。所以,关乎媒体组织生存和发展的相关战略也就需要在市场营销理念的指导下,在有限的经营资源和组织管理水平下加以学习并强化快速应变的能力。

如何构架媒体组织在市场中生存和发展的战略正是市场营销领域所要研究的主要课题,在以下的内容里,我们将结合媒体策划与营销的关系,就此课题作进一步的探讨和分析。

二、营销的终极目标是实现价值交换

如果我们把所有媒体组织的营销管理方面的战略行动所追求的核心目标用一个词来概括,恐怕只有"交换"这个词最为贴切了。实际上,我们人类社会所有的经济乃至其他活动都是围绕着"交换"这两个字进行的。

所谓"交换",是作为卖方的媒体组织和作为买方的消费者,在双方根据自主意志做出决策的前提条件下进行的一种为了获得更大价值而采取的活动。

一般来讲,在经济学中,买卖双方的"交换"行动,只有在基于双方自主意志的前提条件下进行,才能为交换的双方带来更大的价值。这是因为,在没有任何强迫的状态下,交换行为之所以能够成立,是因为交换双方都能感觉到通过交换行为所获得的价值比付出的成本要大。

作为卖方,媒体组织希望从消费者手中获得酬劳(主要是货币价值),然后向消费者提供媒介产品或服务,当然这种产品或服务是通过媒体组织的营销努力(内容策划、制造、定价和宣传等活动)所产生出来的有价值的东西,并且媒体组织也只有在认为从消费者手中获得的酬劳(在今天或者未来)大于自己提供的产品或服务的价值时,才会采取这样的行动。而作为买方的消费者,也只有在感觉到自己从媒体组织那里获得的**综合价值**(功能价值、情感价值、身份价值等)大于自己所支付的**综合成本**(货币成本、体力成本、精力成本等)时,才会同意交换。

在这里,我们已经可以看出媒介产品或服务的策划与品牌价值传播等营销战略活动的作用了。策划与品牌价值传播等营销活动可以促进"交换"行为的发生。这是因为,一个好的策划和品牌价值传播活动能够增强消费者对媒介产品或服务的价值感觉,如果买方也就是消费者感觉到产品或服务具有很高的价值(能够获得更强的满足感或能解决生活中的实际问题),自然就会产生购买的欲望,愿意拿出货币或时间等成本和媒体组织进行产品或服务的交换。

策划和品牌价值传播等营销活动虽然可以促进媒体组织和消费者之间的交

换行为的发生,但是,这些活动要基于媒体组织所提供的产品或服务对于消费者而言具有实际价值这个前提条件,才能发挥其本质上的作用。

现在,因为市场机制和法律机制不健全,大众媒介上频繁出现虚假新闻和广告,并能够引发一些消费者的交换行动。但这些造假行为被曝光之后,在消费者中间会形成另外的一种广告效应——媒体组织的公信力降低,消费者开始抵制媒体组织的活动,媒体组织不能维持与消费者之间的长期交换活动,生存和发展出现问题。如果问题严重,相关法律部门也会对这类媒体组织做出相应的处罚,如果是这样的话,媒体组织不但不能够生存和发展,甚至有可能退出市场。

那么,媒体组织的产品或服务的价值是如何被创造出来的呢?

在上文中,我们已经阐述了媒体组织的产品或服务的价值是通过媒体组织的营销努力产生出来的。所谓营销努力是指媒体组织为了促进和消费者的交换,提高消费者的综合满意度,通过营销方式达成自身更高的战略价值目标的综合活动。营销努力应该包含"有价值"的创意、"有价值"的功能、"有价值"的品牌传播、"有价值"的渠道或平台、"有价值"的价格等多方面的内容。

应该注意的是,媒介行业的从业人员对于自身的战略价值目标要有高远的理解。虽然我们一直强调媒体组织的营销活动的根本目标是通过和消费者的交换活动创造价值,但这个价值对于媒体组织而言,应该包括短期的货币所得的价值以及长期的生存和发展的价值,并且后者远远大于前者。所以,从这个角度出发,媒体组织的营销活动的价值核心在于构建和消费者互惠的合作关系,并且这个关系必须是长期的、能动的,而且还是可以调和的。

上述观点和大家普遍了解的营销观点有一定的区别。目前,人们关于营销的观点大都停留在如何增加销售的层面上。这种归属于**刺激型营销**的观点在中国乃至世界上都很常见。这种营销观点认为,媒体组织与消费者之间的关系是一种单向的刺激关系,只要媒体组织使用营销组合战略(产品、价格、广告宣传等活动的组合)刺激消费者或广告主,消费者或广告主就会有反应,就会产生购买欲望,进而购买媒介产品或服务。在这种营销战略的指导下,媒体组织的品牌价值传播活动自然也是具有强烈的刺激性的。读者如果仔细观察一下现在大多数媒介产品或服务的策划与宣传活动的表现就能够发现这些特点。中国的媒体组织片面地追求收视率或者发行数量的营销战略就完全体现了当今我国媒体组织的主流营销观点,甚至还有很多媒介产品或服务的策划与广告表现属于叫卖性质。媒体组织追求收视率或发行量的行为是无可厚非的,而且也是应该的,但是如果片面地追求市场利润,那么在媒介产品或服务的策划和制作等环节,就会有意识或无意识地加进一些刺激性的东西。一个好的媒介产品或服务,应该是在满足消费者正常的、健康的需求的营销观念的指导下,进行策划、创意以及生产制作活动的结果。

如今,在国内之所以会出现大量的虚假广告,除了上述法律机制和市场机制的原因外,最重要的原因还在于我国正处在一个经济体制的转型期内。经济体制改革使得社会的生产力得到了释放,生产能力和消费能力在短时间内得到了增强,但是很多行业的生产能力和消费者的消费能力没能实现均衡,这就导致一些行业的生产能力过剩,供过于求,使得价格飞速下跌,而另外一些行业则出现严重的供不应求的状况,导致价格飞速上涨。另外,经济虽然发展了,但是人们的市场观念却很难在短时间内得以强化。虽然市场营销的观念早已经传入我国,人们也在理论层面上进行了学习,但在操作层面上还在使用一种近乎原始的生产推销型的营销手法。在这种营销理念的指导下,在媒介上进行的品牌价值传播活动也就带有强力推销的特色了。而这种强力推销性质的广告宣传往往容易演变为虚假的广告宣传。

今后,媒体组织与消费者以及广告主之间的**互惠型营销**关系会成为主流,这是因为伴随着经济的进一步发展,社会产品会日益丰富,而且消费者与广告主的消费行为也会越来越理性,对媒介产品以及服务的价值判断能力会越来越强。当然,媒体组织的这种营销观念的转变是一个顺应社会和经济发展趋势的过程,很多社会、经济以及其他的因素在促使媒体组织加快这个转变的过程。那么,什么因素能加快这个过程呢?

第一,经济的发展和生产能力的提高,会使社会上媒介产品或服务的种类日益丰富,而且伴随着WTO框架内容的执行,国外的媒体组织会通过各种形式大举进入中国市场,这不但会带来内容更为丰富的产品和服务,还会带来先进的营销管理理念和手法,使得中国的媒体组织面临巨大的竞争压力。市场竞争的加剧会促使媒体组织去充分理解消费者的需求,和消费者建立良好的合作关系。

第二,经济的发展和收入的逐渐增加,给消费者带来的最大变化将是:受到压抑的消费欲望会得到大量释放。从全世界的经验来看,增加的收入首先会投入文化传媒领域的消费。在消费的过程中,伴随着知识结构体系的丰富,消费者也会不停地发现新的兴趣点。这意味着既有的媒介产品或服务的生命周期将会越来越短,市场会越来越细分。媒体组织要想维持与消费者的长期合作关系,就要不停地开发出消费者满意的产品或服务,而且为使消费者对自己忠诚,还必须放弃刺激型的营销战略手法,转而构架能带来和媒介消费者长期互惠关系的营销战略。

第三,法律制度正在逐步完善。我国政府已经充分认识到法律制度的完善对经济发展的重要性,从一系列立法行动就可以看出,政府会严厉打击虚假广告信息等各种损害消费者利益的行为,这必定会带来媒介市场越来越规范的格局。随着接触媒介机会的增加,消费者也越来越聪明,能分辨信息的真伪,并开始使用法律武器进行维权,因此消费者的权利会进一步得到保障。

第四,技术的进步不但使得媒介产品或服务的生产成本持续降低,消费者的利益也会因此不断增加。信息技术的进步,创造了为数众多的"新媒介"形态,为媒体组织与消费者建立流畅的沟通关系提供了更多的可能性。消费者不仅仅是消费者,他们还可以随时通过双向的信息沟通平台向媒体组织提供信息,参与到媒介产品或服务的策划、生产制作,甚至是定价环节。这是真正意义上的互惠。

第五,生产者和消费者的界限将会变得模糊。新的商业模式将会层出不穷。消费者在消费产品或服务的同时,也有可能成为媒介产品或服务的提供者。曾经的SOHO模式、博客和播客概念的不断升温,乃至最新的微博、社交媒体的出现就是最好的例证。

第六,网络等新媒介形态,将"无国境"的概念变为可能。目前,网络媒体已经成为一个世界性的信息和日常消费品的流通渠道。如今的消费者可以通过互联网购买世界上任何国家生产的任何商品。在这个意义上讲,包括媒体组织在内的任何行业的组织,都要面临世界范围的竞争。一个组织即使在国内是领先者,但如果不是世界范围内的领先者,那么也很有可能被消费者抛弃,成为世界性竞争的牺牲品。既然市场已经是世界性的,资源也已经是世界性的,那么媒体组织的营销战略也必将是世界性的。

综上所述,作为生存与发展的重要战略手段,媒体组织的市场营销活动要能够创建和维护与媒介消费者(受众、用户和其他行业组织)之间的交换关系,并通过这种交换关系为消费者提供有价值的产品和服务。所以媒体组织的营销活动的核心目标是创造价值并交换价值,也就是说要向消费者提供价值。

三、营销战略的思考路径

我们已经详细地阐明了营销活动的核心目标(或称之为基本问题)就是创造价值并实现价值的交换。从这个视角出发,媒体组织所提供的产品或服务已经不是电影、电视广播、报纸杂志、社交网络、微博、云计算、大数据等有形和无形的东西了,而应该是一种"价值品"。这样一来,我们就可以从另外的角度去思考问题了,比如,"媒介消费者在追求什么价值",或者"如何让消费者感觉和得到价值"。也就是说,媒体组织可以真正站在消费者的立场来思考和分析问题,并且通过自身的产品或服务真正满足消费者的需求,提高消费者的满意度。

实际上,消费者对于价值的感觉以及消费的满意度是一种心理上的判断,是消费者根据自身的判断指标,把自己所期待获得的综合价值和将要付出的综合成本进行比较之后做出的综合判断。

消费者期待获得的综合价值包括媒介产品或服务具有的功能价值和情感价值、媒体组织所能提供的服务价值、产品或服务的品牌以及媒体组织的形象价值。所以媒体组织可以通过营销努力提高这些方面所有的或其中一个方面的价值,以提高消费者期待的综合价值。比如,改进媒介产品或服务的性能和质量、优化广告和销售渠道人员的服务态度和质量、提升自身的品牌形象为消费者提供精神上的满足等。

消费者支付的综合成本包括媒介产品或服务的价格成本、搜寻和购买的时间成本以及精力和体力成本。自然,媒体组织可以通过自身的营销努力降低消费者的综合成本。比如,降低生产成本、增加销售渠道和网点节省购买时间、提供送货服务等。一般来讲,时间和体力成本等与货币成本之间具有相互替代的关系,而消费者会根据自己拥有的货币资源和时间、体力、精力等资源,理性地判断出最佳的成本付出方式。

只要综合价值大于综合成本,并且两者之间的差距越大,消费者的满意度就越高,消费(与媒体组织的交换)的概率也越大。所以,媒体组织要尽量提高综合价值,降低综合成本,以增加消费者的满意度。但不管媒体组织采取什么战略提高了其所能提供的综合价值,或者降低了消费者的综合成本,都需要利用品牌价值传播活动告知消费者。

如果我们对上面的内容进行进一步的理解和分析,就可以发现,从提供价值和满意度的角度来讲,即使是相同的媒介产品或服务,媒体组织也可以用不同的价格、不同的渠道、不同的宣传策略渲染出不同的价值,这样就可以增强媒体组织的竞争力。

上面这些内容,涉及市场营销组合战略中的四个组合要素,也就是业界常用的 4P(产品,product;价格,price;地点,place;促销,promotion)或者 4C(顾客问题的解决,customer solution;顾客成本,customer cost;便利,convenience;传播,communication)概念。4P 也好,4C 也好,不论概念如何变化,营销战略的本质都是不变的,即都是生产性组织向消费者提供价值的基本手段和思考方式,其最终目的也都是实现和消费者更好地"交换"。

为了更好地理解"市场营销创造和提供价值"这个观点,我们在下面对媒体组织进行的营销活动及其战略进行更为详细的分析。

第二节 媒介的营销手段和战略组合

一、对媒介价值的需求感知与创造

价值品(媒介产品或服务)的生产是媒体组织发现价值、创造价值并且最终向消费者提供价值和满意度的基础活动。在新兴的媒介渠道和平台层出不穷的今天,价值品的创意和生产活动必须要考虑跨媒体平台传播的因素。例如,一个视频内容不但可以在传统的电视媒体获得版权收入,也可以在众多的新兴媒介渠道获得更多的版权收入,从而实现价值的最大化。

任何媒介产品或服务都是用来满足消费者需求或解决问题的手段,所以媒体组织的营销活动都是从寻找消费者的需求开始的。而消费者之所以会有需求,是因为在生活或工作等过程中感觉到了不方便。如何满足消费者的需求,并解决消费者的问题,甚至提出解决方案,是营销活动的出发点。这就需要媒体组织认真挖掘和分析消费者的**本质需求**,并以此为根据形成或提炼出媒介产品或服务的概念。就像酒可以用来"消愁",也可以用来"庆祝";电脑是"办公工具",也是"娱乐工具";教育可以"传道""授业",或是"解惑"……媒介产品或服务也可以形成"传递信息""进行素质教育""娱乐休闲""购物消费"等不同的概念。概念不同,自然对媒介产品或服务的设计理念就会不同,那么生产出来的媒介产品或服务的价值就不同,也因此媒介产业的外延边界会大不相同。

然而,伴随着社会经济的进步和消费者价值观多样化进程的加快,消费者对一种产品或服务的需求也是多层次的。比如在对媒介产品或服务的功能有基本要求之外,还会对媒介形态、风格、服务等有相应的要求,甚至有些消费者还希望产品或服务能够提供身份象征,这是因为不同的媒介产品或服务也能代表不同的消费群体。可以想象一下,地铁中看通俗杂志和财经杂志的人很有可能属于截然不同的消费人群。所以,媒体组织在进行媒介产品或服务的创意策划以及提炼概念等环节的工作时,要考虑到消费者对媒介产品或服务的基本功能之外的附加要求。特别是在现代社会,模仿水平的提高使得媒体组织的产品或服务的基本功能逐渐走向趋同,因而消费者会更重视基本功能以外的要素,例如电视节目主持人的风格已经远远比节目的实质内容更重要,而且这些要素已经成为产品或服务竞争的重要组成部分。所以,在这些方面做好创意和概念的策划,也是媒体组织的价值生产活动的重要组成部分,也许因此能为营销战略的成功实施奠定坚实的基础。

二、成本与消费者对媒介价值的认知

媒体组织在完成了有价值的产品或服务的生产活动后,就需要把产品或服务的价值在市场中公开出来,以便向消费者提供一个判断的基准。一般来讲,媒体组织所公开的价值基准是以价格的形式表现出来的,比如说各种媒体组织公布的广告刊例价,或者电影票价、版权销售价格等。公开的价格基准是媒体组织想在和消费者的交换活动中获得的期待价值,当然,真正的市场价格并不一定就是媒体组织所期待的价值。在竞争较为激烈的市场环境中,媒体组织所期待的价值和实际生产过程中付出的成本相差不大;而如果市场竞争不是很激烈,而且媒体组织对自己的品牌有很强的自信心,那么媒体组织所期待的价值就会高于实际生产过程中的成本支出。

媒体组织公开的市场价格(期待价值),在某种意义上讲成为消费者判断支出成本的指标。在上文中,我们已经对此作了分析,消费者可以根据自身对产品或服务的价值判断和公开价格进行比较,从而决定是否进行交换活动。

一般来讲,消费者对自己熟悉的媒介产品或服务,希望以较低的支付成本获得。这时,低价格就成了媒体组织促进和消费者进行交换活动的常用手段。然而,在很多场合,消费者无法对一些媒介产品或服务进行价值判断,比如说付费频道的收视价值。在这种场合,消费者就往往以价格作为价值判断的替代标准了,这就为媒体组织提供了一个标示高价格的机会。我们常常看到这样的现象,当一个消费者无法判断某个媒介产品或服务的实际价值的时候,往往常说的一句话就是"好货不便宜,便宜没好货",这时标示的高价格反而成为产品或服务具有高价值的指标,成为媒体组织促进与消费者进行交换的手段。比如,2006年元旦,央视正式投入运营高清影视频道,月服务费达到120元人民币。这是由于高清电视在我国处于起步阶段,消费者无法判断其内容和服务能够给自己带来多大价值,所以央视采取了高价格政策。另外,进口大片的价格普遍高于国产电影,其根本原因也在于消费者对国产电影有了基本的判断,所以无法标示高价格。

还有一个值得国内媒体组织注意的问题,即国人至今为止免费获得了大量的广播和电视内容,特别是互联网盛行以来,不但互联网上的内容基本上是以免费的形式出现的,就连曾经付费阅读的报纸杂志等新闻,也可以免费在网络上得到。**免费**已经成为大多数中国媒介消费者所习惯的一种消费文化。在面对这个**免费文化**的时候,中国的媒体组织将会制定什么样的价格战略决策,考验着众多媒体组织经营管理者的智慧。

例如,我国正在大力推广数字电视、IPTV,但其实施的效果并不理想。尽管存在多方面原因,但其中最关键的问题在于消费者已经习惯了免费收视。要支付货币购买机顶盒并付费观看电视节目,除非数字电视能提供令消费者感到有价值的内容或服务。从目前的状况看,包括节目制作水平在内,数字电视所能提供的价值服务并不能令消费者满意,所以大多数地区只能采取对机顶盒等硬件"免费"的措施,意图推动对内容的消费。

三、流通渠道与平台战略

媒体组织在策划和实施价值的生产战略、标示战略和宣传推广战略的同时,还要考虑具体的交换渠道或平台战略。也就是说,要考虑和消费者在什么地点进行具体的交换行为,以利实现期待价值。这是因为,消费者对交换的场所也有具体的要求,他们当然希望在自己方便的时间和地点获得期待的产品或服务。

一般来讲,媒体组织的渠道战略大体有两种。一种是建设自有的销售渠道,比如报社就可以建设自己的送报体系。这种渠道的好处是非常贴近消费者,能为消费者提供专业的服务,并且能在第一时间了解消费者的需求和消费动态;缺点是要为此支付巨大的成本。为了节约成本,并尽可能地扩展消费者的范围,直销的营销模式开始在一些媒体组织内部受到了重视,DM杂志就是很好的例证。另一种战略是借用书报亭、邮局、超市、便利店以及新兴的媒介渠道或平台等已有的销售渠道,尽可能地节约成本,但这种战略的缺点是难以在第一时间获得消费者的需求信息和消费动态,并且还要说服渠道商给予最大程度的配合。为了解决这个难题,媒体组织要经常和流通渠道的人员进行沟通,一是为了保持长久的合作关系,二是为了获得消费者的消费意见等市场信息。网络的出现为媒体组织搭建了和消费者进行沟通的平台,由此可以直接洞察并满足消费者的需求。

案例研究

图书出版行业的巨变及电影业的渠道思维转变

在至今为止的很长一段时间内,出版社的图书营销往往是以图书展销会以及和书店的长期合作为主流的。虽然书店的还款屡屡出现问题,但出版社掌握着对于书籍的定价权。当然,除了价格战略外,出版行业的具体营销战术是多变的。下面将介绍一些较为具体的战略,其中一些在新兴媒介渠道普及的今天,甚至在未来的很长时间内,都会有效果。

第一,直复式营销。对于一些目标市场非常明确、拥有一定数量的消费者,并且价格较高的图书,出版社能够充分发挥大批量邮寄的优势,在短时间内达到收支平衡,比如教材的征订等。

第二,利用书评营销。很多杂志开辟了书评专栏和新书推荐板块。这些已经成为图书批发商和消费者获得信息的渠道,对图书的发行具有重要的意义。特别是一些著名人士的评论,往往会引导读者做出购买决定。比如,在当当或亚马逊网站上,图书销售板块都会开辟购买者的留言空间。一方面,购买者可以对其买到的书发表评论;另一方面,其他购买者可以获得较为客观的评价并将其作为购买参考。同时,网络书商也会分析人们的点击内容,有针对性地推荐图书,或进行搭配销售。

第三,使用电视和广播进行营销。一些图书的内容能够成为栏目的话题,所以出版商可以利用广播电视进行高效率的营销。比如,美国脱口秀节目主持人奥普拉在她的节目中开辟了图书精品栏目,对所推荐的图书的销售作出了大量贡献。我国的电视台和广播电台也纷纷开设了相关栏目。另外,在电视和广播中直接投放图书的硬广告也是一个良好的营销模式。

第四,利用图书奖项进行营销。在国外,每年都会颁发各式各样的图书奖项,比如布克奖、爱伦·坡奖等。这些奖项都会对图书的发行有巨大的帮助。当然,如果一个作家能够获得诺贝尔文学奖,那么不但是现在的出版物,就连其以往的作品都会得到再版发行。

第五,作者直接加入营销的行列。一些出版社借鉴影视行业打造明星的方式,有意识地强化作者个人的品牌,并利用巡回签名的方式来增加图书的发行和销售。比如,《哈利·波特》的作者 J. K. 罗琳就被出版商有意识地打造成"魔法妈妈"。她成为举世瞩目的明星,帮助造就了《哈利·波特》发行销售的奇迹,并给后产品开发带来巨大的影响。在新媒介蓬勃发展的今天,一些作者利用博客或其他社交网络大力推广自己的作品。

近年来,图书市场发生了翻天覆地的变化。从销售渠道的角度讲,传统书店在来势汹汹的电子商务面前,最初表现出了势不两立的竞争姿态,而且采取了会员卡、书店阅读体验等措施来挽留消费者,但越来越无力招架残酷的竞争。于是,传统书店开始横纵联合,甚至通过协会要求政府出面维持行业秩序,但也没有什么具体有效的结果出现,以至于美国最大的书店都不得不宣布倒闭。

众所周知,打乱传统图书市场格局的是电子商务类的企业组织,因为在图书销售的运营成本上,这类组织有着非常大的优势。而且有意思的是,最初从事电子商务的企业大都是从图书产品切入市场的,甚至后来的以家电起家的电子商务公司,也会进入图书市场这一竞争激烈的领域。

这些电子商务企业在和传统书店的竞争中取得初步胜利后,为了取得更大的市场份额,或者为了获得更多的用户访问量,从而带动其他产品的销售,彼此之间又展开了激烈的价格战。网络上的图书销售价格直线下跌,直接影响到图书出版公司的市场利益,也就是说影响到了出版商的市场定价权。因此,图书市场上开始出现出版商和作为销售渠道的电子商务公司之间的摩擦。从目前的趋势看,图书出版商似乎也没有什么能大占优势的手段。这是因为电子商务企业已经利用价格手段把图书消费者变成了自己的同盟,图书出版商怎么敢直接挑战消费者呢?也许当初眼见电子商务企业在和传统书店的竞争中做大做强,而没有采取有力的措施,就已经是图书出版商犯下的一个战略错误。

实际上,图书市场发生巨变的最深层原因,在于图书消费者购买习惯的变化。所以客观地讲,网上图书销售逐渐取代传统书店,并在和出版商的交涉中取得优势,是不可避免的趋势。这就是市场环境的变迁决定媒体组织的生存的例证。

就在电子商务公司大打图书价格战的时候,图书市场早已经又发生了巨大的转变。提到电子商务,就不得不提起同样是以图书销售起家的电子商务领域的先驱者——亚马逊。2011年,亚马逊宣布其网站用户购买 Kindle 电子书的数量已经超过印刷版图书。

众所周知,亚马逊于2007年推出了 Kindle 阅读器,并销售 Kindle 电子书。亚马逊利用 Kindle 为用户提供了一种全新的阅读体验。由于 Kindle 备受好评,很多公司竞相模仿,掀起了阅读电子书的热潮。众多的电子书似乎带来了竞争,而且近年来以苹果为首的平板电脑也与 Kindle 形成了竞争关系。但至少到目前为止,从市场占有率和销售业绩上看,亚马逊并没有受到什么实质性的影响。这是因为 Kindle 的创新模式及体验引发了图书消费者阅读习惯的改变,激发了潜在的阅读需求。换句话说,亚马逊迎合了新的市场环境方向的改变,而且其强大的图书资源也为其取得竞争优势提供了保证。我们有理由相信,亚马逊 Kindle 在今后的一段时间内,不但会是电子图书的销售平台,而且还会是广告平台,甚至是出版平台,能为亚马逊的生存和发展提供源源不断的收入。

根据泛媒研究院在2011年10月转载的《纽约时报》的最新报道:亚马逊已经开始鼓励作者踢开出版商。亚马逊将出版实体书和电子书。此举无疑将加剧亚马逊与零售商及出版商之间的竞争。而且,亚马逊已成功签下首位作者——自由撰稿人蒂姆·费里斯。此外,亚马逊还出价80万美元取得了演员兼导演潘妮·马歇尔的回忆录的出版权。出版商对此愤愤不平,指责亚马逊抢走了他们最顶尖的作家,并破坏了出版商、书评家以及经销商长期经营起来的产业链。

此外，亚马逊还将向所有作者（不论他们的书籍在亚马逊出版与否）开放曾经严格保密的书籍出售数据，让他们了解其作品在实体店的销售情况，以便让作者和读者之间形成一对一的交流，而以往这种交流只在图书签售会上才有可能发生。

总之，亚马逊的出版服务以及未来可能展开的战略似乎都可以概括为"点对点服务"，创造一个只有作者和读者的世界。当然，这一切都离不开一座中间桥梁——亚马逊自己。这就使得亚马逊曾经构建的"作者—经纪人—出版社—亚马逊—读者"出版链条，进一步简化为"作者—亚马逊—读者"。对此，亚马逊的一名高级管理人员回应说："旧有的出版模式终究会走到尽头，接下来出版业中不可或缺的只有作者与读者，其余介于两者间的尽是危险与机会。"

电影行业曾经因为盗版问题，一直对网络渠道采取拒绝的态度，但是最近看到了新的转机。为了获得更多的渠道收入，一些好莱坞制片商已经开始注重对终端消费者的网络版权销售。例如在 Facebook 开设主页，并开发"社交电影"（Social Cinema）应用软件，向观众直接发布电影。甚至一些制片商开始考虑抛开所有的中间渠道环节，观众只要登录指定的网址、花费较少的费用就能直接观看高清影片。与传统观影方式不同，这种通过观众点播观看电影的方式，"票房"是通过付费制或会员订阅实现，以电子支付技术支持的。而且在社交环境中，观众的观影感受会通过口碑效应，带来更多的点击观看。在某种意义上讲，这是一种薄利多销的电影发行模式，而且由于简化了中间环节，制片商最终得到的"票房"收入无疑会得到提升。

四、媒介品牌价值的有效传播战略

媒体组织生产出来了具有价值的媒介产品或服务，并且也以价格标示了所要获得的期待价值，但这只表明媒体组织具有了和消费者进行交换的条件，并不意味着媒体组织就能获得这些价值。这是因为媒介消费者并不一定知道在市场中存在着这样的媒介产品或服务，或者不一定知道这些媒介产品或服务的市场价格。例如，手机在老年人中的普及率并不高，那么在手机中已经普遍推广的微博这一产品也自然就不能得到老年人的青睐。如果是这样，媒体组织就失去了和消费者进行交换的可能性，所以媒体组织要想方设法让消费者知道有价值的媒介产品或服务的存在，使消费者理解媒介产品或服务的价值，并最终说服消费者参与交换行动。上述这些针对消费者进行的告知信息、帮助理解和说服交换等活动就是媒体组织的品牌价值传播战略。

媒体组织都在千方百计地减弱市场竞争的程度,其所实施的广告或品牌的宣传战略就是最好的体现。表面上广告是为了竞争,实际上是在强调自己品牌的特殊性,而所谓的特殊性就意味着和别人的产品或服务不一样,既然不一样也就不会形成竞争。

媒体组织在市场竞争中生存一天,就会在媒介消费者的心目中形成一定的品牌影响力。而这个品牌影响力是上述各个战略综合作用后所形成的市场结果。品牌影响力代表着品牌的价值,也就是说代表着媒体组织可能获得的市场收益。

但我们通常会面临的问题是,一个媒体组织在生存了一段时间后,因为组织内外环境的变化,有时候必须要改变其品牌形象。例如原本是中低端的品牌想提升品牌价值;或者原本是高端的品牌,但因为市场需求的变化,或自身战略的失误等原因,造成了品牌价值的弱化,从而需要重新强化品牌形象等。所有要改变目前的品牌价值或形象的行为或意图,都属于品牌战略要研究的内容。

在媒体组织进行品牌价值的宣传和推广活动时,有多种手段可供选择。一般来讲分为**人际传播**和**非人际传播**两大类。

人际传播是指通过媒体组织的营销人员、书报亭的售货人员以及消费者之间的口碑传播等方式和手段,针对广大消费者实施品牌价值传播战略。

非人际传播指的是利用广播电视、报纸杂志、网络、手机等各种媒介手段以及广告传单和优惠赠券等辅助手段,针对广大消费者实施品牌价值传播战略。

特别是在现代社会,媒体组织不但要学会通过为别的行业提供品牌价值传播的工具获取收益(这是广告主和媒体组织之间的一种合作关系),还要学会运用各类品牌价值的传播平台实施自身的品牌价值传播战略,甚至要学会把别的产业或其产品当作自己的价值传播平台。

五、用营销战略组合促进交换

在本章中,我们重点讨论了媒介营销战略的作用,并分析和介绍了营销战略中的媒介价值品的创意和生产、媒介产品或服务的价值体现、媒介产品或服务的流通渠道以及媒介品牌价值传播战略的基本理念。更重要的是,我们已经知道,媒体组织为了应对竞争和市场环境的变化,不会单独使用一种价值战略,而是要把上述战略组合起来使用,以形成强大的竞争力。也就是说,媒体组织的营销活动,应该是所有的价值战略的整合活动,要把消费者的需求、感知与价值品创造战略、成本战略、品牌价值的传播战略和价值的流通渠道战略综合地体现在媒介营销活动中,而不是分散地执行各自的战略,只有这样的媒介价值传播活动才更有效率和效果。

从上面的内容可以看出,市场营销战略,基本上是以 4P 或者 4C,乃至最近的 4R 概念为核心展开的促进与消费者完成交换的基本战略。比如,价值品的生产战略是指在变化的市场环境中,根据消费者的需求,创造出具有价值的产品或服务。价值的标示战略是指利用价格的设定唤起消费者进行交换的欲望。价值的传播战略是指让更多的消费者知道产品或服务的价值,并通过一些表现手法,吸引消费者的注意。而流通渠道和销售战略则是指通过营销人员的努力,使得消费者更能接近产品或服务,减少消费的成本,目的还是促进交换。

著者观点

新媒介的营销本质及营销战略

近年来,新媒介的概念甚嚣尘上,户外媒体、手机媒体等新媒介形态不停地出现在人们眼前。即使是有些历史的互联网也不甘寂寞,交友网站、视频网站、微博等形态你方唱罢我登场,与此相关的"网络营销""口碑营销""网络公关"等概念更是此起彼伏,令人目不暇接。

实际上,媒介营销应该包含两层含义。一是媒体组织为了实现自己的经营理念和目标而开展营销活动,二是为其他行业组织提供主动或被动的营销活动。这两者是相互关联、密不可分的。

从传统的营销学角度讲,营销学是以 4P 战略作为代表的,即产品(product)、价格(price)、渠道(place)、促销(promotion)战略及其战略组合。而随着社会经济的发展,企业的营销活动在营销学者眼中发生了根本性的变化。也就是说,营销学从 4P 战略逐渐演变成为 4C 乃至 6C 战略,亦即顾客(customer)、成本(cost)、沟通(communication)、便利(convenience)、机会(chance)和市场变化(change)战略及其战略组合。最近的 4R 概念则认为:随着市场的发展,企业需要在更高层次上以更有效的方式与顾客建立起新型的关系,亦即关联(relevance)、反应(reaction)、关系(relationship)和回报(reward)。

在传统的营销战略中,媒体组织往往发挥的是宣传功能,即为自己的媒介产品或服务,也为其他行业的产品做宣传(广告或公关功能)。所以媒体组织往往把广告收入当作最大的收入来源,其营销活动的目标也就是提高自己的收视率或者到达率,并借此帮助企业做广告宣传。也就是说,在传统的营销战略体系中,企业组织只是把媒体组织当作其促销战略中的广告宣传(信息流)的一种工具,而且还是单向的,不能收集消费者需求和满意度等重要信息。除此之外,重要的流通(资金流、商流、物流)渠道和服务等功能还主要依靠自身的产业链和辅助机构来完成,如图 3-1 所示。

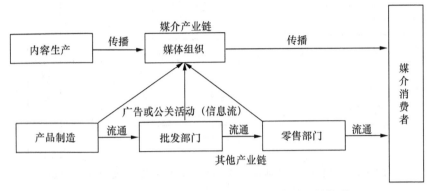

图 3-1 企业组织将媒体组织作为其信息流通的渠道

笔者以为,从现在的市场环境来看,虽然营销学逐渐进化到 4C 乃至 6C 的概念,但正如我们在前文中所阐述的那样,营销在本质上并没有发生任何改变,都是为了促进和消费者之间的价值交换。传播学中传统的"二次销售"理论,在今天的社会经济和生活环境中,特别是在新媒介形态层出不穷的今天,已经有些不合时宜了。人们应该认识到,随着媒体产业组织结构的变迁,特别是各种新媒介形态的蓬勃发展,媒体组织已经不单纯是以往的内容生产和信息传播机构,其产业的内涵边界应该逐渐扩展开来。媒体组织不应该仅销售收视率获取广告收入,媒介在本质上是一个渠道,而在渠道中是可以销售很多东西的。

同样,其他行业的企业组织,也希望更好、更多并且以更低的成本接触消费者,实现自己的经营目标,所以媒体组织就自然而然地成为其他行业的全流通(信息流、资金流、商流和物流)渠道。伴随着数字化技术等的发展,所有的渠道都必将成为双向互动的渠道,甚至是全流通的平台。3D 打印技术的出现,加速了媒体组织成为全流通平台的进程(见图 3-2)。

以电视产业为例,传统的电视产业只制造电视节目内容,通过电视频道将其传播给受众,并借助收视率获得广告收入,所以电视频道只不过是节目的播出频道而已。而今天,电视频道还是可以进行所有商品交易与流通的商业渠道,可以帮助企业低成本、高频率和大范围地接触消费者并完成价值交换,如电视购物。从这个角度讲,电视产业这一概念的边界已经大大拓宽了。不但电视产业如此,其他各种媒介形态的产业概念也应是如此。例如手机媒体,可以帮助企业随时随地地传递双向互动的信息,还可以成为产品销售和货币支付的渠道。

营销学从 4P 发展到了 6C,相信今后在学界的努力下,新的概念还会持续不

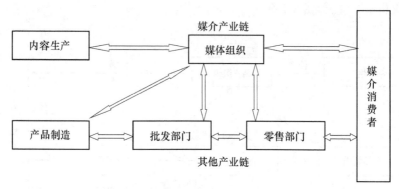

图 3-2 企业组织将媒体组织作为其信息流、金融流、商流、物流渠道

断地涌现。社会化媒介营销、微博营销等新媒介营销战略在近期变得很流行,成为营销概念的新宠,让很多行业领袖趋之若鹜。但是,无论学界如何发展营销学的概念,营销手段变得如何丰富,从营销学的本质上来讲,任何新媒介的出现,只不过意味着和消费者的接触多了一个渠道或平台,和消费者的接触精度(效率)有了大幅度的提高,企业组织通过营销活动让消费者接受自己、提高品牌的影响力、扩大市场占有率或者增加销售利润这些核心目标并不会发生多大改变。

在现实中,新媒介的商业模式或者营销模式并没有发展成熟。很多新媒体的经营模式实际上与传统媒体并没有什么区别,都是依靠广告或提供广告服务生存。优酷、土豆的在线视频中一定会强制播放广告,不能跳转,这和电视频道的插播广告没有本质的区别。而观众之所以选择网络视频,恰恰是因为可自由选择内容且无须大量观看广告。当然新媒体组织依靠广告经营生存也无可厚非,这也是可以选择的战略之一。但是,传统媒体在经营中暴露出来的各种问题,也被新媒体复制了。例如电视媒体中的广告无序插播,已经影响了观众的收视效果。现在我们也发现,很多网络媒体的广告也有类似的问题。每当打开一个网页,广告会占据大部分的空间,甚至故意遮挡很多板块,让人无法点击,其造成的心理不愉快和电视胡乱插播广告造成的收视影响没有本质的区别。

总而言之,新媒介营销战略在营销学的本质上不会有任何新意,因此不要把营销精力全部放到浮夸的概念上,甚至是对"新媒介"这三个字的炒作上。新媒介的营销战略更应该关注的是如何利用其渠道的特性,创造和消费者更多的接触机会,提高接触的效率,增强接触的效果,以实现更多的版权或者商业渠道销售的利益。炒作只会加速人们对新媒介的不信任,人为地降低新媒介产业的价值。

战略思考训练

1. 据上海市工商局公布的信息,2011年国庆长假前3天,共受理消费者申(投)诉举报案件177件,与去年同期的268件相比下降了34%。不过从投诉特征看,互联网服务投诉量居首位,其中宽带运行不畅等问题比较突出。其次,针对网上购物的投诉量同比增幅明显。对此现象展开分析,并尝试论证近年来媒介服务的质量与媒体组织的生存与发展的关系。

2. 某电脑制造公司的董事长在一次创新论坛交流活动中表示,"惠普、RIM及宏达均以降价方式来促销平板电脑,这将是刺激各厂商创新与进步的主要原动力"。对降价能带动创新的观点你怎么解读?请同时考察平板电脑行业整体创新与进步的实绩。

3. 2011年秋季,亚马逊推出售价仅199美元的Fire平板电脑,业内人士分析这根本就是毫无利润可言的价格。知名调研机构iSuppli在自己的研究报告中指出,Fire平板电脑的生产成本大约为209.63美元。结合必要的信息,并考察其后的市场效果,阐述你如何看待亚马逊的平板电脑战略。

4. 搜集相关资料,或者做出相应的调查,对中国媒介消费者的媒介消费特征进行归纳整理,并阐述如何利用这些特征?

5. 国内影视剧视频网站开始涉足终端制造领域,推出了视频超清播放机设备。有专家指出,高清播放机的出现,不仅有效解决了电视互联网化、智能化成本较高的问题,还使电视拥有了媲美PC的功能。请根据技术的进步情况,尝试预测电视产业与网络视频产业的发展格局。

6. 为什么一些地区的交通广播台生存得非常好?对你所在城市交通广播台的生存现状进行调查分析,并探讨在今后会出现什么样的问题。

7. 据英国媒体报道,2000年,新闻集团的所有报纸收益占总利润的32%;而2010年,报业加上信息服务仅为集团贡献了13%的收益,其中,国际新闻公司的总收益为10亿英镑(约人民币100亿元),利润仅6000万英镑(约人民币6亿元)。纸媒因发行量和广告收入的下降面临巨大压力。金融界和媒体界的观察家据此纷纷猜测,默多克是否会为了保住集团最赚钱的业务,放弃赢利甚微的传统纸媒。根据这些数据,请调查新闻集团的业务组成,并给出你的见解。

8. 来自国外媒体的消息,谷歌旗下世界上最大的视频网站YouTube计划与各大媒体公司建立合作关系,让其为YouTube提供原创内容,并将自己打造成一个拥有数十个免费在线频道的下一代有线电视公司。YouTube方面表示计划预支1亿美元现金购买以上公司制作的视频内容,并将通过在视频中发布广告来收回资金。YouTube希望通过这一动作吸引大量的广告资金。YouTube的这个战略行动计划意味着什么？

9. 据国外媒体报道，品牌咨询机构 Interbrand 在 2011 年 10 月发表的报告显示，苹果在全球品牌 100 强排行榜上的排名由去年的第十七位跃升至第八位，成为最大的赢家之一。媒体分析认为苹果品牌价值上涨的原因，是苹果成功地使自己成为平板电脑市场上的领头羊。全球范围内的调查显示，在考虑购买平板电脑的人中，85% 表示有意购买 iPad。没有另外一款产品的比例超过 5%。请阐述你是否认同这个分析，并解释为什么。

10. 纵观世界发达国家，都在媒介产业领域拥有享誉国际的组织机构，而且其制造或出版的内容也对世人有重要的影响力。尝试列举一些中国著名的媒体品牌，并分析其品牌价值的核心是什么。

11. 有杂志提出如下观点：电影院和博物馆给人带来的往往是一种体验式的享受。但现在这一切都将改变，因为现代科技的发展已经让这样的体验变得没有必要了，而且顾客那种享受的感觉也大不如前了。电影院引以为傲的影像效果和音效效果现在在家中也能体验，而且在家看电影还无须忍受嘈杂的环境和昂贵的票价。博物馆也面临尴尬，既然不能碰不能摸，甚至都无法近距离观看，那观众何不在家中的电脑上欣赏图片呢？因此，这两类场所的消亡似乎是必然的。你如何看待媒介技术的进步和现实生活的关系呢？

12. 请用简单的文字对本章内容进行归纳总结。

第四章
媒介市场与价值品开发战略

开发媒介产品或服务,首先需要了解真实的市场状况和消费者消费需求的实际状况,所以就需要展开营销调查等工作,并把营销调查的结果反映到媒介产品或服务的开发以及后续的战略决策环节中去。媒介产品或服务开发的核心追求是满足消费者的需求、被市场接受并尽可能保持长久的生命力。

第一节 媒介市场与战略行动

一、媒介市场中的商业模式与市场融合

所谓市场,必定存在供给者和需求者,也就是媒介价值品的生产商和消费者。在这两者之间存在两个市场,一个是媒介产品或服务的市场,一个是为了生产媒介产品或服务而需要的资源市场,两个市场是相关的。在本章里,我们主要论述媒介产品或服务市场及其相关内容。

关于媒介形态与媒体组织的问题,我们会在以后的章节专门阐述。本章的重点放在基于消费者需求分析的媒介产品与服务的开发及其商业模式上。

虽然关于媒介的新旧问题众说不一,但一般而言,人们还是习惯于以历史的长短来论新旧,所以传统媒介往往指向报纸、杂志、广播和电视这四大产业形态,而新媒介则往往指向上述四大传统媒介之外的互联网、手机、户外屏幕等多种形态。

在每一种媒介形态下面,还会有很多媒介产品或服务的形态,其下还会有更多具体的媒介产品或服务形态。例如,一个电视台可以拥有很多频道,这就是它的产品(线),而每一个频道下面,也会有很多栏目。这些栏目有各自的形式和风格,有简单的访谈类节目,也有复杂的真人秀节目等。又如,报纸有很多版面,每一个版面中又有很多板块,都是一个道理。当你打开作为新媒介产业代表的

互联网的门户网站时,你会发现它的频道(产品线)数量更多,而且只要点击进去,还会发现更多的内容。当然,因为新旧媒体的介质和技术不同,它们能提供的媒介产品或服务的具体形态也就不尽相同。

大多数媒体组织都在提供各式各样的信息或内容,如天气预报、国内外政经新闻、影视娱乐等;也有一些媒体组织推出的产品或服务,不但能提供内容,还有可能成为其他行业组织或个人的信息发布平台,如游戏或社交媒介产品。我们可以把这些统称为媒介产品或服务。这些媒介产品或服务既可以向被称为"受众"的消费者收取费用,也可以免费供应。例如报纸就有需要读者花钱购买的和免费发放的两种形态;杂志一般是需要付费的;而广播和电视传输的内容则基本上以免费为主。但是,大多数传统媒介往往因为从"**目标受众**"手中收取的费用并不能抵消生产成本,所以就需要获取新的收入来源实现赢利。因此,媒体组织大都同时在其运营的媒介形态中提供一种叫作"**广告时段**"或"**广告板块**"的媒介产品,并配上相应的服务,供一些叫作"**广告主**"的消费者进行选择,并且一般是需要付费的。"广告主"之所以愿意为这种媒介产品或服务付费,是因为他们可以把自己的商品信息通过广告板块或时段传递给消费者。从这个角度看,广告板块或时段中的内容实际上也是媒体组织面向"受众"提供的一种信息类媒介产品或服务。所以,有些媒体组织就会设计和生产一种较为专业的媒介产品或服务,例如报纸或杂志,并专门收集、发布各种专业信息,既向"广告主"收取费用,又把这些信息卖给"受众"。

现在,在传统媒介中设置广告板块或时段已经是"标配"了,即使媒体组织能从"受众"的付费中赢利也不会取消这个配置,并且还希望多多配置这些板块或时段向"广告主"出售,甚至在文章或影视频内容中"**植入**"众多广告信息,以获取更多的利润。当然,很多媒体组织掌握不好植入的界限尺度,在"量"和"质"上,常常出问题。

上述这些,属于传统媒体的**商业模式**。也有一些领域的学者把这种商业模式看作是"通过向受众免费提供内容获取其注意力,并把注意力卖给广告主"。在这个领域,这种模式被称为"二次销售"或者叫作"二次售卖理论"。

而近年来热炒的"新媒介",并没有采取什么新的商业模式。互联网公司,不论是门户网站,还是视频网站(当然这几类网站也出现了融合的趋势),至今为止也大都是靠免费的内容吸引消费者,然后依靠用户的点击率等指标获取来自广告主的广告投放。手机媒介提供的各种信息内容,如手机报等形式虽然常常附加在所谓的套餐中,但对于消费者而言依然是间接付费的。户外屏幕就更是如此了,根本无法向观看的消费者收费,只能通过吸引消费者注意,向广告主收取广告宣传费用。

当然,新媒体组织能提供的媒介产品和服务的种类以及快捷程度是传统媒介产业无法比拟的,例如微博、签到、搜索等都为消费者提供了便利,具有很好的服务价值,所以能在短时间内获得大量的用户(消费者),而这些用户及其背后积累的大量数据信息(大数据)构成了新媒体组织未来赢利的基础。也许在不远的将来,在媒介产品或服务的交易市场上,新媒体组织可以开发出独具特色的商业模式。从目前的情况看,新媒体组织常用的是利用自己拥有的庞大的用户群体以及提供的产品或服务的概念,通过资本上市的模式,使得原始投资获得上百倍的回报。

就目前媒介产业的商业模式而言,围绕广告收入占中国媒体组织总收入的比例问题,一直有不同的意见和看法。特别是有学者指出,我国的媒体组织过于依赖广告收入,这是很危险的。但是在现阶段,我国的媒体组织也只有依靠广告主的广告投放来获得生存和发展。所以说,广告主的广告投放支撑了中国媒体组织经营收入的大半壁江山,也为中国媒体组织的发展作出了贡献。从我国的情况来看,经济还会保持高速发展,而从世界其他国家的经验来看,广告的投放总量是和经济发展成比例的,所以在未来一段时间内,媒体组织的收入还将持续增加,但不同媒介形态的增长比例会不同。

虽然如此,但由于广告主的广告投放还是根据普通消费者的媒介消费情况而定的,所以媒体组织还是应该千方百计地满足普通消费者的需求。不论是从收视(点击)率的角度出发,还是从媒介产品或服务对消费群体的定位的角度出发,只要是消费者的需求得到了满足,广告主自会毫不吝啬地向媒体组织投放广告。

传统的媒体组织习惯于把自己的消费者看作是由受众和广告主两大部分组成;而电信和互联网领域则习惯于把消费者称为用户。由此可以看出,传统媒体组织一直把消费者看作信息和内容的单向接收群体,而把企业组织看作单纯的广告投放商,通俗地说就是把自己生产的信息和内容与其他行业的企业广告捆绑在一起,传播给媒介消费者,工作重点是单向传播。电信运营商则把自己看作传输工具,把消费者看作使用工具的客户,所以其工作重点在于强调性能。这些思维已经落后于时代。随着"泛媒介化"概念的提出,很多相关概念也有了新的含义。本书为了方便读者的理解,在以后的章节里,除非做出特别的说明,否则把受众、用户和广告主等一切利用媒介的个人、行业和组织统一称为**消费者**。

媒体组织应该清醒地看到,今天的媒介消费者已经从以往单纯被动地接受信息和内容,发展到主动去搜寻信息和内容,而且还会自己制作和传播信息,甚至把媒体组织当作消费渠道,购买其他领域的产品。因此,媒体组织必须及时跟上消费者消费理念的变化,对自己的身份(Corporate Identity,CI)作出调整。这个调整必将使得既有的媒介产业的概念发生翻天覆地的变化,多元化的产品和市场战略会让媒介产业与其他产业发生冲突或者融合,而且媒介从业人员也要因此去不停地掌握新的技能,以适应这些变化。

从资源的充分使用、组织规模,或者经济利益的角度讲,一个媒体组织可以同时拥有新旧媒介两种形态。例如,从事传统电视行业的组织,可以进入互联网领域,开设自己的网络电视台,并在其上提供自己的视频内容。而互联网络运营商也可以自己出资拍摄影视频内容等。当然,在一些国家和地方,能否拥有和运营新旧形态的媒介(机构和产品)需要相关政府部门的审批。

我们在上面的内容中,对媒介形态以及媒介产品或服务作了初步的分析,而且伴随着新技术和新思维的层出不穷,媒介产品或服务的形态将会越来越多,在最注重传统和形式的电影产业都有了"微电影"的概念。但特别值得注意的是,在今后,不但既有的各种媒介形态会因为新技术和新思维的出现而相互融合,具体的媒介产品或服务形态也会相互融合,所以未来的媒介产品或服务也许很难再进行分类。也许到那个时候,就不会再有(也不应该有)新旧媒介的概念之分。新中有旧,旧中有新,本来就应该是媒介产业发展的必然。实际上,我们现在就已经能看到这种媒介形态融合的趋势,报纸的电子化出版就是典型的例子,电影和电视的内容制造产业也很有可能因为制作技术的数字化和高清化而走向融合,不会再有电影和电视的区别,所以也就再没有必要通过强调胶片与录像的技术格式优劣来强化所谓的电影和电视的不同。对于消费者而言,媒介的新旧形态并不重要,技术格式也不重要,重要的是媒体组织能不能为消费者提供有价值的内容或者是有价值的解决方案。

二、消费者行动与营销活动

一个媒体组织应该从市场营销的角度来观察消费者的消费模式或行为。比如,应该观察消费者在购买媒介产品或服务的时候,是倾向于电影、电视、广播、报纸、杂志,或者网络等哪种形态。如果是倾向于报纸,就要把握消费者在什么地方(流通渠道),以什么价格(价值判断),购买什么报社(报社品牌)的什么类别(产品的品牌)的报纸。今天,随着技术的发展,多种多样的手持信息终端形态演变出来,为电子报带来新的流通(发行)渠道。而这一变化很有可能使得报社的组织和经营战略发生根本性的变化,也许在未来,电子报会全面取代印刷报刊。至少在技术方面这已经不是问题,而且在节约能源方面也有很好的卖点。

消费者的选择行动会受到很多因素的影响，这是一个复杂的研究领域，需要借助多学科的知识和研究成果进行相关研究和分析。一般而言，经济因素（收入）、文化因素、社会因素、个人因素、心理因素乃至技术因素对媒介消费者的选择行动的影响比较大。

经济因素是指和消费者的购买能力相关的因素，包括收入、资产和社会信用能力等。如果消费者的经济收入发生改变，自然就会对媒介产品或服务的消费种类，或者是消费量进行相应的调整。从世界范围的经验看，消费者的经济收入和对文化媒介类产品消费的支出是成正比的，而且随着生活水平的提高，在这一领域的消费增加比例会高于其他领域。

文化因素是指消费者所处的文化和社会阶层。一般来讲，每个社会阶层的成员都会有趋于相同的文化价值取向，因此通过观察不同社会阶层的消费习惯的共同性，就基本上能够把握各个阶层消费者的消费指向了。实际上，如果价值观趋同，人们的行为模式也会趋同，也就是说消费指向会趋同，这样就会形成一个规模较大的市场，为媒体组织提供生存的空间。

社会因素是指消费者受到的家庭或集团单位的影响。每一个消费者都属于一个家庭或一个集团单位，在这个家庭和单位中扮演不同的角色，而这些角色必然会给消费者的消费习惯和行为带来很大的影响。我们常常看到，为了和周围的同事或伙伴进行更顺畅的交流，很多人要去消费与周围的人相同的媒介产品或服务，如电影和电视剧。

个人因素是指消费者的职业、性别、年龄等因素。首先，年龄不同，兴趣点就会有很大的不同。年轻人喜欢晚睡，所以经常在晚上上网浏览信息；退休的人有很多闲暇时间，所以他们常常喜欢在白天看报纸。其次，我们也常常观察到男性和女性的媒介消费取向有很大不同，男性更关心国际新闻和体育比赛之类的节目，而女性则比较关心购物信息和娱乐类节目。再次，职业对消费者的影响也是很大的，很多消费者是因为职业的原因而消费一些媒介产品或服务。例如白领职员就相对喜欢使用MSN这一网络即时沟通工具。

心理因素是指消费者的性格、态度和习惯等因素。外向的或是内向的、保守的或是革新的性格都会严重影响消费者对媒介产品或服务的态度。那些外向并且爱革新的人喜欢消费新潮的媒介产品或服务，而内向并且保守的人则可能会喜欢相对传统的媒介产品或服务，并很有可能对新潮的媒介产品或服务进行批评。

技术因素在今天越来越重要。如前所述，各种数字化、网络化技术的不断进步，使得新媒介形式层出不穷。这就为消费者的生活带来了便利，消费者足不出户就能够选择和购买自己需要的任何产品。这也意味着,消费者在价值感觉不变的前提下,能够降低自己的消费(时间、精力和体力)成本。

案例研究

媒介研究方法应用案例

黄京华

媒介研究的实证方法概括来讲有两大类,一类是质化研究方法,另一类是量化研究方法。在具体操作时我们常将两者分别称为定性研究方法和定量研究方法。质化研究的特征在于其研究目的是探究研究对象的特性、优秀的程度和具区别性的特征,以及对某些现象或数据做出诠释。量化研究的特征在于其研究目的是了解研究对象的数量,当提到媒体或是传播的量化研究时,我们会考虑到数字、强度和测量。质化研究和量化研究有其各自的优势和劣势,且相互形成互补:质化研究的优势在于深入的探究和诠释,量化研究的优势在于准确的描述和呈现,两者的劣势恰是对方的优势。

对于不同的媒介研究问题,通常需要根据研究的目的和内容选择不同的研究方法。比如对电视节目的收看行为,以统计受众数量为目的的收视率调查是典型的量化研究。而对某些节目的评价,若只进行量化研究,如通常所做的满意度评分,则未必能达到目的。还应该注意到在有些研究中,总是会有一些重要的东西是无法被计算的,此时就必须要采用质化的研究方法。

对同样的媒介研究主题,研究者通常也会面临选择研究方法的问题。如对电视节目中暴力内容的研究,量化研究方法能够测量节目中暴力出现的次数,而暴力出现的强度和对受众的影响则需要用质化研究的方法加以解决。

因此对于媒介研究者来说,在研究中综合运用量化和质化的研究方法是非常有意义的。常用的量化研究方法包括调查法和实验法,质化研究方法包括深度访谈、小组访谈和观察法。而有些媒介研究方法,如内容分析法,本身就兼具了量化研究和质化研究的特征。

以笔者于2011年主持参与的一项针对90后大学生网络化生活形态的研究为例。该项研究以量化的调查研究方法为主,辅之以质化的深度访谈方法。研究覆盖了国内有代表性的八座一线和二线城市,包括北京、上海、广州、武汉、成都、沈阳、西安和郑州。采用面访问卷调查的方式,共调查了33所高校的1600名大学生(每城市200人),并对其中50名学生进行了面对面深度访谈。调查对象是1990年以后出生的在校大学生。调查执行时间是2011年6月14日至

2011年7月10日。问卷调查涉及的1600名受访学生中,男女生所占比例分别为48.9%和51.1%;年龄最小的17岁,年龄最大的21岁,年龄为21岁和20岁的学生所占比例为67.2%;本科生和专科生各占87.6%和12.4%。

通过对问卷调查数据的统计,我们可以得到诸如"观看网络视频的频率"和"收看电视的频率"这类数据(参见图4-1)。这类数据能够告诉我们的信息是,受访学生接触网络电视的程度远高于传统电视。但至于为什么会出现这种情况,量化的数据是没有解释力的。通过对受访学生的深度访谈发现,这种情况的发生既有主观因素也有客观原因。主观上,90后大学生是伴随互联网的快速发展成长起来的网络一代,他们对网络的接触已成习惯;客观上,大学生宿舍普遍没有电视,他们缺少看电视的基本条件。

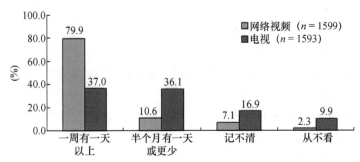

图4-1　90后大学生接触网络视频和电视的情况

再比如针对90后大学生喜欢的电影,通过问卷调查我们可以列出如表4-1所示的排名表,而为什么会有这样的排名,则需要到深度访谈的资料中去寻找答案。

表4-1　90后大学生最喜欢的电影(排名前20位)

排名	电影名称	人数(人)	百分比(%)	排名	电影名称	人数(人)	百分比(%)
1	《肖申克的救赎》	64	4.4	11	《让子弹飞》	22	1.5
2	《加勒比海盗》	56	3.8	11	《速度与激情》	22	1.5
3	《泰坦尼克号》	49	3.4	13	《阿凡达》	16	1.1
4	《阿甘正传》	42	2.9	13	《盗梦空间》	16	1.1
5	《功夫熊猫》	40	2.7	15	《傲慢与偏见》	15	1.0
6	《哈利·波特》	38	2.6	15	《单身男女》	15	1.0
7	《三傻大闹宝莱坞》	36	2.5	17	《海上钢琴师》	14	1.0
8	《初恋这件小事》	30	2.1	17	《教父》	14	1.0
9	《当幸福来敲门》	26	1.8	17	《勇敢的心》	14	1.0
10	《暮光之城》	25	1.7	17	《这个杀手不太冷》	14	1.0

注:1600名学生中实际填答的人数为1455,共提及440部电影,表中列出排在前20名的影片。

从以下列举的深度访谈资料片段中我们可以感受到90后大学生所表现出的对以美国电影为代表的西方大众流行文化的偏爱和对中国电影制作水平的不认可。这应该是表4-1排名结果的原因所在。

沈阳李同学最喜欢的电影是《三傻大闹宝莱坞》，"因为这个电影真的太好了，我觉得不同的人在其中可以看到不同的东西，它主题很发散，而且从任何一个角度去评价，都有很多东西可以说"。她号称不在电影院看国内电影。

采访者：你一个月能去看几次电影，还是有了新片就去看？

被访者：就像1234，如果看了1的话，就一定会把其他的连续的都看完。还有3D的基本上会去看。

采访者：是去电影院吧？

被访者：对。

采访者：你有没有在电脑上看过电影？

被访者：有。

采访者：比如说去电影院看和在电脑上看，你会怎么取舍？哪些去电影院、哪些在电脑上看？

被访者：基本上经典的一定会在电脑上看，因为电影院没有。我基本上不会在电影院看国产电影。

采访者：都是国外的？

被访者：对。还有，电影院有视觉效果，这样的话才物有所值。

北京的张同学喜欢看约翰尼·德普主演的电影。"他作品里的人物映射了他自己的形象，我就拿几个电影里面的形象说吧，可能可以代表他。比如说《加勒比海盗》，杰克船长本身看上去就是特别没谱的一个人，娘娘腔什么的，好多人看他第一眼就觉得厌恶，后来慢慢喜欢上他了。我是第一眼就非常喜欢他，因为我自己就是一个没谱的人，可以用不修边幅来形容。""约翰尼·德普，他就是这样的一个人，虽然说他外表看上去非常随意，但是他内心的痛苦、他所承受的东西、他所承担的责任、他的理想、他的目标，包括他爱的人和他恨的人，都很明确。他外表看上去非常随意，实际上做什么事还是挺靠谱的。"

媒介研究课题千差万别，采用恰当的实证研究方法往往能够达到事半功倍的效果，而根据研究课题的性质、内容和目的，综合运用质化和量化的研究方法才能使研究结果广度和深度兼备。

如果从消费的主动性和时间顺序的角度考虑,我们又可以把消费者分为革新型消费者、初期消费者、前期消费者、后期消费者和迟滞消费者几个类型。

革新型消费者是指那些看到新的媒介产品或服务上市后,不假思索地进行消费的人群。这类消费者不太考虑价格问题,在很大程度上只是追求新鲜的感觉。一般来讲,革新型消费者在年轻人中比较常见。例如,苹果的 iPhone 手机和 iPad 平板电脑,在首发时常常会引起通宵排队等购的现象,这些消费者往往都是革新型消费者。

初期消费者是指那些有比较超前的想法、能接受新鲜事物、有消费能力,而且对家人、朋友、同事等有影响力的人群。这些人在接触到新的媒介产品或服务之后,虽然不会像革新型消费者那样不假思索地消费,但一般不会持有怀疑的态度,在稍微进行理性思考之后,会尝试消费新的媒介产品或服务。

前期消费者是指那些对新产品持比较慎重态度的人群。这些人一般在看到周围的人已经开始消费新的媒介产品或服务,并且确认其对自己的生活有益的时候,就会采取积极的态度消费新的媒介产品或服务。

后期消费者是指那些对新产品持怀疑态度的人群。这些人轻易不会相信新的东西,只有在新的媒介产品或服务已经在全社会普及之后,才会放心地消费。

迟滞消费者是指那些非常注重传统、比较怀旧的人群。这些人对新鲜事物几乎不产生任何兴趣,即使一个媒介产品或服务已经在社会上完全普及,甚至不再是新产品的时候,这些人也很难产生消费的欲望。

所以,媒体组织在向市场推出新的媒介产品或服务的时候,应该了解目标消费者中的哪些人是革新型消费者和初期消费者,并针对这些消费者展开积极的宣传攻势和促销活动,以带动媒介产品或服务的消费量和品牌知名度的提升。

另外,随着社会经济的不断发展,人们的生活方式、价值观念也在不断发生改变。除了传统意义上的消费者类型外,近些年来,小资、中产、IF 族(International Freeman)所代表的新兴消费群体也成为媒介产品或服务的新型目标消费人群。除此之外,再让我们认识几种新的消费群体。

杰斗族:结合孩子与成人双重特性的人群。他们外表是成年人却充满童心、对事物怀有好奇心。卡通、漫画、玩具都是他们愿意支付金钱购买的消费品。

Sleek 族:喜好前端数位产品的时尚青年。他们对于电子产品不仅要求技术上的创新,更要求能倡导时尚潮流。

SOHO 族:不想花费时间与人社交,因而退于家中工作的人群。网络、电话、电视是他们生活的必需品,互动电视以及各种线上服务给他们提供了虚拟的生活空间。

御宅族:个性内向,喜好动漫(电影、DVD、杂志、书籍)、电玩(软件、硬件、线上游戏)、3C 产品和偶像(演唱会、CD)的人群。他们对于所热爱的事物投入巨大的热情,从资料收集到解读,甚至研究的水平都已达到专业水准。在他们的消费观念中,热情占第一位,金钱居于其次,他们对限制型商品(如珍藏版 DVD、限量版演唱会门票等)极其敏感。

所以,在当前这个时代,对于媒介组织来说,生产出一个让所有消费者都能接受的媒介产品或服务已非易事,而随着细分市场类型的进一步拓展,媒介产品或服务也必将衍生出更多的类型。认识与了解各种消费群体不仅有利于媒介组织研究消费者的消费动机,还有利于寻找到自己的目标受众,并建立新产品市场。

为了了解和研究消费者的选择行为,媒体组织要从消费者的购买行动的具体环节进行研究和分析,并制订具体的、有针对性的营销行动计划。

一般来讲,消费者购买媒介产品或服务行动的整个过程可以分为无意识的状态、开始关注媒介产品或服务、产生兴趣、产生购买欲望、实施购买行动等几个环节。消费者从开始关注媒介产品或服务,到实施购买行动也许只需花费几分钟的时间,也许需要很长一段时间。对于报纸杂志以及广播电视等媒介产品或服务,消费者进行判断的时间不会太长,一般只需要几分钟,而且一旦消费者进行了一次购买行动,大都会产生持续的购买行动。而对于一些高价格的媒介产品或服务,或者不好判断价值的媒介产品或服务,比如一套高价正版光盘、互联网接入服务的各种套餐、黄金时段的广告投放等,消费者就需要花费很长时间进行判断和抉择。特别是面对众多媒介形态的广告时段,广告主会花费很长时间分析并判断投放广告的成本以及可能获得的价值回报。

在消费者购买媒介产品或服务行动的各个环节,媒体组织都可以有针对性地设计并展开营销活动。表 4-2 就是媒体组织针对消费者的行为所应采取的营销活动的指南。随着消费者的行为发生变化,媒体组织的营销活动的重点也会发生相应的改变。

表 4-2　购买行为和营销活动

消费者的购买行为	媒体组织的营销活动
无意识状态	制造话题,引起消费者的关注
关注	说明产品的特征,提高消费者的兴趣
产生兴趣	挑起购买的欲望或购买的冲动
产生购买欲望	说明支付的手段以及提供的服务等
产生购买行动	提供后产品服务

一个好的营销活动,是建立在对消费者的购买行为进行分析的基础之上的。为了更好地理解这一点,下面我们就研究和分析一个购买报纸的过程。

假设你是一个正在学习经济学的大学生,而且对经济学有着浓厚的兴趣,希望今后从事和经济管理相关的工作。为了加深对经济理论的理解,并充分了解社会的经济发展现状,你决定购买一份经济类的报纸或杂志。

首先,你肯定会收集经济类报纸或杂志的相关信息。收集信息的渠道和方法大体上有三种。第一种是以往的经验,比如过去曾经无意中看到过某些经济类的报纸或杂志,给你留下过很深的印象,于是你会在记忆中搜寻过去的信息(对应着媒体组织既往的营销效果)。第二种是征求他人的意见,比如上网搜索或者直接询问教授经济学的教师或自己的同学,请他们给出一个建议或意见(对应着媒体组织的网络营销或口碑营销)。第三种就是直接在书报亭查看各类报纸和杂志的内容,并向售报人员打听各种信息(对应着媒体组织的渠道营销)。

其次,你会对收集到的各种报纸和杂志的信息加以分析和整理,并加以评价。你大概会用如下的标准进行衡量和评价,比如登载的经济信息的量、对经济现象的专业评论的深度、版面设计的风格、价格等。

再次,你会根据自己的需求和判断标准做出相应的选择,在追求价值最大化的前提下,决定购买最能给你带来满足感的报纸或杂志。当然你可以选择全电子化的经济类的报纸或杂志,但不管你选择什么媒介形态和品牌,都意味着你实施了购买行动。

在上面的这个例子里,我们考虑了你作为媒介消费者,其选择和购买行动受到的经济因素(依靠家庭的支撑)、文化因素(正在接受高等教育)、社会因素(大学的影响)、个人因素(学生、年轻)和心理因素(追求经济管理类的工作)的影响。

我们以这种方式分析问题,是要找出媒体组织应该采取的营销行动。比如在读者的信息收集阶段,经济类报社或杂志等媒体组织应该想方设法为读者提供充足的信息,比如和教经济学的大学教师沟通、提供关于自己的媒介产品或服务的信息,或者在学校张贴广告。在读者对收集到的媒介信息进行评价的阶段,媒体组织应该强调自己的媒介产品或服务具有的高价值,比如针对学生囊中羞涩的特征,提供低价格高质量的媒介产品或服务,说明自己在评论和信息量上具有的优势,并且可以根据购读的时间考虑相应的折扣,还应允许分期付款,提供送货上门服务。在读者购买阶段,媒体组织应该考虑为读者提供后续服务,比如可以把读者的信息放入媒体组织的信息库,定期为读者提供新信息,并期待读者将来在从事经济管理类的工作时,继续成为一个好顾客。在新媒介乃至所谓的社会化媒体普遍发展的今天,媒体组织还可以期待这个消费者在他所经常登录的社交媒体中成为其媒介产品或服务的宣传者。我们可以发现,当今的消费者受社会化媒介的影响非常深刻。

现在,社会化媒介营销已经成为广告主极为关注的营销方式,所以媒体组织也要为此做好相应的营销战略上的改变。

从上述分析中,我们可以看出消费者市场和消费信息的重要性。在某种意义上讲,媒体组织的营销能力取决于其对信息的收集、分析,特别是传播能力。

业界大观

用户数据价值高　小心使用才更妙

2011年8月31日,英国《金融时报》正式从苹果应用商店App Store消失,原因是其不能遵守苹果最新的应用内订阅规则——通过iTunes进行订阅支付并允许苹果公司抽取30%的订阅费用。《金融时报》已宣布自立门户,使用自己的网络应用产品,公司CEO约翰·李尔庭(John Ridding)表示,相比苹果公司要求的30%的利润分割,公司更关心的是通过订阅途径所获取的用户数据,这才是他们决定与苹果分道扬镳的真正理由。谁能想到,最普通又最烦琐的数据,竟能变得比30%的利润还值钱了!

在广告满天飞的时代,切中要害、直指目标人群才是关键,这时用户数据就派上了用场,它们可以帮助网站更准确地定位受众、投递广告、提高传播效率。

数据收集、管理、分析服务商Krux Digital公司CEO汤姆·查韦斯(Tom Chavez)认为,对于一切以广告为生的媒体,用户数据就是命门,这在一种实时互动的情境下愈加明显。消费者需要更多相关性强的广告、更多参与式内容,还有更多关于行动的提议,而且这些内容必须是即时产生的。满足这诸多要求必须以实时整合用户数据信息为前提,如果用户数据全部由苹果公司掌控,数字出版商没有机会接触并处理一手资料,那么他们很可能会错失为消费者提供优良用户体验的最好途径。

同样,拥有用户数据后正确地管理和使用也十分重要。BrightTag公司创始人及 CRO 马克·凯文（Marc Kiven）将管理用户数据比作园丁耕作土地——大部分人都希望看到生长的奇迹，但很多人只顾采取简单快速的方法，忽略了最基本的注意事项，其不良后果将持续良久。凯文认为对于大部分公司，主要问题是避免滥用数据，建立能使数据产生真正价值的合作基础。收集准确、全面的数据需要商业规则以及网络编码方面深入的知识，要做好这件事需要花费大量时间和财力，因此很多公司只愿意一再添加追踪标签而不仔细处理数据，进而使问题更加严重。它们使站点数据的价值碎片化，还减慢了用户的体验速度。相比之下，精明的信息收集者一般会掌握数据的完整所有权，并建立完全独立运用数据的基础。在凯文看来，好的数据管理手段就如同良肥一般，可使数据保证流动性，供拥有者灵活使用并交流，还可以防止追踪标签扩散并侵犯用户隐私。

愿望总是美好的，但在现实中很多数据终端并未很好地利用资源，而且由于用户数据十分重要，许多商家"努力过多"，侵犯用户隐私的问题的确存在。美国消费者权益组织 Consumer Watchdog 表示，试图通过商家及网站自律保护消费者隐私的尝试并未达到效果，因此他们呼吁国家立法以保护用户的隐私。

注：出自泛媒研究院

三、媒介市场的营销调查

在以往，由于媒介生产技术掌握在专业人士手中，所以媒介生产者和消费者的界限非常明晰。所以对于媒体组织而言，媒介消费者是指那些对于媒体组织有需求的组织和个人，也就是说包括传统的媒介受众和广告主。而今天，不但媒介消费者的概念范围更为广泛，也因为媒介生产的技术门槛越来越低，所以生产者和消费者的界限越来越模糊。

在过去媒介不发达并且与国外传媒机构交流贫乏的时代，媒介产品或服务是稀缺的，而消费需求却是旺盛的，所以稀缺的媒介产品或服务大都能受到较大的关注。而伴随着改革开放带来的经济发展，人们的信息接收能力也得到了空前的提高。特别是随着人们收入的增加，在文化传媒领域的消费也有所增加。更重要的是，人们的兴趣日益广泛，个性日益增强，对文化与媒介产品或服务的需求日益多元。特别是在互联网时代，在全球化浪潮冲击下的文化传媒产品市场，也正在从以前的产品导向时代向消费者导向时代转变，成熟的买方市场已经逐步形成。媒介消费者已经成为媒介市场的主角，文化与媒介消费的选择权，甚至是制造权都掌握在他们手中，所以消费者的消费选择和生产行为决定着媒体组织能否生存与发展。

现在的媒介市场,每天都会为消费者提供大量的媒介产品和服务。这些媒介产品或服务从策划之初,到最终到达消费者的手中,有的需要花上几年的时光,比如影视类的产品。在这个过程中,大量的人力、物力和财力资源都卷入其中。而在消费者的兴趣快速变化的今天,这些资源的投入很有可能无法带来经济效果,甚至一个媒介产品或服务的失败就有可能让媒体组织倒闭。

既然消费者和市场是多变的,并且这些复杂的变化会给媒体组织的生存带来影响,那么媒体组织就应该时刻清楚消费者和市场是如何变化的、自己的媒介产品或服务在市场中的位置以及面临的竞争态势,这就需要媒体组织进行有效的市场营销方面的调查。

媒体组织的市场营销调查一般包括调查目的、调查对象、调查者、调查方法和信息来源等内容。

媒介调研是媒体组织为了解媒介市场及其变化趋势,采用科学的态度和方法,针对整个媒介产品或服务的生产和消费等环节而展开的战略性的活动。调研活动的结果必须要能够将消费者的需求等市场实际状况和媒体组织的战略决策联系起来,不但要指导媒介产品或服务的策划、开发和品牌价值传播等战略活动,同时能够为制定价格战略、流通渠道战略提供依据。媒介营销调研的内容通常包括消费者调查、潜在需要调查、媒介产品与服务调查、发行或销售调查、广告与促销调查、渠道调查、品牌调查、价格调查等内容。

传统的营销调研活动,往往被理解为对数据进行搜集和分析,这是狭义的概念。也就是说,现代营销调研强调营销调研和战略决策的结合这一特征,意味着不单纯是对市场信息进行圈定、搜集、分析和判断,而是在这个静态调研的基础上,实施动态的调研活动,亦即从正在实施的战略中发现问题和机会,开发出媒介营销战略的各个替代方案,并对各个方案进行评价。在媒介行业,最为常见的就是收视率调查。收视率的数据往往能揭示媒介市场消费状况,并能指导广告主的广告投放。

换句话说,媒介营销调研更应该是战略决策的入口,而不单单是对已经做出的战略决定进行事后评价的工具。

一般来讲,媒介调研的功能主要有三种。

第一种是媒介调研的**分析功能**,主要在于陈述已发生的事实,描述市场的实际状况和媒介产品或服务的基本性质,便于媒体组织和消费者对媒介产品和服务进行价值判断。比如某一类杂志主要的读者群的年龄、学历、收入背景等。

案例研究

某电视剧首播收视简析

穿越题材的电视剧曾风靡一时,国内某著名制作公司制作了一部以现代女性穿越到古代后发生的情感故事为主要内容的电视剧,受到了强烈的关注,也取得了较好的市场效果。播出方在该剧开播前一个月,便开始邀请主创班底参与各档节目通告的录制,同时,多版宣传片、MV 的阶段性播放以及联动网络等形成了病毒式营销。根据 CSM 的调查统计,该剧播出后,全国平均收视率达1.355,收视排名稳居全国同时段第一。

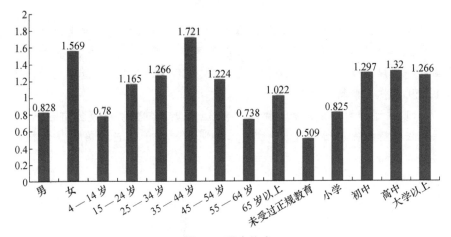

图 4-2 观众构成

由图 4-2 可知:从观众性别构成上看,该剧以女性情感为故事主线,深受女性观众的喜爱,女性观众收视率高于男性观众收视率近一倍。从年龄构成上看,由于该剧改编自同名网络小说,在学生、白领族群中知晓度和传播度高,这批原作控的观众是该剧的主流收视人群,同时也是该剧最大的口碑传播载体。因此,25—34 岁、35—44 岁的白领观众收视率高达 1.266 和 1.721,而 15—24 岁的学生族群也取得了 1.165 的收视成绩。从学历构成上看,初中、高中学历人群均有良好的收视表现,同时,该剧在展开想象的同时,依然能够遵循真实历史脉络,在众多同类题材中独树一帜,具有一定的思想深度,因此也在大学以上学历人群中深受欢迎。

从收视走势图(图 4-3)上看,该穿越剧受多因素制约,呈现吊床形态。由于网络呼声高,播出方前期营销到位,开局第一日收视高开,但次日遭到部分视频

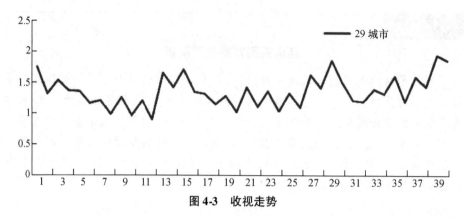

图 4-3 收视走势

网站抢播,前 10 集收视率一路下滑,最低收视率破 1。在制片方采取紧急公关措施后,视频抢播现象遭禁止,10 集以后收视率缓慢回升,并在 15 集左右出现了第一个收视高峰,随后收视进入调整阶段,中后期缓慢回升,最终大结局当日以 1.859 的收视率顺利收官。

不过,由于每天的第二集开播时间较晚,而该剧的主流收视人群白领、学生阶层无法坚持看完当日两集,导致第二集明显较之于同日的第一集收视率有下滑。

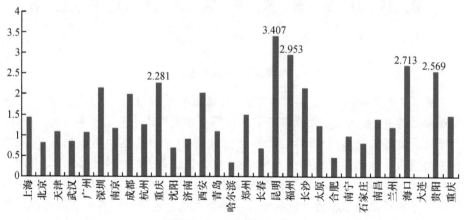

图 4-4 各地收视构成

从图 4-4 来看,该剧在南方地区的收视成绩较好。29 个数据采集城市中以昆明收视率最高,高达 3.407;福州居次,达 2.953。海口、贵阳、重庆、深圳等地收视率均成功过 2。

综上所述,该剧主体收视人群与播出频道的目标人群相符合,接档高收视强剧播出,收视人群实现了惯性转移。尽管错过了对该剧最有利的暑期档播出,但总体收视表现较佳,口碑好,对于播出方的品牌形象形成了较好的影响。同时,此剧的热播说明,穿越题材在该平台上能收获较好的市场反响,这对播出方日后电视剧购片的题材选择及营销宣传具有一定的范本意义。当然,主管部门的政策制约也是要考虑的一个因素。

第二种是媒介调研的**诊断功能**,其目的在于制定能更好地服务于消费者的媒介营销战略。比如某个电视栏目的收视率出现大幅滑坡,为了挽留观众,媒体组织必须对调研信息进行诊断,找出造成观众流失的症结,使营销活动更具针对性。例如可以根据分钟的收视走向,结合内容的制作找出消费者流失的原因等。特别是我国的媒体组织,由于不重视调查研究消费者的消费习惯,制造出来的媒介内容或提供的服务不能满足消费者需求,因此市场效果普遍不好,只能纷纷改版或者不停地推出新的内容,由此造成媒介内容的市场寿命大都比较短。这样做不但浪费了大量的人力物力,也对媒体组织的品牌建设不利。从这个角度讲,媒体组织要重视消费者满意度的调查,以便随时改进质量。

媒介调研的第三种功能是**预测功能**,其目的在于判断媒介产品或服务的市场走向。比如在投入一个新产品或服务的决策过程中,调研结果可以帮助媒体组织关注以及应对由于政策、技术等市场环境的变化带来的机会与风险,制定合理的战略决策。

我们以一个媒体组织的决策过程为例,帮助读者理解媒介营销调研的预测功能。当一个以提供时尚资讯为主的媒体组织预备进入女性杂志领域时,首先会对期刊的读者群体进行基本的调研。调研结果显示:在性别方面,女性比男性更爱读杂志,并且每月读两种以上杂志的女性要多于男性。同时,女性读者最喜爱阅读生活服务、文学艺术、文化娱乐、少儿读物、卡通漫画和学习指导类的杂志。从这样的调研结果可以看出,媒体组织如果出版针对女性的杂志是存在市场空间的。然后,基于这个调研结果,并结合自身的资源优势,该媒体组织决定将这本女性杂志定位于提供健康信息。那么,什么样的女性读者更加关注自身健康呢?媒体组织可以进一步缩小调研范围,以职业、收入、年龄、婚姻状况等分类为调研指标,对外企人员、医生、律师、全职太太等各类女性进行调查,结果表明,25—35岁、拥有高收入、在外企工作的已婚女性更加关注自身健康。这样的调研结果可以预测媒体组织的决策是否具有实施的可能性。

业界大观

移动浏览新闻领先 赢利之路仍然艰难

苹果平板电脑面世至今已有一年半的时间。对于该产品带来的影响,产业界和学界做了大量的研究。一些研究表明,人们使用平板电脑的一个重要目的就是浏览新闻。但是出版商们想要通过为平板电脑提供内容来赢利,仍然还有很长的路要走。

2011年夏季,佩尤研究中心与经济学人集团携手对近1200名平板电脑用户进行了七次电话或网络采访,研究消费者对内容的付费意愿。最新研究成果显示,平板电脑用户中,有53%会通过这种移动设备浏览新闻,这个数字几乎与查阅电邮的比例相当(54%),远远大于登录社交网站的比例(39%)以及玩网络游戏的比例(30%)。

对于知名新闻品牌来说,还有一个好消息:平板电脑用户更倾向于选择知名新闻媒体,只有三分之一的人会试着查看新的消息源。当然,佩尤研究的新闻包括新闻头条、深度专题和评论。

然而,应用程序,这个被发行商指望能够带来赢利的手段,始终不敌浏览器,被访者中只有21%的人更愿意通过应用程序浏览新闻,40%的人在使用平板电脑时更依赖浏览器,还有30%的人表示二者兼用。

Tom Rosenstiel是项目主管和研究成果的作者之一,他表示目前是利弊并存,超过半数的人每天都会阅读新闻……目前许多研究都表明,人们不会花太长时间看网页,但对于平板电脑来说,这不算什么。这意味着一次大转折,但不那么顺遂的是,我们期望平板电脑成为付费应用程序的温床,但只有14%的人表示他们会花钱购买应用程序。

另有23%的人表示,他们能够获得数字版新闻,是由于早就订阅了报纸或杂志,这样的消费者或许不应该被算进为数字内容付费的人群中。

针对目前没有为移动新闻付费的受访者内容付费意愿的调研结果显示,21%的人愿意每月付款5美元,10%的人愿意每月付款10美元。

Rosenstiel认为,付费程序应用的未来还是很明朗的,原因在于以下几点:首先,程序的设计者正在逐步了解用户如何使用程序,并不断进行升级,"一两年之后,应用程序将与现在截然不同";其次,人们将会逐渐习惯网上付费制度,"起初电视节目也是免费的,但现在人们也愿意为电视付费了"。

经济学人集团的美国主管Paul Rossi也表示前景乐观,特别是以深度报道知名的媒体,"我十分确信这一点,因为书写文字仍然具有影响力",他说道,"人们仍然阅读,他们仍然阅读深度报道,品牌仍然很重要"。

注:节选自泛媒研究院《泛媒参考》

从以上的行业调查数据也可以看出,媒介调研的对象主要是普通的媒介消费者、竞争者、广告公司、广告主和相关的行业。在对媒介消费者、广告公司、广告主进行调查时,主要是考察他们的数量、消费意识和购买动机。而对相关行业进行调查时,主要是考察技术、规模和能力等方面的内容。

实施媒介调研的人员可以是媒体组织的内部员工,比如营销部门或是策划部门的员工等;也可以把媒介调研委托给外部专门的调查和研究机构来实施,比如专业的收视率调查公司、节目策划和咨询公司、广告公司和大学的研究机构等。

媒体组织调查市场信息的方法有两种。一种是直接利用二手资料,也就是利用已有的数据资料等信息。另外一种方法是挖掘第一手资料,包括街头询问、问卷调查、邮寄调查、电话调查、观察法以及市场实验法等。

媒体组织中的信息由不同部门的员工保存,还有大量信息保存在和媒体组织有业务往来的部门员工处,所以媒体组织要设立一个激励机制,让信息在组织内部流动起来,使得营销战略的制定更科学和精准。一些研究部门常常把自己的研究成果以书面形式发表在不同的刊物上;而且政府机关除了发布政策信息之外,也常常做一些调查工作,比如人口普查、经济状况调查等。这些政策和经济信息对媒体组织的营销管理活动非常重要,所以媒体组织要给予密切关注。

媒体组织在进行市场调查的时候,首先要清楚自己的调查目的、调查期间和调查费用。如果不能明确这些市场调查的前提条件,那么任何媒介调研都将失去意义。现在我们很多媒体组织往往是为了调查而调查,即使是那些为了营销努力而开始进行的调查,由于媒体组织的经营决策中途发生改变,也常常失去了本来的意义。结果在花费了巨大的人力和物力之后,调查的结果对媒体组织制定营销战略没有任何帮助,很多研究报告在经过汇报程序之后就被束之高阁,再也无人问津。

任何的营销调查都应该是有针对意义的,而且媒体组织若想使得营销调查有效果,就必须在实施营销调查之前决定一些必要的事情,特别是必须将营销调查的结果和即将实施的营销战略结合起来考虑,这样的营销调查才会具有实际的意义。也就是说,要在进行市场调查之前,就事先制定出针对调查结果而实施的营销战略。同时,营销战略制定部门的负责人和营销调查部门的负责人之间要经常进行沟通,意见要统一,而且都明白为什么要进行营销调查、这次的营销调查要解决什么问题、相应的营销方案是否已经准备完毕等。也就是说,如果市场营销调查显示的结果是 A,那么媒体组织就会自动实施 B 营销战略;如果营销调查结果显示的是 C,那么就自动实施 D 营销战略。如果媒体组织没能事先制订出相应的营销预案,那么在调查结果出来后,决策者看着放在桌上的调查结果,也许会无所适从,只好开会讨论,再开会再讨论,最终也难以做出抉择。

为了使营销调查更具有实际意义,一般的营销调查的操作要领是:第一步要确定营销调查的目的,这实际上相当于营销调查的准备阶段,其中包括提出现实问题、确定调查的目的,并预先制订解决方案等。第二步要决定调查方式和方法,主要包括设定各种假设,并确定调查对象群体。第三步分析所收集的数据资料,验证各种假设是否成立,最后做出总结报告或者制订解决方案。

媒体组织在进行了详细的调查之后,会得到很多数据信息,这时候媒体组织要做两件事:第一,分析数据信息的真伪;第二,建立数据库,并把资料存进数据库。

不论是二手的文献资料,还是通过实际调查得到的第一手资料,都会出现不真实的状况。虽然人们一般都比较相信文字的东西,但是任何文字的分析资料最初也都是通过实地调查得到数据,再通过一些人的加工形成的,所以出现失真的状况也在所难免,并且进行总结的人往往会有意识或无意识地加进自己的观点,这就更会影响到资料的准确性。媒体组织要对所有的文献信息进行真伪判断,以免造成战略上的失误。很多媒体组织就是因为过于轻信调查的结果,没有作进一步的分析,结果造成了很大的损失。

之所以在调查的资料中会出现虚假的信息和数据,是因为接受调查的人或机关都会有意识或无意识地提供不真实的信息资料和数据。比如,当调查人员询问一个人平时都喜欢看什么电视节目,并且看多长时间的时候,人们也许会受虚荣心或其他因素的影响,告诉调查人员实际上他们并不看的节目。另外,在很多场合,因为平时没有意识到或没有好好地思考过,所以一些媒介消费者也不能很好地用语言表达出自己内心深处的真实需求。虽然可以用一些调查的机械设备,比如收视率调查仪器等解决这些问题,但这也只能解决部分问题。收视记录卡和调查仪调查出来的电视收视率就有误差,原因在于所选择的对象家庭可能不具有代表性,还有收视率调查仪器一般只能在一个家庭安装一台,而现在的家庭可能拥有两台或两台以上的电视机,家庭成员会在各自的房间收看自己喜欢的节目,甚至很多家庭开着电视而并不看电视,电视只是一个制造环境声响、营造家庭生活气氛的工具。

在营销调查的数据分析过程中,常常使用平均值、最大值、最小值、分散、相关分析、回归分析等数据理论和模型。使用这些数据理论和模型,主要是为了找出数据间的相关关系,把庞大的数据变成少量的分析因素,使得我们的战略分析变得简单而且实用。如果读者想获得更加专业的知识,请参考相关的专业书籍。

最后,营销调查人员一定要总结出调查报告,在营销调查报告中要写明此次调查的目的、调查的框架和调查的方法,然后重点阐述调查分析的结果和结论。特别是在结论部分,要详细阐明此次营销调查验证了什么假说、解决了什么问题、对今后的战略开展有什么指导意义。

如果是有关媒介产品或服务的营销调查,在完成市场调查之后,媒体组织就该利用调查分析的结果进行媒介产品或服务的创意、策划和具体的开发,或者对既有的战略进行修订。

著者观点

洞察消费者并给予尊重

在今天,任何企业组织的市场关注焦点都是消费者,并且都号称把消费者奉为上帝,媒体组织也不例外。然而上帝们的内心需求和消费行为却是千变万化、难以揣度的。特别是在模拟技术的单向传播时代,媒体组织无法和消费者互动,消费者也不会主动把自己的内心世界向媒体组织以及那些利用媒介渠道的企业组织打开,因此媒体组织要花费较高的费用委托专业调查公司来完成消费者调查。

市场是静态和动态的混合体。经济学称之为短期和长期。从相对短期的静态市场环境角度说,因为收入和文化等因素的影响,市场内消费者的需求指向和行为模式是相对固定的。所以即使消费者的消费指向和行为模式是多元化的,在理论上我们也总能找到合适的方法了解消费者的需求。

一般来讲,为了了解甚至洞察消费者的需求,并制定合适的经营战略决策,企业组织大都要使用各式各样的营销调研方法进行市场调查,并根据消费者给出的答案做出调查报告,再以此为依据展开相对应的营销活动。然而在企业组织实际开展市场营销活动的过程中,却往往发现市场的实际状况和调研的结果是大相径庭的。也就是说,消费者表述的消费理念与实际的消费行为是有背离的,这就使得企业组织精心制定的战略决策出现严重偏差,甚至犯下致命的错误。特别是在消费者已经熟悉了媒介市场调研手法的今天,他们往往会有意无意地回避符合自己情况的答案。甚至有些时候,消费者内心的真实需求他们自己都不一定能察觉到,所以也就无法正确地回答。

而从长期的动态市场环境角度说,消费者的需求会随着时间、知识和经济状况等诸多因素的变化而变化,且变化的周期越来越短;而企业组织制定战略的周期如果很长,即使在调研阶段获得了正确的数据,在执行阶段,消费者的需求也很有可能已经发生了根本性变化,因此使得调研结果变得毫无价值。

因此,无论从哪个角度看,洞察消费者都是一项非常艰巨的任务。所以媒体组织永远不要轻信你委托的调查公司提供的市场调研报告,因为其选取的调研对象标本可能会有问题,设计的问卷也可能会有问题。也不要轻易相信消费者反馈的信息,因为在回答调查问题的时候,消费者处于理性的状态,而在具体的消费环节则处于感性的状态。例如手机这个媒介终端,很多消费者都表示,在日常生活中往往只会使用通话和短信功能,其余的功能则不怎么用,所以今后只打算买最低价的非智能手机,然而在具体消费的环节,消费者会考虑到面子等问题,或是因为冲动而购买高价的智能手机。所以,如何把调研结果和媒体组织的营销战略有机地结合起来,的确是一个令经营管理者头疼的问题。

例如,至今为止,媒介领域中最常见的就是收视率或者收听率乃至购买率的数据调查。这些调研方式都是在模拟时代创立起来的,对至今为止的媒介产品或服务的生产和媒体组织的经营管理起着决定性的作用。例如电视台就经常利用收视率的数据,通过末位淘汰制进行管理和调整等。然而,这种收视率调查的方法在今天已经不符合时代的发展和要求了。模拟时代的市场调研,是通过对样本户的数据分析获得近似真实的消费需求。那时,消费者对媒介产品或服务的需求并没有兴趣分流,用对样本户的数据分析结果替代整体的市场状况,的确可以做到成本低,而且具有科学性和准确性。

在新媒介手段大量普及的今天,传统的调查方式也许就会成为一种相对高成本和不科学的方式。也就是说,新媒介环境下的媒介市场调研可以有新的思维和模式。首先,随着经济的发展和人们文化素质的提高,消费者对媒介产品或服务的需求越来越多样化、个性化。而且随着信息技术和交通技术的进步,人们的生活节奏越来越快,生活的空间和时间越来越碎片化。因此,传统的抽样分析方法越来越不能正确地代表整体消费者的媒介消费需求。例如电视收视率的数据,虽然考虑到了统计学意义上的样本户设置问题,但因为中国存在着地域经济发展不均衡以及电视节目落地不均衡等问题,也许得到的收视率数据很难真实地反映节目的水平。在我国,来到城市的农民打工者超过了两亿,而在这庞大的人群中依然没有样本户,而且这一群体在农村的家庭成员也不会被纳入抽样调查的范围,因此调查结果就不能反映出中国这一庞大的收视群体的收视状况。

而一些面向高端消费者的媒介内容,其收视数据可能会很低,但也许相对的消费人群并不少。而最大的问题在于样本户一旦被污染(收视作假),很容易造成不公平竞争,并且引发产业经济效率的低下。在新媒介时代,由于渠道是数字化的并且是双向互动的,所以在理论上,只要在所有的电视机内装置一个芯片,那么全国所有用户的收视数据都能在瞬间被收集并统计出来。而且这种调查方式不但可以收集所有用户的数据,还能节省大量的时间和人力资源成本,所以相对而言是成本最低的调研方式(当然在目前还暂时存在着难以统计个体收视情况的问题,但应该相信层出不穷的新技术可以解决这个问题,如行为捕捉技术等)。而且从这个角度讲,也许未来不但各类媒体组织和广告主需要消费者的媒介消费信息,诸如电视机等IT设备的生产厂家等企业机构也会需要这类信息,因为在信息网络时代,生产型企业组织为了更好地销售自己的IT设备,可能会在企业内部设置可以让媒介消费者直接消费或下载的信息和内容平台,将其作为对设备销售的支持。

另外,对于一些高端产品的广告主而言,与其花大量的金钱购买所谓收视率高的节目的广告位,以图获得最大的覆盖人群数量,倒不如用同样的花费去影响与自己的品牌价值契合的媒介内容的消费者,所以洞察消费者的消费模式和行为就更是当务之急。

在今天,媒体组织和广告主的愿望已经能够轻松地实现。媒体组织不但可以利用现代科技很容易地了解消费者的媒介接触行为,并进行细致的分析,而且可以利用信息抓取技术,分析出消费者所处的地域、文化水平和消费习惯、消费频次,甚至可以知晓消费者常用的媒介设备,并通过媒介渠道(平台)的有效组合进行有针对性的信息投放或推送,还可以通过对信息投放频次和投放或推送时间进行控制,增强信息投放或推送的效果。而且,社会化媒介形态之所以能够快速普及,是因为今天的消费者愿意借助这种媒介形式主动发言。特别是社会化媒介中的一些产品形态或功能,如社交媒介中的"圈子"已经把同类人群聚集在一起,因此他们有着相近的思维和行为模式,重要的是圈子里的人愿意分享自己的经验和想法,而且在社会化媒介中,人们针对消费品的发言往往是客观和真实的。同时,社会化媒介还具备一定的纠错功能,使得信息最终趋于真实可信。

消费者是产生媒介创意的最大源泉,所以只要能利用好社会化媒介或社交媒介的功能,认真倾听消费者的意见,媒体组织或其他行业的企业组织就能得到更多有价值的创意或意见,从而能够快速开发出消费者认可的价值品或修改已经出现的问题,这样不但成本低廉,而且更容易带来消费者的忠诚。

总而言之,新媒介为媒体组织提供了低成本洞察消费者的可能。剩下的就要看媒体组织能否虚心地去观察并了解消费者的需求,并制定恰当的战略决策。重要的是采用和消费者平等的视角和姿态,用消费者喜闻乐见的形式,用消费者能明白的语言和词汇,向消费者进行媒介的价值传播。媒体人只有学会尊重消费者,制作出来的媒介产品或服务才会得到消费者的认可,媒体组织才能够更好地生存下去。

第二节 媒介产品与服务的策划与开发流程

当今社会,媒介产业已经进入了策划时代,甚至我们可以说所有的营销都是从策划环节开始的,所以媒体组织应该看重的是一个策划案能否带来好的效果。

媒体组织实施的策划应该包含两个层面的内容。一是媒体组织整体战略的策划;另一个是具体的项目策划。所谓媒体组织的战略策划是指媒体组织作为一个组织的整体战略定位,包含市场战略布局、组织发展方向等较为宏观的内容。而媒体组织的项目策划则是媒体组织战略策划的落脚点,是媒体组织战略策划的基石。媒体组织的战略策划意图一般会在媒体组织的项目策划中得到体现,而媒体组织的项目策划也必定要受到媒体组织战略策划的指导和制约。一般来讲,项目策划就是针对比较具体的媒介产品与服务的策划。

在国际社会,媒体组织有商业与非商业的区别,这是一种本质上的区别,会决定策划的方向。特别是在中国,媒体组织往往介于商业与非商业双重属性之间,因此在各个层面的策划更应该具备中国特色。

策划还要考虑到国内市场和国际市场的分别。特别是在经济全球化的今天,策划可能更应该关注在国际市场运作的可行性。如果一个策划案能把国内市场和国际市场对接起来,并源源不断地获得市场影响力和收益,那就是最好的策划。实际上,美国的电影和纪录片之所以能在世界范围内产生票房收入和影响力,就是因为其策划是针对全球市场进行的。

伴随着媒介技术的发展,媒介行业及其产品与服务的形态也丰富起来,比如电子媒介、纸媒介、户外媒介、网络媒介,还有列车电视、机场频道、DMB 以及现在正逐渐受到关注的手机媒介等。甚至连最初只是个人心情速记的微博也已经在不知不觉间成为影响力巨大的用于信息传播的媒介产品和服务形态。所以根据媒介形态及其背后的消费者需求进行有针对性的策划就显得尤为重要。

虽然媒介形态和媒介消费需求不同,具体的策划活动也不尽相同,但因为媒介产品或服务的策划和开发是有规律可循的,所以在本章节不对具体的媒介产品或服务作分析,只就使媒介产品或服务具有媒介价值的开发思路作重点介绍。

一、媒介产品或服务的策划和开发过程

任何媒介产品或服务都不是凭空创造出来的,而是经过一系列的创意、测试和制作等过程生产制作出来,并最终送到消费者手中的。媒体组织中各个层级的人员都应该参与到媒介产品或服务的价值开发和制作过程中来,这也是在前文中介绍的全员参与营销的概念。

> 创意的产生→创意的评价→研发与市场测试→衍生品

图 4-5　媒介产品或服务的价值开发过程

在策划一个媒介产品或服务之初,我们首先要了解整个媒介市场以及各个细分市场是什么状态,例如,市场的规模、消费者的态度、产品的市场地位、产品的生命周期、阅读或者收视乃至利用频率等,这就需要市场营销调研的工作。如前所述,任何市场营销调研的工作都是从对市场以及需求状况的调研开始的,这是因为了解市场的基本概况将会对整个媒介产品或服务的策划、开发以及后续所有战略的制定和执行起到决定性的作用。

比如,我们要制作一个电视栏目,是准备将它放在本地区的播出平台上,还是放在卫星频道这个全国性的播出平台上?如果放在全国性的播出平台上,北方观众和南方观众的欣赏口味是不是一致?放在全国性播出平台和放在地域性播出平台上所需的成本又如何?我们是否有通过这样的平台获得高于成本的回报的机会?我们需要利用的资源是自己已经拥有的,还是考虑和其他的媒体组织机构合作?其实要找到这些问题的答案,必须要对市场概况有一个基本认识。

二、创意的产生

创意可以从任何环节产生,可以从媒体组织内部产生,可以从媒体组织的合作机构处获得,也可以来源于竞争对手,更有可能来源于媒介消费者。在这个阶段,最重要的就是尽可能大范围地获得各种有价值的创意,而没有必要拘泥于传统和习惯的束缚。但不论是从哪个环节产生新的创意,媒体组织内部都要有欢迎创意的组织文化和气氛,使得人们敢于提出自己的创意,或者乐于接受他人的创意,否则媒体组织就很难开发出有创造性的媒介价值品(产品与服务)。

很多创意往往是从媒体组织内部产生的,因为在媒体组织内部存在着大量的信息、技术和技能,这些要素相互结合起来就能产生出很新颖的媒介价值创意。实际上,很多员工在日常工作中,都会有突发奇想的时候,那就是产生创意

的源泉,但遗憾的是,因为企业文化或者组织结构等原因,这种闪念常常没有机会表达出来,在不知不觉中被遗忘了。所以媒体组织应该鼓励员工勇于表达自己的想法,并适当地给予物质和精神上的激励。换句话说,媒体组织要营造让员工抒发创意的文化氛围。

现代技术的进步也常常会带来全新的媒介价值品的创意。近些年来,光电技术、数字技术、通信技术等高新技术飞速发展,这些新的技术和原有的媒介产品或服务的形态相结合,就会带来更多的媒介产品或服务,并有可能催生新的媒介形态。比如,液晶电视技术的进步带来了楼宇电视的创意,并直接催生了一个新兴的媒介行业;甚至电影都已经不是专业人士的专利,任何一个人都可以拍摄属于自己或自己群体的电影,并和电影界的专业人士展开竞争。未来影视行业的进入门槛也许将不复存在。例如现在,人们可以利用 Machinima(引擎电影)技术,在游戏中制作自己的电影。人们不需要购买昂贵的摄影器材,只需要花费几十美元购买一张《电影大亨》的游戏光盘;或者在 Xbox 的《HALO》里尽情地发挥自己的创意,拍摄出一部完全属于自己的电影;还可以把这部电影上传到相关的专业网站,如果下载次数多就能在排行榜上占据一席之地,甚至一些专业的报纸杂志也会对作品发表评论。实际上,排行榜和专业媒体的评价意见已经构建了一种对创意的评价体系。也许有一天,专业的电影制作公司会采用这个电影创意,拍摄出一部真正的大片。

移动通信领域的技术进步,则带来了手机电视乃至手机媒介的概念。手机媒介的概念带来了电信产业和广电部门的技术标准之争,但实际上是对未来手机媒介带来的巨大利益(价值)之争。而在今天,移动互联网的概念,更令众多行业垂涎,它们千方百计要进入这个领域。

案例研究

从硬件到智能乃至云端的手机媒介

基于 PC 体系的互联网云计算的概念刚刚兴起,甚至很多专家还解释不清什么是互联网的云计算和云服务的时候,"云手机"却早早地进入了服务领域。

据国内媒体报道,阿里巴巴集团旗下阿里云计算携手国内手机厂商、芯片厂商正式推出了云手机,并推出了自主研发的手机操作系统阿里云 OS,而且该系统全面兼容谷歌的 Android 系统。此外,业界也普遍认为,阿里云手机操作系统是阿里巴巴在移动互联网产业上最大规模的拓展。阿里云开发的云 OS 操作系统,除提供地图、邮件、存储等传统云计算服务之外,还将提供大量的基于云计算技术的互联网应用,阿里巴巴旗下支付宝、旺旺等客户端都将被整合其中。

随着阿里云手机的上市,国内其他的 IT 生产商也不甘落后,华为等厂商纷纷推出了自己的云概念手机。甚至那些网络运营商也推出了所谓的聊天手机。而在同一时期,诺基亚这一曾经的手机产业霸主面对着由于苹果 iPhone 和谷歌 Android 手机的巨大冲击造成的市场份额节节失守的状况,不得不宣布放弃自己的智能手机塞班操作系统,全面和微软合作,以图背水一战。

曾几何时,人们购买手机的时候要看硬件以及安全耐久性如何,甚至手机的抗摔、抗压性能都能成为广告的噱头。所以虽然软件操作系统常常被人诟病,但诺基亚还是因为其结实耐久的手机硬件而获得了广泛的市场占有率。而今天人们对于手机的关注已经从硬件转移到了软件及其平台的服务上,更看重应用的体验感觉。甚至手机的界面设计也是重要的组成部分,例如消费者使用感受(比如是否直观、好用、友好、不需要太多的文字说明)和使用反馈(触摸屏幕时的感觉)。所以,固守过去成功经验的诺基亚就只能在不知不觉中把庞大的手机市场拱手让给了注重应用体验的苹果手机以及使用谷歌 Android 系统的手机。

从目前的市场情况来看,苹果 iOS 和谷歌 Android 都拥有大量的第三方应用程序,且应用程序数量都已经达到数十万。而微软则在这方面相对落后很多,其操作系统专用的应用程序数量还很少,难以和苹果以及谷歌抗衡,所以能否吸引手机消费者还是一个未知数,也因此微软和诺基亚的合作前途就尚未可知。只能期待微软在今后可以陆续吸引开发者,创造出更多的具有良好体验性的应用程序,否则很难从既有的苹果和谷歌系统手中抢夺消费者。

至今为止,阿里巴巴旗下的所有创新性的业务为阿里巴巴集团带来了巨大的收入,使得阿里巴巴成为一个巨大的成功企业,但这些业务模式大都是基于 PC 客户端实现的。随着生活节奏和生活方式的变化,消费者坐在 PC 前面的时间将会越来越短,而使用手机的时间会越来越长。虽然有专家学者质疑阿里云手机的概念和服务,但是我们可以看到,阿里巴巴集团之所以推出跨界阿里云手机,其目的也还是在于把手机当作终端平台,使得自己集团拥有的战略重点业务能够全面地整合到人们的生活中去,并且随时随地提供全方位的服务。也就是说,在理论上,阿里云手机能够为阿里巴巴集团带来不间断使用的消费者和源源不断的经济利益。当然,实际的消费体验和效果我们拭目以待!

媒体组织还可以参考和借鉴竞争者的成功案例来产生新的媒介价值品创

意。任何媒体组织都在寻求合适的机会把自己的媒介产品或服务公之于世，这就为其他的媒体组织提供了模仿的机会。另外，媒体组织也会经常关注和研究竞争对手的动态，以便开发自己的媒介产品或服务。跟在别人后面模仿实际上是在借鉴别人的创意，这是任何媒体组织都常用的手段。如果在借鉴了他人的创意后，能开发出更好的媒介产品或服务，那么就应该充分借鉴。成功的关键在于自己提供的媒介产品或服务在价值上超过了竞争对手，而且没有版权或专利上的纠纷。当今中国的很多媒介产品或服务都是在研究了国外的媒介产品或服务后，结合本国的政策和风土人情开发出来的。电视行业如此，新媒介行业更是如此。

还有，媒体组织最应该从消费者身上寻找创意，因为任何媒介产品或服务都要为消费者提供价值，根据消费者的需求来产生创意是媒体组织在开发媒介产品或服务时的侧重点。

比如，媒体组织可以从媒介消费者的需求出发，采用"5W1H"的方法，开发出媒介产品或服务的创意。使用这一方法时，会发现有很多种创意的可能性。

谁＝Who：主体分类，例如性别、年龄段、工作与否、职业区分等。

为什么＝Why：目的分类，例如休闲、娱乐、获取知识和信息等。

什么时间＝When：时间分类，例如早上、午间、晚上、夜间等。

什么地点＝Where：空间分类，例如家庭、工作单位、路上、车内、影剧院等。

什么＝What：媒介形态和内容分类，不同的媒介形态和消费者的不同需求相结合，会产生数量庞大的创意。

如何＝How：消费模式分类，例如个人消费、家庭消费，或者是集体消费等。

……

案例研究

媒介消费者帮助交通广播制作节目并提供创意和内容

至今为止，传统媒介中的内容都是由专业人员完成的，消费者只是作为受众接受内容而已。而随着媒介技术的不断进步，传统媒介的互动性得以加强，传统的节目制作模式也发生了变化，消费者甚至可以帮助媒体机构制作节目。换句话说，媒体机构变成了一个开放的平台。

众所周知，随着人们出行机会的增加，看似逐渐低迷的广播业重新焕发了生机，交通广播已经成为庞大的出行者群体的首选媒介。广播领域的传输设备逐渐小型化，比电视传输更为灵活快速，成本也因此更低。特别是随着手机短信等新媒介手段的广泛应用,广播人似乎连外出采访的成本都要节省下来。

听过交通广播的人都会有这样的经历,在节目进行中,主持人会抛出一个话题,例如你桌子的抽屉里有什么秘密等。这时你就会发现,主持人不需要采访,听众会源源不断地通过电话和短信的方式提供自己的秘密,主持人所做的就是筛选听众提供的内容然后进行播放。在某种意义上讲,是听众自己给自己做节目,听众自己娱乐自己,交通广播只是提供了一个交流的平台而已。你还会发现,主持人不仅能从听众提供的内容中得到很多新的创意点,而且很多听众会直接要求或建议交通广播台今后讨论什么话题,这就等于为交通广播提供了大量的节目创意。

媒介消费者参与节目制作并提供创意,并不是交通广播所独有的特点,所有的媒介形态都可以这么做。就连制作流程最为复杂的电视机构都可以通过组织消费者提供自制的 DV 内容,经过剪辑或者不剪辑,生产出自己的电视节目内容。但受众参与之所以在交通广播台能得到最大化应用,是因为交通广播的听众往往身处于一个狭窄并且没有多少人能够沟通的空间,为了消磨堵车时无聊的时光,人们愿意参与节目的制作,并为媒体机构出谋划策。

所以,广播媒体机构因为广播终端设备的无处不在和便携性,是至今为止所有媒体机构中互动性最强的一种。也正是因为如此,广播人才更应该重视从消费者那里获得创意,并充分利用消费者的参与意愿,让消费者自己为自己的创意直接提供内容,以便能够最大化地降低生产成本。

由于媒介形态不同,因此具体的媒介产品或服务的形态也不同。而从目前来看,传统媒体的价值创意主要集中在内容生产上面,而新媒介则主要集中在服务上面。虽然传统媒体组织和新媒体组织往往被看作是竞争关系,但是由于它们肯定会逐步走向相互融合,因此媒体组织将会迎来全媒介或叫作跨媒介平台时代。因此,媒体组织要把营销战略的眼光放得更长远一些,完全可以依靠所拥有或合作的跨媒介平台,从消费者的需求出发,按照市场规律,策划媒介产品或服务。可以是内容,也可以是活动,还可以是销售,不拘泥于过去的经验,就能获得意想不到的成功。

以微博为例,实际上这种形态的服务早就存在,甚至比起所谓的前身(博客)都早很多,至少如 MSN 等很多即时通信的个人签名就一直是这样的一种形态,人们可以在个人签名处写出自己的想法或者感叹。许多年来这种形态就这么被人们普遍利用着,谁也没有想到它一旦独立出来成为一个单独的产品形态后能够获得如此巨大的消费群体,并逐渐演变成具有发布信息、社交、游戏、广告等功能的媒介形态。微博之所以能让消费者认可其价值,是因为其能让媒介消费者在第一时间便利地发布和获得信息,而这个能让消费者感知到的媒介价值就有可能为媒体组织带来巨大的利益。

值得注意的是,媒体组织的创意人员要养成和市场或广告部门人员随时沟通的习惯,在整个媒介产品或服务的生产过程中都应如此。这是因为如前所述,在长年的创意工作实践中,人们会形成专业的思维,从而忽视市场的需求。所谓兼听则明,而我国的很多媒体组织恰恰就欠缺这种内部合作的精神。相比较而言,市场部门的职员更接近市场,更了解消费者的实际需求,而策划与创意人员或专业技术人员则倾向于发挥创意或技术优势,因此双方常常会在媒体组织内部产生意见对立。

三、对创意的评价

在产生并收集了很多的创意之后,媒介产品或服务项目的开发就应该进入对创意进行综合评价的阶段,这实际上是对媒介创意进行价值筛选的过程。虽然由于媒体组织的形态不同,评价的基准也就有所差异,不过一般来讲,媒体组织应该从生产制作和销售发行等多角度对创意进行评价。比如:

创意和媒介消费者的需求是否相吻合?

既有资金、技术和技能可否支持实现这个创意?

这个创意和既有的媒介产品或服务的关联性有多大?

这个创意是否有特色?

这个创意是否有政治、宗教、民族问题等方面的风险?

由此产生的市场会有多大,并且市场的成长性和收益性如何?

进入市场的时机是何时?竞争对手是否已经进入?自己的优势和劣势是什么?

如果失败了会给媒体组织带来什么样的影响?

……

根据5W1H的方法,并对以上这些内容进行组合,就可以创造出很多有价值的媒介产品或服务的生产概念。比如可以制作早上面对老年人的有生活气息的电视剧,也可以制作下午放学后面对学生的寓教于乐的教育节目,还可以制作面向青年人的时尚类杂志,或者制作面向城市大众的市民报纸,以及面向青年男性受众的体育类报纸,当然更可以制作以晚间家庭为观看对象的娱乐休闲的综艺类节目等。

有了众多的媒介产品或服务的价值概念以后，就需要对其进行综合分析，也就是说对各种媒介产品或服务的价值概念进行优先顺序的排队。首先，媒体组织会用自己要实现的视听率、发行率、收益率、生产能力的充分使用等基准对已有的各个概念进行考察和评价，对于评价较高的媒介产品或服务的概念，再利用收集到的新数据重新考察和评价，最终会获得少数几个满意的媒介产品或服务的生产概念，最后进入到媒介产品或服务的实际开发和试制阶段。

从创意的收集和评价阶段，进入到媒介产品或服务的概念开发和试制阶段后，媒体组织首先要确认著作权和知识产权等所有权的问题。围绕著作权和知识产权的问题，曾经引发过很多争端。现在，我国已经加大这方面的监管力度，为了减少不必要的麻烦，媒体组织应该在媒介产品或服务的开发过程中高度重视这个问题。

在决定了每个媒介产品或服务的价值概念后，自然而然就要决定媒介产品或服务的定位和质量。例如，在考虑电视节目的市场定位时，不但要考虑节目的成本和内容，还要考虑和电视节目形成竞争关系的竞争品。我们已经知道电视节目消费的是观众的时间，那么除了同类型的电视节目之外，所有消费观众时间的产品和服务，比如电影、期刊、休闲娱乐等都是电视节目的竞争品。

虽然在媒体组织内部要营造勇于提出创意的风气，但为了保证市场效益和质量，也要有勇于否决创意提案的能力。两者并不是矛盾的。在诸如 CBS 这样的国际知名的媒体组织，每年从媒体组织内外进入到节目部的创意提案大约有一千个左右，而能形成具体策划案的也就一百个左右，再经过下面将要叙述的具体研发和测试，能最终推向市场的也就不到十个节目。

四、研发和市场测试

在进入媒介产品或服务的制作阶段后，负责制作的部门要把选定的创意制作成具体的媒介产品或服务，而媒体组织的广告部门或营销部门则应该对市场前景进行更为详细的调查研究。有很多的媒介产品或服务就是在这个阶段，因为市场前景不被看好，或者因为技术难以支撑，而被中止了开发过程。

在市场中表现不好的媒介产品或服务，其失败的原因大体可以归纳为如下几点。

第一，没有进行市场调查或者调查不充分。我国的媒体组织对市场调查的作用还不够重视，一般只重视收视率和发行量的数据等，这是我国媒介行业的通病。

第二，不符合消费者的需求。由于没有很好地进行市场调查和研究，加上长年的媒介制作理念的影响,一些媒体组织往往根据感觉和经验制作媒介产品或服务,所以我国的媒介产品或服务就显得过于教条,并且态度高高在上,轻视消费者的地位和实际需求,因此就会受到消费者的抵制。

第三,质量问题。我国不少的媒介产品或服务显得过于粗制滥造,画面剪辑或文字印刷不是很精致,而且叙事能力以及节目编排或版面设计也不能吸引消费者。

第四,进入市场的时机不正确。我国的媒体组织往往非常重视炒作,而且跟风的现象比较严重,没有考虑自己的产品或服务是否具有竞争优势就盲目跟进。

第五,品牌价值弱,缺乏竞争力。虽然我国的媒体组织大都逐渐接受了品牌的概念,想做强势品牌,并借此强化竞争能力,但由于接受品牌这一概念的时间相对较晚,经验也不是很丰富,所以一些媒体组织现在还没有能力做好品牌。

第六,没有得到流通发行渠道的支持。诸如广播、电视、网站等电子媒介把节目的制作和销售发行等环节都内置在媒体组织内部了,所以可以用自己的发射或网络平台作为流通渠道播出节目,但在广告的销售上,却面临着广告公司作为中间渠道商是否愿意合作的问题,而且卫视频道还面临着落地的问题。电影产业也有院线排片的合作问题。另外,我国的纸质媒介在很大程度上依赖流通渠道和零售网点的销售力量。总而言之,因为行政管理、市场交涉力量和理念等多方面的原因,创意、制作和流通等各个环节之间的协作不是很通畅。

如今,中国的媒介产品或服务一般都先经过媒体组织内部领导部门的审批,如果领导同意,就可以直接进入市场。但是,进行客观的市场测试为媒体组织更好地把握自己的媒介产品或服务提供了实证的基础。这是主观价值判断和市场价值判断的问题,需要综合考虑。

在进行市场测试的时候,首先要注意测试地点和测试对象的选择是否正确。比如,面向年轻人的媒介产品或服务如果在广泛的人群中进行测试的话,就会缺乏针对性,而且得到的结论也不能对媒体组织的产品战略有所帮助。如香港无线电视台TVB是一个市场化程度比较强的电视台,并且该台拍摄的电视剧在海内外一直受到观众的偏爱。在一定数量的电视剧的创意产生后,该台会找一些普通演员制作出片花,然后将片花送交广告商听取市场意见。对于广告商普遍感兴趣的创意,该台便会投入一流的主创人员和高额的资金,并将其作为第二年的台庆剧进入制作环节。

另外,在测试阶段,媒体组织也应该对品牌价值传播和产品与服务的流通渠道进行相应的测试。因为这样做,媒体组织不但能测试出不同的品牌价值传播和流通渠道的战略组合所带来的效果,还能为将来正式实施的营销组合战略提供可靠的依据。

案例研究

高预算电影《变形金刚》的风险规避

王沁沁

众所周知,任何的项目都要考虑项目的成长和风险规避问题。电影市场中存在很多的不确定因素,因此电影项目投资本身就是一项高风险的事业,选择具备市场潜力的题材不但是获得经济利益的前提,也是规避风险的保证。

《变形金刚》不是原创电影,由于这个题材已经形成了广泛的话题性,因此它作为一部改编电影,本身已经具备了巨大的消费潜力。《哈利·波特》系列、《纳尼亚传奇》《指环王》等续集电影也是一样。好莱坞大电影厂之所以将改编电影作为其诸多同时运作的项目中的一大主力,是因为这天然形成的消费市场优势不但能够让未来的票房收入有保证,而且这种票房市场的保证还能够在前期就使得改编电影的融资变得相对简单。电影投资人的目标很明确,投资就是为了赚取利润。而这种巨大的利润潜力正迎合了投资人的这一目的,这便是该片消减风险的第一个方法。

同样,任何一个项目,即使有很好的市场空间,但要素资源的选择也会影响电影项目的成功。一部高预算电影作品的导演,不仅需要具备驾驭高概念影片的能力,同时需要非常清晰地了解电影消费者的观影偏好,更必须深谙如何以最低的经济投入获得最高的作品质量。

《变形金刚》控制风险的第二大方法是在合适的时机选择了合适的导演。迈克尔·贝本身是拍摄商业广告出身的电影导演,因此他对于影视作品如何投合消费者(包括产品消费者和电影消费者)的审美取向,并引发他们的购买行为具有极强的敏感性。他的电影以快节奏和爆破性的冲击镜头风格而著称,这种强烈的视觉表现方式受到年轻消费者的热烈欢迎。在正式接拍《变形金刚》之前,迈克尔·贝也正经历着事业的滑铁卢。然而,不能以一部电影的成败判断一位导演今后作品的票房潜力。表4-3以相对理想化的数学方法,对迈克尔·贝为影片赢利的能力进行了一个简单的预估。

表 4-3　迈克尔·贝赢利能力的预估模型(假设)

电影	预算(万美元)	全球总票房(万美元)	赢利率
《石破天惊》	7,500	33,607	49%
《绝地战警》	2,300	14,165	105%
《末日天劫》	14,000	55,460	32%
《珍珠港》	15,150	45,050	-1%
《绝地战警2》	13,000	27,254	-30%
《逃出克隆岛》	12,000	16,302	-55%
总计(不含《变形金刚》)	63,950	191,838	—
平均(不含《变形金刚》)	10,658	31,973	17%
《变形金刚》	15,000	70,573	57%
总计(含《变形金刚》)	78,950	262,410	—
平均(含《变形金刚》)	17,863	56,781	23%

数据来源:http://www.the-numbers.com/。

票房以不进行通胀调整的全球票房的 1/3 为电影制片方的实际收入(在此不包含其他相关电影收入),依照如下公式计算:

平均赢利率=[(全球总票房收入÷3) - 总预算]÷总预算×100%

以迈克尔·贝从业以来的 6 部作品的总预算和全球总票房成绩为衡量标准,接拍《变形金刚》之前的影片平均赢利能力为 17%,同时,电影的平均预算约为 1.06 亿美元。由此,可以判断迈克尔·贝具备了商业赢利能力。而如果以表格中的《珍珠港》的赢利率为参考,当影片预算大约在 1.5 亿时,刚好是迈克尔·贝的赢利能力的临界点,可以实现收支平衡。再综合考虑《变形金刚》后续产品的赢利潜力、上映档期的影片竞争程度及其他变量,只要影片的制作预算控制在 1.5 亿以内,亏损的可能性便不大。

在遭遇《逃出克隆岛》票房惨败之后,这对于迈克尔·贝来说的确是一个机遇。事实证明,斯皮尔伯格的选择并没有错。作为导演,迈克尔·贝的确是个具备经济头脑的省钱高手。

第一,迈克尔·贝能用最具效率的方法进行拍摄资金的分配。他明白未来的这部电影不需要现实中的明星,变形金刚才是真正的明星。因此,他聘请了三家特效公司共同制作《变形金刚》里的特效镜头,并将这 1.5 亿美元中的 85% 都作为特效制作的酬劳。这笔资金成功缔造了电影特效史上里程碑式的视觉特效,至此为止从来没有一部电影的特效有《变形金刚》这么多。

第二,在人员调配上,迈克尔·贝起用了自己的老班底。这就保证了创作团队中的每一个工作人员不用花费太长的时间来适应迈克尔·贝的管理风格,由此减少了团队合作时产生的摩擦,实际上也直接减少了制作和管理成本。在高强度的现场管理节奏之下,不少镜头都是一遍即过,这不仅保证了所有的主创人员都能够以最充沛的精力投入工作,还节省了胶片成本,并且也保证了在计划预算内的制片进度的顺利进行。

第三,通过电影项目收入的多元化降低风险。让广告成为影片的一部分已经成为当今的趋势。如今的电影拍摄不仅仅是制片方和观众的简单关系,随着影片成本的不断攀升,影片面临的风险也随之增加。电影制作方越来越希望能在影片未正式上映之前便实现收入。而这种收入不能仅依靠电影本身的票房收入,还需要与广告商等其他社会角色进行深度合作。而商品的植入广告,使电影不但不需要增加制片预算,还能获得头笔收入。植入式广告不同于以往的商品赞助,而是要在电影中承担起一定的角色性作用,并且能体现商品本身的品牌内涵。该片的广告植入数量众多,大部分都能极其巧妙地融合于电影情节中。植入类型从对白植入到形象植入再到场景植入,极其丰富。该片为植入式广告提供了一个范本。

Hasbro 自不用说,这部电影本身就是为该公司的变形金刚系列玩具量身定做的巨型广告片。同时,其公司旗下的"特种部队"系列玩具里的拦路虎和公爵两个人偶形象,被电影还原成美国特种部队里的美国大兵,成为推动情节发展的重要角色;而其主打女童消费群的 My Little Pony 粉红小马玩具和 Furby 毛绒玩具形象也均在片中出现过。除了领袖擎天柱之外,博派俨然成了通用公司的代言人。通用公司为此只花费了 3000 万美元的费用,就在全球同时作了雪佛兰 Camaro、悍马 H2、庞蒂亚克、GMC Topkick C4500 四款车型的营销宣传,并且这种营销会随着时间的推移继续它的生命力。除此之外,"擎天柱"的扮演者 Peterbilt 389、"路障"的扮演者福特野马、"Ebay"、惠普、苹果、诺基亚、松下等也都为了这次上镜乖乖地付出了相应的费用。

更重要的是,随着影片的上映,各广告商借机推出的相关广告片也为制作方的电影营销省下了一笔不小的费用。

第四,产品在最终推向市场之前进行了详细的市场测试。电影测试是电影营销中的一个重要环节。这个环节通常是由观众、导演、市场部共同完成。在这个环节,导演可以直接通过观众的意见反馈修正电影里存在的一些问题,比如台词、画面等,同时也能适时调整导演本人对成片的预期值,而市场部也可以通过测试进一步明确电影的主体受众情况,以便修正和制订下一步的营销计划。该片初剪之后,市场部专门挑选了一些家庭进行了小范围的电影放映。迈克尔·贝坐在他们之中直接观察观众的反应,并悉心听取了观众及制片、市场部的意见。

第五，有效的市场宣传与沟通。市场宣传和沟通活动也是消减电影风险的重要工具，它可以在更广的范围内将产品的准确信息传递给消费者，并进行一定的消费欲望的刺激。该片在立项初期，制片方先与院线确立了档期，电影放出了1分45秒的先行版预告片，主要是起到告知作用。预告片的主要内容为火星探测器发回的一段影像，除此之外，变形金刚的造型及电影情节基本处于未知状态。宣传片对该片的片名、主要内容、发行方、制作方、导演、上映日期进行初步告知。除了基本构成元素之外，先行宣传片通常都有吊胃口的作用，因此这类宣传片基本都会设置一个小小的悬念，在语言上也会使用一些比较具有煽动性的话语，比如"火星探测器传回了一个鲜为人知的秘密"等。在项目中期，制片方又发布了中期宣传片，主要作用在于持续吸引观众的注意力，并在这版宣传片里剪辑进了一些已经制作好的画面素材，让观众能够对于成片勾勒出大致的印象。同时，这个时期的宣传片也承担起测试的作用。中期宣传片主要在网络上根据带宽发布了各种格式的宣传版本，同时对来自网络的不同观众的意见进行归纳，并告知导演。在这之后，在影片正式上映前半个月的时间，制片方开始正式发动宣传片攻势。首先发布了第三版宣传片，这一版本作为电影的正式预告片不仅在网络上提供下载，并且在各大影院里正式推出，同时还将翻译成不同的语言提供给各个国家的发行方，并根据各个国家发行方的要求进行预告片部分内容的相应调整。与此同时，在上映的前一周，市场部根据营销目标人群消费特性的不同，以及投播平台的收视人群特征，制作了主题为"发现""宣告""命运""隐藏"等不同版本的30秒广告片，开始在各电视频道上进行密集的广告片轰炸。除了自己制作的宣传片之外，制片方还将部分镜头素材、角色造型提供给广告赞助商，借力广告商的广告进行宣传。无论是影院里正片播放前的雪佛兰Camaro变形广告片，还是在北美地区的电视频道中播放的通用品牌的其他电视广告片，以及汉堡王制作的变形金刚与汉堡包的电视广告片，都在不同程度上将《变形金刚》的潜在消费人群进一步扩大，同时也期待能与广告赞助商实现共赢。

五、开发衍生品与后产品

衍生品与后产品对于媒介产业有两大基础性作用——一个是"营销宣传"，另一个是"收益增值"。以美国好莱坞电影为例，电影制片厂对于衍生品的概念认知也经历了一个从无到有的过程。

迪斯尼公司可以算是衍生品战略实施的先行者，当其规模还很小之时，便已经开始尝试通过使用权利金的方式,将"米老鼠"等肖像使用权卖给商品生产商。随后,该公司更在行业内首创了电影原声带的销售,从而拓展了衍生产品的经营领域。随着迪斯尼因为这种赢利模式而悄然发展壮大,其他的电影厂商也慢慢地意识到了衍生品开发的重要性。当然,在初期阶段,电影制片厂商主要还是关注电影广告宣传,仅对衍生品厂商收取一定的形象使用费。1977年上映的《星球大战》带动了相关衍生品的热销,并且在电影下档后,其衍生品的销售收入并未因此而减少,反而比影片本身具有更长的生命周期,为衍生品生产商带来了源源不断的销售收入。这件事使好莱坞电影制片厂真正意识到衍生品销售所带来的长期丰厚利润远远高于电影上映期所产生的票房收益,从而加大了电影衍生品授权开发和战略执行的力度。时至今日,电影衍生品的市场开发已逐渐拓展到服装、玩具、旅游、教育、音像出版、图书、文具等众多领域,并成为美国电影制片厂不可或缺的支柱型收益来源。

实际上,所有的媒介营销管理战略都离不开利益最大化这一经济学的根本原则,这是各种战略追求的最高目标。好莱坞电影产业之所以重视衍生品,正是因为衍生品可以带来经济利益的最大化。

电影衍生品及其相关的战略,在经济学层面上可以有两种思考维度。我们可以用电影(主体产品)及其DVD这种衍生品为例进行说明。

众所周知,电影的最大成本投入在于其制作环节,包括剧本创作、演职人员的报酬、拍摄设备和资材等。虽然近期宣传费用也在急剧上升,但这也是电影放映前期的投入成本之一。因此,负责做战略决策的人士或组织,不但要考虑总体的收入和成本控制,更要重视边际投入和边际收入的概念。

在传统的电影产业的收益概念中,那些巨大的电影前期投入成本往往是靠电影的票房来完成回收的。这就意味着在电影票房之外的各种衍生的收益,都是额外的附加值。只要相对应的投入低于收益就值得实施。换句话说,把电影压制成DVD后的衍生收入只要大于生产DVD的成本,就是很好的衍生品战略。所以,类似的衍生产品(如玩具、服装、电视版权收入等)越多,电影这种产品所能带来的附加值也就越大,自然而然经济利益就有可能实现最大化。

而在当今的电影产业概念中,衍生品已经有了新的内涵。电影衍生品不再是传统意义上的电影发行放映时间窗口后期的"后产品",而是在电影策划之初,就已经和电影同步开发的相关产品。在这个意义上讲,上述的DVD这种电影的衍生品不再是为了创造附加值而出现的附属产品,而是和电影票房一起共同使电影产业经济价值最大化的有机组成部分。因此,电影衍生品也开始分担并消化电影创作前期投入的巨大成本。也就是说,如果用经济学的专业术语来解释的话,电影衍生品已经不再是边际投入和边际收入的概念,而是大大地降低了电影制作的平均成本,从而降低了电影产业投资的风险。而且只要衍生品的版权保护措施得当,其版权收入可以在电影票房之前就得到回收。这个事实具有更重要的经济意义。因为对于任何产业而言,经济利益回收得越快,意味着资金循环的速度越快,产业投资的效率越高,因此在资本市场上显示出来的产业投资的价值也就越大。不单是电影,广播、电视、音乐演出等所有的媒介产业也不例外。

一般而言,媒介产业不同,衍生品的开发模式也不尽相同,但主要集中在两种形式上,即播出授权和形象授权。

播出授权这种开发模式基于影视成片的内容销售。它主要是指影视成片内容在院线下档后,通过转让播映版权,而在电视、网络、DVD、蓝光等介质中传播。在我国将这种商品形式统称为"后产品",这种定义方式主要来源于影视内容产业的营销窗口时序。

形象授权这种开发模式是基于媒介价值品内部的元素提炼。它主要是指围绕媒介价值品中出现的人物或其他形象而衍生开发出一系列产品,如迪斯尼主题公园、变形金刚玩具、蜘蛛侠水杯、终结者服装等。在国内,这种商品形式被统称为"衍生品"。

虽然在我国有"后产品"和"衍生品"两种说法,但实际上这二者并没有什么本质的区别,无论是基于影视成片内容的"后产品",还是基于媒介价值品内元素的"衍生品",均是围绕整体媒介价值品项目进行开发并以版权交易为基本交易形式。随着媒介形态的多样化,比如电视电影、微电影形式的出现,播出渠道有前置化的趋势,传统的营销窗口时序被打破,所以应该将两者统一而形成广义上的"大衍生品"的概念。

衍生品市场开发的精髓就在于利用消费者对于媒介产品或服务的喜爱,激发消费者需求,让消费者不自觉地产生购买冲动并形成消费行为。

虽然在媒介产业发达的国家,都有了成熟的衍生品战略和操作模式,值得我们学习和借鉴,但是我们也应该清醒地认识到,衍生品终归是一种商品,是为了满足消费者的需求而存在的。也就是说,只要消费者有需求,就会有相应的衍生品出现。

特别是在当今,人们的生活节奏和生活模式已经发生了根本性的变化。兴趣爱好的多元化,以及新媒介渠道的层出不穷,将会组合出多元的衍生品需求空间。这不但意味着传统的媒介产业的衍生品模式还将会有长久的生存空间,也意味着将会产生出各式各样的、令人惊奇的衍生品。而关键在于媒介及相关产业的人士或组织机构,能否发现消费者的不同需求,并富有创意能力,能制造出让消费者满意的衍生品。

> **著者观点**

衍生的商机——电影衍生品的市场透视

2011年5月28日,《功夫熊猫2》在影迷的热切期盼中如期而至。在影迷的狂热追捧之余,梦工厂自然不会放过中国市场这一大好机遇,除了决心斩获更高的票房外,还要加强与中国国内企业的合作,开发出更多的衍生产品以在中国市场上狠赚一把。于是,在笔者还未亲睹《功夫熊猫2》的庐山真面目前,便已在各种商店里看到了阿宝肥硕可爱的身影,它仿佛在告诉你:"这个夏天,我又来了!"全家连锁店的陈列架上放置了一批功夫熊猫的水杯,红黄相间的外包装盒里从旅行水壶、保温杯到普通水杯一应俱全。美特斯邦威的门店里,阿宝的头像已经被印制在T恤衫上等待出售。麦当劳餐厅里不仅贴满了《功夫熊猫2》的电影海报,还应景地推出了豆腐乳味鸡翅"大鹏展翅"和"功夫熊猫"开心乐园主题玩具。连著名的造纸厂商维达纸业,也打着"柔韧有功夫"的宣传语宣传功夫熊猫特别版纸巾。据悉,早在2010年年末,《功夫熊猫2》便已经在中国上海召开了中国推广权授权峰会,众多国内知名企业纷纷加盟。正是因为有了这样一场企业联姻,才让阿宝的名字再次人尽皆知,而这一场声势浩大的立体营销战略,以"功夫一出,熊霸天下"的气势,推动电影票房直破5亿,再次刷新了中国动漫电影的票房纪录。

2011年暑期,迪斯尼旗下的皮克斯公司制作的《赛车总动员2》登陆中国。其前篇《赛车总动员1》无论在口碑上还是在票房表现上,几乎都不能成为制作续集电影的理由,但皮克斯却不得不承认它仍然需要再次出现在电影银幕上。这仅仅是因为《赛车总动员1》在短短5年时间内,已经为皮克斯在全球范围内创造了约百亿美元的衍生品销售收入,成为皮克斯公司有史以来最赚钱的电影。这种电影背后的"特许权效应"正是打造《赛车总动员2》的最佳理由。

创意能力的匮乏,是长期制约我国电影业发展的根本性因素。一方面,国产电影中大多缺乏可供开发衍生品的内容或形象;另一方面,国内企业开发出的衍生品品类不够丰富,缺乏创意和新意,难以吸引消费者。这种现象在真人电影的衍生品开发方面体现得尤为明显。尽管这些年我国电影业跟随好莱坞电影学习了一些衍生品的开发方法,但多数还只是停留在衍生品种类开发方面,而且由于缺乏专业设计团队的指导,除了原声大碟、电影小说书、花絮DVD、网络游戏之外,对于其他行业的产品很难应用创意形成合作。衍生品开发也是电影创意的一部分,仅仅放一个电影 LOGO 这样初级的"产品贴牌",是不具备商品竞争力,更是无法维持较长的生命周期的。比如好莱坞 3D 真人电影《爱丽丝梦游仙境》,尽管故事老套,但影片的影调丰富,美术设计出色,主人公"爱丽丝"兼具女孩的天真与女性的成熟。这一矛盾的角色设定备受时尚界的青睐,在欧美时尚界刮起了一股爱丽丝风潮。为此,迪斯尼制订了一整套服装销售计划。迪士尼与美国时装设计师 Sue Wong 合作推出了爱丽丝梦游仙境连衣裙,范思哲推出了蛋糕高跟,珠宝设计师汤姆宾斯设计了"爱丽丝梦游仙境"耳坠,Furla 的印花手袋使用了兔头扣,就连一个指甲油品牌都推出了"疯狂帽匠"和"爱丽丝红"两种颜色。

由于前期规划的不成熟,通常我们的衍生产品大多是在电影正式上映之后才着手规划,而这时早已错过了最佳销售期。我们经常看到,很多电影的上映带动了电影中道具的热销,然而这种情况往往是电影制作方始料未及的,由于没有及时在电影策划的前期介入衍生品的开发规划,致使公司损失了大笔衍生品的销售收入。

而在好莱坞电影产业链条中,电影衍生品的开发是与电影项目的开发同时展开的。在设计电影角色时,制作方便会考虑如何更好地与衍生品生产厂商的产品做深度结合,也会相应地参考衍生品生产厂商的相关意见,这就保证了后期衍生品市场销售的可行性。如《变形金刚》的导演迈克尔·贝在进行角色设计时,大量听取了"孩之宝"公司的意见,并把自己从一个门外汉变成"变形金刚"的忠实粉丝,在吃透了品牌精神后再着手加入自己的设计思想。同时,除了产品开发外,在为衍生品上市做营销规划方面,电影制作方也会参考衍生品厂商的相关意见或主动对衍生品厂商提出指导意见。

除此之外,由于我国法律法规不完善,保护知识产权的意识不强,导致国内电影衍生品盗版猖獗。盗版生产商通过网络及批发市场,已经形成了完整的盗版产业链,侵占了衍生品销售市场,挤压了正版衍生品的市场空间。这些盗版衍生品不仅价格低廉,而且对于消费者市场反应迅速,这也是消费者选择盗版衍生品的重要原因,如电影的 DVD 销售通常需要等到院线下档后 3 个月再上市发行,而盗版商从供源到压制再到最后成片发售,仅需要几天时间。更值得国内电影制作方深思的是,在正版电影 DVD 上市后,尽管价格与盗版相差无几,但仍然无法获得消费者的青睐,这是因为我国正版 DVD 的片基质量、声道等的制作基准、光盘中花絮的丰富程度、赠品的质量甚至远不及盗版

DVD。如今，不少国内电影制作方拿起法律武器对抗盗版，但盗版商多为小作坊工作，取证困难，加之诉讼费用高昂，因此很难达到目的。

尽管盗版横行的现象短时间内仍无法解决，但归根究底我国的电影衍生品市场开发缺乏系统规划、创意不足和没有高附加值，才是其难以进一步拓展的深层原因。

第三节　策划与生产过程的管理

在上一节中，我们介绍了媒介产品与服务策划的基本规律。在现实生活中，各种媒介产品或服务已经让消费者眼花缭乱，并且几乎每天都有新的媒介产品或服务经过所谓的策划和生产后问世。然而，真正能够被媒介消费者接受和喜欢的媒介产品或服务却寥寥无几，换句话说，这些媒介产品或服务不具备被消费者认可的价值。特别有意思的是，在任何国家，比起其他行业的产品或服务来，媒介产品或服务最容易引起争议。很多媒介产品或服务正是在各种争议中获得了较高的市场份额，或者被驱逐出媒介市场，所以媒体组织应该在媒介产品或服务的策划阶段，就认真考虑这个问题。当然，也有一些媒体组织机构故意利用一些事件引起争议（常常被称作炒作），从而获得高关注度，以期获得较好的市场收益。

一般而言，如果有了好的创意和策划，就意味着媒体策划成功了一半。但是，如果没有很好的管理和执行，最终也不能创造出被消费者认可的媒介价值。所以，本节将会围绕与策划同步进行的营销战略管理进行介绍。

一、策划的理念管理

任何一个媒体组织都需要有明确的经营理念，在经营理念下是明确的战略发展方向，所以包括策划与开发在内的媒介营销战略活动也就必须和媒体组织的经营理念和发展战略方向保持高度的一致。

一般而言，任何引发媒体组织展开新策划活动的契机，几乎都源于以下几个方面：

第一，扩大媒介市场占有率或者提高收视率；

第二，规范和取舍目前的媒介产品线或产品群；

第三，通过新媒介产品或服务改变目前的媒介形象；

第四，进入新的媒介流通渠道或平台；

第五,提升品牌价值;

第六,利用现有的品牌知名度获取多样化的利益来源;

第七,应对竞争需求;

第八,广告主或代理商的合作要求;

第九,进入国际媒介市场;

第十,降低成本;

第十一,单纯的艺术追求。

众多的媒介价值品开发的需求,有时候是和媒体组织的经营理念相悖的。所以,让媒体组织的媒介产品或服务的策划与制作人员坚守媒体组织的经营理念就是一个关键的问题。我们常常看到,很多媒体组织的内部工作人员,因为过分追求经济利益,策划和开发出来的媒介产品或服务及其相关的营销战略行动与媒体组织的经营理念,甚至和社会的普遍价值观相悖。

业界大观

有中国特色的媒体策划

西 冰

媒体策划不能脱离中国实际,要兼顾喉舌和商业的双重属性,要想政府和老百姓之所想,急政府和老百姓之所急,帮政府和老百姓之所需。但不少电视媒体从业者单纯地把节目市场化理解为收视率,而不惜以伤害节目思想品质为前提,因而出现了低俗化和庸俗化的倾向。如一些电视台推出的民生类节目,本身应是反映世态人情冷暖的节目,但却因为过度追求收视率,而不惜放大社会的阴暗面,最终被政府主管部门叫停。收视率不应该是媒体策划低俗化的理由,我们也看到很多媒体机构推出的优秀内容都获得了受众的高度认可。伴随着事业的发展,中国也出现了很多优秀的媒体战略策划公司或个人,他们针对中国媒体产业的发展提出了很多有见识的观点。

要做好媒体策划,需要注意以下几个要点:

1. 思维主流化

大众传媒的追求,应当与社会发展的主流方向一致,要遵循主流意识形态的规范。大众传媒的策划,必须要主流化,要坚持并善于以积极正面的观点和方法去观察社会,解读社会。

2. 对象大众化

要善于以大众喜闻乐见的方式提供电视文化产品,使内容得到最广泛的传播。大众化主要体现为选题是大众感兴趣的,方法是大众能够理解的,观点是大众乐于接受的。要学会主动发现大众感兴趣的话题,甚至是创造大众感兴趣的话题。

3. 定位准确化

在策划案中要明确对象,特别是在受众的兴趣具有分散的特征时。例如电视节目或新闻板块是给谁看的,这些人习惯怎么接受。特别要注意的是,在策划中要设置帮助对象理解的支点,内容的表述要把受众的理解放在首位,而不应该把自己的专业角度放在首位。

4. 结构系列化

系列化有助于内容的长期稳定深入展开,广告主或者赞助商也希望长时间在理想受众前曝光,这样对双方的品牌建设都有帮助。

5. 管理品牌化

好的策划案,首先要内容好;并在此基础上,从品牌开发的角度进行开发规划。

管理的几个层次:一流的媒体作标准,二流的媒体做品牌,三流的媒体做市场,四流的媒体做管理,五流的媒体做产品。

探索频道只是做了一个播出标准的平台,节目让大家做,新锐导演计划也是这个目的。而且探索频道自己不做节目。CCTV 的《新闻联播》在某种程度上也是一个标准管理的平台,各地电视台都希望自己的新闻能够进入 CCTV 的《新闻联播》。

6. 手段多样化

现在进入了多媒体时代,所以媒体策划更要考虑多媒体互动的问题。特别是新媒介内容的策划更应该考虑到新媒介技术和受众的特征,如互联、精确和免费等。新媒介的内容策划不能捡传统媒体的残羹剩饭,如新媒介的视频不能成为老节目的垃圾场。而且电子和新媒介的策划也要考虑地面活动配套,以便引起兄弟媒体的关注,还要善于运用各种手段刺激样本户的关注以提高收视率或点击率。

二、建立内部的协调合作体系与责任机制

在前文中,我们曾指出媒体组织内部会有对立和矛盾现象的产生,这是因为各个部门的专业性不同所带来的思维角度不同而造成的。我们常常发现,很多的媒介项目策划与具体的媒介营销战略活动,恰恰是因为内部各部门的专业对

立以及相关联的资源协调的困难,使得项目难以得到有效率的实施。换句话说,媒介产品或服务的策划开发部门和市场营销部门之间的有效沟通才是媒介项目走向成功的基础。

为了实现媒介项目期待的媒介价值,媒体组织的各个部门在媒介项目的策划之初就应该进行相应的协调合作,而且高层管理者也要注意设计部门之间的协调合作的方式。

媒介项目的策划和市场营销之间协调合作的关键因素大体如下所示:

第一,媒介项目的策划人员对于营销的理解水平;

第二,媒介项目的策划主题与媒体组织成长之间的关联;

第三,媒介项目策划的程序化和周期;

第四,媒介项目策划的风险预测和投资效率分析;

第五,媒介项目策划与营销战略整体的开发预算。

媒体组织是各类资源的集合体,也就是矛盾的集合体。一般而言,在媒体组织内部最常见的现象是内容策划和生产人员过于从艺术和技术制作的角度思考问题;而市场或广告部门的人员则倾向于满足消费者或者广告主的需求,以获得相应的市场份额和广告收入。甚至是在制作部门内部也会由于专业不同而形成意见对立,影响到工作的效率即成本,例如记者与编辑的观点分歧、编导与摄像对镜头角度的不同看法等。因此,在某种意义上说,媒体组织内部的沟通不畅会成为媒介价值品开发过程中最大的负面因素,而且也难以进行责任认定。

一个可行的建议是在媒体组织内部建立部门的交流机制,甚至有条件的媒体组织可以让策划和内容生产制作部门的人员与市场部门的人员进行一定时期的岗位对调,使其相互熟悉对方的思维、工作重点和流程,这样就能在回到本职工作岗位后在参与具体的媒介项目策划时实现有效率的协调合作。更为关键的是,媒体组织的高层管理者要注意在组建媒介项目的策划团队时,不但要在各个部门之内指定相应的沟通人员,还要指定整个项目策划团队的最高负责人,通过赋予其团队管理权力解决在策划过程中肯定会出现的团队成员意见对立和资源协调等问题。而且这样做也容易进行责任认定,使得团队成员有努力工作的动力。

三、前期策划的质量控制

策划有质量方面的要求。由于国内媒介产业和媒体组织的市场化改革经验不足,很多的媒介项目策划都比较粗糙。前面我们已经提到,好的策划案就已经意味着项目成功了一半。所以媒体组织有必要对媒介项目的策划环节进行细节管理,提升策划的质量。

一般来讲,前期策划主要包含两大部分的内容。

首先是媒介项目的基本情况设计。这部分的内容应该包括目标消费者及其行为分析、项目的类型与名称、项目的优势与劣势(SWOT)分析、媒介项目的实施时间或周期、具体内容的时间长度和形式、建议采用的媒介渠道或场所、主持人或者嘉宾建议、预计的视听率或者观众的数量、预计的广告或门票收入等详细内容。而且这几个项目内容也有相互的关联,媒介渠道与视听率或市场占有率有关,而视听率或市场占有率又会直接影响广告或门票收入。这部分内容能让决策者有最基本的判断。

对于目标消费者及其行为分析,我们在前文中有了详细的阐述。实际上,伴随着消费者文化程度的逐渐提高,爱好会越来越分化,所以相应的市场特征也就会越来越明显。比如摇滚乐显然就是中青年人的最爱,老年人则会抵制。

项目的类型与名称也很关键,因为这不但会给消费者一个直接的印象,还牵扯到了媒介产业链合作者的兴趣,甚至也决定了政府部门的支持力度。例如公益演出项目,不但影视明星会积极参与,政府部门也会给予最大的关照,广告主也会踊跃参与,甚至直接在活动中宣布捐款的数额,以显示其社会责任。而且不可否认的是,当消费者不知道媒介项目的具体内容时,大都是因为媒介项目的名称开始产生兴趣的。也就是说,一个富有创意的名称是吸引消费者注意力的第一步。

项目的优势与劣势(SWOT)分析是关乎项目可行性的分析。任何的媒介项目要么是已经有竞争对手存在,要么就是完全的创新。但任何项目的执行都需要考虑到竞争对手的强弱和消费者的接受程度,这背后需要资源和技术的支撑。所以,项目的优势与劣势分析在某种意义上讲就是对市场竞争条件和自己拥有的人才、资本、技术水平等资源以及利益相关者的合作可能性进行的分析。不过,在进行SWOT分析的时候,项目的策划人员以及负责人员不能因为个人对项目的喜好等原因,故意隐瞒相关的信息,作出虚假的报告,影响高层的决策。

很多媒介项目是有季节要求的,例如音乐会、话剧、电影、大型户外活动等。以电影项目为例,如果一个电影不能进入国庆长假档期、暑假档期、春节贺岁档期等重要的票房收获季节,那就不要指望有什么票房收入了,而这几大档期也恰恰是电影投放的密集期,市场竞争也很激烈。所有的媒介项目都有自己独特的周期规律,在策划之初就应该考虑到这一点。

消费者对于不同的媒介项目所能容忍的时间长度是不一样的。例如,如果是电视连续剧,消费者可以花一天的时间一动不动地欣赏,而对于纪录片或者其他的一些节目类型,也许很快就会觉得有收视疲劳。同样,因为时间或场所的限制,媒介渠道对于媒介项目的时间长度容忍度也不一样。就像餐厅绝对不喜欢一个顾客长时间占据餐桌一样,院线肯定不喜欢一个长达数小时的电影,因为这会占据它有限的空间场所,影响其收入,除非院线能够按照时间长度制定票价,而这显然又是消费者所不能容忍的。

媒介渠道或场所的重要性就更不言而喻了。这相当于媒体组织实施的渠道或平台战略(在后面的章节中会对战略理念做出详细的介绍),但要在策划案中加以体现。电视剧制片方大都比较喜欢央视一套的黄金时段,因为其覆盖的消费者数量最为众多,影响力最大。而场所的位置、座位数以及交通是否便利则是演出商比较关注的问题。很显然,对内容质量有信心的演出商比较喜欢交通便利和座位数多的演出场所,这样就能获得最多的单场门票收入。而一些面对小众的话剧演出团体,出于成本利益的核算,可能会喜欢座位较少甚至偏远一些的剧场。

嘉宾或主持人的选拔问题也是至关重要的。一些调查显示,有很多观众是因为主持人的因素收看电视节目的。同样,在谈话类节目日益盛行的今天,嘉宾的挑选也要考虑观众的因素。同时还要注意,在一些专业性很强的节目中,主持人和嘉宾的匹配往往会影响节目的质量,这是因为主持思维和专业思维往往是难以沟通的。

至于对收视率或市场占有率的预估以及对广告或门票收入的预估等,则是根据经济环境、收入水平、策划的内容和以往的经验做出的,其中也包含了媒介项目的价格设定战略的内容,是用来说服高层主管部门和投资商做决策用的。但有一点要注意的是,这些数值绝对不能是拍脑门随便写出来的,而是要以细致的市场调研和经验数值为基础,经过严谨的论证和分析后得出来的。

其次是具体的内容流程设计。其中应该包括内容概述、结构与情节设计、戏剧性冲突设计、各板块节奏设计、消费者互动设计、娱乐类游戏的规则设计、表现手段设计(VTR、音效、字幕、动画等)等环节。

例如美国高概念电影大都采用三段结构设计——开端(交代结构)、中途(冲突对抗)和结尾(一般是大团圆式)。而且这三段结构是由两个情节转折点完成的,另外故事的主副线交代得也比较清晰。

有研究表明,在纪录片领域,美国人制作的纪录片的节奏感明显强于亚洲人制作的纪录片。我们通过观察也能看到,美国人拍摄视频节目的视角和机位也明显与我们不同。

很多电视节目或栏目为了降低消费者观看的疲劳度,都会加入很多的板块设计,其目的也都是改变节目的节奏。虽然现在谈话类节目的成本较低,但是为了更好地吸引观众的注意力,也都会在节目中大量穿插所谓的视频连线或者小片,用以调节节奏和气氛。

至于那些大型的演出活动或者电视真人秀节目,则需要有大量的现场观众参与互动,以烘托气氛。所以,场景和舞台的布景设计、音效和光效的设计以及观众参与互动的时机设计等细节都要加以注意。甚至演员更衣这样的细节也不能放过。当然,对于短信投票等参与规则也要加以注意。近年来,我国的媒体组织在这些领域有了长足的进步,但是和国外发达的媒体组织相比,还有很大的差距。

业界大观

情节点(卡片系统)与主流电影

苏 牧

电影的主体是主流电影。主流电影就是商业电影。

电影是一种工业生产,只有有了票房,电影才有投资,电影才能存活。电影是一个形态,商业电影是主流,主流之外才是艺术电影和探索电影。

现在的问题是,中国的主流电影做得很差。我们不能因为主流电影是商业电影,不是艺术电影和探索电影,就放低了对电影的要求。打个比方来说,如果电影生产是制造航天器的话,艺术电影、探索电影就是航天飞机。航天飞机的意义在于让人类探索宇宙的秘密,探索人类在外层空间活动的可能。那么主流商业电影则是我们的商用飞机,商用飞机的作用不用一一列举。简单地说,商用飞机已经是今天人类生活的重要组成部分。

商用飞机的制造当然要最好。如同商用飞机的制造一样,美国主流电影做得非常精致、讲究。我们不能用深刻的思想内涵和丰富的艺术含量去要求好莱坞的主流电影,我们应该注意的是:好莱坞电影的精致和到位。在好莱坞,编剧们往往用5年、10年的时间做一个剧本。他们专门有人去完成故事大纲和创意,专门有人去编情节线、做情节点,甚至专门有人去写台词。一切工作都非常细致。细致的工作才会创造出一个无懈可击的剧本。

一部电影从叙事的角度讲,首先,它是由许多"情节点"组成的。然后,数个"情节点"组成一个"情节段落"。最后,数个"情节段落",又组成一部完整的电影。

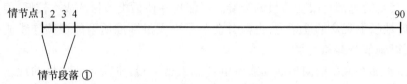

观众是需要刺激的,刺激也正是电影的魅力之所在。打个比方,观众看电影就好像一个人过一条河。观众不会满足于从桥上正常地走过,而电影中的"情节点"就好似河中从此岸到彼岸的一块块石头。观众要过河,就要在随时都可能落入水中的战战兢兢和惊心动魄中,一步一步地跳向对岸。

一部电影在格局上应该是下面这个样子的:

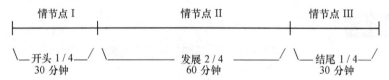

好莱坞电影剧本写作的流行方式是:在写第一稿之前,先建立影片的卡片系统。每张卡片的写法是:写出一个场景的内容核心。一些好莱坞编剧用三种不同颜色的卡片写剧本的"开头""发展""结尾"三个部分。

卡片系统要注意的问题如下:

① 每张卡片记录一个场景的内容核心。

② 先建立情节主线卡片,然后再建立情节副线卡片和其他卡片。

③ 先写下你最为满意的"卡片眼"。"卡片眼"犹如龙的眼睛给龙以精神和生命,即所谓"画龙点睛"。它往往是电影的"情节点Ⅲ",它往往是优秀的、与众不同的、天才性的冲突或者细节。

④ 写下"情节点Ⅰ""情节点Ⅱ""情节点Ⅲ"。特别是"情节点Ⅲ"要花大力气写好。打一个比方:卡片系统犹如你的一次驱车旅行,"情节点Ⅰ""情节点Ⅱ"是沿途你要经过的重要城市,"情节点Ⅲ"则是你的终点和目的地。目的地当然是整个旅途最为辉煌的地方。否则,你就不会去那个地方了。

⑤ 设置好"情节点1""情节点2""情节点3"——"情节点90"(如果影片有90个情节点的话)。"情节点1"到"情节点90"的每一个情节点都犹如你沿途经过的每一个市镇。最为重要的是,前后连接的每个情节点都必须是观众想不到的。

⑥ 卡片系统所需的最多的时间和精力不是用在卡片的建立上,而是用在建立以后的调整上。好莱坞编剧调整卡片的通常办法是:把卡片摊在桌上或者挂在墙上,然后,不断调整卡片前后的次序或者不断增加或减少卡片。写卡片和调

整卡片所占的时间比例,前者应该是 1/3,后者应该是 2/3。当你觉得卡片无懈可击之后,再开始写剧本的第一稿。

⑦ 卡片系统稳妥之后,你不妨再大胆地调整一下卡片的前后次序,看看是否会别有洞天,是否会"蓦然回首,那人却在灯火阑珊处"。

⑧ 卡片数目的多少没有规定,可多可少。

⑨ 在卡片系统确定之后的剧本的实际写作过程中,要更相信自己的感觉,而不是卡片系统。在剧本的写作过程中,卡片随时可以推翻。

⑩ 在商业电影中,卡片系统尤为可行。

……

主流电影的前提不是"真实",主流电影的观赏特征是:"意料之外,情理之中。"

中国许多主流电影没有做到"出人意料",电影中的情节点都是观众能够想到的。好莱坞电影剧作的一个核心要求是:电影中的每个情节点都必须是观众想不到的。比如"1"的后面本来应该是"2",但如果编剧在"1"的后面真的写了"2",这个电影就"死定"了。电影编剧必须要在"1"的后面写"2.5"。观众想到的是"2",观众没有想到,才会觉得编剧比自己聪明! 这样,观众才会去看这个电影。实际上,看电影的过程,是电影编剧和电影观众的一种智慧较量的过程。好莱坞的电影编剧,为了使电影中的情节点更加精彩,在写剧本的时候,会把所有的情节点制作成卡片,挂在墙上,然后不断调整这些卡片。一旦编剧觉得自己想到的下一个情节点是"2"而不是"2.5",就会把这个点拿下来。这也正是好莱坞电影故事扎实饱满、好莱坞电影好看、好莱坞电影占领世界主要电影市场的重要原因。

四、制作与营销过程中的质量管理

媒介项目进展到制作和市场营销环节的时候,也要进行相应的质量管理。

首先是对媒介项目制作过程的质量控制和管理。媒体组织要对日常制作成本、人力、技术设备、演播室或演出场所等环节进行质量管理。

任何媒介项目的投资都是有预算制约的,因此严格的预算管理也是媒介项目管理者进行质量控制的重点。而我们常常看到那些媒介项目的主要创作人员,为了追求更高的艺术水平或者个人的成就感,会要求追加制作的内容,甚至会要求更为先进的设备和更多的人力资源。这些都意味着要超出成本的预算控制,使得内容生产制作成本大幅度上升。也有一些创作人员常常不顾媒介项目的进度要求,慢慢打磨媒介项目的质量,结果造成不能按时间节点要求完成媒介项目,从而耽误了参与者的档期或者演出机会。如此一来,造成的损失就会进一步加大,以至于连最初的投资都无法收回。

人们对艺术的追求是无止境的,而时间和成本预算是有限的。虽然艺术创作的精益求精和媒介项目的质量以及广告与票房等商业收入成一定的正比例关系,但在艺术质量达到一定的高度之后,巨大的投入只能带来微小的质量提高,甚至是普通消费者无法感知得到的提高。也就是说,这样做不能给消费者带来相应的价值感受。所以,媒介项目的管理人员要从对项目负责、对投资者负责、对消费者负责的角度出发,对艺术质量、媒介项目的完成时间和成本预算的执行有很好的控制。

另外一个问题是媒介项目执行过程中的安全管理。现在很多的媒介项目都需要消费者在现场参与互动,消费者越多不但气氛越好,而且意味着收视率越高或者门票收入越高。在前文中,我们谈到了要注意活动场所的交通便利以及座位多少的问题,但是消费者的安全问题也不容小觑。近年来在国内外大型演艺活动中经常发生的看台垮塌、火灾以及人群踩踏等事件就是很好的反面教材。

其次是营销战略执行环节的质量管理活动。管理的对象包括内容宣传、衍生活动内容、官方网站内容和技术、衍生产品开发、植入广告、新媒介拓展等。

再好的媒介内容也需要宣传,因为媒介产品或服务泛滥,现在已经不是酒香不怕巷子深的时代。让消费者在什么时间和什么场合知道什么信息,这些都需要进行设计。特别是新媒介作为低成本的宣传或传播渠道,正在发挥巨大的作用。可是在同样的网络条件下,很多媒体组织的官方网页打开得却很慢,这很有可能是网页优化设计不好造成的结果。还有很多时候,媒介项目的网络宣传文章不能被搜索引擎排列在前面,从而难以被消费者看到。在某种意义上说,新媒介的盛行也造就了消费者忍耐程度的降低,消费者不会耐心地等待你的网页慢慢打开,也不会主动搜索排名靠后的网页寻找自己的需求。对于视频类网站,消费者可能体会最深。所以,让网页编辑人员学习一些基础的网页优化设计方面的知识,优化关键词的设计,以便能让消费者在第一时间打开网页,同时提前排名的次序,从而增加消费者的网络体验,也都是需要管理的项目。当然,我们也不能为了吸引消费者的眼球,而故意制造一些噱头标题进行虚假的宣传。

近年来,植入广告受到了学界和业界的广泛关注。虽然最近一些机构推出了衡量植入广告质量的标准,但实际上植入广告的效果是难以衡量的。但不可否认的是,只要植入合理就有传播价值。植入广告一般分为场景植入、对白植入、情节植入、形象植入,最近也有人提出了文化植入的概念。实际上,知名度高的品牌更适合做植入式广告,而且植入广告多的电视节目一般都是观众参与度高的节目,如"真人秀"或选秀类节目。这类节目容易把品牌与节目自然地融合在一起并突出品牌特性。对植入广告进行管理主要是要让广告和剧情相吻合,杜绝那些为了获得赞助而随便植入的广告,否则会严重影响消费者的价值感知,削弱消费者的消费欲望。

再次是与政府主管部门以及产业链合作组织之间的沟通的质量管理。

拥有了一个完整的媒介项目策划案是整个项目策划的基础,而将这个策划案呈现在政府审批者面前并通过审批并不是一件简单的事情。政府的审批部门要考虑到政治、文化、安全等多方面的要素,因此让政府部门意识到媒介项目有利于社会发展以及丰富民众的文化生活,也是需要进行营销管理的。

当向社会机构寻求合作的资金或资源时,也需要营销你的创意。要知道,投资者的时间都是宝贵的,没有人愿意浪费一整个上午听你再读一遍策划案,因此不管你是以制作 PPT 的方式还是以脱稿演讲的方式,必须准备好一场简短但具有冲击力的秀。首先必须要分析这些合作者的核心目标和利益追求,用一个令人兴奋的创意标题显示出媒介项目的核心内容并借此抓住他们的注意力,然后用基本事实和媒介项目中最激动人心的元素打动他们,接下来用专业的态度和真实的数据或资料回答他们的问题,最后呈现一个令人振奋的结尾。当然每次合作都要考虑适当地给合作单位一些额外的利益,如赠送演出门票等,以利于继续合作。

现代媒介项目的策划会牵扯到众多产业链上的利益相关者,特别是在与外部合作者的协调合作中更容易出问题,而这些都会影响到媒介项目的质量,所以在策划阶段就要考虑到对各个细节的处理,尽可能做好相应的预案并进行跟踪。所以,前文谈到的整个项目策划团队的最高负责人也应该负责整个媒介产业链的协调工作,这样才能减少因沟通不畅或责任心不够引发的不必要的失误,以便最终达到媒介项目整体的质量要求并实现相应的价值。

五、消费者关系管理

在媒介产品或服务被消费者接受一段时间后,媒体组织就应该考虑改良自己的媒介产品或服务,并开始变换营销组合策略,吸引更多的消费者参加到市场的交换中来,以求得长期发展。

保护版权并获得相应的利益,在今天看来似乎已经是业界的共识。所有拥有内容版权的媒体组织一直在努力这么做,促成立法保护自己的利益。但我们也常常能听到不同的声音。例如在 2012 年美国政府强化知识产权保护法之后,立即遭遇了新媒介产业大多数公司的反对，他们认为此举将会打击美国的产业经济。这实际上显示了不同的产业具有的不同思维。众所周知，"愤怒的小鸟"游戏在一些平台是免费的，而且人们在这个游戏中花费的时间足够多，因此在某种意义上讲，这个游戏已成为一种渠道，可以帮助游戏开发商进行交叉营销，销售更多内容。"愤怒的小鸟"的开发商 Rovio 的 CEO 就表示在应对游戏和周边商品的盗版方面，要吸取唱片业以往的教训。如果盗版商品并没有对"愤怒的小鸟"品牌产生不利的影响，那么 Rovio 公司将把盗版行为视作吸引更多粉丝的一种途径，即使 Rovio 无法通过这些产品获利。这代表了一种企业组织对待消费者的态度，即消费者已经不是最终的用户，而是一个可以被多元开发利用的市场。

我们已经知道今天的媒介消费者是很难满足的，为了追求更高的满足度，他们时刻想要换掉目前正在消费的媒体组织，寻找新的"合作媒体"。对于一个成熟的媒体组织而言，相比起开发新的媒介消费者，挽留目前的消费者可能会更有回报，这是因为开发新的消费者的成本要远远高于挽留已有消费者的成本。比如，说服报纸的原有订户继续订阅报纸总比说服没有订报的人简单，同样，挽留一个已经合作多年的广告主的成本也比开发一个新的广告主低廉。所以，媒体组织为了挽留消费者，必须要采取措施。

一般来讲，价格战略和宣传战略都是可行的挽留消费者的有效手段。但实际上媒体组织挽留消费者最有效的核心手段只有一个，那就是用更高的媒介产品或服务的价值增加消费者转换目标媒体的成本。所以，媒体组织经常对自己的产品或服务进行改良是正确的，经常与广告代理商和广告主沟通，从中寻找加深合作的可能性也是应该的。但是改良与沟通的根本目的是提升消费者对于媒介产品或服务的质量和价值的认知程度，并且媒体组织应该让消费者明白媒体组织所能提供的价值是什么，如果消费者放弃目前的媒介产品或服务，有可能会损失巨大的利益。当然，除了提供合适的媒介产品或服务之外，适当地给予消费者刺激也是挽留的办法之一，但这种方法不可喧宾夺主，影响消费者对媒介产品或服务的价值判断。

不过，有一点值得媒体组织注意的是，在和广告代理商或者广告主长期合作的时候如何不被广告代理商和广告主绑架也是一个问题。特别是一些弱小的媒体组织，常常为广告收入所困扰，而广告代理商也很有可能以长期合作、支付较高的广告费为条件，影响媒体组织的经营管理决策。

"粉丝"是近年来社会关注度极高的一个话题。在一些领域，例如演艺界，明星的粉丝具有很高的忠诚度，他们会追随着演艺明星的行程到处奔走。因此，各大演艺明星的经纪公司都会有意识地为演艺明星组织起庞大的粉丝团,并予以相应的管理。公司通过信息的发布,吸引粉丝们持续追踪演艺明星的各种演出活动,为演出奉献出金钱。当然,这些奉献对于粉丝团成员而言是有价值的。媒体组织甚至可以用"粉丝专场"的名义进行演出,不但将其作为对粉丝的回报,还可以使粉丝更加忠诚,而且更容易管理收入。即使在电影领域也曾经有专门为影星的粉丝们制作的低成本"粉丝电影",而且只要这个影星的粉丝团的成员数量足够多,票房收入也很有可能超过一些普通电影。

同样,粉丝心甘情愿贡献金钱的事实和其他能够发挥的作用已经被所有行业所认识。媒介行业的经营管理者现在都比较信奉"二八理论"。所谓"二八理论"是指组织的百分之八十的利润是由百分之二十的客户贡献的。这个百分之二十也许就是那些忠实的粉丝。因此,媒介行业的经营管理者们应该重点为自己的媒介产品或服务打造粉丝团。

不知读者是否还记得多年前风靡中国的贝塔斯曼书友会?尽管它如今已正式宣布退出中国市场,但作为最早一批在中国推广购书会员卡制度的商家,它依然具有代表性的意义。在贝塔斯曼书友会的会员条款中有明确的一条,即你有义务在每个季度至少购入一本图书。当然,作为回报,贝塔斯曼书友会不但会定期向你提供会员刊物,推荐这一个季度的精选图书,并且会根据会员等级的不同,在购书时提供不同的折扣。

而今,会员卡已经步入"零义务"时代。对于拥有会员卡的消费者,商家已经不再要求其履行强制性的会员义务,会员卡已经成为"折扣卡"的代名词。当当网、卓越亚马逊等网络商城,更纷纷推出了虚拟会员卡,依托于互联网点对点服务的特性,无须你背下长长一串会员卡数字,只要用邮箱即可方便快捷地注册并查询你的会员信息。会员不仅可以免费阅读网络商城定期发送的促销邮件,还可以享受折上折的优惠购书服务,但是作为会员你可能会受到网络商城的邀请,让你对每次购物的满意程度做出评价,作为回报,你会获得积分或更多的优惠折扣。当然你也可以无视邀请,因为这并不是你与网络商城达成的义务条款。

除了会员制度以外,媒体组织还纷纷利用抽奖的方式"回馈"消费者。只要消费者参与并且回答了相关的问题,就有机会抽奖,而且现在的奖品规格越来越高,把国际旅游作为奖项也已司空见惯了。

奖项的确是媒体组织对消费者的一种回报,但更是媒体组织挽留消费者的手段,特别是在收视率以及订阅率已经成为衡量媒体经营业绩主要指标的今天,媒体组织会更加频繁地使用提供奖项这个手段。消费者要想获得这个奖项,就必须完整地接受媒体组织的媒介产品或服务,甚至有必要接受附加的媒介产品或服务,就像某个频道把某个节目的获奖名单在下一个栏目里公布一样。同样,一些即时通信工具不但会显示你的积分或是金银牌的获得数,还会在栏目中不停地追加新功能,试图挽留你。

案例研究

日本TBS电视台《世界遗产》的制作秘诀

大野清司

一、前言

《世界遗产》是日本TBS电视台连续播出的一个纪录片栏目。该栏目自从1996年4月份开播以来,连续15年受到了广大电视消费者的喜爱。《世界遗产》栏目是一个周播的教养类节目,每一期30分钟左右,主要介绍经联合国教科文组织认证的世界遗产。虽然该栏目因为播出时间的调整,名称换为《THE世界遗产》,但栏目的形态和风格在15年间并没有什么变化。在频繁改版、变化激烈的电视界,这样长寿的节目是很罕见的,但这也恰恰能说明我们这个栏目的制作人员的创作意图得到了时代和消费者的接受和肯定。由于该栏目一年要播出五十多期标准节目,所以和那些一期一期播出的节目有着根本的区别。我们有必要从长期的视角出发对栏目进行制片管理,而管理工作的水平对栏目的品质有很大的影响。

我个人从日本TBS电视台《世界遗产》栏目的创建初期开始,就作为制片人/编导,连续九年参与了这个栏目的制作和管理。在此,我就日本TBS电视台《世界遗产》的创作意图和制片管理体制进行介绍。

二、团队建设

1. 制片人团队

虽然这个栏目是从1996年4月开始播出的,但相关决策是在前一年,也就是1995年的秋天做出的。最初的团队成员包括TBS电视台的制片人A氏、当初我所属的TBS Vision公司的策划开发部部长B氏和我。A氏是台里派遣来的,B氏担任制作部门的总制片人,而我则兼任编导和制片人。

在某种意义上讲,《世界遗产》是TBS电视台作为内容定制商,向其下属的制作部门,也就是TBS Vision公司定制的一个栏目。虽然因为版权归属的问题,制作部门只署名为制作协助,但在实际的制作环节,TBS电视台派出的只有一个制片人(曾经在一段短短的时间内派出两个人)。这个制片人的主要作用就是关注一下节目的整体感觉和对节目做最后的终审,具体的制作业务全部由

TBS Vision 公司的制片人和团队成员来完成的。

2. 编导的配置

我们首先要解决的是编导团队的建设问题。任何的电视节目都是由编导制作完成的,所以编导水平的高低对电视节目的质量有很重要的影响。特别是像《世界遗产》这样主要在海外拍摄制作的栏目,说其节目质量的80%是由编导的能力决定的也不为过。因此如果想让栏目获得成功,首先就必须要在栏目中集合"优秀的编导"。

从过去的海外采访制作节目的经验上看,要想保证每周一期、每期三十分钟的节目能正常运营和播出,栏目至少需要一个由五个编导组成的团队。考虑到当时的 TBS Vision 公司作为一个专业制作公司并没有太多有影响力的正规节目,如果《世界遗产》获得了成功,就能支撑制片公司未来的发展,因此在组建《世界遗产》编导团队的时候,就在公司内部发出了从整个公司优先调配优秀编导的指令,可即使如此,编导团队的建设也不是一件简单的事情。

首先,公司内部优秀的编导数量明显不足。如前面所阐述的那样,这是一个在海外采访拍摄的栏目。在语言不通,而且风俗习惯也截然不同的异国他乡,要在规定的时间和有限的预算内完成相当繁重的采访拍摄任务,就需要编导人员具备相当强的能力和技术水平。而且在栏目刚刚开始的时候,节目的形态和风格还没有确定,因此就更需要那些有能力的编导人员。而具备这样的能力的编导,在当时的 TBS Vision 公司内的一百多个候选人中,也找不出几个来。

于是,三个制片人就只能一个一个地数着人头列出那些想要的人员的名单,虽然有高层的指令,但也不是说想要谁就能顺利地得到谁的。那些优秀的编导,不论是公司内和公司外,都是大家抢着要的资源。而那些制片人,为了死守住自己正在负责制作的节目的质量,也是绝对不会愿意把自己组里的编导让出来的。即使我们对那些制片人强调说:《世界遗产》这个栏目关系着公司未来的命运,对方也会反驳说:"这么说,你们的意思是我们的节目就此衰败下去也无所谓吗?"面对这样的恫吓,我们也就只能作罢。也有一些节目的制片人威胁说:我们正在制作的栏目是因为 TBS 电视台里的制片人看好了我们的编导才委托制作的,如果这个编导离开了,那么台里的制片人就不会再给我们公司发包制作这个节目了。即使面对众多的推诿,公司制作部门的管理人员还是会想方设法和各栏目组的制片人协商说:有三个编导的栏目组匀出来一个编导吧,先把你们组的某个编导租借给他们两个月吧。实际上,这已经演变成了一场公司内部的制片人和制片人之间进行讨价还价的竞争秀。

最终的结果是,在栏目开始的时候,我们只确保了两个编导到位。因此,当初准备专任制片人的我只好兼任编导了。不过现在想来这个结果也是很好的。

3. 其他团队成员的建设

在日本，栏目组一般是由制片人、编导组成常规团队，而其他的团队成员大都是根据实际需要临时调用的。不过即使如此，对这些团队成员的选择也是非常重要的。摄像、编辑、选曲、合成等团队成员的选择也是制片人的重要工作。

关于摄像，TBS Vision 公司在较早的时候，在公司内设立了专业的技术部门，因此公司曾规定要优先使用公司内部的摄像人员。所以在每次组建拍摄团队的时候，制片人会向技术部门的负责人发难说："你们的摄像人员能拍出这种水平的画面吗？"总而言之，要在各种争吵之后才能决定团队成员。后来经过不断的努力，慢慢地才在公司里形成了允许栏目组使用外面自由身份摄像人员的气氛。所以到这个栏目组建的时候，我们就自然而然地形成了一个由一名公司在编的摄像和五名外部的自由身份摄像人员组成的摄像团队，而且一直比较稳定。

在请外面的摄像人员加入我们团队的时候，一般我们都会对他们说：这个节目是一个以画面为主的节目，所以请您自由地按照您的想法拍摄。即使在今天的电视界也几乎没有一个节目敢让摄像人员按照自己的爱好进行拍摄，所以那些具备一流技术的摄像人员一般都拿着低廉的工资参与各类节目的拍摄。

4. 脚本作家

关于《世界遗产》这个栏目，我们不能忘记脚本作家 I 氏。在刚开始创建《世界遗产》的时候，我们就想开创出一个崭新的栏目来，因此在脚本作家这一块也想使用新人。之所以这样想，是因为我们觉得那些成熟的脚本作家，只能写出和以往的节目同样水平的东西，而那样做就根本没有什么意义。

I 氏原本拥有一个自己的剧团，自己在担任座长的同时，还参与剧作和演出。在1970年左右兴起的日本前卫小剧场演艺运动的潮流中，这个团队可以说是最后的一个传统剧团。

那个时候，I 氏刚刚解散了自己的剧团，正在考虑要不要去尝试一下出租车驾驶员的工作。所以对他来讲，这个工作真可谓雪中送炭。在他写的电视脚本中有当时其他的脚本作家写不出来的新鲜内容，所以制片人和编导们就都一下子认可了他。但是他也有一个缺点，那就是经常不能在规定时间内完成脚本，这的确也让我们经常犯难。

三、栏目的策划

1. 考虑节目的框架大纲

在建设编导团队的同时，我和 TBS 的制片人 A 氏一起开始了构思栏目主要构架的工作。实际上,栏目的赞助商是索尼,播出方是 TBS 电视台,具体制作方是 TBS Vision 的这个体系。具体通知到我们制作部门的时候,是在 1995 年 10 月左右。而且在当时,除了知道这是一个关于联合国教科文组织认定的世界遗产的主题栏目以外,其他的还什么都没有确定。随后不久又确定了栏目的播出时间是每周日晚上的 11:30,节目时长是 30 分钟。也就是在这个时候,赞助商索尼要求我们给他们一个具体的说明,阐述一下这个节目到底是一个什么样的节目。于是,我和 TBS 的制片人 A 氏一起开始起草栏目的策划案。

实际上,把这个栏目做成什么风格已经在我的脑海里有了大致的感觉。但是,要把这个感觉很好地写进策划案里则是另外一回事。我和制片人 A 氏在他的轻井泽别墅里,经过多次讨论大致确定了策划案的骨架。A 氏也写了一部分内容,但是说实话,内容比较生硬,用词也不是很准确,并没有让人感觉到有什么新意。我觉得那样的策划案会出问题,所以只好自己重新写一个让人看起来有感觉的策划案。

2. 关于世界遗产

保护世界遗产就是把那些具有重要价值的遗迹、文化财产和自然公园等,作为人类的共同遗产,由世界各国一起进行保护。《世界遗产条约》是 1972 年缔结的。把至今为止单独分类的遗迹、文化财产、自然公园等整合到一起进行保护的想法是世界遗产保护具有的全新概念。

具体来说,登记为世界遗产的地方包括:文化财产领域有埃及的金字塔、希腊的雅典卫城神殿、中国的故宫、法国的凡尔赛宫殿、美国的自由女神像、印度的泰姬陵;自然遗产领域有厄瓜多尔的加拉帕戈斯群岛、坦桑尼亚的恩戈罗恩戈罗自然保护区、中国的九寨沟、澳大利亚的大堡礁;同时存在于自然和文化两个领域的复合遗产有秘鲁的马丘比丘、土耳其的卡帕多西亚、中国的黄山等。如果只是罗列出这些地方的名字,也许会让人觉得这不过是一些观光游览的胜地而已,不会联想到什么其他不同的东西。

1972 年缔结的《世界遗产条约》,在日本得到批准的时候已经是 1992 年,在发达国家中是最晚的。在当时的日本,连"世界遗产"这样的词语也几乎不为人知。

因此,把"遗产"这样的词语作为栏目的名称使用也遇到了抵制。在 1995 年,如果提到遗产,一般人们能想到的大都是人死后的财产由谁来继承的问题。因此"遗产"这个词有些让人忌讳的语义,所以有人提出这个词不适合做栏目名称。甚至连我自己也一度认为:世界遗产难道不是联合国教科文组织公认的观光旅游地吗?

但是，既然是和联合国教科文组织有关系的内容，就不能做成普通的观光游览节目，必须要在节目中体现对遗迹和自然进行保护的意图。但是，在民营电视台的节目中过于正式地提出遗产保护的概念，也许节目本身就难以生存了。因此，在这个栏目的制作人群中，形成了一种共识：因为栏目名称比较硬朗，因此为了起到缓冲的作用，有必要使用出镜演员等演播手段，以便打造比较柔和的气氛，让观众更易接受。

3. 用不用出镜演员

一般来讲，民营电视台为了获取收视率，大都会尽可能地把节目做得比较容易让观众接受，所以节目的风格普遍具有大众化的倾向，也因此在节目中比较喜欢使用出镜演员。

例如，在夏天讨论这个栏目的时候，我以前的上司曾经考虑请山口百惠参与这个节目的制作。从常规的电视节目制作手段上讲，一般会在播出世界遗产视频的前后请主持人介绍她出场。她自从演艺圈引退以后一直没有参与什么演艺活动，所以如果能在节目中请出她，就会在观众中引起话题。不论这个想法的可行性如何，使用名人参与节目制作的方式的确是我们考虑过的事情。

还有把演员或者演艺明星带到拍摄现场出镜的形式也是可取的。这些出镜演员如果能在拍摄现场进行讲解，遗迹的内容也就比较容易让人理解，观众看节目时也比较轻松。而且只要出镜演员的选择比较恰当，对收视率也是有好处的。

然而，我自己内心深处是反对带着出镜演员去现场拍摄的。如果这个栏目是世界遗产之"旅"类的节目倒是可以考虑，但如果这个栏目的关注对象是世界遗产自身，带着出镜演员同行虽然可以提高收视率，但是也有对栏目不利的地方。我在综合判断之后，觉得负面的效果远远超过了正面的效果。首先是费用问题。如果带着出镜演员去拍摄，自然就会添加相应的费用成本。如果是一定级别的演员，演出费用也是相当高昂的，而且去现场拍摄不但其本人要去，还必须带着各种跟班和经纪人。另外，带着出镜演员去拍摄现场，也会出现相应的困难和麻烦。拍摄遗迹本身就很困难，再加上还要和出镜演员进行沟通，现场调度就会变得很困难，也会增加很多拍摄的时间成本。我觉得与其把时间和金钱花费在这些上面，还不如花费在拍摄世界遗产本身上更好一些。

使用出镜演员在现场导播方面也会有问题。我自己以前也负责过海外采访节目，曾经因为收视率比较低而不得不进行改版，而且还曾经在演播厅中请年轻的女演员参加制作。

在演播室的环节中请女演员参与节目制作，对于栏目本身而言，的确能营造出亲近感，所以观众可以很轻松地观看节目。一般来讲，在制作栏目的时候，如果仅用在海外拍摄的素材编辑出东西来给观众看,在某种意义上讲很难做出让观众有感觉的节目。而如果在节目的前后导入演播室的环节,例如用录像短片介绍学校,就可以在演播室请女演员介绍世界上各个学校的成绩表等内容,这样就能把录像中的情景和观众联系在一起,是一种效果非常好的做法。可是问题出在了预算上面。虽然可以请女演员参与演播室部分的制作,但那部分的费用也要出自整个栏目的制作经费,并不能得到台里的额外补贴。而且那个时候也是录像机刚开始普及的时期,因此相应的设备费用和剪辑费用也比以前有所上升。而这些成本费用的上升必须要通过别的制作环节来弥补。例如,可以通过减少外出采访拍摄时间来降低成本,但拍摄体系和制作方式如果还和以前一样,就必然会带来预算上的赤字,而一旦出现赤字就需要从别的地方缩减费用。于是就想到采用暑假特别节目的做法,也就是说不用去海外采访拍摄,只是把以前的节目重新剪辑成四集节目播出。这样的决策当然是下下策。最后的结局就是上述那个节目在半年后被取消了。

在1982年的时候,一个赞助商赞助了一个旅游类的节目,因此就按照传统的套路带着出镜演员去海外拍摄了。我连续四年负责这个节目的制作。这个栏目也去了一些后来才知道是世界遗产的地方。不过在有出镜演员的节目中,无论到了什么地方,节目的主角都是那些出镜演员。特别是在那些风景很美的地方,电视节目的确能展现出那些风景,但是观众却很容易把感情转移到那些和美丽风景一同出现的出镜演员身上。因此,在拍摄的时候要适时地拍摄那些演员的表现。

直言不讳地说,我早已经对在海外拍摄的节目中使用出镜演员的方法极度厌烦了。我一直在思考能不能在电视节目中直接并完整地展示要拍摄的对象。也正是在这个时候,《世界遗产》这一项目提上了日程。我当时就想到,如果是世界遗产,应该能够做出一个可以直接完全展示拍摄对象的节目。基于这样的考虑,我开始和TBS的制片人A氏商讨栏目的基本方向。

A氏是一个和当时的主流电视圈有距离的人,或者说是一个有意识地背离主流方向的人,这样的说法可能更合适。因此,他并没有考虑用嘻嘻哈哈的节目风格获取收视率。因此我们商讨后得出的结论是:不使用出镜演员、不采用演播室中的名人出演的方法。这就意味着这个栏目的内容,完全是由拍摄的素材构成,其他辅助的方法一概不予采用,我们要做出一个极致而正经八百的东西。

当然,之所以敢作出这样的决策,也缘于在当时内容(contents)这个概念已经开始出现。我从一开始就想到了如何把在《世界遗产》节目中拍摄记录的素材进行二次利用的事情。当然对于二次利用而言,没有出镜演员的拍摄素材才是最好的。可是从另一方面讲，作为新栏目的制作负责人，我也要考虑到收视率的问题，因此做出不要出镜演员的决定也不是一件容易的事情。不管怎么说，这个问题之所以能得到解决，A氏的坚持的确是发挥了重要的作用。

4. 完成策划案

接下来就是栏目方向的问题了。在策划新节目的时候，可以毫不夸张地说必须要有"新"的东西。也就是说，要在一个策划案里体现出哪里是新的。虽然在我的头脑中已经大致形成了节目方向性的东西，而且也自信能按照自己的想法做出一档全新的节目，但是把自己的想法变成语言并且让周围的人都能接受则是另外一个层面的问题。

所谓的策划案，归根结底是一种写在纸上的创作作品。写的时候总是能自说自话的，因此我一直觉得那些读起来能让自己感觉很有意思的策划实际上也许是不好的。

我认为最基本的是要把作为拍摄对象的世界遗产完全地展示出来，而不是用出镜演员或其他的演出方式混淆观众的视听，要完完全全地展示拍摄对象，把最真实的东西传递给电视观众。这就是当时的思考，虽然是非常理所当然的事情（但在当时的民营电视台中几乎所有的电视节目都没有这么做），但策划案却不能这样写。

和A氏沟通之后，最终的策划案可以归纳为如下几条：

★ 把"谜""探寻"当作节目的切入口

★ 遗迹的周边有人，大自然中也有人，把人、环境与遗产一起当作节目的展示对象

★ 使用视觉的凝视、长镜头，通过影像让电视观众自己重新发现细节

★ 尝试用新科学的视角观察遗迹和自然

★ 仅用全球人的视线和全球观念

实际上，最前面的两条是策划案中常用的套路，连我自己也没有那么认真地考虑。"谜"这个词我自己也不知道在多少个策划案中写过多少次。可是真要连续做解谜类的节目却是最困难的事情（可惜做电视的人常常很容易地就陷入这个陷阱）。

第二条中人的因素也是一样的。人是最有意思的！所以在一般的电视节目策划案中，这也是常见的套路。但是，《世界遗产》很容易做成一个看起来没有任何温情的节目，所以作为一个弥补的手段，把人这一项也放进策划案中了。对于我而言，真正极为重视的是后三项。

5. 使用视觉的凝视、长镜头，通过影像让电视观众自己重新发现细节

☆ 凝视的眼神——长镜头

在当时的电视圈,节目的镜头长度变得越来越短。这样做当然有其理由。其目的是不给电视观众思考和犹豫的时间,接连不断地让观众看想让他们看的东西,把观众引到制作者想引领的方向上去。一般来讲,这样的节目常常被看作是有力量的节目。但为了和这样的节目区别开来,我有意识地在节目中多使用长镜头。在我最初拍摄的节目中,最长的镜头是43秒。而在没有出镜演员的节目中,20秒以上的镜头已经是非常少见的,所以这个43秒的镜头已经让人觉得很长了。但是这个纪录最后被伊瓜苏大瀑布2分钟的特写镜头给改写了。

☆ 通过影像让电视观众自己重新发现细节

对于这个问题,我经常用写真集的例子进行说明。例如,在写真集中常常有用两页纸的篇幅登载一张照片的做法。在看到这样的照片时,由于读者可以在照片中自由地移动视线,于是就会说:啊!还有这样的东西啊!特别是在大型电视机越来越普及,清晰度也越来越高,但是制作方法还是被以14英寸电视机为主流的收视时代中所形成的方法论所支配着的时候。因此,通过大画面让电视观众仔细观赏,就能够让他们自己去发现细节。我当时觉得我们可以做出这样的节目!

☆ 多种多样的视角和观点——使用航拍、特殊设备

为了让电视观众看到事物的本来面目,就需要在方法上下功夫。因为固定不动的场所比较多,就只能积极地移动摄像机进行拍摄工作。在30分钟的海外拍摄节目中,每一次都会采用航拍,或者是摇臂或轨道、斯坦尼康等特殊拍摄器材,而这种做法在当时的节目里几乎是没有的。特别是我们已经把斯坦尼康当作了基本拍摄器材,每一次都会带到拍摄现场,实现了很好的效果。

☆ 重视音乐

除此之外,在策划案中没有写进去的音乐方案也成为一个关键因素。遗迹和文化财产自身是没有声音的。用摇臂和航拍等方法拍摄出来的那些有魅力的画面,如果再配上音乐就会更增添其魅力。所以,我当时就考虑音乐是一个极其重要的决定性因素。

音乐的重要性,早已经是制片人和编导全员的共识。于是在最初和编导等人进行沟通的时候,我就提出了设立选曲负责人的话题,大家推举了G氏。G氏不但能够非常细致地做好配音和音效的工作,而且做得很充分和尽兴。于是我在当场就把他第二年一年的工作日程全给定下来了,由此可见我是多么地重视音乐。

6. 科学视角·全球性的视线

我常用"Science"这个词对节目进行说明。这个词和我们常用的"科学"的语义不一样,这是能发现并带来乐趣的Science。"科学"和"Science"的不同之处在于,日语字面上的"科学"往往给人们一种高深难懂的感觉,我自己在想到"科学"这两个字的时候在脑海中就会浮现出高中物理教师的脸庞。而我要的不是这个样子。我要的是当孩童们知道了日食是怎么一回事的时候的那种惊奇和快乐。我想要把那种东西或感觉在节目中体现出来。

例如,美国的国立黄石公园,因为各种温泉和各种颜色的湖面而闻名于世。当我知道湖水的红色和蓝色是因为微生物而形成的时候,就觉得非常有意思。于是,我对编导提出的要求是一定要把这些拍出来。于是,编导就带着接有显微镜的镜头去拍摄了。在电视节目中使用显微镜中的画面表现效果非常好。在表现了宏伟的大自然的画面之后,突然向观众展示了极为微观的世界,这种韵律感在表现效果上是非常重要的,因此Science是非常有效的表现手段。

当然,并不是每一次都会成功。我在导演希腊的"雅典卫城"的时候,为了表现酸雨对神殿雕刻的破坏性影响,在字幕上显示了大理石因为酸雨而发生变化的化学方程式。原本的目的是营造那种Science的感觉,不过这个举措一直被编导们取笑。

此外,我非常重视全球化的视线。我希望在节目中舍弃日本人意识,使用全球化的思考模式,或者也可以说是"把思维模式扩展到世界范畴"。既然拍摄题材是世界性的,就不应该受限于所谓日本框架,要追求世界性的感觉。

例如,编导想要表现某个自然公园的宽广时,如果使用了公园的面积是东京面积的多少倍这样的表达方式,我肯定会把那些内容枪毙掉。诸如"让小学生也能明白!"这样的口号,是电视圈里面常用的观点,而且也常常受到鼓励,但是我觉得,在这个例子中,当电视观众的思绪好不容易开始要在非洲国立公园里展翅翱翔的时候,这样的词语表现,会在一瞬间把观众的想象力拉回到日本地图上,那将是非常扫兴的事情。

而且我也认为,在电视中展示国立公园的宽广,根本没有必要去引导观众具体地想象,只要简单地说出"非常宽广!"就已经足够了。我当时就考虑,一定要对那种司空见惯的被所谓"信息"操控的电视节目制作方式有所突破。

在此基础上,在音乐的使用方面,我也一直对编导们说:希望你们不要在安第斯山脉的画面上配上《老鹰之歌》。我请他们不要在关于中国的节目中配上中国的传统乐器。我一直觉得这样做只代表想象力的枯萎。

7. 非主流的自觉性

虽然在策划案中没有写进去，但是在做节目的时候，我还是有意识地思考了几件事情。其中一个就是非主流的自觉性。

《世界遗产》并不是一个黄金时间段的节目，这个栏目能拿到7%左右的收视率就已经是及格的成绩了。而如果瞄准了20%的收视率，在节目中就必须要使用出镜演员，而且还需要一些其他的做法。可是在周日晚间11点30分开始播出的30分钟的节目，无论怎么做也不可能成为一个主流的节目。所以倒不如针对细分化的市场，获得固定的爱好者。也就是说，我觉得这个节目应该针对那些对目前电视的现状不满的人群，给他们制作出一档正面而适当的电视节目。

8. 周日晚间的时间段

我觉得，即使是周日深夜的播出时间段也具有重要的意义。周日的夜晚对于那些上班族群来说是非常令人抑郁的时间。即使在那个时间段制作播出诸如给人们加油，或者是让人们拿出精气神来的节目，观众的情绪都不可能被调动起来。倒不如让节目的画面非常漂亮，而且使用能让人心情舒缓的音乐，让观众进入睡眠状态，这才是我当时要追求的目标。

而且，我也是在后来才发觉，高业界收视率是这个时间段的基本特征。周日的晚间，人们一般都在家，而且深夜的时候，孩子们都睡着了，所以这个时间段是属于成人的。在这个时候播出这类节目，不但是电视圈的人，知识分子阶层也会接受。认识到这一点对我以后的工作大有帮助。

"业界"这个词从狭义的角度讲意味着同类的电视、影像产业，但从广义上讲也包含着文化人的含义。在日本，即使每天忙于工作的业界人士，周日也大都会在家里休息。所以和平日的电视节目相比，在周日晚上看电视的同行就非常多。这个栏目开播半年后，被很多电视同行和新闻记者接受，其中有些人还成了忠实的粉丝。很多记者愿意为我们写节目的介绍文章，很多摄像人员也愿意和我们合作，这些都对栏目起到了重要的支援作用。

9. 不要头重脚轻

还有一件事情也是我在制作《世界遗产》的过程中慢慢地想明白的，也就是说不要让节目头重脚轻。一般来讲，不同的编导做节目的手法各自不同。但是如果按照事先收集资料、把资料整理成脚本，然后按照脚本制作节目的流程一步步制作节目，那么出来的东西肯定是很难看的。特别是像《世界遗产》这样的文化类节目，很容易按照这样的套路来做。这是因为世界遗产都有历史，还有各类记载，很容易查阅各类资料，诸如12世纪后期的哥特式建筑的风格如何等。而越是认真的编导就越容易开始思考如下的问题：后哥特时代的特征是什么？这个特征用画面表现的时候怎么做才好?

对于那些有经验的编导人员,这些资料只是手段,只是一种能够扩充节目广度的材料。那些不太有能力的编导就会被资料牵着鼻子走,并开始用画面解释资料。如果节目做成那样,画面就成为语言的奴隶。这样的作品能好看才怪。

我曾经在日本的大学就《世界遗产》的制片管理业务做过演讲。那时我曾经向学生进行如下的提问:"电视只能拍摄和播放出眼前的东西,用它来讲历史是非常困难的事情。《世界遗产》是如何解决这个问题的呢?"学生们大多回答说:"做情景再现""制作相关的影像"等。我最后的回答是:"不表现历史。"那些期待能有非常巧妙的解决方案的学生表现出了失望的神情。但是,做出这样的决断是很重要的事情。

例如,在介绍作为世界遗产的大教堂的时候,人们自然而然地想到必须要介绍其历史。例如,这个教堂是什么时候建设的、到今天为止经历了什么样的历史。有很多做电视节目的人都沉浸在这个"必须"中而不能自拔。在电视节目中不表现历史,那么电视节目要做什么之类的疑问就会出现。这就要求编导们能从中有所发现,能抽丝剥茧找出头绪,这样才能做出有力量的作品。

四、从体系和人员角度进行质量管理

话说回来,优秀的编导和摄像人员集中起来了,脚本作家、剪辑人员、配乐等也都找到了合适的人,这也只是一个开始而已。我经常对编导和摄像人员说,希望在节目的前三分钟就能让人看出来谁是导演、谁是摄像。近年来的电视节目,策划的框架越来越严密,但是同时也会让团队成员的能力难以自由地发挥出来。节目的框架关系到制作体系和团队成员的能力两个方面,会经常面对各种难题。

编导人员如果能放开手脚制作节目,那么常规节目就无法稳定。但我还是觉得应该在节目的框架体系内,让编导发挥出自己的个性。至于这个相互关系的调整,可能要因节目而异。

在《世界遗产》栏目中,编导、摄像是能够自由自在地进行发挥的。但即使如此,我们也有自己的节目框架体系。特别是在最初阶段,为了让栏目的形象固定下来,我严格要求团队成员遵守节目框架体系。如果我发现节目偏离了设定的框架,就会让他们更改节目的方向。

例如,在拍摄威尼斯的时候,编导把贡多拉赛当作节目的核心,我就让他们做出修改,只把其当作节目的一个部分。这是因为拉力比赛本身不是什么有意思的活动,更重要的原因是在其中无法体现出威尼斯的美丽。我又看了一遍素材,从中挑出了一些漂亮的画面,只是在其中穿插了拉力赛。

还有一次是在关于多瑙河的节目中,编导配上了《多瑙河的涟漪》这首乐

曲。但我觉得这样做会让人的想象力受到限制,所以就把它换掉了。

一般情况下,我觉得常规栏目是要有一定之规的。电视观众看我们的节目,是要体味我们的节目中展现出来的那种能让人们心情舒畅的东西。所谓能让人们心情舒畅实际上就是一种安心感,这就要让他们看每一个节目的感觉都一样。但这样做会让那些制作人员感觉到枯燥厌烦,特别是那些有创造力的编导们就更是如此。他们总想做一些有创新的东西,却常常会偏离栏目的框架。

我经常提醒编导说:我们的《世界遗产》只是电视观众每周要看的大量电视节目中的一个,而观众会要求我们的节目有统一性,所以能做到不厌其烦才是专业人员应该具备的基础素质。

一般来讲,大多数的编导都是比较保守的。一旦他们形成了自己的风格,就很难从其中脱身出来。所以制片人还要经常地挑战编导们的神经,让他们做一些创新性的东西也是职业制片人的工作。因此,让一个编导在一个节目中工作五年也许就是极限。至少不应该让一个编导长期专门负责一个节目,最好是让他们在节目中轮换,重新恢复新鲜感。

但是,从整体上而言,就如前面阐述的那样,《世界遗产》尊重编导的个性,这是因为我们在栏目创设初期就把其设定为一个能让编导的个性闪光的节目。所以从这个意义上讲,这也是和那些主流的电视节目相对立的。

五、预算管理和日程管理与品质管理是关联的

1. 金钱不会从天而降

常规节目是绝对不能出现赤字的,这是最基本的要求。金钱不会从天而降。如果节目制作出现了赤字,而且也不能让别的地方埋单,那么我们就不会有工资收入。如果是一个单独的节目不小心最后出现了赤字,向公司高层作出道歉、写一个情况说明也许就没有什么事情了。但是常规节目必须在栏目体系内做到收支平衡。

我当编导的时候,曾经参与过一个海外题材的拍摄工作,因为中途更改策划案出现了巨大的赤字。为了弥补这个损失,只能把以前的节目重新剪辑播出。但是,制作出来的效果非常不好,最后那个节目不得不下马。因为有了这样的经验,我意识到实施常态的预算管理的重要性。

对于电视节目制片公司,现金流是非常明晰的。接受了委托方的节目制作费后,除去在节目中产生的费用,剩余的现金就是收入。

对于制作公司而言,把用于节目制作的经费除以订单金额,其结果就是费用率。一般会由高层根据各个节目的特征决定费用率。例如《世界遗产》,最初被告知费用率为80%,等节目稳定之后要降到65%。如果订单金额是1000万日元的话，我们在节目中能使用的制作费用只有650万日元，剩余的350万日元会用于员工的工资、管理部门职员的工资、办公室的租金等必要的费用支出。

这个65%，是一个目标数字，在实际的操作环节中能控制在70%以内，一般就不会受到什么指责。因此不管怎么样，我们必须努力死守这个底线。

一般来讲，在海外拍摄，能在海外使用的经费大约是整体制作费的30%左右。而且因为要用外币支付，所以也经常会受到当时汇率的影响。《世界遗产》栏目在刚开始拍摄的时候，日元兑美元等的外汇比价还算是比较高位的，其后日元的外汇比价逐渐走低，甚至有很长一段时间下降了30%左右。这就意味着能在海外使用的预算减少了30%左右，这实在是非常令人难受的事情。

2. 实际预算

预算管理的方法有许多。优秀的制片人大都会有自己的预算管理方法。至于我自己，在做实际预算计划的时候，一直努力从整体上把握收支，而且也尽可能地从长期的角度出发安排拍摄日程，仔细并合理地安排海外的拍摄任务。

我供职的TBS Vision公司有实际预算管理系统。这个系统根据节目的各个制作环节分门别类地细化出支出的项目，并都为其编上4位数的编码。如果在预算管理的软件中按部就班地记录发生的费用，最终就会知道花了多少钱能做出一个节目来。如果最后整体的费用超过了预算，就需要对各个条目进行调整，或者每个项目都要减少一些支出。

这个系统因为是参考节目的制作环节而输入必要的经费数目，所以能够把所有的经费支出体现出来，是一个非常不错的系统。而且在实际的经费使用过程中，在各张票据单子上也会体现出各类支出的编码，在进行最后统计的时候，和最初的预算相比到底是多是少就能一目了然，而且在节目出现赤字的时候，也能分析出具体的原因。

3. 300万日元的规则

和这个预算管理并列的是300万日元的规则。这是由最早期的制片人O氏提出的倡议。简明扼要地说，就是每一期节目支付给编导300万日元的采访拍摄费用。他们在节目制作的时候可以自由支配这些费用。

在国内进行拍摄的时候，制片人可以管理所有的采访拍摄费用，但是到了实施海外拍摄的时候，制片人不可能事无巨细地管理所有的费用支出。虽然事先可以在某种程度上做出预判断，但实际情况常常是和预计有很大出入的。因此每一笔费用都要由制片人亲自把握是根本不可能的事，而且一次次地增加或减少预算也是不现实的。更重要的是，如果采访拍摄的费用时多时少，可能会让编导们觉得没有公平感。

这个公平感,对于制片人和编导之间的关系而言是非常重要的。不管是编导还是办公室的职员必须要一视同仁地对待,这关乎人们对于制片人的信赖。从另外一个角度讲,制片人应该积极地承担人们最不愿意干的事情,对自己有利的事情要放到最后考虑。如果制片人做不到这一点,得不到编导们的认可,那么编导也就不会认真地听制片人的工作安排。

总而言之,不论是谁,去什么地方拍摄,每一期都是300万日元。从在机场开始登机到最后回国,不论什么开销都要控制在这个范畴内。而在实际拍摄环节中,编导出去拍摄一次要完成三期的工作任务,因此编导会拿着900万日元登机。能力好的编导会根据三期的拍摄任务调整好资金的使用。我一直觉得这样的规则发挥了很好的作用。当然,有时候实际发生的经费会超出预算范围,例如需要进行特殊拍摄的场合,或者在一些工资特别高的国家拍摄等。在这种时候,恰当地追加预算也是必需的。不过,几乎所有的编导都在预算范围内完成了任务,这就是有能力的编导。

4. 在欧洲寄存设备

节目的制作经费一旦决定之后是根本不可能增加的。因此,必须用心考虑资金的合理使用方法。

摄像器材等超重的设备的运输费用是经常让人苦恼的事情。《世界遗产》要经常带着斯坦尼康和小摇臂去现场拍摄,因此器材设备的重量会达到400公斤。再加上自带的随身行李,会达到500公斤左右的重量。在当时一个人只能携带20公斤的行李,4人的拍摄团队也就是80公斤。和航空公司多次交涉后,允许我们带超过一倍的行李,但即使是这样也还是只有160公斤,我们还必须要支付剩余300公斤的设备的运输费用。如果是去欧洲拍摄,1次就需要数百万日元的运输费。而这笔设备运输费用和为了拍摄而租借直升机飞行1个小时花费100万日元是完全不同的概念,因为这根本不会对节目制作有任何的好处。虽然我们和航空公司多次交涉,但还是很难有进展。最后,我们想到了把设备长期寄存在欧洲的方法。

这是把一套拍摄器材放置在欧洲,根据拍摄的顺序把设备送到现场的方式。我们最初是和日本通运货物公司合作的,他们的负责人非常热心地帮助了我们,使得这个方法达到了预想之外的效果。

5. 日程管理=长期的计划

为了让在欧洲寄存设备的计划发挥作用,就必须制订长期的日程计划。以三年为单位设定长期的拍摄日程管理,还能够增加节目的深度。

在海外拍摄节目,从出去拍摄到节目播出至少需要三个月的时间。而用三个月的时间单位进行思考,一年的时光也真的是转瞬即逝,因此就有必要以三年的时间单位思考各式各样的工作内容,也只有这样做才能有效率地安排拍摄日程。

例如,某些世界遗产,要在不同的季节去拍摄。可是每次都安排同样的拍摄日程在成本上就不合算。于是就可以考虑安排在拍摄其他地方的时候顺路去拍摄一天。不过即使如此,安排顺路拍摄也不是一件简单的事情。《世界遗产》每年要播出50期的节目,每次外出拍摄基本上都要拍摄3期的内容,这就意味着一年要出去拍摄16—18次。安排好所有的拍摄是相当困难的,所以有必要以三年为一个时间单位作出详细的计划。

《世界遗产》制订了105日的轮换计划并加以运用。简单地说,就是每个编导间隔105天出去完成一轮拍摄工作。105天相当于三个半月,以此为一个轮换周期的话,每个编导大概一年能制作(3期×3—4次)10期左右的节目。如果有5个编导,一年就能完成大约50期左右的节目量。

虽然被编导们称为"恶魔",但我还是坚持了这个105日的轮换计划。这是因为我觉得如果不这样做,其后果将是十分可怕的,等于是在掐自己的脖子。我把计算的根据向编导做了公开说明,编导们也理解并遵守了这个计划。

战略思考训练

1. 据国外媒体报道,一些传统报纸如今都紧跟用户点击率来编辑新闻内容,例如《华尔街日报》和《华盛顿邮报》等。整个新闻编辑室都可以看到显示屏在不断更新读者数量、浏览文章数以及访民从哪儿进入网站等各种数据。这些技术手段的应用,也引导了新闻工作者的决策,从而让报道更能吸引网络读者的兴趣。这则报道在更深层意义上说明了什么?媒体组织会被关于消费者的数据完全引领吗?理想的媒体组织和消费者的关系是什么?

2. Kindle等电子书阅读器的普及推动了电子阅读者数量的激增。大多数的电子书都介于长篇杂志文章和系列书籍之间,字数则为20000到30000不等。某一传统出版社的执行总编表示,书的本质正在逐渐改变,文章和书之间的界限也越来越模糊。如果你认可这个观点,请尝试寻找因为媒介技术的演变引发的其他的内容产业产品概念变化的例子。

3. 在长假期中,用短信找人的成功率一般会高于打电话的成功率。这句话对于媒介产业的意义是什么？请对周围人的假期媒介接触行为展开调研，总结出一份详细的报告后尝试设计可行的假期媒介营销战略。

4. 在三网融合的发展思路上，广电和电信部门差异很大。对三网融合的现状以及问题点进行归纳总结，考察一些试点城市的运作模式并作分析。

5. 国际奥委会的全球赞助商松下公司和奥林匹克国际广播公司合作为伦敦奥运会提供了突破性的3D比赛直播。据称包括BBC在内的多家广播公司都参与了这项行动。3D直播覆盖了开幕式、闭幕式和众多的比赛项目。包括3D直播技术在内的层出不穷的新传播技术的实施，对于未来的体育类电视节目会带来什么影响？媒体组织的战略是否有深刻的变化？

6. 调研时尚类的杂志有多少种类，并分析为什么时尚类的杂志可以有如此之多的种类、杂志的价格和杂志之间的竞争程度如何？

7. 一项调研发现，一个品牌近九成的Facebook粉丝都是其原有的用户。而且Facebook并不允许营销者争夺对手的客户。也有数据显示，在美国半数以上的人有Facebook账户，这些人几乎全部居住在沿海大城市。这些数据意味着什么？有效的社交媒体营销战略指向应该是什么？

8. 全球范围内的研究表明，中国网民用匿名方式参与社交媒体活动的比例最高，而且相对而言对品牌的恶评率也最高。在这样的消费文化背景下，中国的企业还有必要展开网络营销吗？或者什么样的产业和品牌适合网络营销？

9. 户外媒介虽然是一种信息渠道，但也是媒体组织针对广告主推出的一种广告服务。试分析这种媒介产品或服务与市容环境的关系。

10. 在国内的一些大城市，小剧场话剧受到了年轻人的追捧，而且国外的一些音乐剧也在国内有较好的观众号召率。请解释这个现象。

11. 美国大学的一项研究结果称归属感与表现欲成为使用Facebook的最重要原因。该研究也承认这两种需求与用户的年龄、文化背景以及性格有关。请组成团队对中国类似的网站进行类似的研究，并对结果进行细致的分析。

12. 皮尤研究中心发布的调查报告显示，在2011年假期购物季，有超过一半的美国成年人手机用户在商店内使用手机协助购物。而且调查发现，年轻人比父辈和祖辈更有可能将手机当成购物工具来使用。在18岁至49岁之间的手机用户中，63%都通过电话向朋友询问购买建议，或在线查看产品评论。而在30岁至49岁的手机用户中，这个比例降至59%。在65岁以上的手机用户中，仅有25%打电话询问朋友或上网查看产品评论。你能从这个调查结果中看出什么？你能给传统零售商什么建议吗？

13. 有研究咨询机构认为，新浪微博之所以成为国内使用率最高的微博，是因为它最早按照媒体方式进行内部的产品规划,如微访谈、微直播、大屏幕等。请针对此观点提出你的见解。

14. 据国外媒体报道,亚马逊2012年春天发布招聘信息,为旗下People's Production Company招聘高管。招聘信息显示,两名高管将负责通过网络和传统渠道发布的长度为半小时的喜剧和儿童节目。分析亚马逊该产品战略与既有战略的关系,并进行跟踪研究。

15. 大数据和数据挖掘的概念开始流行起来,请结合目前的状况,谈谈大数据和数据挖掘对产品开发的影响及前途。

16. 大型晚会是中国传媒产业中一个比较常见的现象,请阐述你对这个产品的看法,并对其现状和发展趋势进行归纳总结。

17. 请用简单的文字对本章内容进行归纳总结。

第五章
价格与消费者价值认知战略

价格和质量一起构成了媒体组织的市场营销组合中最重要的战略要素,而且是媒体组织利润的源泉。在进行价格设定时,媒体组织要综合考虑媒介产品或服务在市场定位中的战略和战术,以及其他的市场营销组合要素带来的影响,并且更要考虑到价格战略的合理合法性。而目前大部分媒介产品和服务主要呈现出低价化或免费化两大特点。

媒体组织在进行媒介产品或服务的定价时,在媒介价格目标和政策的引导下,一般会考虑到价格战略和价格战术的问题。**价格战略**是指从销售额、利益、媒介产品或服务的市场定位等角度来确定价格的范围的战略。而**价格战术**是指在价格战略所确定的范围内,根据市场的变化进行细致的决定。

特别是作为媒体组织的最大收益来源的广告主,在今天越来越重视媒介广告投放的效果和成本,所以,媒体组织制定合理的价格战略和战术就显得至关重要。

第一节 常见的价格战略的目标、政策及制约

一、常见的价格战略目标

媒体组织在设定媒介产品或服务的价格战略目标时,一般是从以下几个角度出发的。

第一,**利润最大化**。比如,央视的广告招标活动就是一种典型的以利润最大化为目标的战略。通过招标活动,在成本没有任何改变的状况下,广告价格节节攀升,使央视获得了最大的利润。同样,虽然遭到了一些质疑,但央视曾经在春晚节目中尽可能地植入广告也是利润最大化的手段。

第二,**市场占有率最大化**。媒体组织的长期利益是随着市场份额的扩大而

增加的。至今为止，我国的广告主基本上还是以媒介产品或服务的收视率或者发行率等指标来决定媒介广告投放标准的，所以对于媒体组织而言，即使牺牲短期的经济利益也要取得市场份额的最大化也是媒介产品或服务在竞争上常用的手段之一，与之相配合的价格设定方式就是市场占有率最大化的价格设定战略。但是，这也让我们的媒体组织养成了经常夸大和虚报收视率或市场份额的习惯。

第三，**销售额最大化**。这是一种以把当前阶段的销售额最大化为目标的价格设定方式，在把握了价格/数量的关系后就可以设定具体的价格。这种方法常常适用于媒体组织需要现金，或是不能准确预测将来，无法进行长期销售的情况。

第四，**宣传效果最佳**。有时媒体组织为了促进整体媒介产品或服务的销售，会对某些特定的产品进行特别的价格设定。比如通过把某个产品或服务的价格设定得比较低来吸引消费者，同时促进消费者对其他媒介产品或服务的购买。媒体组织也可以对某个产品或服务进行高价格设定，以提升产品或服务的品位。此外，很多的媒体组织在设计广告套装时，会把某些广告时段或板块免费赠送给广告主，以激励广告主的广告投放。

二、媒介价格政策和制约

如同其他行业一样，为了保障媒介行业正常有序的发展，保障消费者的利益，政府往往也会对媒介产品或服务的价格进行干预。这是因为，一些媒体组织很容易形成垄断趋势，因此为了更好地规范市场效率，政府必须介入垄断媒体的价格制定。而且，由于媒介产品或服务作用于人的精神世界，为了保障人们的精神文明健康，政府也会对价格采取干预政策。例如在国外，很多的文化媒介产品或服务，可以维持媒体组织制定的市场价格，不允许经销商进行任何的打折销售行为，并且法律也会对媒体组织的价格维持行为进行保护。所以，消费者在书店买书或者买杂志的时候，在书或杂志的某个部位，都会看到产品的市场定价，并且消费者必须接受这个定价。当然，消费者支付的这个价格不会百分之百地流入媒体组织，而是在媒体组织和发行渠道商、零售商之间进行分配。这个分配比率也是在长期的市场运营中、在政府的干预下形成的。

法律之所以保护这种维持市场价格的行为，是因为很多政府认定：文化媒介产品或服务具有很好的教育功能，对国民文化素质的提升起着不可估量的作用。如果文化传媒市场发生诸如价格战之类的问题，就会造成文化媒介产品或服务质量的下降，结果对国民整体的素质教育极为不利。

同样，媒介产业自身也会从行业自律的角度规范自己的价格战略。例如在前几年，中国的媒体组织之间曾经有过广告价格的折扣战，结果使得媒体组织的收入受到很大的影响。近几年，各个媒体组织都已经认识到了这种广告价格的折扣战的危害性，所以已经有了维持广告价格的举动。比如，一些电视台已经明确表示坚决不实施广告折扣，只是根据广告代理商代理量的高低给予不同的奖励。

除此之外，在媒体组织内部，也存在着媒介产品或服务的价格由谁来决定的问题。是由最高经营负责人决定，还是由广告中心的管理者决定，或者制定了媒介组织内部的基础价格之后，市场价格交由发行方或广告代理商决定？媒介产品或服务的生产会涉及不同的部门，有投资方、有负责制作的部门、有负责发行的部门等。这些部门对于媒介产品的发行价格或广告价格的设定会有各自的考虑，所以有可能会引起一些矛盾。

另外，在设定媒介产品或服务的价格时，也要参考竞争对手（其他同类或不同类型的媒体组织）的媒介产品或服务的价格。

案例研究

印度政府用价格战略推进数字化进程

为了让世界上所有的贫困人口都能感受到数字化技术的进步带来的便利，一些机构和政府一直在研发和资助低价格的电脑。例如，"数字化生存"的教父尼古拉斯·尼葛洛庞帝（Nicholas Negroponte）曾经倡导的非常著名的100美元电脑计划就是典型的例子。他认为给予孩子互联网及计算机是具有深远意义的重要举措。

在他的计划中，100美元的电脑并不是直接销售给最终用户，而是卖给各国政府，由他们分配给本国的学生使用。他们的目标市场是第三世界国家，目标用户是学生。

虽然100美金电脑计划一直磕磕绊绊，并最终在媒体上失去了信息，但是在2011年10月5日，印度政府宣布推出一款名为Aakash的廉价平板电脑，称该电脑将给乡村带来现代技术，帮助村民走出贫困。

据悉，Aakash的开发商将以每台约45美元的价格向印度政府出售这款平板电脑，然后政府将向学生和教师提供补助金，从而将其价格压低至35美元。印度政府认为，这款平板电脑对于学生用户而言，其功能已经能够满足所有基本需求。而苹果最廉价的iPad平板电脑售价为499美元，亚马逊在2011年9月推出的平板电脑Kindle Fire售价为199美元。

据媒体报道，印度政府在过去几年中一直都致力于设计价格低廉的电脑，甚至期待设计出"10美元"的电脑，希望借此填平该国广阔的"数字鸿沟"。虽然其"10美元"电脑的目标并未实现，但从目前各界媒体的介绍上看，这款35美元的Aakash学生专用平板电脑将拥有彩色显示屏，拥有Wi-Fi接入互联网功能，并配备有前置摄像头，可以阅读PDF格式的文件。除此之外，这款平板电脑还拥有其他一些基本功能，如进行文档处理、上网和开视频会议等。这款平板电脑基于Android 2.2系统，拥有两个USB接口和256MB RAM。

三、常见的价格战略或战术

考虑到具体的媒介产品或服务、消费者等诸多因素，一般来讲，从价格高低上分，常见的媒介产品或服务的价格战略有两种。一种是**高价格战略**，例如高档杂志等；另一种就是**低价格战略**，例如低价的报纸等。

高价格战略也被称为上层吸收价格战略。在现实中，对于一些比较有价值的媒介产品或服务，有一些消费者在购买时是不考虑价格高低的。所以针对这些顾客，媒体组织就可以把自己的媒介产品或服务的价格设定得较高一些，以确保单位利润，尽快收回成本。然后，随着时间的推移，逐渐降低媒介产品或服务的价格，把那些价格弹性值较高的顾客作为销售对象，逐渐地扩大销售和发行的范围。

低价格战略也被称为市场渗透价格战略。这种价格战略的主要特征是利用低价格，迅速地占领市场，也就是我们常说的薄利多销的战略。

除此之外，也有很多媒体组织在制定价格战略时，比较重视成本或竞争的因素，因此衍生出了重视成本的价格战略和重视竞争的价格战略。

重视成本的价格战略，也被称为重视费用的价格决策方式，即在成本的基础上，加上一定的利润基准值形成销售或发行的价格。具体地说，媒体组织预测销售和发行的数量，并据此推算出相应的生产成本。再加上人工费用、广告费用、物流费用、借款利息等营业费用，就会得出生产媒介产品或服务的总成本。最后，加上一定的利润幅度，从而构成了媒介产品或服务的价格。

重视竞争的价格战略是指媒体组织虽然重视成本和消费者的动向，但更关注竞争关系，重视竞争对手的价格，并把对手的价格作为自己进行价格决定时的参考。这种价格决策方式在那些差异性不大的产品，比如同类的杂志、同类的市民报纸等中最为常用。

第二节　价格战略的本质与思维

一、价格战略与消费者的价值认知

任何生产性组织的利润都来源于产品的市场销售价格和生产成本之差。这个差距越大,企业组织能获得的利润也就越大。因此,媒体组织会千方百计提高媒介产品或服务的价格。但是在面对媒介产品或服务时,消费者会在心理上有一个价值判断,这个判断就是所谓的消费者的价值认知,通俗地说就是消费者在心理上愿意为这个媒介产品或服务支付多少货币。

因此,媒体组织提供的产品或服务的市场价格一定是在生产成本和消费者对产品的价值认知的区间之内。如果价格低于成本,媒介组织会产生亏损;如果价格高于消费者的价值认知,自然就不会带来消费者的购买行为。从媒体组织的角度讲,最理想的价格设定要等于消费者的价值认知,这样媒体组织就可以获得最大利润。

每个消费者对媒介产品或服务的价值感受均不同,而且这种感受会随着时间的变化而发生变化。竞争产品或服务的不断出现,也会让消费者对既有媒介产品或服务的价值感受发生变化。因此,正确地把握消费者的价值认知不是一件容易的事情,需要进行大量的市场调研,才能制定出合理的价格。

例如,手机已经逐渐成为伴随性媒介终端,再加上生活节奏变快,人们对于信息处理时间的容忍度越来越低,所以手机的信息处理性能就变得日益突出了。消费者对于手机信息处理功能的体验感觉不同,就为手机的价格制定带来区别。例如,现在有两款通话等应用功能相同的手机,它们之间唯一的区别就在于其中一款是触摸屏幕的(信息处理速度高于键盘)。如果经过市场调研,发现消费者为了触摸屏这一额外的功能愿意多支付500元,那么在定价上触摸屏幕的手机就可以贵500元,这就意味着手机的生产企业可以把消费者的价值感受量化到价格指标上,换句话说,这就意味着是根据消费者的价值认知制定价格。

相比而言,媒体组织对自己的产品或服务的生产成本(资源价格)是了如指掌的,而且也深知采用新的生产技术,或者采用新的资源组合方式,就能够降低生产成本。如果市场价格没有变化,成本降低就意味着可以为媒体组织带来更多的利润。

媒体组织增加利润的另外一个战略手段就是提高媒介产品或服务的市场销售价格,而这就意味着,媒体组织要想办法(实施各种营销战略)让消费者提高对自己的媒介产品或服务的价值认知水平。

所以,媒介营销战略在某种意义上讲,就是通过采取各种营销手段,或者把各种战略手段进行组合以提高消费者对媒介产品或服务的价值认知水平,同时带来更多的销量。例如,改变媒介产品或服务的外形或包装设计、改变销售价格、强化宣传力度来增加曝光频率、更换销售渠道等手段都能够改变消费者的价值认知程度或购买量。如果消费者对产品的价值认知程度有所提高,那么媒体组织就可以把其转化为市场销售价格的提升。

任何战略的实施和调整都是有成本的,而在提高消费者价值认知水平和购买量的所有营销战略手段当中,价格调整这种战略手段不但不需要太多的费用,而且可以通过快速实施获得立竿见影的效果。当媒体组织发现自己制定的市场价格低于或高于消费者的价值认知时,就可以通过调整市场价格获得最大化的收益。我们在市场中常见的变更付款时间、根据不同的购买量制定不同的价格、捆绑销售或独立销售、以旧换新等销售手段,在本质上都是价格调整战略手段的变形。

在营销学的业界内,有一种观点认为,在各种营销战略手段中只有价格战略才会给公司带来销售利润。开发产品、降低成本、宣传产品、建设品牌等企业的营销努力的确能带来消费者购买产品,但利润的本质在于消费者支付的价格。这个观点虽然有些绝对,值得探讨,但是在某种程度上的确能够反映出价格战略的重要性。

二、以基于消费者价值认知的价格战略提高利润水平

一般来讲,任何企业组织中都有一些没有被挖掘出来的利润,媒体组织也不例外。例如一个媒体组织,在不改变生产和渠道等营销战略要素的前提下,只是通过调整产品或服务的价格就能获取额外的利润,那么这些就是隐藏的利润。而且改变媒介产品或服务的价格水平也是获得利润的低成本的战略手段。那么,媒体组织如何挖掘出更多的利润呢?

我们在第二章中学习了媒介产品和服务的需求曲线以及弹性的概念。需求曲线在某种意义上讲就是消费者的价值认知曲线,反映了和价格对应的市场(预测或实际)销量。根据媒介消费者的消费特征制定价格战略是媒体组织构建价格战略的基本思维。参照图 2-8、图 2-9 以及相关的说明,就可以充分理解媒体组织应该如何制定和调整价格战略。

如果媒介消费者的需求曲线是缺乏价格弹性的,那么适当地提高市场销售价格也不会大幅度降低消费者的需求量,这就意味着媒体组织获得了更多的利

润。同样,如果媒介消费者的需求曲线是富于价格弹性的,那么适当地降低价格,就有可能获得更高的销售量,从而获得更多的利润。当然从品牌建设的角度讲,媒体组织可以通过品牌建设战略减弱媒介消费者的需求弹性,从而提高价格水平获得更多的利润。

实际上,媒体组织在考虑价格调整的时候,无论是涨价还是打折,都应该根据市场(消费者)的状况做出科学的判断。而且在实施价格调整战略之前,首先要确认自己的媒介产品或服务是否存在需求相对于价格不敏感的区间(也就是经济学中所阐述的需求的价格弹性非常小的区间)。这对于媒体组织的价格调整战略具有重要的意义。

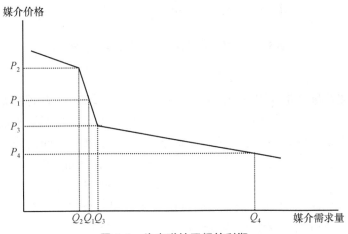

图 5-1 找出弹性区间的利润

从图 5-1 中可以看出,此媒介产品或服务存在着一个价格非敏感区间(Q_2 到 Q_3 的区间)。

假设当前媒介产品或服务的价格是 P_1,那么就会有一个相对应的销量 Q_1,媒体组织的销售额就是两者的乘积。

现在考虑媒体组织的涨价战术。如果媒体组织把价格涨到 P_2,相对应的需求数量是 Q_2,需求总量并没有减少多少,这就意味着媒体组织的涨价战术是正确的,能够带来销售额的增加。但是如果涨价过高,超过 P_2,就反而有可能使得销售总额下降。

接下来考察媒体组织的促销或打折战术。如果媒体组织把价格降低到 P_3,那么相对应的需求数量是 Q_3,需求总量并没有增加多少,因此媒体组织的这种程度的促销或打折战术并没有实际的效果。媒体组织只有把价格降到 P_3 以下,

甚至是 P_4 的水平,才能让需求数量增加到 Q_4 的水平,销售总额也才会有所增加,促销或打折战术才会有实际的意义。

除此之外,根据消费者的特征制定相应的价格战略或战术,可以参考图 5-2。

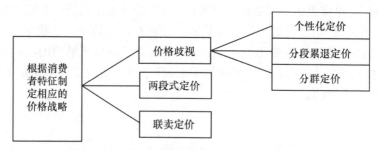

图 5-2 根据消费者特征制定价格战略的分类

首先来分析媒体组织的价格歧视战略。

个性化定价是指媒体组织成功地以各自的保留价格(消费者愿意付出的最高价格)向每个消费者分别售出了产品。个性化定价可为公司带来最大化的利润。个性化定价战略的实施有两个前提条件:一是消费者之间的信息流动不通畅,无法知道彼此支付的实际价格;另一个就是在媒介产品或服务上作轻微的改动,用产品差别化制造价值差别。如精装书和平装书,在制造成本上并没有太多差别,但其价格以及传递给消费者的价值认知则相差很多。在新媒介渠道极其丰富的今天,媒介消费者的个性化消费将会得到充分的保证,例如根据碎片化的消费时间提供相应的产品或服务等,都为媒体组织制定更为丰富的个性化定价战略带来了可能性。

分段累退定价是指在一段特定时间内对一定数量的额外消费单位下调价格。这是那些向在特定时间段内购买大量产品的消费者进行销售的公司比较容易采用的一种方式。例如一些网购公司使用这一定价策略,对一份订单中首个 X 数目的 CD 以通常的价格出售,对额外的 CD 购买则给予很低的折扣价格。

分群定价是指把消费者分成两个或更多具有不同需求价格弹性的集团或市场,然后针对每一个集团分别收取不同的价格。对于需求弹性最小的集团收取最高的价格,对于弹性大的集团收取较低的价格。要想成功地实施分群定价战略,不仅需要媒体组织有策划能力和相应的宣传战略等手段把媒介消费者分进不同的价格弹性市场,而且还要保持这些细分媒介市场的相对独立。

著者观点

资费套餐与市场收益最大化及其对消费者福利的影响

在媒体实施的众多营销管理战略中,我们都能看到名目繁多的套餐价格的设计。特别是在手机媒体的资费领域和互联网接入资费领域都较为常见。那么这些属于媒介营销战略一环的套餐价格,能为媒体组织、消费者和社会整体福利带来什么影响呢?

下面我们可以对媒体组织的资费套餐做一个细致的分析。我们可以把消费者对于一个媒介产品或服务的需求,根据其支付的意愿,按照由高到低的顺序进行排列,由此得到了图5-3和图5-4所显示的媒介消费需求曲线(两条需求曲线一致)。媒介消费者需求曲线与横坐标之间的面积就代表了消费者愿意支出的货币总量。

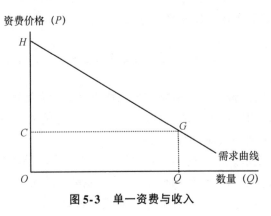

图5-3 单一资费与收入

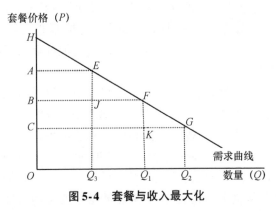

图5-4 套餐与收入最大化

如图 5-3 所示,如果媒体组织采取单一的资费价格(C)水平,那么消费者的需求量就达到 Q 水平。因此可以发现,消费者支付了 $OCGQ$ 的货币量,节约了 HCG 的货币量(消费者福利),而媒体组织也会得到 $OCGQ$ 的收入。

如图 5-4 所示,如果媒体组织利用品牌战略对消费者进行市场细分,并分别采取相应的价格套餐战略,例如高端品牌采取 A 价格,中端品牌采取 B 价格,低端品牌采取 C 价格,那么我们就会发现消费者支付的货币总量将会增加很多。高端品牌的消费者支付了 $OAEQ_3$,节约了 HAE 的货币支付量;中端品牌的消费者支付了 Q_3JFQ_1,节省了 EJF 的货币支付量;低端品牌的消费者则支付了 Q_1KGQ_2,节约了 FKG 的货币支付量。可以看出,在套餐资费战略手段下,消费者支付的货币总量比单一资费的情况要多出很多,因此节约的货币量(消费者福利)也少了很多。同样,媒体组织获得了所有消费者支付的货币量。

因此,媒体组织只要充分了解消费者的需求,针对消费者的心理和消费能力,就能采取有效的市场营销战略并尽可能获得更多的经济效益。当然,这也会影响到消费者的福利水平。

其次是**两段式定价**。这是指媒体组织在媒介消费者所消费的每单位价格之外,收取一笔固定的费用或一笔总付的费用。例如电信公司每月收取固定服务费加上每分钟(本地和长途)通话价格。

最后是**联卖定价**。这是指媒体组织打包搭售媒介产品或服务。纯粹联卖指的是仅在一项打包中销售商品或服务,它们不能被分散购买。例如,某些数字频道仅向用户打包出售。而媒体组织把一宗或多宗媒介产品或服务既打包销售,也分拆开来,就是混合联卖。例如盗墓小说《鬼吹灯》既可以四本联卖销售,也可以单本销售。如果媒体组织不打包,对媒介产品或服务仅单独销售,这种情形也叫纯粹零卖策略。在某些情况下,媒体组织实施纯粹联卖或混合联卖比纯粹零卖策略更有利可图。

除了上述的价格战略和战术之外,媒体组织还可以通过变更媒介产品或服务的付款时间获得更多的利润。今天的货币永远比明天的货币有价值。如果我们把 1 万元人民币存入银行,那么按照目前的利息水平,一年后大概能获得 200 多元的利息收入。这也意味着一年后的 10200 元,和今天的 1 万元是等值的。而且如果考虑到通货膨胀的因素,那么一年后的 10200 元的价值就会低于今天的 1 万元的价值。从这个意义上讲,如果媒体组织能够提前把货币收回来就相当于增加了自己的利润。因此,我们可以看到纸媒介和网络类的媒体组织比较愿意用提前收取年费的形式进行销售，即使打折也有可能获得更高的利润水平。而且这种提前收取年费的方式，也是一种很好的挽留媒介消费者的手段。

还有就是媒体组织实施的**系统定价**。众所周知，对软件的需求取决于硬件的价格，反之亦然。比起商品的互补性不是那么密切关联的情形来，以较低的价格销售硬件，以较高的价格销售软件更有利可图。较低的硬件价格导致更大的销售量，因而能带来更大的消费者基数和更大的软件销售量。换句话说，搭售品的价格越低，越能推动被搭品的需求曲线向右移动。许多为搭售品的低价所吸引的消费者甚至没有留意到被搭品的价格。所以我们经常看见很多媒体组织向消费者低价销售手机、电子书等硬件，一旦消费者购买了硬件，在该商品上沉淀的投资将导致使用它的软件（手机通信或者内容）的需求相对缺乏弹性，从而贡献大量的货币。

免费曾经是游戏产业的祸根，而现在则已经证明其吸引人们购买道具或装备等带来了巨大的收入。有些免费游戏会让消费者比预付费游戏花费更多，例如有研究发现，一些游戏玩家会为一种罕见的道具或装备支付高达1000欧元以上的花费。中国的一些游戏开发商也依靠此举获得了成功，所以免费已经成为一种非常有效的价格战略。这种降低消费者进入门槛的定价方式，已经成为目前网络游戏中最为普遍的运营模式。它不但扩大了网络游戏的玩家规模，而且对于消费者来说，这些虚拟物品更是玩家地位的象征。

同样，低价格也能够让人们没有顾忌地下载游戏并不断升级。例如玩家们已逐渐习惯了iPad内免费或只有99美分的游戏，但是综合起来，游戏开发商从全世界庞大的用户群中获取的经济利益并不少，也许这就是长尾理论效应最现实的体现。

第三节 各种价格战略的思考路径

如前所述，理想的价格战略是基于消费者价值认知这一基础的。在此基础上，面对一些具体情况时，应做如下的思考。

一、新媒介产品或服务的价格决定战略

在制定新的媒介产品或服务的价格时，一般来讲，会采取阶段性的思考方法，具体如下：

第一，确定市场对象群体；

第二，确定品牌的形象；

第三,形成营销组合方案;
第四,确定价格方针;
第五,对多数的价格战略方案进行评价;
第六,决定将要执行的价格战略。

二、进入媒介市场时的价格战略

第一,给发行商和广告商以很高的价值回报,吸引他们合作;
第二,实施价格促销宣传沟通活动;
第三,用高价格吸引高端消费者;
第四,或使用低价格开发大众的需求;
第五,根据地域市场的不同,制定不同的价格战略。

三、扩大市场份额的价格战略

第一,实施价格宣传沟通活动,如赠送礼品等;
第二,为特别用户提供特别的利益,如长期订阅打折等;
第三,根据产品生命周期的不同,制定不同的价格政策。

四、维持市场安定的价格战略

第一,维持媒介产品或服务的已有价格;
第二,向中介商提供切实利益;
第三,采取媒介产品或服务的定价维持制度。

著者观点

对文化媒介产品或服务的定价维持制度以及相关问题的思考

因为文化传媒产品或服务往往作用于人的精神世界,对人类的道德准则和社会行为有很好的教育和规范作用,所以文化传媒产品的质量是非常值得关注的事情。但由于竞争的存在,如果文化传媒产业也陷入激烈的价格竞争,出版社往往会采取降低成本的方式来保障自己正常的利润水平,而这就意味着文化传媒产品的质量会下降,甚至会出现恶俗的产品或服务,人们的道德观和价值观也会因此受到影响。所以,在一些发达国家,为了保障文化传媒产品行业的健康发展,政府往往会出台一些政策,允许出版行业实施定价维持制度。

在我国,图书打折是一个普遍的现象。为了规范图书市场的行为,2010年初,由中国出版工作者协会、中国书刊发行业协会、中国新华书店协会制定并颁布了《图书公平交易规则》,其中规定:"对出版一年内的新书,进入零售市场时,须按图书标定实价销售,网上书店或会员制销售时,最多享受不低于8.5折的优惠幅度。"然而这个行规并不具备法律效力,所以并没有真正发挥多大效用。我们甚至可以看到,在激烈的市场竞争面前,参与制定这个交易规则的一些出版机构,都迫不得已地实施了打折力度更大的销售活动。

从图书市场的实际状况来看,传统的门面书店和新兴的网络书店是相互竞争的关系,而且因为经营成本的原因,门面书店的销售价格大体上要高于网络书店的销售价格。所以有分析说,网络书店的价格打折的冲击力(价格战)已经使得大众图书市场的平均毛利有所下降,不但拉低了整个行业的利润水平,而且严重地影响到了门面书店的生存。因此,许多门面书店要么关门大吉,要么纷纷向网络书店转型。

姑且不论图书市场的消费者消费习惯的变化,也不论网络书店(图书渠道)未来的发展规模,我们只考虑单纯地把图书打折盛行的原因全部归结于网络书店的行为是否合适。反过来说,如果没有网络书店的冲击,传统的门市书店是否能够维持住图书标定的实价呢?恐怕未必如此。

当"打折"成为一个社会的普遍消费习惯,甚至是消费文化的时候,这就是一种常态。唯一不同的是,因为经营成本的不同,"打折"的力度会不同。

环境永远是变化的,国外曾经实施的定价维持制度有其形成的历史原因,这一制度在提高消费者文化和传媒素养、让产业实现稳定发展等方面发挥了重要的作用。但是在今天,伴随着数字化、网络化技术的发展,文化传媒产品的定价维持制度,也很有可能失去其存在的价值和意义。

出版行业的利润率是一个机密,消费者不得而知。但是伴随着近年来打折销售的普遍流行,单本图书的利润率不断降低肯定是一个事实。而为了媒体组织整体的利润水平不至于降低,图书出版界就不得不连续推出一些所谓的"畅销书"。这些书良莠不齐,消费者难以判断其真实的价值。甚至央视的一些节目曝光了出版行业的一些问题,例如国内的一些"畅销书"是打着"国际著名学者的著作"的旗号包装出来的,而实际上这个作者是子虚乌有的,书中的内容是在国内组织人员编写的。

当然,国内也有一些出版社出版了一些人们比较关心的作品。不过为了提高销售业绩,很多书名只顾刺激眼球,很有震撼力,实际内容却似是而非,或者是价值含量较低。

如果这样的情况继续下去,那么国内出版行业的消费者的价值判断水平就会在不知不觉中受到影响,甚至未来的国民素质都会受到严重的影响。

因此,我们的政府和产业组织等部门,一定要有清醒的认识,要清楚在我国当前的媒介市场环境下,我们要制定什么样的价格政策和战略,来保障国民素质的提高和实现产业整体健康稳定地发展。

五、对抗竞争的价格战略的课题

第一,无论竞争对手采取什么样的价格战略,都维持现价格不变;
第二,率先调整价格;
第三,追随其他媒体组织的价格战略;
第四,降低利润水平,让利给经销商;
第五,预测竞争对手的价格变换的可能性,实施先手策略;
第六,追加低价格的媒介产品或服务;
第七,追加高价格的媒介产品或服务。

案例研究

国内电子商务公司之间的价格血拼

在2011年上半年,国内两大著名的电子商务公司就在图书销售领域展开了针锋相对的价格战。一时间,这场价格战闹得沸沸扬扬,不但对消费者也对双方的利益格局产生了影响,而对于实体书店乃至整个出版行业的影响更为巨大。

在临近国庆黄金周的时候,面对巨大的市场销售机会,这两大电子商务企业的价格竞争进一步加剧,而且也早已经从图书领域扩展到了家电销售等领域,并引得其他的电子商务企业纷纷加入价格血拼的战团。我们可以看到,各个电子商务企业都喊出了令人震撼的宣传口号,的确能吸引网购的消费者去官方网站一看究竟。

从消费者的角度而言,电子商务企业之间的价格竞争,的确能为消费者带来经济上的利益,这是值得肯定的事情。但是从电子商务企业的角度而言,因为其所销售的产品结构极为相似,无法进行差异化竞争,而且消费者几乎可以零成本搜寻报价最低的销售商并购买,所以激烈的市场竞争到最后只能导致残酷的价格战。

这背后实际上是融资能力的比拼,销售规模大的电子商务企业更有可能进一步追加融资,所以又会加大销售规模。庞大的销售规模也可以为电子商务企业带来向家电等生产企业议价的能力,而这又将会影响到上游的家电生产企业的利润水平。

实际上,电子商务企业的战略目标是明晰的——用低价战略吸引消费者,打败竞争对手获取市场份额,以期未来的经济利益。但问题是当所有的电子商务企业的规模都差不多,而且促销力度也最后趋同的时候,这个战略最终能否奏效呢?

第四节　对价格战略的管理

在上文中,我们介绍了媒体组织基于消费者的价值认知制定价格的内容,而且媒体组织也经常采用市场指导价格来维持媒介市场的安定。但因为市场是流动的,特别是媒介产品或服务往往是信息类的内容,而且其价值与消费的时间有着密切的关系,所以,为了更好地向消费者提供有价值的媒介产品或服务,媒体组织也会适当地调整自己的价格战略和战术。

一、如何实施打折或回扣战略

最常见的价格调整方式就是打折促销。我们已经阐述过,媒介产品或服务的价值和消费的时间有着密切的关系,也就是说,一旦错过了最佳的消费时间,有些媒介产品或服务的价值就会大打折扣,这时维持市场价格也就不再有意义。媒体组织可以通过回收媒介产品或服务来消除这些影响,并且很多的媒体组织也正是这么做的。但是,对于一些特殊的媒介产品或服务,虽然过了一定的时间,但还是具有一定的阅读和观赏价值。比如,学术著作和期刊等就属于这类媒介产品或服务。所以,在对媒体组织的声誉不会产生影响的前提下,有必要适当地向下调整媒介产品或服务的价格,这样就可以适当地增加媒体组织的经济收益,并因向消费者提供了适当的价值,而不会造成大规模的社会资源的浪费。

媒介产品或服务的折扣战略不应该经常使用,因为过多地使用折扣战略会影响媒体组织的声誉,对媒体组织的品牌建设也有害无益。所以在进行媒介产品或服务的打折销售时,要注意时机的把握。

其次是回扣的方式。回扣也称为返还金或奖励金,是一种激励制度。媒体组织常常利用这个制度,把自己的经济利益的一部分返还给消费者或产业链上的合作机构,用以激励发行商、消费者、广告代理商等继续对媒介产品或服务的消费和销售采取合作的态度,比如媒体组织给广告代理商的点数回扣就属于这种方式。

现如今，智能手机已经成为一条巨大的产业渠道，苹果、谷歌和微软都纷纷推出操作平台，就因为其看到可以利用平台展开多元的销售。苹果和谷歌在这一领域发力较早，占据了较大的市场份额，但后进者微软也不甘示弱。为了抢占未来的市场空间，并且也因为资金充裕，因此微软在推广自己的操作系统时不遗余力。例如，微软为了让诺基亚采用自己的操作系统，为其提供巨额的所谓"平台支持费"，这实际上相当于一种对渠道商的补贴措施，也是"回扣"的一种形式。其目的还是更好地切入智能手机平台的市场，为后续的竞争奠定基础。

媒体组织实施回扣的依据一般包括销售额、销售数量、合约和对媒体组织的贡献度等。

回扣的实施方法一般有两种。如果是普通的媒介消费者，媒体组织一般在销售的初期就实施回扣制度，比如报纸或杂志的订阅就会采取提供先期回扣的战术。

另外，由于网络接入的竞争加剧，这个领域的供应商也纷纷举起向消费者提供奖励或回扣的大旗，根据其消费时间的长短和消费种类的不同，提供不同的回扣，并且在消费者申请入网时提供各种赠品，以此刺激消费者的消费。

如果是发行商或广告代理商，媒体组织就会采取提供后期回扣的战术，根据这些发行商或广告代理商的业绩提供不同的回扣。

各类媒体组织实施各种回扣战术，其目的还是希望能够得到媒介消费者的长期合作和支持。

案例研究

媒体组织与广告代理公司实现双赢的可能性

在中国，由于很多行业的价格都是虚高的，所以普遍实施打折战略吸引消费者，媒介行业也不例外。

媒介市场上存在着大大小小的广告代理公司，这些公司作为中介商，为媒体组织和广告主双方带来了巨大的经济利益。然而，一些大的广告主比较喜欢找有实力的广告代理公司合作，所以后者的手中就会有大量的订单。为了奖励这些有实力的广告代理公司，并形成长期的合作关系，媒体组织往往根据广告代理公司投放的广告量的高低给予不同的折扣。所以我们会经常看到各类媒体组织标出的广告投放刊例价和实际价格之间有很大的差距。就连那些品牌知名度最高的电视媒体也不例外。这也已经是广告行业的惯例，广告主对此心知肚明。

而且从广告主和广告公司的角度而言,除了一些大型的企业之外,一般的广告主在广告投放的金额和媒体选择上都比较相信广告代理公司的推荐。所以广告代理商为了获得广告投放的佣金,也愿意用较低的价格诱惑广告主,甚至为了应对激烈的竞争而获得相应的市场份额,也有很多广告代理商采用了零代理费的战略。

广告价格的折扣,对于媒体组织而言是难言的苦痛,但面对行业惯例也是无可奈何。但已经有电视媒体组织开始对广告行业的折扣销售说不。他们开始尝试要求广告代理公司全价销售自己的广告时段。从经济效益上讲,当一个媒体组织在一个地域有相当的收视份额,而且广告主也有投放广告的意愿,那么只要能调动和激励起广告代理公司的推荐欲望,是能够以全价销售其广告时段的。因为制作成本是固定的,只要销售价格能够上升,自然就意味着媒体组织的利润会增加。所以为了激励广告代理商的推荐欲望,媒体组织只要告知广告代理商会按照代理广告收入的金额多少给予相应的返点比例就可以。

理论上讲,如果媒体组织以往的折扣率是 7 折,只要广告代理商能够全价推荐并获得广告主的认可,即使给予广告代理商 20% 的返点率,最终也能获得 8 折的广告收入。所以媒体组织和广告代理公司是可以实现双赢的。

二、规则和竞争

虽然市场经济崇尚自由竞争,但是媒体组织在实施市场营销活动时,还是应该受到法律的制约。媒介市场提供的是有竞争规则的舞台,媒体组织若想进入这个市场,就必须遵守媒介市场的规则,在市场内进行有序的竞争活动。

媒体组织因为其产品或服务的特殊性,很容易形成边际成本越来越小的成本特征,也就是说媒体组织的生产规模越大,就越有可能使得媒介产品或服务的生产成本降低,带来竞争上的优势,形成垄断或者寡头的趋势。

经济学常识已经告诉我们,垄断和寡头会给经济社会带来非效率,并且容易形成市场势力。在这种情况下,媒体组织不但可以降低生产量,还会降低雇佣水平,同时可以利用自己的势力制定较高的市场价格,增加消费者的负担。所以,无论从雇佣的角度讲,还是从消费价格的角度讲,这都会严重影响消费者的生活水平。并且,媒体组织如果形成了垄断或寡头的局面,市场竞争就不复存在。没有竞争的压力,媒体组织就不会有前进的动力,从而也就会阻碍媒介行业的进步。

另外,即使不会形成垄断或寡头,但一般来讲,媒体组织或发行商以及代理商等都希望维持已有的或自己设定的价格,这是因为一旦市场上形成白热化竞争,往往就会带来价格竞争,结果是即使销售总量有所提高,但媒体组织的总收入却有可能下降。所以,媒体组织或发行商以及代理商为了维持自己的利益,就有可能采取公开或非公开的手段,形成价格同盟,维持一个高价格。或者,处于市场领导地位的媒体组织出面制定一个基准价格,余下的媒体组织共同遵守这个价格。

然而,这个价格同盟必定违背消费者的利益,而且违反了公平公正的市场原则,使得消费者处于不利的地位。所以,在世界各国,对媒体组织的垄断或寡头现象非常重视,有的国家就引用相关的"垄断禁止法"等法律规定,限制大型媒体组织的发展,给弱小的媒体组织提供生存的空间。这不但是出于雇佣和公平的考虑,而且可以保障竞争状态处于一个合理的水平,从而促进媒介行业整体的健康发展,并且也保护了消费者选择媒介产品或服务的权益。比如,美国政府为了保障合理的竞争,维护中小媒体组织的利益,就利用法律规定电视网自己制作的节目不得超过一定的比例。虽然近年来对媒体组织的这种规制有趋于缓和的迹象,但是并没有完全放开管制。

最近,中国的媒体组织也学会了利用奖品吸引消费者的竞争手法,而且赠送的奖品的档次也越来越高。这是一种变相的价格战略。不但各种纸类媒介纷纷采取赠品促销的手段,电视媒介更是发挥了优势,在节目中大量派发奖品,甚至有些电视节目就是以争夺奖品为目标而策划和制作的。本来这种做法无可厚非,属于一种吸引消费者的竞争手段,但是,如果媒体组织过多地使用这种营销策略进行竞争的话,就很有可能误导消费者,并且给自身的媒介产品或服务的策划以及制作带来消极和负面的影响,长此以往必然会减弱媒体组织的竞争力。

还有,媒体组织不能采取不正当的表示方法误导消费者的消费选择。为了吸引消费者的消费,一些报纸、杂志、广播电视、手机、网络等媒体组织在自己的媒介产品或服务的宣传上故弄玄虚,利用一些刺激性的文字或画面吸引消费者的注意,使得消费者感觉物超所值。常见的手法除了提供虚假的内容之外,还包括把消费的价格表示得很含糊,使得消费者产生错觉,有的媒体组织甚至故意不告知消费者需要付费。媒体组织通过这种不正当的价格手段,获得了不正当的价值利益。

战略思考训练

1. 团购在中国的快速发展,已经颠覆了国外开创者的模式,但是团购也带来了激烈的竞争。检视目前普遍实施的团购战略和现状并探讨其和消费者价值认识的关系。

2. 文化精神领域的媒介行业也不可免俗地沦落到进行你死我活的价格竞争的地步，例如各地报纸的价格大战，甚至香港地区的报业为了竞争纷纷改头换面成为免费的报纸。试分析价格竞争的缘由和对产业格局的影响，并查找国家是否对媒体价格战略有相关的政策规定并展开内容分析。

3. 至今为止，免费似乎已经成为一个潮流，特别是很多网络服务都采用了免费的策略，甚至有很多专著在研究免费现象。举例并尝试分析媒体组织的免费战略及效果。考察依靠免费战略起家的媒体组织使用免费的期间，以及后续的价格战略措施。

4. 电子商务本身和实体店相比，其优势之一就是价格。不过我们也发现同样的东西在不同的网络商务平台上会有不同的价格，也因此催生了一些网络服务商的价格比较服务。请对一些比价网络服务的内容进行比较分析并作出报告。

5. 每年大学新生入学的季节都是移动媒体运营商展开校园竞争的季节，例如只要充值就赠送自行车，还有名目繁多的学生价格套餐等。请在开学季节考察三大移动媒体运营商在校园营销过程中使用的价格战略和战术，并作出详细的分析。

6. 虽然电影产业组织推出了半价日，也和信用卡等机构合作推出了名目繁多的价格折扣，但电影票价一直是国民诟病的对象。请对世界上文化产业大国的电影票价和国民收入的比例进行调研，并分析我国的特点及原因。同时分析高票价和盗版有无关联。

7. 有报道说，电子商务公司在大型节假日推出的低价战略都属于噱头性的宣传，并没有多少实质性的内容。请对电子商务公司实施的价格战进行细致的调研并作出总结报告。

8. 苹果公司出品的媒介终端设备都设定了较高的价格，但依然在面对竞争对手发动的强有力的价格战时处于不败之地，其价格战略成功的保证是什么？也有营销专家在看到惠普平板电脑大幅度降价引发的抢购潮后提出，竞争对手之所以难以撼动苹果公司，是因为降价幅度不够，如果采取了足够的降价力度就能打败苹果。对此观点你怎么看？

9. 网络视频公司大量购买版权提高了电视剧的收购价格。请从长期的视角分析电视剧市场的价格趋势，以及可能给这个产业格局带来的影响。

10. 解释摩尔定律的内容，并说明相关的技术进步对媒介产品或服务的价格以及媒介产业进程的影响。

11. 走进书店，常见到有平装书和精装书，即使是盗版光碟都分为 D5 到 D9

等多个种类进行销售。试分析媒介产业中常见的价格歧视战略,并作出解释。

12. 著名的苹果 APP Store,虽然其中有免费软件,但大多数是收费的,并且大量的软件下载为其带来了高额利润。现在,每天也有免费软件推送活动。请对苹果此战略进行分析。

13. 请用简单的文字对本章内容进行归纳总结。

第六章
媒介渠道平台化及创新战略

任何的媒介产品或服务都要通过发行渠道才能到达最终消费者的手中。所以,对于媒介流通渠道的战略选择也是影响媒介产品或服务的发行状况的关键因素,并且在划分消费群体和制定媒介产品或服务的品牌战略的时候,就必须考虑到发行渠道的影响。要注意的是,各种新兴的媒体形态在本质上就是一种新增加的发行或版权增值渠道,而且新媒介自身也有平台化、开放化的趋势。

第一节 对媒介形态的再认识

在人类发展的历史上,因为媒介技术的不断演变,出现了众多的媒介形态,而这些媒介形态又经过历史的发展和技术的不断更新,逐渐形成了现在的格局。为了更好地研究媒介营销战略的有效性,我们有必要从各个角度重新认识各种媒介形态,以便制定出更有效的媒介营销战略。

一、媒介的技术形态分类

在人类发展的历史上,当文字还没有出现的时候,信息和文化是依靠人们的口述方式传播的。后来伴随着文字、印刷术乃至其后的各种现代技术发明的出现,人类终于进入了利用媒介载体传播信息和文化的时代。而现在不管是主动也好,被动也好,媒介无处不在。我们的生活早已经进入了被媒介包围,甚至被媒介影响的时代。

从技术形态上讲,现代媒介大体上可以分为以下几种形态。

首先是**纸媒介**,包括书籍、报纸和杂志等三种主要形式。纸媒介主要是通过印刷技术以纸张为介质传播文字和图片信息。

其次是**电子媒介**,代表性媒体包括广播、电视,还有录音与音乐行业以及电影,其特点是通过电子技术以电波为载体传播声频和视频信息。

最后就是随着人们外出机会的增加而较为流行的以户外墙面或车厢为载体的**户外媒介**形态。实际上,户外媒介也同样是使用印刷技术或电子技术作为信息传播手段,例如电影宣传用的海报、商场的大型霓虹灯广告等。而车载电视和楼宇电视,乃至近期出现的户外电视大屏幕在某种意义上只不过是把电视这种媒介手段从室内向室外延伸而已。而且从历史发展的角度讲,户外媒介从文字产生之后就一直自然而然地存在着,如各类商家的户外广告招牌比电子媒介的出现还要早许多。

人们曾经普遍认为,纸媒介虽然在传播速度上不如电子媒介,但是在深度报道和引发人们思考方面占有相对的优势。而对于户外媒介的传播效果研究还没有获得普遍认可的成果面世,也许关于市容环境污染的研究数量要多于信息传播效果的研究。实际上,户外媒介注重的是广告或其他信息的传播,虽然户外的人流量是可以调查出来的,但是到底有多少人看并不是最重要的问题。这就有些像电视广告的收视率,虽然人们开着电视播放着广告,但也许这个时间去卫生间了,那么所谓的收视率是否还有意义?所以说,户外媒介在某种意义上是一种概念性媒介。让谁看比有多少人看更重要。

本书把作为信息和内容传播介质或通路的纸张和电波等媒介(体)统称为传统媒介和新媒介,而把那些可以利用各种媒介手段进行各种业务活动的组织机构称为媒体组织。

之所以要强调媒介和媒体组织的区别,是因为其背后涉及了内容制作和内容传播的问题。很长一段时间以来,拥有传统媒介运营许可权的媒体组织,把内容生产部门和媒介传播渠道部门都内置在一个组织机构内部,形成了一个大而全的媒体组织机构。而今天,内容生产和内容传播两大环节开始分离,因此媒介产业实际上又可以再细化为内容生产制作性质的媒体组织、内容传播渠道性质的媒体组织以及衍生出来的各种服务性产业组织。而这些又会牵扯到相关的媒介产业政策等方面的问题,例如外资可以进入内容生产制作产业,但还不能进入媒介渠道产业。换句话说,媒介产业渠道越长,能参与到这个产业中的资本和组织越多。

传统媒介有一个共同的特征,那就是利用物质的载体渠道或平台传播模拟技术生成的信息,以满足人们的**精神需求**和**物质需求**。当然传统媒介也是与时俱进的,从最初的信息采集到后期的制作和传播技术都已经进入了数字化时代,所以其内容等信息可以进入诸如电子书、手机或平板电脑等新媒介渠道或平台。

传统媒介的内容生产进入了数字化时代,是和近年来新媒介技术及其带动形成的媒介渠道(平台)的快速崛起息息相关的。实际上,新媒介也是一种电子媒介形态,它包含了最初的以计算机为沟通平台的互联网媒介以及从通信工具逐渐演变成媒介的手机移动互联网。

以互联网为代表的新媒介技术从军方发源逐渐演变为民用,初期主要是利用数字技术传播信息的技术形态,但随着消费者需求的增加和技术的不断演进,现在的新媒介技术平台已经可以传播文字和视频的所有信息。因为新媒介的技术特征主要是数字化的,所以具有传递速度快和双向互动的功能,可以精准的方式满足人们的精神和物质需求。

从这个意义上讲,互联网等新媒介可以说是一种在新技术条件下融合了纸媒介和电子媒介等所有信息传播特征的融合性媒介形态,而且继承了传统媒介的诸如广告和公关活动等商业模式。所以说,有意识地强调传统媒介和新媒介的区别实际上是没有实质意义的事情,完全可以把新媒介看成是传统的内容制造产业在传统的媒介渠道之外的一种新的载体或传播通路,而且传统媒介产业自身也在技术的驱动下向着新媒介形态转移。

传统的媒介内容的生产方式会消耗大量的纸张以及背后的树木资源,而数字化的内容生产和传播,是节省能源和环保的。例如最新开发的电子报纸实际上就是一张电子显示屏,可以让消费者阅读成千上万份报纸。

虽然新媒介融合了所有传统的纸媒介和电子媒介的内容特征,但有一点是没有改变的,那就是媒介的载体平台还是物质的,如计算机或手机。

在上文中,我们从技术形态的角度对媒介进行了分类归纳,但要注意的是,这只是一个大归类,因为媒介形态永远处在一个发展的过程中,不断有新的媒介形态演变出来。

例如,当消费者想搬家的时候,也许不必上网搜索相关的信息,只要打开房门,就能在楼道的墙壁上看到无数搬家公司的广告,走在路上也会在电线杆、墙壁,甚至是地面上看到无数的小广告和大广告,这就意味着墙面、地面都是媒介载体(虽然这是我们反对的)。在一些农村地区,广告都是直接写在墙上的。

一般来讲,媒介产业是其他产业的宣传工具和手段,但是随着媒介产业边界的模糊,其他产业的产品也可以成为媒介行业广告宣传的载体。例如,当电视机构和其他产业的赞助商合作推出真人秀节目的时候,其他产业的产品的外包装就很有可能成为电视栏目的广告载体。

新媒介产业更是一种典型,媒介产业的终端产品早已经变身为媒介平台。例如手机、电脑等,在以往只是通信或文字信息的处理工具,在今天则演变成为一个信息或内容的收发平台。

甚至有报道称,国外有一些科学家正在考虑让人体的皮肤具备信息显示功能。所以说,只要有创意和需求,媒介就会无处不在。我们要考虑的是,层出不穷的媒介形态将如何影响人类社会的未来。

也许媒介载体会进入到非物质化的时代。正如美国电影所展示的未来情景那样,信息等内容是可以通过意念控制植入人类大脑的,那么物质的载体将会何去何从呢?如果人类社会真的发展到了那个地步,媒介载体和媒体组织以及相应的营销活动将会有彻底的变革。当然,这也许会带来全新的社会伦理道德等方面的问题。

二、媒介的功能形态分类

如在前几章所阐述的那样,传统媒介的商业模式无外乎是消费者付费或广告主付费这两种模式。当然一些媒介形态,如报纸可以同时利用这两种模式获得利益。而随着媒介技术的不断演变,媒介的功能已经开始有了分化。

首先是**商业性**的媒介形态,亦称为广告主投放广告和消费者付费型媒介,其中的主力是企业。企业向媒体组织支付一定的广告费用,在媒体上获得相应程度的曝光,如大众媒介广告、网络广告、手机广告等,其目标受众是一般的消费者。

从受众的角度讲,媒介可以分为面对大众和小众的两大类。传统的报纸、广播、电视以及商业性电影等媒介,因为覆盖面广,所以往往被称为大众媒介,而杂志、艺术电影和专业书籍则可以称得上是小众媒介。

从广告主的角度讲,既然是付费型的媒介形态,广告主就要考虑广告投放的效果。也就是说,要知道自己投放广告的媒介面对着什么样的消费者及其整体规模有多大、有效到达率如何等信息。广告投放得越精准,广告传播的效果自然就越好。近年来,为了追求更好的广告传播效果,广告主越来越关注媒体组织目标消费者的质量,而不是完全关注绝对的受众规模,因此收视率等传统的广告投放指标发挥的作用将会越来越弱。广告主还要考虑广告的性价比,如果是同样的质量,广告主绝对会选择价格最低廉的媒介形态。所以单纯地比较新旧媒介的优劣没什么太大的意义。

从媒体组织的角度讲,由于要面对全国范围内每年一定的广告投放总额,因此会和其他的媒体组织形成竞争关系。例如,户外、网络等新媒介形态的逐渐普及开始分流一部分广告投放,所以传统的媒体组织已经感受到了广告主移情别恋的压力。另外,广告主一直对传统媒介的广告传播效果持怀疑态度,所以传统媒体组织为了回应广告主对传播质量的要求,也想利用自己拥有的媒介形态传播专业化的内容,以便直接面对相对精准的小众市场,提高传播质量以稳定地增加广告收入。例如电视机构近年来一直想打造专业化频道,以形成众多相对小众化的细分市场,但因为其消费者的消费需求多样,因此很难成功,目前相对来说较为成功的"专业频道"只能是那些消费者定位宽泛的娱乐专业化频道,因为娱乐是大众的普遍需求。同理,我国广电部门一直想极力发展的数字电视也因为上述原因,难以达到预期的普及效果。

还有,内容生产和传播渠道的分离(制播分离)意味着内容流通渠道性质的媒体组织将要把获得的部分广告收入用以购买外部媒体组织生产的内容,这又会导致广告收入转移的问题,而且内容生产组织在内容中植入的广告也势必会分流一部分广告投放。这实际上是广告收入在整个媒介产业价值链中的分配问题,也会影响到制播分离这一方式(媒介产业效率)的未来走向。

另外,商业性的媒介渠道组织,不但可以传播信息内容,而且可以作为其他产业的销售渠道提供相应的服务。这等于拓宽了媒介产业概念的外延,能为商业性媒体组织带来更多的商业利益。

总而言之,消费者行为模式的不断变化,使得广告主和媒体组织的战略行为也会跟着发生变化,而商业性的媒介形态也就势必会不停地受到影响。换句话说,商业性媒介要学会适应越来越激烈的环境变化,并在变化中实现生存和发展。

其次是**自媒介**,这是指企业等各类组织自己所有并运营的媒介形态,如企业或组织的官网和手机网站、企业的博客和 SNS 账户等。各类组织可通过自媒介与既有顾客或目标群体进行详细的沟通。企业和消费者之间的信息沟通对企业而言是至关重要的事情,通过沟通,企业不但能把握消费者的需求,还能在第一时间解决消费者的问题,使得消费者更为忠诚。企业曾经依靠建设电话呼叫中心来实现这一目标,而现在利用崭新的媒介技术构建的自媒介平台则更便捷,而且成本更低。例如微软就把 Windows 7 发布后常见的问题以及解决方案集中发布在自己的官方网站上,这样就节省了大量的电话接线员的工作,大大地提高了工作效率。而且消费者也因为能直接在网站上找到解决方案而消除了焦灼感,同时节约了大量的时间,提高了满意度。

随着电子金融和物流产业的快速发展,企业组织的自媒介完全可以从一个纯粹的信息沟通平台,演变成兼营,甚至是主营电子商务功能的销售渠道或平台。

再次是**社会化媒介**,主要是指消费者自己主导的媒介形态,如博客、SNS、Twitter、论坛、视频网站等。消费者可通过社会化媒介接受并传达信息,还能够掌握自己想要得到或传达的信息,甚至可以通过社会化媒介形成众多的社会交友网络。从理论上讲，社会化媒介应该能够和真实世界一样反映人与人之间的社会关系，可以在保持个人独立性的前提下发布真实透明的信息。企业等各类组织可通过社会化媒介创造自己的粉丝和会员。

社会化媒介之所以越来越受到重视，是因为其信息传播的速度和影响力度是前所未见的。举例来说，当今世界上很多重大的事件都是由微博这一社会化的媒介形态在第一时间传播出来，并形成了广泛的传播范围，这是其他的媒介形态所不能比拟的。也正是因为信息能够快速传播，所以社会化媒介也要面对公信力的问题。虽然社会化媒介有自我纠错的功能，但是在信息的真伪没有得到验证的时候，消费者一个不假思索的点击行为，就可以使信息得到广泛的传播。当然，如果所有的社会化媒介的用户都是实名注册，而且具有很好的媒介素养，那么所发布的信息就会更加透明和真实，社会化媒介的公信力问题也会得到一定程度的解决。

社会化媒介具备的这些特性使其成为企业沟通领域的重要工具。我们通过观察可以发现，国内外的企业组织都已经开始通过使用社会化媒介进行各种营销活动，而且在未来的一段时间内，社会化媒介的营销战略行为将会更为普及。

社会化媒介自身也会因为各种技术的普及而不停地进步。例如，伴随着智能手机、平板电脑的高速普及，消费者"随时在线"将会是一个普遍的现象，而且社交网站的普及程度也在加速。企业对社会化媒介的利用也会进入新的阶段，亦即从注重销售的短期视点逐步发展到注重与消费者维系关系的长期视点。特别是社会化媒介将会和商业媒介以及自媒介加强联动合作，以期实现最佳的传播效果。

第二节　产业链中的流通渠道组织与产业效率

一、流通渠道商在产业链中的价值

任何产业的发展都离不开流通渠道产业组织的支持。媒介营销的最终目标是消费者，而消费者对媒介渠道产业组织的需求，自然会导致整个媒介产业价值链的形成和变迁。

在传统的自由贸易流通体系下，如果没有流通渠道组织的介入，媒介生产者就要自己把产品拿到市场上进行销售，消费者也同样会到市场上寻找自己需要的媒介产品或服务，所以代表媒介产品或服务所有权转移的商流主要是通过生产者和消费者之间的直接交易完成的，物流也同时完成。

由图6-1可见,要完成所需的交易就需要企业组织和消费者双方进行多次买卖。如参与者增多,交易次数就会以几何级数增长。大家可以想象一下,众多的出版商如何与众多的读者完成交易。

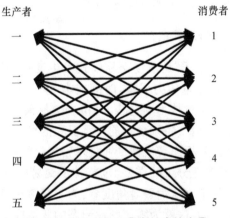

图6-1 生产者与消费者的直接交易

如果在生产者和消费者之间介入内容流通渠道性质的媒体组织,如电影院线、书店、电视台等,则生产者和消费者的数量并没有减少,但和没有媒介渠道产业组织时相比,交易次数大为减少。而且,交易者的数量越多,减少的交易次数就越多,所节约的交易成本也就越大,整个社会以及产业的资源效率都会得到提高(如图6-2所示)。

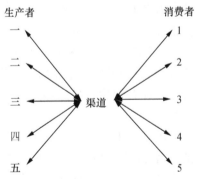

图6-2 流通渠道组织介入的交易模式

另外,在图6-2中,生产者和消费者之间的专业流通机构,包括发行和零售等部门。其中,生产者又可以分为前期的策划者、作者、编导和相应的内容整合商。这两者之间也自然会有商流和物流关系存在。所以,完整的媒介产业流通体系应该为"创意、技术→内容整合商→各级发行商→各级渠道(平台)商→消费者"。在短缺经济体系中,生产者会在媒介产业体系中占据主导地位,而渠道商要依靠生产者才能生存和获利,这就是所谓的内容为王的概念来源。而在生产能力非常发达的今天,这一概念就需要改变。

二、现代流通业创新及其意义

消费者生活模式的变迁,是市场交易模式发生变化的原动力(消费者从注重货币成本逐渐演变到注重体力成本、时间成本等)。同时,银行体系的发达、支付手段的多样化以及信息技术的进步,对市场交易模式的变革起到了保障和促进作用。技术的不断创新,特别是目前计算机和信息技术的广泛运用,电子商务、现代物流的迅速发展,标志着流通产业技术密集化的趋势越来越明显。

流通的出现,既是产业分工的需要,也节省了交易成本,提高了消费者的购买效率乃至社会经济效率。从消费者角度看,为了获得相对大的交易利益,倾向于到物美价廉的商店购物,这就为零售商业形态的变革提供了动力。如今,传统的商业流通体系已经发生了巨大的变化,特别是我们看到主流零售业态历经了从传统杂货店演变为百货店、超市等形态的过程。当然,这种变迁与技术进步、经济收入提高、生活方式变化密不可分。

流通领域最大的创新性变革是流通产业链条的主导权向零售领域转移。伴随着经济的发展、产品的丰富、消费者支付能力的提高,零售企业在流通链上的主宰力越来越强。零售企业相对于生产企业和批发商的博弈能力日益增长,于是在20世纪60年代开始了流通业的创新。大型超市这样的零售企业依靠强大的市场销售能力往往抛开批发商这一中间环节,直接与生产企业进行交易。这样做减少了中间流通环节,降低了流通成本和终端价格,吸引了更多的消费者;同时依靠强大的市场销售能力,控制了生产企业的出厂价格、主导了市场销售价格;另外,它们还创立自有品牌让企业代为生产加工,从而进一步弱化了生产企业的品牌在市场上的影响力。

随着经济的发展和人们收入水平的进一步提高,在文化、旅游、教育等领域产生了新的消费需求。消费者非常在意购物的时间成本,因此传统的生产和消费社会经济结构下的社会生产流通体系必然要进行相应的调整。近十几年世界范围内大规模发展的便利店就可以代表消费者消费理念的变化。大量的便利店虽然店铺面积小,货品种类不多,价格还普遍高于邻近的超市,但因为为消费者提供了时间和空间上的便利,因此日益受到青睐并得到了长足的发展。便利店的发展,一方面得益于消费者生活方式的改变,另一方面也借助了传统超市企业既有的采购和资源配置渠道，也就是物流渠道资源。但是我们不得不承认，便利店能获得发展，便利（消费者的需求）才是最根本的要因。

三、新时代的媒介流通渠道创新及其发展空间

信息网络技术的发展和应用几乎使流通的时间和空间距离接近于零，互联网的出现，使得无论是微观还是宏观经济运行效率在技术层面上都具备了进一步提高的可能性，也为流通产业竞争力的进一步提升提供了技术保障。得益于数字化技术、信息化技术、网络化技术以及相应的平台技术的快速进步，以及金融业的快速发展，非面对面的市场交易行为逐渐盛行，如网络购物、电视购物、直邮购物等形式方兴未艾。我们可以把网络购物和电视购物等交易形态当作便利店的一种延伸。这是一种新时代的流通创新，符合今天消费者在尽可能节约购物时间的基础上，充分满足个性化的消费需求的观念。在这个发展趋势的基础上，手机、电脑等便携式媒体设备成为最便利的信息终端，手机购物等形态必然成为大规模流行的消费模式。这实际上意味着消费者能够将商店随身携带，即时交易。

媒介流通创新所导致的商业渠道的多元化提供了一个更大范围的购物空间和营销战略的发展空间。第一，跨城市、跨省，甚至跨国的商品给了消费者极大的选择空间。而这些生产企业也减少了进入其他城市的铺货成本、营销宣传等各种费用，极大地拓展了商品销售的范围。第二，可以满足消费者的个性化需求，实现消费者定制式生产。通过网络等信息化、社交化平台，生产者可以直接面对消费者，不但可以让消费者充分发挥DIY的精神，并且免除了"大量生产→大量消费→大量浪费"的弊端，在某种程度上实现了资源优化配置。同时，还精简了中间环节，节约了流通成本，提高了销售效率。第三，可以对消费者实现精准营销。通过对消费者数据库的管理，不仅能适时把握消费者的消费动态，还能把最新的商品信息及时传递给有效的消费者。通过这种方式既能获得目标消费者的有效信息，也能更方便地维持消费者的忠诚度。

近年来，网络购物市场交易规模的高增长势态，已经足以证明现代流通渠道所发挥的作用，而如今移动网络的快速普及，会进一步推动媒介渠道的创新和发展。

第三节 媒介信息与内容产业的营销渠道战略

在我们观察杂志领域的消费的时候，会发现有些杂志在普通的报刊亭就可

以买到,而有些杂志却只能在一些高档的时尚类店铺才能看到,更有一些杂志是以 DM(直邮)的形式直接送到消费者手中的。而对广播电视的消费好像不需要什么中间流通环节,从媒体组织直接就到了消费者手中。现在,似乎所有形态的媒介产品或服务都可以通过互联网、手机等新兴媒介渠道实现传播或购买。实际上,这已经说明媒介产品或服务的流通渠道对媒体组织的营销组合战略的影响。

以上的例子足以说明营销渠道对媒介产品或服务的重要性,甚至可以说渠道能够改变媒体组织的生产和经营管理活动。所以媒体组织在开发新的媒介产品或服务的时候,应该充分考虑如何设计营销渠道的战略。

一、营销渠道的环节

媒介的营销渠道,是媒介产品或服务从媒体组织到达消费者手中所要经历的环节和过程。图 6-3 表示了一个媒介产品或服务从生产者到达消费者的几种可能性。

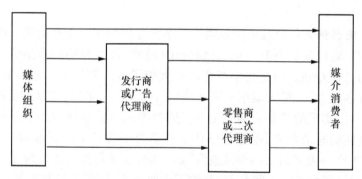

图 6-3　媒介产品或服务的营销渠道

第一种营销渠道就是把媒介产品或服务从媒体组织直接送到消费者手中,也就是说媒体组织直接和消费者进行了交换活动。传统的广播电视节目、现代网络的自制内容、部分直接递送的报纸和杂志等媒介产品或服务都属于这种情况。而且如前所述,伴随着数字化、网络化的技术发展,渠道的建设和运营成本快速下降,而且通过建设消费者数据库,可以精确把握消费者的消费需求,让内容快速准确地到达目标消费者。这种渠道所占的比例将会越来越大。

第二种营销渠道就是把媒介产品或服务通过发行商或广告代理商的中介,传达到消费者的手中。各种媒体组织的广告板块或时段都是采取这种方式运营的,例如行业代理、地区代理的形式。这样的好处是可以降低运营成本并把风险分散出去。当然,一些强势媒体组织针对大客户,也有直接的服务项目。

第三种营销渠道就是媒介产品或服务通过发行商或广告代理商的中介后,再经过零售商或二次代理商的转手,最后到达消费者手中。我国文化书籍类的媒介产品或服务普遍采取这种营销方式,有些大型媒体组织的广告销售也采用这种模式。

第四种营销渠道就是媒体组织直接把媒介产品或服务传递给零售商,然后传达到消费者手中。我国大多数的报纸杂志等媒介产品或服务就采取了这种营销渠道。电子商务也大体采用这个模式。

当然,所有的渠道模式都是在变化的,因为环境是在变化的。而且在现实社会中,媒体组织往往会采用多种渠道战略。但无论媒体组织采取什么样的渠道模式,最终起作用的还是成本和风险这两大要素。所以说,渠道战略的背后是媒体组织关于成本和风险分担的综合战略决策过程。例如,最早的报纸只能通过邮局一家垄断的发行渠道才能送到消费者手中,但也正是由于邮局渠道具有垄断性,没有竞争的压力,报纸经常不能按时抵达消费者。后来出现了报刊亭作为售报渠道的渠道机制,这就在时间和地点上,为消费者提供了购买的便利。但是报刊亭这种报纸发行渠道并不能为媒体组织提供更多的渠道竞争优势。

国外的报业在很早以前就确立了送报机制,报社组织的独立的送报团队,不但保证了报纸可以在准确的时间送到消费者手中,而且在维持消费者订阅方面做出了不可估量的贡献。

很多内容生产性的媒体组织,由于不具备媒介流通的手段或技能,所以只能依靠媒介流通渠道组织完成内容传播并回收价值。媒介流通渠道环节的数量不是战略思考的最关键问题。关键问题在于媒介流通渠道背后存在的两个战略思考维度:一个是风险能不能通过媒介渠道环节中的各个组织进行分担;另一个则是渠道环节的多少与成本的多少和消费者价值认知程度的关联。媒介产业链上参与的媒介渠道组织多,不但可以增加信息或内容的销售量,也意味着平均每一个组织承担的风险更小。但是流通环节多,不可避免地会造成流通成本的增加,媒介产品或服务最终到达消费者的时候价格就会高,从而会使消费者的价值认知程度降低。

二、多元化的媒介渠道及其衍生意义

2012年年初有媒体报道说,欧盟已经批准索尼收购索尼爱立信,这就意味着索尼将能完全独立地展开四屏战略,亦即智能手机、电视、PC、平板。四屏实乃四个渠道平台,和人们的日常生活息息相关。如果一个企业能够全面占据人

们生活中的所有平台,其战略展开的手段就会丰富很多,而且这些手段能相辅相成,让企业的日子比较好过。例如在理论上,索尼就可以整合其丰富的音乐、电影、视频游戏等内容资源,以此来获得最大利润。就连苹果公司也在积极走这条路。

以往,制作技术是模拟的,传播渠道也各自不同,所以很多时候就造成了相同的内容信息不能进入多元化的媒介渠道。而从经济学的角度而言,一旦一个内容制作完成之后,其成本就成为固定成本,如果这个内容能够通过多个渠道进行传播或者销售,那么不但可以分摊成本,还可以实现多个渠道所能带来的版权收入。

如今,制作技术的数字化为内容在多元化的媒介渠道传播带来了可行性。一则信息不但可以在报纸上刊载,还可以在互联网上刊载。同样,一个文学作品既可以印刷为纸质书籍,供那些喜欢闻"书香"的人捧着阅读,也可以进入电子书库供人们下载阅读。

同样,美国好莱坞开创的电影产业的窗口战略也是一种版权收入的多渠道战略。众所周知,好莱坞电影的窗口战略为其提供了获得最大收入的可能性。这是因为消费者不同的观看需求为其提供了在不同媒介渠道传播的可能性。一般情况下,最新的好莱坞影片在美国全国电影院首映,大约两个月后发行到海外电影院,当然最近开始尝试全球同步放映,甚至在海外先期放映。影片会在首映后的一段时间内提供给付费频道播出,在接下来的一段时间内在全球发行录像带/DVD,然后就是在主要的免费电视频道播出。而现在则可以进入互联网和手机等新媒介渠道播出。由此可见,一部电影能通过上述众多的流通渠道获得多元的版权收入。同时,还有部分版权收入来自电影的副产品,如主题公园、玩具等流通渠道。

所以在某种意义上讲,新兴媒介渠道的发展,在理论上意味着内容版权交易渠道的增加,这能为内容制造商提供更加多元化的收入。当然,任何事情都具有两面性,新兴媒介渠道的增加也意味着内容制造商的产品被盗版侵权的可能性增加。

著者观点

把内容流通渠道变成融资渠道——兼论媒介产业组织的营销效率

对于任何产业组织而言,战略都是有层级之分的,当然最高级的战略就是经营战略。而经营战略最高的追求目标则是产业组织经营效率的最大化。换句话说,也就是产业组织如何利用最小的资源投入,在最短的时间内获得最大的市场回报。

对于电影产业组织而言,投入的资源分别是设备和人员,而这些资源投入则是由资本资源(投资)的投入支撑的。在一个成熟的电影市场中,电影的质量和市场回报是成比例的。这也就意味着在某种质量水平对应一定的市场回报的前提下,如何使用多渠道在最短的时间内获得相应的市场回报就成为电影投资的效率问题。

众所周知,从经营战略的基础经济学理论的角度出发,今日的货币价值会高于未来的等额的货币价值。一般情况下,电影的总收入(投资回报)是按照时间窗口(发行战略)的顺序逐步获得的,即通过电影票房收入、DVD版权收入、电视及网络媒介的版权收入、电影衍生产品收入等多渠道窗口获得。按照上面的理论分析,电影的总预期收入如果能在尽可能短的时间内收回,就等于提高了电影投资的效率。

特别是对于华谊兄弟等那些已经上市的电影产业组织而言,电影的投资效率越高,意味着自有资金的回报率越高,所以必定能带来股票市场上的股票价位升高。这就意味着今后电影投资的资金只需要较少的股票发行数量就可以支撑,而这样又会带来相对更高的电影投资效率。

简而言之,把电影的预期总回报在最短的时间内,甚至在投资的同时就实施回收就是电影投资的最佳效率。

当今的影视行业,开始尝试如下的融资策略,以图获得最佳的产业经济效率。

销售性融资:主要是指依托内容版权以及衍生品或后产品版权销售的融资方式。以电影为例,通常电影在院线下线之后,为保证实现利润最大化,会进入视频网络平台、电视频道或是其他媒介平台播出,同时通过DVD、CD、衍生品或后产品开发等逐步收回投资。如前文所述,电影的总收入是依托于电影发行的窗口序列来实现回收的,说到底电影发行是版权交易的结果。但此过程缓慢,通常需要经过几年的时间才能实现一个电影项目各种版权的资金回收。因此,如果在前期的融资阶段,将位于产业链条后端的版权销售环节前置,不仅能让前期的运作资金更充裕,更有利于形成发行保障,能够在较短的时间内回收自有资金,提高资金的使用效率。

增值性融资:主要包括植入式广告、贴片广告、企业间战略合作等。如今植入式广告在国内影视业内非典型性流行,已经成为国内电影单片项目快速回收资金的主要方式。如电影《杜拉拉升职记》,在影片还未上映之前,便已经通过植入式广告的方式收回了全部投资,而票房收入及后续的衍生品等收入均是纯利润。那些对于电影植入式广告有合作需求的企业组织,大多属于生产性组织,不仅拥有成熟的品牌与产品,更拥有丰富的产品分销渠道。制片方可以借助双方的深度合作,整合双方的资源,如借助植入品牌的分销渠道作为电影的宣传渠道等,使植入品牌与电影形成捆绑,创造"我中有你,你中有我"的立体宣传之势。这样既可降低电影宣传的费用开支,又能提升整体宣传效果,吸引更多观众的注意力,从而推高票房成绩,收获较大的资金回报。

同样,一些媒体组织利用自己拥有的媒介渠道展开了诸如电视购物或者电子商务类的营销活动。从理论上讲,这些媒体组织可以利用销售进款和约定付款的合理时间差,把手中的货币变成一种可以投资的资源,开展更多的战略活动。例如,媒体组织可以是银行的客户,能够安全地获取利息;也可以变身为银行或其他类别的金融组织进行贷款活动,以获取更高的利息回报,当然前提是自己或者通过子公司向政府部门申请了相应的资质和营业执照。

三、信息流、商流、物流和金融流

在媒体组织和媒介消费者之间进行的营销交换,从流通的角度讲,存在信息流、商流、金融流和物流这四种渠道,所以媒体组织的营销渠道战略必须要兼顾这四种渠道的效率。

信息流是媒介产业与生俱来的功能,媒体组织在大多数场合生产的就是信息内容,并通过媒介渠道传播。

商流是指媒介产品或服务的所有权在媒体组织和消费者之间的流动。媒体组织的媒介产品或服务在媒介产业链上每完成一次交换,媒介产品或服务的所有权就会发生一次转移,直至最后在和消费者完成交换之后,媒介产品或服务的所有权才会交到消费者手中。例如,书籍首先是在出版社和图书发行商之间发生所有权的转移,然后是发行商和书店之间的所有权转移,最后是书店和消费者之间的所有权转移。

当然,一些特殊的媒介产品或服务,比如广播、电视节目的内容播出并不存在所有权的转移问题,消费者得到的只是使用权或者收听或观看的权利。

物流是指实际的媒介产品或服务在媒体组织和消费者之间的流动,是伴随着商流的发生而发生的。也就是说即使媒介消费者获得了媒介产品或服务的所有权,却并不一定能够立刻拥有媒介产品或服务,自然也就不可能立刻享受媒介产品或服务所带来的价值。当媒介产品或服务的所有权通过购买行为转移到消费者手中后,生产组织要考虑如何把产品或服务送到消费者手中,这个过程就是物流环节。例如,一个消费者有可能通过网络或者邮寄购物的方式,购买了一本小说或一张影视光盘,只要消费者支付了相应的款项,那么媒介产品或服务的所有权就立刻归消费者所有了,消费者就可以宣称拥有小说或光盘了。然而,小说或光盘并不能够马上送到消费者手中,在经过两三天或者更漫长的等待之后,消费者才能够真正看到小说或光盘的实物。而把小说或光盘送到消费者手中的是那些物流业者。

金融流是指伴随着消费者在商流活动中获取产品所有权,并享受物流带来的便利的同时,进行货币支付的渠道流程。一般而言,金融流是消费者在商场进行购物的时候,伴随着商流的环节同时实现的,主要体现为现金交易或者信用支付。

媒介渠道对于现代经济产业的重要性越来越大。

首先,媒介营销产业链中的流通渠道商能够帮助媒体组织实现媒介产品或服务的所有权在空间和时间上的移动,使得消费者能够消费媒介产品或服务。

其次,在和消费者的接触过程中,渠道商积累了大量的信息资源,甚至一些渠道商有可能比媒体组织更了解消费者需要什么,例如院线的排片部门和电视台的电视剧购买部门。消费者的需求信息能够指导媒体组织生产出更有针对性的媒介产品或服务。这样做不但能够提高媒体组织的经营效率,还能使消费者的价值感得到增强。

最后,伴随着媒介技术的发展,传统的媒介渠道不但能传递媒介内容和广告等信息,还能够在一定程度上实现商流功能,例如电视购物等。而新媒介技术的发展则使得媒介渠道另外拥有了金融服务的功能,这为消费者的货币支付提供了极大的便利。也就是说,新媒介渠道同时具备了信息流、商流和金融流的功能,甚至对于一些内容类的媒介产品或服务,新媒介渠道具备的下载功能也可以被视为一种物流渠道。

如今,媒介流通渠道已经成为消费者生活中必不可缺的工具,甚至在某种意义上讲,媒体组织在媒介渠道上提供的所有产品都可以被称为媒介产品和服务,例如汽车和房地产的网络销售服务。现代信息技术和运输技术的发展,为媒介产品或服务的商流和物流提供了高效率的支撑,使得消费者可以在合适的时间和地点获得自己所需要的媒介产品或服务。而且物流服务也已经从过去只提供简单的送货服务,发展成为能把消费者的疑问和建议反馈给媒体组织,不但为媒体组织的产品或服务的生产服务,也为媒体组织的竞争作出贡献。

著者观点

物流产业发展的效率空间和政策引导

商流是由物流支撑的。传统的物流产业主要是制造和销售的附属工具,负责商品运输。其后,物流产业在实物配送的基础上,引入了物流管理的新理念和新技术,使实物配送与信息管理有效结合,能够充分利用物流资源产生高效率。当今的物流业已经实现了对整个流通产业链[零部件商→组装厂商→批发商(一级和多级)→零售商→消费者]的物资空间移动和相关信息进行综合运作管理,实现增值。甚至一些物流企业借助自己拥有的经验和消费者数据直接进入商流领域,展开了整合产业链的战略活动。

虽然物流产业有了飞跃的发展,但是从产业未来能实现良性发展的角度讲,以下几个问题还是急需解决的。

1. 物流产业效率还有提高的空间

在国际上,通常会把社会物流总费用与 GDP 的比率,作为衡量一国物流运行效率和现代化程度的重要指标。目前我国物流业这一指标偏高,与物流发达国家有较大差距。

2004—2009 年中国社会物流总费用占 GDP 的比率调查结果显示,我国的比率基本上在 18% 以上,而发达国家一般都在 10% 以下(参见图 6-4)。

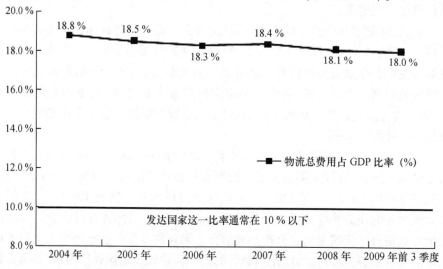

图 6-4　2004—2009 年中国社会物流总费用占 GDP 的比率

数据来源:艾瑞咨询。

2. 由价格竞争向服务竞争发展

目前我国的物流企业规模小,数量繁多,相互之间的竞争主要集中在配送价格上。大批民营物流企业,以低廉的运输费用迅速获得了巨大的市场份额。购物网络商家为了拓展产业链,也建立了自有的物流渠道,以"零运费"的物流配送价格,争夺同类企业的市场份额。随着市场规范化程度的提高和经营者对市场认识的深入,物流企业在流通产业市场中的生存发展必将更多地依靠服务,这种服务包括服务设施的建设、服务理念的确立以及服务内容的全方位与多样化。

3. 经济发展目标和发展理念相匹配

目前,国内流通产业的建设目标大都停留在"大规模建设""实现快速发展""学习国外的先进经验"等层面上,提倡高标准装备、物流设施的规模化等。的确,提高流通产业效率是这一行业义不容辞的责任,而且大规模配送中心、运输设备的追加、高效准时的配送服务也是产业发展的一般标准。但绝对不能在单纯的快速和高效的基础上发展流通产业,必须重视均衡健康的发展和社会效益问题。我们所看到的国外成熟的经验,也都是过去的经验,很有可能已经不适合现代经济可持续发展的要求。现代经济发展要求低碳化、省能源、避免环境污染。所以流通产业的快速发展不能违背这一基本要求,而是要制定和实施具有社会责任感的发展目标。

4. 完善流通产业发展政策

政府有必要在流通产业准入制度、资源使用和环境标准、配送规模和服务等领域制定产业标准。要从整个流通业发展的角度,加快制定合理的流通产业政策,指导流通业合理发展,并引导市场有序竞争。要根据流通业发展的新特点、新问题以及未来的发展趋势,制定法规,强化立法监管,促其健康、持续发展。特别是应加强以下几个层面的努力。第一,完善诚信体系建设,强调企业的产品质量与社会责任,促使快速发展起来的以电子商务为代表的无店铺销售企业加强产品质量规范,改进技术系统及改善各种配套服务;第二,在市场监管的法制建设中,应更重视强化执法监督管理体系,加强行政执法队伍的建设,利用科技手段、法律手段,保障流通安全;第三,要强化各相关行政执法部门之间的协调配合,明确责任,使"有法可依、有法必依、执法必严、违法必究"的原则在流通领域得到完整体现。

5. 消费者教育

现代科技和网络改变着人们的生活方式,产品更新换代快、经济和社会转型期的社会教育缺位等迫使我们必须向消费者传递"时尚而简约"的消费观念、"节约和可持续"的消费方式以及"和谐与负责任"的消费行为。为了流通产业的健康发展,政府和业界有必要对消费者进行全方位的引导和教育。要让消费者认识到,他们追求的便利很有可能为社会带来不便利,例如交通的拥堵、空气的污染、资源的大量消耗等。

第四节　媒介产业链的运营与整合

由上可见,媒体组织的利润并不能依靠媒体组织单独的力量来实现,而是依靠由媒体组织和相关联的渠道机构组成的营销链条来实现的。因此媒体组织之间的竞争,实际上就是媒体组织利用媒介产业营销链条进行的竞争。而在这个链条上,内容生产性媒体组织和渠道性媒体组织的力量对比对媒体组织的营销战略具有重要的影响力。在本节中,我们就媒介内容生产商与渠道商的交涉力量进行分析,而相关的竞争战略将会在第三篇作详细的分析。

提供商—媒体组织—中间商—零售商—消费者

图6-5　媒介产业的营销链条

一、媒介产业化的过程与实际意义

在中国,因为媒介行业的特殊性,媒介产业的改革是所有行业中最为滞后的。但是随着经济体制改革整体的深入进行,媒介行业的改革也不得不加快了速度,媒介产业化的雏形得以显现。近年来媒介产业的改革以电视媒介的"制播分离"最具有代表性,并且"制播分离"的改革也前前后后地进行过几次。

媒体组织—消费者

图6-6　改革前媒介产业的营销链条

如果我们放眼媒介产业整体,就会发现"制播分离"或"制发分离"在电子媒介领域是一个普遍的现象。例如电影行业最开始就是制作和放映分离的,音乐的制作与发行销售也完全是分离的。即使在特殊的纸媒介中,也都是聘任外部作家或记者完成稿件的"生产"任务,报纸和杂志只起到了编辑和刊载的作用。书籍就更是个人完成创作生产,出版社进行审查出版,连印刷环节都已经剥离出去了。

实际上,"制播分离"与"制发分离"的本质是把内置于一个媒体组织中的内容生产部门和流通渠道(播出或发行平台)部门分离开来,其核心意图是在媒介产业链合作部门之间导入市场机制,通过价格机制促使各类媒体组织进行产业化运作,以求得更高的效率。

> 内容生产商—发行商—媒体平台—消费者

图 6-7　制播分离后媒介产业的营销链条

迄今为止,由于计划经济的影响,我国的媒体组织把素材的采集、内容的生产以及出版和发行等环节全都集中在一个媒体组织的内部,也就是说,把媒介产业链条全部内置在媒体组织内部了。随着产业化的进行,被内置的产业链条会逐渐从媒体组织内部分离出来,形成真正的媒介产业合作价值链,这样就能给媒体组织带来运营效率。重要的是,媒介产业链条的逐渐完善,使得媒体组织的媒介产品或服务的价值能够通过营销战略得到增加并且能够充分传递到消费者手中。比如,一个电视内容的供应商,其产品的价值只能依靠电视播出平台才能得到体现。同样,电视播出平台要想实现其自身的价值,就必须得到优秀的节目资源。

如上所述,媒介产业链条是一个价值链条,一旦媒体组织加入了某个产业价值链条,其自身的价值就和整个媒介产业链条上下游组织的利益捆绑在一起了。只有大家一起来满足消费者的需求,提高消费者的满意度,这个媒介产业链条上的媒体组织和其他的合作者才能获得各自的利益。

近期的改革热点是三网融合。电信领域的产业部门由于其服务越来越接近媒介产业的性质,所以和原有的广电系统的服务发生了重叠,并由此产生了利益冲突。三网融合的本质是打破既有的产业政策的限制,广电和电信产业部门组织能利用自有的媒介或电信资源进入对方原有的服务领地。虽然对于三网融合的理解各有不同,几方的利益分割也不清晰,所以导致进程较慢,但是效率是最好的产业变革推动工具,当消费者加快用脚说话的步伐时,三网融合中出现的各种问题自然就能顺利地解决。三网融合必然是以制播分离为基础的。

著者观点

制播分离的效率原则

制播分离是提高资源利用效率的一个经济性选择。通过制播分离可以建立一个完整的电视行业产业链,产业链上的组织之间的竞争和合作将会进一步提高资源的利用效率。

从理论上讲,"制播分离"的确能够带来电视媒介产业的活力和竞争,带来产业化运作下的经济效率。但是在实际的运营过程中,由于媒体组织会考虑市场竞争和运营效率的关系,"制播分离"也许会再次朝着"制播统合"的方向发展。

无论从我国电视剧行业的经验,还是国外主流媒介的运营中,我们都能看到制播分离带来的经济效率。谈到制播分离,很多人认为美国的传媒产业链是世界上最发达和最有效率的,而这种效率首先得益于制播分离体制。其实,任何一个产业的发展都离不开国家的经济政策。19世纪70年代新自由主义开始盛行,倡导自由和竞争。70年代以前,美国电视网也是制播一体,拥有自己制作节目的版权,还控制着节目销售和发行公司。70年代后,美国加大了反垄断的力度。70年代早期,美国司法部认为三大广播电视网几乎控制了全部的电视黄金时间,不利于竞争,所以判决:三大电视网退出娱乐节目制作领域;除了新闻节目和时事节目之外,禁止电视网全部或部分地拥有节目版权;在播放其他方制作的娱乐节目时,限制自己获得的利润比例。例如,著名的节目制作公司维亚康姆(Viacom)就是从CBS分离出来的。制播分离后,美国电视台电视节目的来源主要有三种途径:电视网节目、辛迪加节目和地方自制节目。到90年代初,人们对垄断有了更新的认识。90年代以来,经济全球化程度日益加深,信息技术进一步发展,来自国外的竞争压力越来越强,在世界范围内掀起了第五次并购的浪潮。在这次并购浪潮中,维亚康姆收购了CBS,迪斯尼公司收购了ABC,时代华纳并购了美国在线,新闻集团最终100%拥有了FOX,并且这些节目制作公司收购了更多的电视台,将其并入自己的电视网。从制播分离到大型节目制作企业集团的制播一体化可以看出,美国电视行业的现状是节目制作公司、电视网、新媒介和政府之间相互影响和博弈的结果。美国70年代的制播分离与当时整个美国所实行的产业政策是分不开的,它的制播分离体制导致美国电视网的逐渐衰弱和节目制作公司的强大,最终节目制作公司又收购了电视网。美国的制播分离最终又变成了"制播统合",当然,这种"制播统合"和先前电视网的制播一体还是有差别的。我们可以借鉴美国模式,但是照搬这种模式是行不通的。我们国家的制播分离必须从国情出发,探索适合我们自己的发展模式。

在20世纪90年代初,我国提出并且尝试"制播分离"时,人们认为"制播分离"就是电视台只管播出,不制作节目了,节目全部交给外部的公司制作。这种理解是不全面的。从国外看,以美国为例,美国也不是完全实行"制播分离",它的四大电视网,即ABC、CBS、NBC、FOX的新闻节目也都是通过自制来完成的。制播分离并不意味着电视媒介机构会全面放弃节目制作环节,而且这也没有必要或者说并不是最经济的选择。所以,制播分离首先要处理好节目自制和外包的范围。从经济效益上看,人们批评电视台效率低下是相对于它所拥有的强大资源来说的,也就是说资源没有得到充分利用,存在浪费。但是我们不能就此认为所有电视台自制的节目都是质量差的,央视和地方台一些深受消费者喜爱的节目都是在内部制作完成的。"制播分离"应该是把有制作优势的节目由电视台自己制作,把不具备制作优势的节目外包给其他节目制作单位。因此,制播统合和制播分离是一个相对的概念。随着市场的发展,现在自制的节目以后有可能外包,现在外包的节目以后有可能自制。

产业链中的媒体组织决策模型如图6-8所示。从图6-8中我们可以看出,制播统合和制播分离实际上就是电视台如何选择 C 点(节目生产量)的决策问题。一个理性的电视台在面对自己内部生产的平均成本曲线和与产业链条上下游组织机构进行分工合作的外包成本曲线(产业链越成熟意味着上下游企业组织之间能够进行越紧密的合作,因此就能够使交易成本快速下降,但达到一定程度后产业链的管理成本会上升)时,在没有合作的前提下,考虑到规模电视台的节目生产量一般会超过 OA 的范围,以利润最大化的原则来考虑,电视台的最佳规模产量应该是在 B 点;而当产业链中存在着完善的合作机制时,当电视台的生产规模超过 C 点,自制平均成本就会超过外包成本,因此理性的媒体组织必然会把超过 C 点的生产量外包给产业链条上的其他制作部门。我们可以看出来,在超过 C 点的生产规模以后,外包成本低于自制的平均成本,选择外包就可以给电视台带来更多的利润。

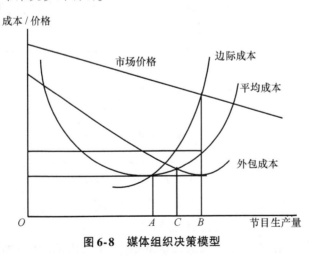

图6-8 媒体组织决策模型

实施制播分离就意味着企业所需产量超过了 C 点,将会把大量的节目生产外包给其他部门。因此,电视媒介机构是否会做出制播分离的决策关键还是要看电视媒介机构的节目生产制作的平均成本和外包成本的关系如何。如果自制节目的成本低于外包的成本,那么制播分离也就没有实际的意义。

国家明确规定新闻类节目必须由电视台自己采编,其实,我们也可以从经济效率的角度得出同样的结论。新闻类节目要提供及时、全面和丰富的资讯给广大观众,这就必须拥有强大的信息采编网络。电视台从成立之初就自己进行新闻节目采编,已经积累了几十年的经验,最重要的是电视台拥有遍布全国的信息采编网络和机构,包括人员和设备,而这是一般的节目制作公司所没有的。装备这些软硬件必须投入巨大的资金而且不可能在短时期内就实现,也就是说一般的节目制作公司无法跨越这种"路径依赖"障碍,外包的成本大于自己生产的成本。新闻类节目外包的成本线处于自己生产的平均成本线之上,所以新闻类节目由电视台自己制作比起外包效率更高,也是更经济的选择。

为了更好地说明媒介渠道以及产业链的建设,下面我们结合媒介产业链上各类媒体组织的运营和整合问题,展开详细的论述。

二、媒介产业链的领导权

如果我们把媒介产业的营销链条尽可能地展开,就会发现媒介产业的营销链条有很多环节,也就是说一个媒介产品或服务要经过很多的程序和过程,才能够到达媒介消费者的手中(见图6-9)。

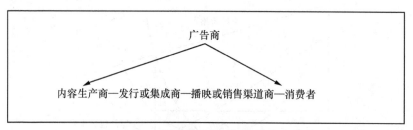

图6-9　媒介产业营销链条的展开

营销链条中的环节多,也就意味着媒介产品或服务到达消费者的时间长,在这其中必定有媒介产品或服务的信息以及流通效率的损耗。

特别重要的是,在一个很长的营销链条中,由于参加的媒体组织非常多,自然就会产生经营目标和利益指向不一致的问题,以及各种混乱和利益冲突,结果就会影响媒介产品或服务到达消费者的速度,并且有可能严重影响媒介产品或服务的质量以及消费者感知的价值。

在任何一个营销链条上,都需要有一个组织扮演领导者的角色,整合各个组织成员之间的利益关系,通过向消费者提供高价值感觉的媒介产品或服务,来共同维护产业营销链的整体利益。

在现阶段,媒介行业属于朝阳行业,消费者对媒介产品或服务的需求和依赖程度越来越大,所以就自然形成了电视台等播出或放映机构类的媒体组织在营销链条中的领导地位。当然,这不是绝对的现象,伴随着经济的发展,各种商业模式层出不穷,其他的成员取代媒体组织成为营销链条中的领导者也不是没有可能。特别是在制播分离后,电视台或广播电台将会成为节目的播出平台,这时,电视台或广播电台若想获得较好的收益,就必须要获得较好的节目来源,然后从广告主那里获得广告收入,并把收入用双方协商好的方式进行分配。媒介产业链上的各类媒体组织永远处在合作和利益纠纷的矛盾中,领导者总能分到较多的经济利益。如果媒介市场上内容不丰富,甚至内容成为稀缺资源,那么内容生产商就有可能成为营销链条的领导者。这就像之前的电视媒介产业,存在有线台和无线台,而且内容资源比较少的时候,内容制作商获得的回报就比较高,而后有线台和无线台合并,内容播出渠道成为稀缺资源,再加上内容生产量急剧上升,内容市场竞争激烈,作为播出平台的电视台自然就成为营销链条的领导者。

例如前几年,在电视频道少儿动画节目中,一直是一只"蓝猫"在唱主角,制作"蓝猫"的公司也因此成为国内著名的动画节目制作公司。它的成功在于将出版艺术、科技、传媒、商业整合为一体。他们将知识与卡通结合起来制作出名为《蓝猫淘气3000问》的动画片,并免费送给全国1000多家电视台播放,以此换取广告时间,宣传蓝猫品牌的图书、文具、VCD、玩具等产品。通过多年的播放和培育,"蓝猫"的相关销售收入已高达几十亿,这一品牌还成功进入了东南亚市场。

我们可以说,"蓝猫模式"的成功离不开动画频道的播出支持。然而动画频道虽然免费获得了节目资源,但并没有因为"蓝猫模式"的成功而获得其他的商业利润。

近几年,"羊和狼"成了电视频道的新宠。《喜羊羊和灰太狼》这部动画片采取了销售模式在电视台播出。从这个角度讲,《喜羊羊》并没有超越《蓝猫》之处,都是由电视台打造出影响力,制片方并不靠播出和影碟赚钱,而是靠大量的后产品获取利润。

事实上有很多的动画节目制作公司看准了动画的后产品市场,并准备采取同样的营销策略打造自己的品牌。但是,我们有理由相信,《蓝猫》和《喜羊羊》

等商业模式将缺乏再复制的可能性。这是因为中国电视频道的经营者们已经清醒地意识到，他们利用自身的播出平台为制片方播出内容，等于是在为他人作嫁衣。而且我们已经看到，电视台也已经成立了相应的动画节目制作公司，正在加强自主品牌的动画节目的制作，不但在广告植入，而且在后产品的销售上，都能期待获得更大的利润。

从理论角度讲，电视台采取自制动画的战略符合频道经济效率最大化的战略意图。但问题的关键在于，电视台即使成立自己的动画节目制作公司，在短时间内也并没有动画节目的策划和制作的资源和能力，所以自己的公司并不能直接带来经济利益。然而，仍然从战略的角度讲，电视台自己的动画制作公司，也不需要具备这些能力，只要依靠电视台这个渠道资源，投入资金，把节目制作外包给具备相应能力的公司，自己控制策划、宣传和后产品的版权，依然可以实现利润最大化的战略目标。

实际上，就如我们多次分析的那样，所有的媒介渠道商都会利用渠道资源稀缺的优势，控制内容生产商，也许我们在不久的将来就能看到内容生产商沦为渠道商的加工者。

著者观点

内容为王 vs 渠道为王 vs 平台为王

至今为止，在传媒领域，内容为王的概念一直占据着主导地位，呼声强劲；而渠道为王的主张似乎弱不禁风。这恐怕和传媒行业一直以制作，甚至是创作思维为正统的传统思维习惯分不开，而且在计划经济时代，电视台只是节目制作单位，所以技术和制作部门的人员容易晋升为领导，久而久之会形成这样的传统。另外，媒介领域的教育也一直是强调内容制作，忽视媒介的经营管理。

产业界的一些现象似乎也能佐证内容为王的观点。例如优秀的电视剧，各个台不惜高价抢着要；网络视频公司也开始高价疯狂抢占电视剧的片源；电影大片往往能创造高票房；似乎连新媒介门户网站也都要靠充满噱头色彩的标题吸引用户。最典型的就是在三网融合的推进过程中，广电部门一直不肯放手内容的集成播控权，除了信息和内容安全的因素外，恐怕也有内容为王的考虑。同样，电信部门一直在争取内容制作和播控权利，也是受到内容为王的影响。

著者以为，内容和渠道，实际上都是媒体组织营销战略的有机组成部分，是不可分割的，本不应该有内容为王和渠道为王之争。这种争论，实际上只能代表媒体组织及从业人员的营销战略思维的片面化。

第六章　媒介渠道平台化及创新战略

如果非要分出个高低上下,著者一直是倾向于渠道为王的立场,而今天一部分渠道商甚至是内容生产商已经展开了平台化的战略,所以未来是平台为王的时代。

很简单的道理,我们看到几个电视台同时抢购一部优秀的电视剧,但并没有看到电视台在向内容生产商支付时的强硬态度,而且内容制作方往往要忍受苛刻的播出合同和不利的支付条件;电影大片虽然能创造高票房收入,但制片方往往只能拿到三分之一的分账;新媒介虽然在大量播出文字或视频内容,但制作方从新媒介处得到的版权收入微乎其微,甚至因为是盗版播出,没有任何版权收入,即使去维权,法院判决所得还抵不上维权花费的成本。近年来,网络视频公司为了获得更多的受众资源以吸引广告和在海外上市,纷纷花高价购买版权,这似乎又让制作者看到了内容为王的曙光,但我们也该清醒地看到这种模式是难以为继的,而且网络自制剧早已经成为网络视频公司未来的主攻方向。

更严峻的事实是,我国每年生产的大量电视剧和电影,绝大部分都无法进入播出和放映渠道,庞大的投资背后是颗粒无收。这些作品只能变成磁带或者胶片并被束之高阁,甚至连被盗版的机会都没有。

之所以会出现这种现象,其原因是制作能力过于强大,而渠道数量相对稀缺,并且伴随着制播分离的改革不断推进,内容生产能力会进一步加强,内容进口量也会急剧上升,而国内庞大的内容产量根本无法进入狭窄的渠道,这自然就会造成物以稀为贵的现象,渠道必然要分走较大比例的蛋糕。更重要的一个原因是,渠道更接近消费者,所以它可以从源头控制消费者的选择,甚至连电视台这样在人们眼里的强势媒体,都要向地区的渠道商缴纳高额的落地费才能进入当地的播出市场。

影视媒介产业如此,其他的媒体形态亦是如此。图书的实体和电子销售商,不已经把出版商压榨得很难受了吗?音乐产业的现状也很有代表性。

当然,所有的成功都离不开创新。特别是今日的世界是新技术层出不穷的时代,也是消费者喜新厌旧的时代,只有把握住消费者不停变化的需求,同时不停地应用新思维和新技术手段,不停地创新服务模式,构筑自己独有的生态系统平台,媒体组织才能获得消费者的青睐,并更好地生存下去。

在一个营销链条中,实力强的媒体组织自然会担任领导地位。特别是在媒介市场的竞争越发激烈的当下,作为链条的领导者的媒体组织因为能占有更多的产业链资源,所以有必要从竞争布局的角度出发,规划整体媒介产业营销链条的经营方向,并对链条上的各个成员做出指导,而营销链条上的制作和发行等成

员也会为了自身的利益接受作为领导者的媒体组织的指导。一旦出现营销链条上的成员违背营销目标的行为,作为领导者的媒体组织就会采取非经济或经济利益的手段进行威胁或惩治。

虽然作为营销链条的领导者的媒体组织可以采取各种手段保证整个产业营销链条的经营方向,但成员之间出现背叛的现象是在所难免的,这就会给领导者的利益带来损失。所以,为了避免出现这样的状况,也为了获得更多的经济利益,领导者就有必要考虑把一些关键的成员纳入自己的组织内部,这就出现了营销链条上的媒体组织进行前后统合的现象。另外,出于追求媒介生产和流通环节的规模效益以及取得竞争优势等方面的原因,在营销链条之间的媒体组织成员也会出现自愿互相统合的现象。

另外,媒介产业链条的领导者,不但要通过管理整个链条实现大家的经济利益,还要考虑到消费者的利益。链条上的各类媒体组织在追求经济利益最大化目标的时候,可能会有个别的媒体组织以侵害消费者利益的方式实现自己的目标。例如,内容生产性的媒体组织会制作不健康的媒介产品或服务;广告服务部门会发布虚假广告,甚至在内容播放中随便插播广告,最常见的就是各种网络或电视购物领域的服务商销售假冒伪劣产品。这些都会侵害消费者的精神和物质利益,长此以往也会对整个媒介价值链造成连锁伤害,甚至会对整个产业造成难以估量的影响。所以媒介产业链的领导者也要利用各种经济或者非经济手段,对产业链和消费者利益的关系进行管理。但是这种管理牵扯到媒介产业的社会责任与经济利益的关系,所以也容易造成产业链各类组织成员之间更为强烈的对立,因此比单纯的涉及经济利益的管理更为棘手,当媒介产业链不能自我管理的时候就会引发政府部门的政策干预。

案例研究

媒介产业链的自律行为与政策管制

国家广播电影电视总局在2011年10月中旬公布了不得在电视剧的片头片尾插播广告的通知。这实际上是对2009年颁布的61号令的一种更为细致和强化的解释。而61号令则是以往的17号令的细化加强版本。

国家广播电影电视总局之所以连续发布越发严厉的政策措施,在于广电系统的一些媒体组织为了经济利益采取了一些违规的方法,诸如随意插播广告影响视听效果,或发布虚假广告,甚至出售假冒伪劣产品直接影响消费者的经济利益。这些"营销方式"之所以会出现,部分是因为改革前的广电政策造就的广电机构多层级布局,在经济体制改革后必定会形成激烈的市场竞争态势,同时还因为地域经济发展不平衡造成广电产业链苦乐不均,所以媒体组织为了生存不得已采取这类手段。因此,自律就成为一件困难的事情。但这样做影响了消费者的精神和物质利益,引起了广大观众强烈的不满,因此,政府不得不出台严厉的管制政策。

2009年9月10日,国家广播电影电视总局发布《广播电视广告播出管理办法》(俗称61号令),明确要求,除在节目自然段的间歇外,不得随意插播广告。其中,规定播出机构每套节目每小时商业广告播出时长不得超过12分钟,电视台在19:00至21:00之间,商业广告播出总时长不得超过18分钟。对于电视剧中插播的广告,规定可以在每集(以45分钟计)中插播两次商业广告,每次时长不得超过1分30秒。其中,在19:00至21:00之间播出电视剧时,每集中可以插播1次商业广告,时长不得超过1分钟。而且规定还指出,在特定的公众用餐时间,不得播出治疗皮肤病、痔疮、脚气、妇科病、生殖泌尿系统等疾病的药品、医疗器械广告和妇女卫生用品广告等。此外,《办法》还列举了禁止播出的七种广告形式,包括烟草制品广告、处方药品广告和姓名解析、运程分析、交友聊天等广告。

业界永远会寻找政策漏洞,想出解决办法,并形成所谓的营销战略。例如在电视剧片头片尾加播广告,或在内容中大量植入广告等,而这也会引发媒介消费者的不满,从而导致管理部门颁布更为严厉的新规定。国家广播电影电视总局甚至紧接着直接发布了被业界称为"限娱令"的措施,直接规定了地方卫视要生产的具体内容和播出时间。其后不久又连续发布规定,要求不得在电视剧中插播广告(俗称限广令),不能在黄金时间播出宫廷斗争、穿越等题材的电视剧。

当然,这些措施和规定在政策公平和执行效果上都有值得商榷的地方。例如限娱令,虽然媒体组织表态要开发新节目,但由于广电消费者的消费倾向比较单一,而且娱乐的界限并不是那么好界定,所以依然可以打擦边球,广电行业的竞争依然会很激烈,政府部门与广电产业链之间的博弈也将会一直持续下去。而限广令也不会对电视行业媒体组织整体的广告收入产生太大的影响,但可能会在各个地方卫视之间出现马太效应。而直接限制黄金时段的播出剧种则很有可能会给电视媒体和网络媒体之间的竞争带来较大的影响。

网络行业也是如此。网购产业链是由网络购物服务商组建网络购物服务平台,众多商户加盟向消费者提供各种产品。而在这一行业中最大的问题就是虚假信息和假冒伪劣产品。2011年,某著名网络购物服务商因为对渠道供应商监管不力造成了不良影响,因而采取了内部整顿工作,并在其后一段时间出台了对集团所属的网络购物商城中的入驻商户的严格管理措施,提高了技术服务年费和违约保证金的额度。网购服务商城宣称此举的目的是促进商家更积极、严肃地经营,以保障消费者的利益。但也能看得出这是电商的一个品牌策略,即意图形成高端和低端两个电商品牌。但是由于商户的经营目的、能力和信誉各不相同,在构建商城高端品牌的过程中也没有能力和资源对数量庞大的商户逐个进行资质审查,所以只能一视同仁采取严格的管理措施作为高端品牌的进入门槛。如果从社会责任的角度讲,严格的预防管理措施在品牌建设、保护消费者利益、维护电商产业链健康发展的大名义下是无可指责的。然而,也有观点认为,虽然商城承诺了会定期根据商户的信用水平返还相应额度的服务费等,但严格的管理措施和沟通不畅的现象还是会对那些安分守己但经济实力不强的商户的经营产生负面影响(例如增加了经营成本),同时此举忽视了中小商户过去对商城发展作出的贡献。于是,部分商户进行大规模的"网络抗议",甚至有一些过激行为,给产业链上的其他商户造成了损失。

更有学者指出事件的根源和国内电子商务法制不完善有直接的关系。所以不少人呼吁政府相关主管部门出面解决,避免事态进一步升级。

在政府介入之前,面对规模越来越大的抗议浪潮,网络购物商城高层承认在新规则的推进过程中与商户的沟通有欠缺,也表示愿意推迟新规则的生效时间,而且要拿出资金置入消费者权益保障基金,并且针对中小商户推出优惠服务政策,但同时也表现出了"原则问题决不妥协"的态度。商城还强调之所以选择现在修改规则,是因为中国经济三到五年后将面临严峻考验,因此要尽快提高电子商务的质量。

对媒介产业营销链条的相互统合的利弊分析,我们在第三篇的多元化战略的资源配置部分有详细的论述,读者可以参考。

三、媒体组织内外的博弈与战略均衡

媒介产业链上的组织战略行为包括竞争和合作两种。任何一个产业链的发展都必须依靠链中的组织的竞争和合作,而竞争和合作的结果取决于产业链上各个组织的战略博弈选择。目前各个媒介形态产业的竞争越来越激烈,媒介渠道融合的趋势也愈演愈烈,这些都将决定产业链中各组织之间的竞争和合作形式。

既然市场环境是变化的,那么产业链上的组织战略抉择也应该是顺应环境而变化的,市场结果实际上是一个动态的平衡。我们已经知道,在媒介产业化的过程中,为了追求更高的经济效率,制播分离已经成为大趋势。即使是分离出来的媒介内容生产商也会为了更高的效率,实现进一步的分离,也就是说很有可能把内容生产分解为由组织内部(集团)独立核算的子公司和外部合作组织合作完成。

第六章 媒介渠道平台化及创新战略

因此我们有必要分析一下,媒体组织在制播分离的前提条件下展开竞争与合作时各种可能的战略选择。

媒体组织的子公司与外部合作组织为了争夺媒体组织的资源会进行激烈的竞争。人们一般会认为,考虑到亲疏关系,外部合作组织在竞争中可能暂时会处于不利的地位。也就是说,市场有偏离效率均衡的倾向。但如果考虑到沟通成本,这种偏向内部组织的选择也许在短期内是有效率的一种形式。但是,从长期看,市场中的各种力量会使竞争的结果趋向均衡点。市场竞争和追求经济利益的原则,将会迫使媒体组织选择更有效率的产品或服务,否则会逐步丧失自己在市场上的竞争优势。换句话说,在长期内市场竞争不会允许无效率的市场行为存在。只要外部合作组织的生产效率高于媒体组织的子公司,再加上长期合作带来的降低的沟通成本,最终媒体组织会逐渐采用社会外部合作组织的产品或服务。

对于子公司的经营而言,媒体组织通过资本可以控制子公司的生产经营决策,在降低成本的同时保证产品或服务的稳定供给。而对于外部合作组织,为了保证产品或服务的质量稳定,并掌握版权资源,保持竞争优势,媒体组织往往会与外部合作组织签订一系列合约,例如在确保外部合作组织一定利润的条件下,要求其只能为自己提供产品和服务,不得向竞争性媒体组织提供有竞争性的产品或服务,或者媒体组织规定媒介产品或服务的类型和风格,并拥有内容所有权。

但是,任何一个合约都不可能是完全的。媒体组织与外部合作组织之间的经营目标与利益有时也会不一致,这就会造成合作组织出现背叛和机会主义行为。例如外部合作组织中断媒介产品或服务的供给(断货),或要求媒体组织提高委托内容生产的收购价格。因此媒体组织必须拥有一定的力量来制衡外部合作组织的背叛和机会主义行为并且当合约的不完善之处暴露出来时有补救的办法。媒体组织子公司的存在,在一定程度上降低了外部合作组织背叛(断货要挟)的概率,因为如果外部合作组织这样做将会失去媒体组织的业务委托,这是得不偿失的。虽然一般来讲,子公司的效率比外部合作组织的效率要低一些,但是相对于外部合作组织的背叛行为所带来的后果而言,子公司的存在可以让损失最小化,也即实现了利益最大化。

同样,媒体组织的子公司或组织内部资源的拥有者,为了获得更大的独立自主权和经济利益也有独立(背叛)的倾向。

为了防止内部和外部的背叛行为,媒体组织也可以对媒介产品或服务进行特殊的设计,例如使其具有强烈的性格特征,或者控制绝对的资源。例如,电视节目与一般的有形消费品的一个重要区别在于大多数节目通过节目主持人与观众产生互动,如访谈类节目和娱乐节目。因此,节目与主持人结合在一起才能具有最大化的经济价值。于是,电视台会把节目主持人培养成适合自己电视台节目风格的主持人,形成所谓的"人力资产专用性",即如果主持人离开电视台,其个人价值就会下降,这也可以解释为什么国内那些著名的节目主持人流动性不高(或流动效果不好)。同样,节目也要依托主持人,离开了主持人或者换了节目主持人,节目的价值将会大打折扣。所以,电视台也可以通过控制主持人(资源)来控制节目的外部制作环节,这可在一定程度上减少外部合作组织的背叛行为。

  同理,包括新媒介产品或服务等在内的所有媒介产业都具有如上的属性。而且专业的媒介产品或服务的生产公司相对于渠道性的媒体组织来说,资产专用性更强,只能依靠媒介渠道获得利益,因此都想拥有一个稳定的流通渠道。目前,国家的产业政策不允许社会上的节目制作公司收购电视台等媒体组织的资产。但是,由于市场竞争激烈,一些弱小的播出平台类的媒体组织难以生存,例如城市电视台等,所以一些实力强大的专业制作公司就会与那些弱小的渠道或平台性媒体组织进行战略上的合作,共同出资组建子公司,由子公司运营媒体资产。这样就等于专业制作公司间接拥有了自己的媒体播出平台,而相对弱小的媒体组织也间接增强了自己的竞争力。

  从上面的分析可以看出,无论从渠道性的媒体组织和专业制作或服务公司之间的博弈角度看,还是从国家产业政策角度看,渠道性的媒体组织在产业链中仍然居于主导地位,转嫁风险的能力最强。这类媒体组织依靠自己能控制(包括依靠资本和契约控制)的内容生产或服务公司的整体力量与对手展开竞争,而内容生产者或服务者之间也相互竞争。也就是说,媒介产业链之间会有各种博弈关系存在,媒介产业链上的媒体组织之间也有各种博弈关系存在。虽然也许在短期内有混乱的博弈关系存在,但关键在于能否在一个合理的博弈规则下,让媒介产业链上的媒体组织最终实现利润最大化。如果能做到这一点,那么最终所形成的媒介产业链就是依靠市场力量优化资源配置的结果。如果媒体组织之间不能通过市场行为形成一个相对稳定和有效率的产业链,就需要政府出台相应的产业政策加以引导。

第五节 常见的媒介产业链竞合战略选择

一、营销链条上相互融合的方式

  不论是哪类媒体组织担任媒介产业营销链条中的领导者,也不论是哪些媒体组织之间进行相互统合,我们都可以把相互统合的方式归纳为以下三种模式。

第一种模式是**内置式营销链条模式**,指一个媒体组织把采集信息或要素、生产制作完整的内容以及向消费者传播的所有环节都内置于这个组织结构,以此形成一个全功能的媒体组织。

从计划经济时代至今为止,我国所有媒介形态下的媒体组织都采取了这种形式的融合。虽然这是由历史原因造成的,但这也意味着我国的广播电视媒介在建设初期就采取了全融合的方式。现在提倡的"制播分离"实际上就是把这种融合打破,重新建设营销链条。这并不意味着全融合方式不好,而且很有可能的是,在经过制播分离的改革并重新建设了新的营销链条之后,经过市场机制的引导作用,一些媒介产品或服务的生产商和媒介播出平台会重新整合,形成一个新的媒体组织。

新媒介产业一开始就是市场化运作的。特别是电信产业以前是提供通讯或信息处理设备的,后来逐渐适应了时代的变迁,设备逐渐媒介化(例如电脑从办公工具变成互联网信息通路终端,手机从通信工具演变成移动的信息平台),早已具备了媒介产业的特征,其媒介产业链在建设之初内容与信息的生产和传输就处于分离的状态。但是,伴随着产业的发展,如手机制造商等新媒介行业的媒体组织正在大肆收购内容生产商,或者组建自己的内容生产部门,新媒介产业链也开始了产业组织融合过程(见图6-10)。

内容生产与发行融合—内容集成平台—媒体组织—播出渠道—消费者
内容生产与集成平台融合—播出或销售平台—物流组织—消费者
生产—网络商户—网购服务商城与物流融合—消费者
……

图6-10 媒体组织相互融合的多种可能性

第二种模式是**管理型营销链条模式**,指营销链条的领导者并不把其他营销渠道链条上的成员纳入自己的组织结构内部,而是采取经济和非经济的手段,对营销渠道的成员进行管理。

经济手段是指采取打折、回扣以及进行资金援助等,提供经济利益上的回报,以此来管理营销链条上的成员的行动。

非经济手段是指领导者对营销链条上的成员进行运营指导、陈列指导、人员培训或提供促销品等。

第三种模式是**加盟营销链条模式**,指资本上各自独立的小型组织可以通过签订加盟合约加入大规模的组织。一般来讲,这种现象比较容易出现在流通渠道后面的环节上,一些播出机构或者零售商因为自己的规模比较小,很难和大的媒体组织在经济利益上形成对抗,所以就通过加盟的方式加入大规模的组织,甚至通过加盟的方式彼此合作形成大规模的媒体组织,以此来维护自己的经济利益。一些大型的媒体组织,特别是报社类的媒体组织往往会在加盟型的营销渠道的建设上发挥积极的作用,并以此形成自己的营销渠道。比如,在报纸的送报体系建设上,在广告代理体系建设上,都可以采取加盟的方式。近期,媒介产业链前端的内容生产商以及个体资源所有者们也开始形成各自的联盟,维护自己的权益,例如首都广播电视制作业协会、导演工作委员会、演员工作委员会等。

如果媒体组织通过经济利益或非经济利益的手段,要求内容生产商或广告代理商和销售商不得经销其他媒介的产品或服务,并且后者也对此进行承诺的话,那么就意味着这些广告代理商或经销商进入了媒体组织的经营管理系列,虽然他们的资本是各自独立的,但是我们可以把这个媒介产业营销链条称为**系列化的营销链条**。

这种系列化的加盟方式的最大好处就是,媒体组织可以在各个领域或地域建设自己的内容生产或广告销售及代理的窗口,节省了很多媒介产业渠道运营的成本,避免了各个组织之间的恶性竞争,维持了媒介产品或服务的价格,为媒体组织带来了高额的经济利益,同时也为媒体组织了解消费者的需求动态提供了可能性。

二、如何选择渠道战略

在上文中,我们就媒介产业营销链条上的各类媒体组织之间的各种关系,在理论上作了详细的说明。但是,在实际的营销组合战略运用的过程中,一个媒体组织应该如何建立或者选择渠道战略呢?这需要具体情况具体分析。下面我们给出一些思考模式。

第一,要考虑媒介产品或服务的特性。比如,媒介产品或服务的差异性、价格、售后服务的必要性和可能性、时效性等都是媒体组织需要考虑的要素。

第二,要考虑媒体组织的能力。比如,媒体组织的资本筹集能力、技术能力、在市场中的竞争能力、媒介产品或服务的组合能力都是能够影响媒体组织的渠道战略的重要因素。

第三,要考虑营销渠道商的特性。媒体组织必须分析渠道商的数量、分布状况、规模和市场竞争能力等要素。

第四,更要考虑消费者的特性。消费者的需求数量、购买频率、地理分布、生活方式等都会对媒体组织的营销渠道建设起到举足轻重的作用。

媒体组织在考虑了上述要素之后,在建设营销渠道的时候,还必须考虑以下的战术问题。

第一,内容生产性的媒体组织应该考虑媒介营销渠道的长短问题。一般来讲,为了更好地向消费者提供有价值的媒介产品或服务,同时尽量避免信息的流失,媒体组织应该选择(或建设)比较短的营销渠道。

第二,在一个服务领域或地域里,生产性的媒体组织应该考虑选择宽阔的,还是细窄的营销渠道?也就是说,媒体组织是和多个营销渠道商同时建立合作关系,还是限定合作渠道商的数量?例如国外媒体报道,在2012年,微软的软件将登录包括Android在内的多个移动平台。实际上,微软已经推出了iPhone版OneNote的升级版本、全新的iPad版OneNote、iPhone版SkyDrive云存储应用、Android版Lync客户端以及Android版Hotmail。微软表示,自己的目标是让用户随时随地都可以顺利工作,包括线上和线下,包括在多个平台,而且微软认为,Android在消费者市场中的用户更多,但iOS和iPad在企业中的作用更大。

第三,媒体组织应该建设开放性的营销渠道,还是封闭性的营销渠道?在内容生产性的媒体组织和营销渠道商达成合作协议后,就会出现一个问题:是否允许竞争产品进入自己使用的营销渠道?如果允许,就意味着媒体组织愿意建立开放的营销渠道;如果禁止,就意味着媒体组织倾向于建立封闭营销渠道。

第四,媒体组织应该考虑是否为自己的媒介产品或服务分别选择不同的营销渠道。一个媒体组织会生产制作多种媒介产品或服务供应媒介市场,所以在营销渠道的建设上,就应该考虑营销渠道的数量问题。一般有两种可能:一种是让所有的媒介产品或服务共用一条营销渠道,另外一种是根据媒介产品或服务的内容分别选择不同的营销渠道。

一般来讲,对于那些大中型的报纸和杂志而言,因为要传送到全国的各个角落,所以就需要大量的零售网点。因此,媒体组织可以考虑长、宽阔、开放的营销渠道。而对于那些定位于高端的媒介产品或服务,媒体组织则大都会采用短、细窄、封闭的营销渠道。

同样,如果媒体组织的媒介产品或服务的定位比较接近,而且品牌区分战略也不是过于明显,就可以考虑使用共同的营销渠道,以节约渠道建设的开支。如果媒介产品或服务的对象群体和品牌定位区分比较明显,为了不互相造成干扰,就应该让其进入不同的营销渠道。

业界大观

互联网广告产业服务链的合作与控制

江 瑢

一般来讲,网络广告产业服务链上下游的合作格局是网站主—联盟—广告主。广告主通常需要借助于广告联盟庞大的站点网络来推广自己的产品。广告主的产品类型是比较丰富的，可以是新媒体产品，例如手机图铃、线上游戏等，也可以是诸如英语补习公司之类的产品，只要用户通过网站注册一些个人信息，确定订阅或购买的意愿后，移动运营商将会从用户的手机卡中直接扣除相应的费用。这时，广告主的后台将会收到一个用户购买的显示，而联盟后台系统也可以在同一时间看到一个用户通过哪个站点完成了铃声订阅服务等产品的购买。这样，网站主就可以从联盟那里获得利润分成。

联盟站点覆盖率及流量质素的不同，会对广告主的产品推广产生关键性的影响，决定了广告主产品的曝光率及用户购买的概率。当然，在产品属性相似的时候，广告主付给联盟的利润分成(payout or commission)高低，也将决定联盟愿意把好的流量带给哪一个广告主。同时，在联盟的质素得到保障的前提下，广告主的产品是否能够满足用户的需要，并且在市场中具有独特性及领先性(比如赢取Apple数码产品的活动推出时间的早晚，如果竞争对手推出的早，那么必将会吸引联盟将流量转移到那些活动中，因为用户对这类赢奖品的活动是很感兴趣的)，又成为吸引用户参与这类活动并购买产品的重要因素。

但是，在合作过程中，因为联盟大小、质素不同，联盟看到的用户订阅服务数量通常会小于广告主后台所收到的实际购买数。这是因为广告主会在后台对联盟的流量进行监控，主要是监测联盟带来的日平均流量(daily traffic volume)及每个用户所能带来的即时实际收益(IRPA, instant revenue per acquisition)，从而决定屏蔽掉多少质素不好的流量。例如，用户分为有固定电话卡每月按时缴费和使用匿名单次储值电话卡的用户，对于后者来说，如果手机储值卡内的金额不足，即使他们完成了订阅的流程，广告主一样无法收到全额的订阅费，而联盟的后台却记录到了一个用户的注册。这时，广告主就要按照合作的协议，给联盟分成。或者，第一次扣钱成功后，用户很快退订服务(opt out)，而广告主付给联盟的分成却是高于每周服务订阅费的。很明显，这种情况下广告主是入不敷出的。为了控制成本并保证赢利，广告主就需要在后台设定屏蔽值(dial rate)来屏蔽掉一部分不好的流量。退订率越低，IRPA越高，该联盟的流量屏蔽值就越低(××%越高，1—××%是被屏蔽掉的流量的百分比)；退订率越高，IRPA越低，该联盟的流量屏蔽值就越高(××%越低，换句话说，××%是联盟可以看到的他们带来的流量的实际百分比)。在有些国家，用户稳定性比较高，退订率低，而且每个用户的付费率高，这是广告主最乐于见到的市场及合作的对象。

通常，在最初合作时，广告主会将屏蔽值设定得比较低，为的是在一定时间内先观察下联盟的流量质素如何，通过归纳出这个联盟流量的特点，来设定及逐步调整屏蔽值;同时,也是为了在最初使联盟看到广告主的产品是受用户欢迎的、有利可图的,从而多带些流量给该广告主。屏蔽值的设定是可以随时调整的,只要广告主和联盟的关系一直存在,就存在变动的可能。

三、开放的平台化趋势和媒介产业创新思维

传统的媒介产业由于改革滞后,所以相对而言是在封闭的环境空间中打造自己的媒介领地。但是这种思维已经远远地落后于时代的要求,实际上从20世纪90年代就开始的制播分离尝试本身就是一种对媒介产业开放的要求,其核心意义是所有的有制作能力的组织和个人都能进入这个产业领域,而不单纯是内部的制作部门与播出部门的分离。所以,在某种意义上制播分离在产业化层面上的问题就是封闭与开放的改革思维对立的问题,同样三网融合在本质上也是如此。

但是,新媒介自从出现以来,一直采取了开放的姿态,所以获得了快速的发展。以苹果为代表的新媒介产业组织,纷纷建设开放的服务平台以吸引众多领域的合作者一起为消费者服务,也因此带来了众多创新性的媒介产品或服务,并得到了消费者的认同,获得了巨大的经济利益。虽然国内的新媒介产业一开始也沿袭了传统媒介产业封闭的思维,但是在国外媒介产业发展的示范作用带动下,也因为既有的发展模式遇到了瓶颈等原因,也终于做出了艰难的决定,开始尝试慢慢地开放自己的服务平台。实际上,以网络和移动媒介为代表的新媒介产业,背后都离不开操作系统。虽然这些操作系统之间是竞争的关系,但是每一个操作系统都已经成为巨大的开放平台,其中容纳了大量的应用软件。在早期,微软之所以能在操作系统方面取胜于苹果,正是因为微软公开了自己的桌面操作系统,吸引了大量的合作者提供多种应用软件,而这反过来又使得微软的系统更有竞争力。而苹果后来在推出革命性的媒介终端后,以媒介终端为平台的入口,在后台打造了 App Store 应用软件库,也强化了终端的体验效果。同样,谷歌的安卓系统本身就是开放的,不但吸引了众多的硬件厂商合作,还提供自己的 App Store 应用软件库。这些都是典型的平台化战略。同样,那些 B2C、C2C 电子商务在本质上也是平台战略的体现。

长久以来,媒介产业中的媒体组织往往把自己看作媒介产品或服务的提供商或服务商,这就决定了媒介产业狭隘的性格,认为媒介渠道里流通的都是文化、信息和娱乐类的精神产品,而且从业人员也往往把丰富人民群众的精神和文化娱乐生活作为己任。当然,这和我国长期实行计划经济的政策也有着密切的关联,政府主管机构规定的产业政策也限制了媒体组织所能从事的业务的范围。

然而，国家从改革开放初期，就逐步开始实施了政策的规制缓和战略，但媒介产业的发展并没有取得令人瞩目的成就，特别是在媒介产业的概念上，虽有尝试注入电视购物等新业务模式，但总体感觉还是在墨守成规。

实际上，如前所述，信息和金融等技术的发达为媒介渠道提供了前所未有的机会。传统和新媒介组织大都拥有直达消费者的媒介流通渠道，而且消费者越来越乐于享受便利的服务，这已经成为大规模流行的而且是不可逆转的消费趋势。我们可以想象，在未来的一段时间内，各类媒介渠道将成为最便利的信息终端，消费者通过媒介渠道购买消费品就成为必然。只要媒体组织能开放思维，为媒介消费者提供便利的服务和价值，未来的消费者就能够将商店（媒体平台）随身携带，随时在日趋流畅和完善的信息流、金融流以及物流体系的支撑下，实现所有权的交易。

现在，国家在大力推行三网融合的政策。虽然广电、电信等产业部门在积极进行基础建设方面的投资，但对业务内容的运营却似乎还没有明确的战略方向。从国家政策层面上讲，三网融合代表着政策放宽的趋势，允许媒介和电信产业相互进入，拓宽了产业范畴。虽然媒体组织在未来一段时间内因为各自的系统和所属关系，还会戴着镣铐跳舞，但总体上来讲，将会获得越来越大的自由度。如果把握得好，媒介产业就会获得跨越式的发展。从这个角度讲，与其拘泥于本位主义，相互制约，倒不如把精力放在利用自己的网络渠道，为消费者创造并提供价值上。

总而言之，广播的频率、电视的频道以及互联网等所有的媒介渠道，不单是媒介产品或服务的渠道，也是其他产业可以利用的通路。从这个意义上讲，媒介的渠道是所有行业渠道中最接近消费者的，因此完全有可能拓展产业领域，例如进入到商品的零售产业并作为渠道的领导者，实现媒介产业的发展。而且从现实的实践来看，一些电视媒体组织，已经利用自己的品牌价值，把自己的渠道打造成了内容播出平台，即使播出的内容水平不很高，也能利用渠道的品牌价值，提升收视率。能做到这一点的媒体组织自然就能成为渠道或平台的领导者。当然，长时间播出低水平的内容，也会损害平台的价值。

业界大观

"季播剧"及其产业链条分析

王沁沁

当前电视台之间的竞争愈演愈烈，要想在全国广告客户中争得广告份额，要想让全国电视观众的遥控器在你的频道上多停留一会儿，各家电视台不得不绞尽脑汁制造独门武器,引进国外先进的运营理念也不啻为一种提高竞争力的做法。"独播剧"和"真人秀"便是在这种市场机制下被相继引入国内,成为各家电视台争夺市场份额的两柄利刃。

然而,独播剧不菲的收购价格令不少广告收入不高的电视台望而却步,同时,"独播剧"之于电视台其实仅仅是获得独家播映的版权,在电视剧的后续产品开发等其他营利性环节上却较难有作为。2005年以后真人秀虽然火热荧屏,为媒体带来了丰厚的利益,然而政策往往在市场变化中扮演着重要的角色,陆续出台的关于选秀节目的管理办法,开始对选秀节目进行严格的管理和控制。这无疑对指望着由选秀节目拉动广告收入的电视台给出了致命的一击。

面对独播剧高昂的购买成本和真人秀在政策上遇到的限制,各个电视台不得不考虑下一个盈利点在哪里?尽管真人秀节目在中国的热潮被政策击退,它却在真正意义上首次带来了"季播"这一概念。有部分电视台将"季播"与电视剧进行了嫁接,由此诞生了新的产品——"季播剧"。

从世界范围来看,"季播剧"目前存在两种模式。第一个是美国模式,如《越狱》《迷失》《CSI》等情节系列剧的制播模式。在制作模式上,电视网主要委托社会上的制片公司进行制作。制作公司采取边拍边播的方式进行制作,并拥有独立版权,而电视网拥有的仅仅是电视剧的播出权。在某种意义上说,美国的季播剧实质上是制播分离的产物。第二个是日本模式。日本电视台(除NHK)偏重于电视剧的版块化,按四季的时间人为划分出四个电视剧播出季,即春季档、夏季档、秋季档、冬季档,并配合不同的季节特色,安排不同内容的电视连续剧、电视单本剧(SP)等。而其一季的单位概念基本为三个月。在制作模式上,主要由电视台影视剧部门提出电视剧策划方案,并联合制作公司(一般为电视台旗下子公司)共同制作,版权归电视台所有。这两种季播模式的不同直接导致了电视台在创作理念、制作模式、经营模式等各方面的不同。

在笔者看来,真正意义上的"季播剧"的概念是"按季节性周期播出,具备单集45分钟及以上片长的非栏目性质的电视剧"。第一,必须做到周期性播出;第二,单集片长应具备一般电视剧的片长,约45分钟或以上;第三,特别要区别于时下流行的栏目剧。季播剧属于精品化的电视剧,运作成本和剧本质量较高,而栏目剧现多为各省市级电视单位制作的方言类型的情景剧,主要特点是制作成本低,面向本地观众,基本按日播出。

目前,电视剧在中国属于一种B2B的产品,主要呈条状结构,分为两级价值链条(见图6-11)。这两级链条因彼此间相互割裂,无法实现最大化的利润共享。

第一级链条主要包括电视剧的投资商到最后的三级赢利体(电视台、衍生

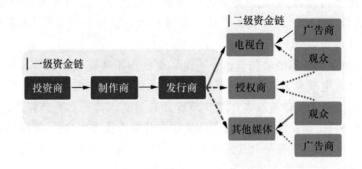

图 6-11　电视剧传统的两级价值链

品授权商和其他媒体),通过电视剧产品的播映权、衍生品生产权的版权授权,从而实现电视剧产品的经济价值。而现在的制作方往往追求资金的快速回笼,只把电视剧作为一种短效产品来经营,缺乏深度开发、长远经营的战略性思想。因此,在这三级赢利体中,电视剧制作方以电视台销售为主要的赢利对象,单纯依靠全国三级市场销售,而在电视剧衍生品授权和其他媒体的销售上作为甚微。这种状况直接导致了电视台在整条价值链中的领头位置。制作商常常抱怨电视台在交易中的强势,殊不知现下这种情况产生的根本原因在于自己。如前文所述,第一级产业链条的价值滚动便终止在电视台与制作商、发行商的交易中。第二级价值链主要由电视台、授权商、其他媒体直接面向广告商和普通观众,他们的赢利方式主要依赖于广告商的广告投入,从而拉平购剧成本并获得利润,而这种利润往往难以与制作商分享。这种交易金一次性清算的交易方式,很难形成对制作商的激励。同时,全国电视台的购片标准基本上大同小异,一看阵容,二看题材,三看关系。这种情况也导致了一个很常见的现象,如《激情燃烧的岁月》《士兵突击》这样的"三无"电视剧,电视台采购成本低,播出后广告获利颇丰,制作方却很难获得分成。这种情况在根本上也是由于两级价值链之间的断裂造成的。

季播剧是一种 B2C 的产品,其产业链条主要呈现环状结构(见图 6-12),电视剧价值在各方之间循环流动,甚至是交叉流动,多方之间相互博弈,避免因某方独大而造成价值分配的失衡。电视剧经济的良好发展应该建立在多赢的基础上。在这个意义上讲,季播剧就是一个由电视台或视频网站等播出机构掌控的战略资源的合作性平台。

季播剧产业链平台化战略的可行性分析如下。

首先,季播剧能带来广告经营上的便利。众所周知,电视剧这一节目类型是当前电视台最主要的广告收入来源,电视剧的收视率不仅关系着电视台的广告

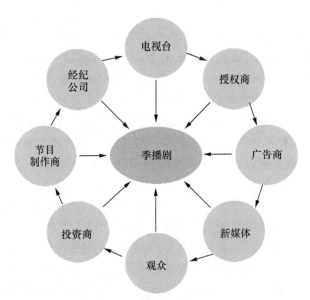

图 6-12 季播剧的平台化价值链

收入,也关系着不少广告公司的生存。目前,电视剧质量的参差不齐导致了剧与剧之间的收视衔接容易产生较大的起伏。尽管不少电视剧播出部门采取了较为灵活的播出方式,对某些播出效果未达预期的片子进行腰斩,但却很难抵消购片成本的产生,造成了资源的浪费。同时在编播上,大家早已经习惯了每天多集的播出形式,如此高频率的播出速度也导致某些收视率前期低后期高的电视剧在广告投放上来不及跟进,浪费了电视台的广告经营资源。另外,广告商常常希望能够得到较为准确的电视剧编排计划,以便于做出广告计划,然而电视剧播出部门和广告经营部门的脱节,导致广告商对电视剧播出效果不满。而季播剧能较好地规避以上各方面的问题。另外,随着时代的变化,在收视人群受到手机、电脑等多媒体的分流,电视收视率每况愈下的情形下,广告商已经不再满足于硬广告、软广告这样单一的电视广告投播形式。而季播剧能够有效地联动制作公司、电视台影视制作部门、广告部门,结合广告商的相关需求,推出硬广告、软性广告、剧集冠名、话题式营销、线下公关、植入式广告、预告片宣传、贴片、衍生品制作、多媒体传播等多样化的整合营销方案,甚至可以促使广告商成为电视剧的直接投资方共同参与制作,帮助广告商的广告产品在观众中深度传播,实现有效到达。

其次,季播剧与消费者存在互动性上的便利。电视台的播出档期总是存在着相当多的不确定性因素,档期的不明确直接造成电视剧制作方很难直接实现与观众的适时互动。即便电视台在电视剧播出之前或期间举行相关的观众见面会或邀请电视剧制作方参与访谈、综艺类节目，但是这种互动是滞后的，这类公关活动或节目虽然在一定程度上可能提高了电视剧的收视率，但是短期的收视走高并无益于广告投放，而制作方也无法从中获得直接的信息和价值。时下的消费者已经不再是"沙发上的土豆"，只是被动地接受着电视剧的相关内容，他们更渴望自主选择权和参与权。而季播剧可实现观众与制作方、电视台的适时互动。通过与观众的沟通，可获得来自消费市场的第一手反馈资料，观众真正从接受者变为参与者。然而，这种互动不一定是建立在边拍边播的拍摄模式的基础上，适时的观众交流，或者其他新媒介平台上的剧情修正等，强调的是一种多平台多模式下的互动。

再次，季播剧能带来题材尝试上的便利。目前，国内电视剧类型严重匮乏是导致观众流失，尤其是年轻观众流失的一个重要因素，而季播剧为开发多样的题材提供了可能性。以美、日季播剧为例，历史剧、爱情剧、涉案剧、科幻剧、行业剧等类型众多，观众总能从其中找到自己喜好的类型。对于制作方来说，也能通过多题材的尝试，获得新的观众市场。目前，中国电视剧市场擅长的类型主要集中于家庭伦理剧、历史正剧等。尽管不少中国的制片人也在酝酿尝试科幻、音乐等题材，却因为无法明晰市场需求而作罢。当前美剧市场流行一种试播策略，即投入较高的成本制作出一至两集电视剧在电视网中进行预播，并根据播出后的收视率反馈决定是否进行进一步制作。这种方式值得我们借鉴。

最后，季播剧能带来品牌形成上的便利。在经历了电视剧卖方市场向买方市场的转变之后，"定制"与"预购"模式成为电视剧市场新的交易方式，然而这种交易方式的形成依赖于电视剧制作方的"品牌效应"。同样，建立"品牌"，形成较为稳定的观众群体，从而获得广告收益，已被各大电视台纳入了操作流程。无论对于播出方还是制作方，品牌所带来的经济效应都不可小觑。但实际上，电视剧的品牌经营不应当只集中于电视剧制作方或电视台自身的经营，而应当把电视剧产品本身作为一种品牌进行深度开发。这种例子在国外随处可见，迪斯尼、日本动漫、日美剧都为我们塑造了良好的学习典范——所有的利益主体都围绕着一个娱乐产品进行开发互动。美剧《LOST》除了电视剧，还有为手机用户开发的《LOST》手机剧，日本动漫还开发了进行形象授权的"同人"漫画。以日剧为例，同一部电视剧形成了多维辐射，除了拍摄续集之外，所涉领域还包括图书、学习用具、原声CD、话剧、漫画、电影等。如日剧史上的高收视率剧集《跳跃大搜查线》，围绕着湾岸警署的故事共拍摄了一部电视剧、两部SP、四部电影作品，剧中湾岸警署的吉祥物ピーポ更成为荧幕外大受欢迎的玩具形象。电视剧电影化在日本是一个较常见的现象，电影作为电视剧的衍生品是建立在市场需求的基础上的。尽管中国有套拍的模式,但总是难有全面的成功。比如《长恨歌》《七剑》,不是电影票房不行,便是电视剧收视疲软。这种品牌经营方式并不是建立在需求的基础上,而更像是一种营销手段。而日剧在这方面可以成为典范,如《Unfiar》《电车男》《HERO》《西游记》不仅在电视剧市场上获得了高收视率,更在电影市场上收获了高票房。

季播剧较长的播出周期更容易创造稳定的受众,并形成品牌效应,形成赢利空间。

尽管季播剧有诸多优点,然而其在实行本土化的过程中仍有不少问题需要认真考虑。

在立项审批方面,相对而言,季播剧有自己的制作和播出规律要求,还牵扯到投资方的回报和广告主投放植入广告的季节要求,而立项和审查的程序往往不以人们的意志为转移,这些有可能成为季播剧发展的最大制约因素。

在制作方面,季播剧的制作将是一个制片人绝对领导下的周期相对较长的项目管理过程。这需要制片人具备较强的综合素质,不仅要对市场走向有明确的把握,还要具备平衡广告主、观众和制作方之间的三角关系的能力。目前,中国的电视剧制作尽管由导演制转向了制片人制,但不仅能准确把握电视剧走向,而且在镜头的画面表现上也优于导演的金牌制片人仍屈指可数。在不少电视剧的制作过程中,导演的绝对主导地位仍然是不可动摇的,这也导致导演一人的创作理念对于整部电视剧的内容表现起到了统领作用。另外,中国电视剧主创人员深受学院派教育的影响,一部电视剧常常也要承载导演的个人风格,而这在季播剧的操作中,必将是一种强烈的制约。同时,中国现有的编剧体制也主要是在电视剧项目的启动期实行。季播剧的操作模式要颠覆电视剧导演和编剧现有的工作经验,依据市场脉络而制作,这对于二者都是一个巨大的挑战。

电视剧效果评估模式的缺失也是一大制约。目前,评价一部电视剧的优劣仍然主要依据收视率,而这个单一的评估指标的确不够准确。比如2007年红遍大江南北、辐射全球华人圈的《士兵突击》,尽管收视率表现并不突出,但其依靠网络的巨大传播力量创造了一个军事题材领域新的辉煌。因此,评估季播剧不应仅仅依靠电视平台的收视率指标,要综合电视收视率、品牌影响力、广告综合收益以及后产品销售量等多样化的指标进行评估,同时,针对新媒介上的互动和播出也应有相应的评估方式。

改变传统的观众收视习惯是一大难题。国内电视剧多集连播的编播方式在安徽电视台开先例之后,便在全国范围内被全面复制,这种大容量的播出方式也养成了如今观众的收视习惯。因此,很多专家和业内人士质疑,季播剧是否能够在非多集连播、非日播的情况下受到观众的欢迎？在笔者看来，这种担心不无道理，但却也并非无计可施。CSM 曾经做过专项报道，中国年轻电视观众的流失率正在与日俱增，而这群观众恰恰是美、日剧的追捧者，他们对于一周一集的播出方式已经具备了适应力，而季播剧可以首先在这些观众中做出有益的尝试。

战略思考训练

1. 简述商流和物流的概念，并举例说明现代物流的重要性。在此基础上考察金融流的衍变及其对媒介营销战略的影响。

2. 大多数民营影视公司因为影视产业制播分离制度的实施，而逐渐发展壮大起来。请自由选用几个指标考量影视剧的市场状况。在此基础上考察电视剧以及电影产业的媒介渠道战略，做出细致的分析和判断。

3. 有媒体报道，在生活中极为常见的鸡蛋已经被富有创意地开发成广告媒体并得到具体的应用，而且经过测算，衡量其到达率的千人成本远远低于任何媒介形态。也有人提出把桶装水变成家庭用的广告平台。尝试对这些现象或思维进行分析，并预测未来可能出现的媒介形态。

4. 技术是可以购买的，而且国内的手机制造商也能制造出在性能上和国外手机相媲美的设备，甚至一些山寨厂商能做到低成本。请分析国内的手机制造商为什么不能创造出苹果手机那样的成就？

5. 某视频运营公司宣布，放弃收购影视版权的战略选择，未来将全面向视频社区转型。这其中有三大关键词：社区化、UGC 和短视频。试分析该视频运营公司战略选择的可行性，并对所有类型网络视频公司的营销战略作全面的考察和分析。

6. 有关咨询机构的统计数据表明，2011 年，我国已有超过 4000 万人成为网络视频独占群体，即他们只使用网络视频而不收看传统电视节目，这证明了自制剧市场的巨大商业潜力。请详细考察国内网络自制剧市场的格局以及战略手段，并作出对比分析。

7. 数字电视虽然是相关政府部门大力推进的新媒介产业的一个重点，但是一直没有得到有效的认可。为了解决这个问题，广电部门开始在全国推广免费发放机顶盒的战略，以期加深消费者的接受程度。对此战略进行分析，并尝试提出推广数字电视的战略可行性建议。

8. 为了解决数字电视的收入问题，有人提出在数字电视系统中开辟专门的广告频道，并提出了可行的做法。请对该想法作出评价，并对数字电视频道的内容战略进行调研、分析。

9.《愤怒的小鸟》这款风靡世界的游戏，进入了多个智能手机平台系统，但只有苹果 App Store 平台中的下载为企业带来了真实收入。为何此款游戏的开发公司既开发了苹果 iOS 系统中的程序，又开发了 Android 系统中的免费游戏呢？

10. 我们常常会收到网络或手机中的垃圾邮件或广告，有报道说这是因为手机运营服务商为了经济利益向产业链上的一些组织销售了消费者的信息。请针对垃圾邮件或广告问题作出分析，并尝试分析如果运营商做出这样的举动，长久以往会带来什么后果。

11. 有研究者根据调查研究指出：各大品牌商注重在电视以及网络上同步推广品牌，人们在不同的社交媒介上的品牌参与度越高，对电视内容的参与度也越高。这个观点意味着什么？你的观点是什么？

12. 数据调查报告指出：在美国，有70%的听众每天收听广播的时间超过两个半小时；相比之下，不到70%的用户会每天上网，而且上网时间在 1 小时 15 分钟左右。因此，有研究者认为，广播的没落的说法只是一个谣言，甚至是网络故意打压广播的手段。请对传统媒体的生存现状进行全面的调查，并且分析收听与收视时间的长短是否与产业发展（如产业收入）有正相关的关系。

13. 请用简单的文字对本章内容进行归纳总结。

第七章
媒介品牌价值传播战略

媒体组织是一个双重身份构造的复杂体,它既可以用自己拥有的媒介手段传播信息和内容,其中包括为其他行业的企业组织提供广告宣传、公关服务,同时也需要利用自身和其他媒体组织的媒介渠道为自己的品牌价值进行宣传。新媒介技术的出现,使得媒介传播渠道更为多样化,因此媒体组织和消费者之间进行价值传播与沟通的手段也会多种多样。重要的是,媒体组织要设计合适的品牌价值传播战略,这样才能达到和消费者进行价值交换的目的,同时还要理解品牌价值体现的是消费者对其利益的衡量。

如今是媒介产品或服务泛滥的时代,在激烈的市场竞争环境下,为了取得优势地位,媒介产品或服务的品牌价值传播活动已经成为媒体组织在设计市场营销活动时的重要组成部分。

在进行市场宣传沟通与品牌价值传播活动时,媒体组织要注意到,媒介产品或服务的信息传达,不但要面对消费者,还要传达给市场营销活动中的各个中间环节,其中包括媒介产业链上的各类组织以及投资家、银行等金融机构,还有相关政府部门等,其目的在于获得信任、好感以及资源的支持,以便更有力地展开发行销售活动。

第一节 品牌战略的课题

某电视剧专业频道的主体收视群体为 55 岁以上、高中学历的观众,而且多年来该频道播出的电视剧基本上是主题明确而又风格稳重的剧种。某一年,该频道有意播出了一部风格迥异的,夹杂着网络语言、流行歌曲、周星驰风格的古装武侠情景喜剧,结果受到了男性、25—34 岁、大专以上学历的人群的欢迎。

此剧的播出,引起了不少业内人士的争议。有人表示,该电视剧频道意在拓展市场份额,是明智之举,不仅将一大批平时喜好上网的年轻观众群体吸引到电视机前来,同时因为热衷此剧的都是具有消费能力的白领观众,因此对于广告主的广告投放有巨大的吸引力,更加有利于实现频道的利润增长;也有人提出了相反的观点,认为此举造成了传统收视人群的流失,虽然形成了短期的利润点,但不利于电视剧频道长期的品牌建设。

可以看出,上述两种观点展示了对品牌的不同理解。那么,什么是品牌呢?品牌战略又是由哪些因素所决定的呢?如何建设品牌?品牌建立之后,该如何进行维护和强化,使其发挥最大的效应呢?

品牌战略是媒介产品或服务的开发战略中的一个重要课题。现在的消费者记忆的是媒介品牌的名称,而且也是根据品牌名称来选购媒介产品或服务的。实际上,媒介产品或服务的名称,比如报社或杂志社的名称、电视台或广播台的名称、栏目的名称、板块的名称,甚至主持人等,因为其内容、风格和体现出来的价值受到消费者的认可,所以能够成为代表媒体组织及其拥有的媒介产品或服务的一种品牌形象。一些媒体组织的成功实际上是品牌建设的成功。而且好的媒介品牌可以为媒体组织带来很好的经济效益和社会效益。然而,开发出一个好的媒介品牌却需要投入大量的人力和物力。

一、媒介品牌的多样性与品牌定位

媒介产业与其他产业最大的不同在于媒介产业不但拥有影视剧、图书、杂志、频道、栏目等具体的媒介产品或服务,还有大量的人员(演员、导演、主持人等)也直接出现在消费者面前。这就为媒介产业的品牌战略提供了多种可能性。

在前文中,我们讨论了媒介产品或服务的定位问题。实际上,媒体组织在决定了媒介产品或服务的市场区间之后,还要考虑其品牌定位。这是因为一个媒体组织一旦决定了自己的市场目标,就会发现在市场中已经存在与之竞争的媒介产品或服务,而且还有其他的媒介产品或服务的供应商也要参与到竞争的行列中来。这时,能够决定媒介产品或服务的发行或销售效果的就是媒介产品或服务的制作质量和形象,也就是媒介产品或服务的品牌定位。这也就意味着媒介品牌价值和媒介产品或服务的质量往往是重叠的,因为较高的媒介产品或服务的质量自然会带来高端的品牌效应,更意味着消费者对媒介品牌的忠诚。图7-1 就揭示了媒介产品或服务的品牌定位的关系。

图 7-1 中的 *ABCD* 四个区间,分别代表了媒体组织对媒介产品或服务的不同的品牌定位或者是媒介品牌在市场中的被认可程度。横坐标是消费者的人

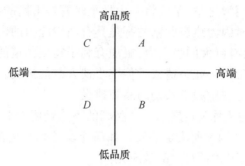

图 7-1　媒介产品或服务的品牌定位区间

群定位,纵坐标是媒介内容的品质定位。一般来讲,媒体组织在最初进行媒介产品或服务的市场营销战略(内容、价格、发行渠道和宣传)的策划时,就要考虑到自己的品牌战略。实际上,在现在的媒介发展阶段,在每个品牌定位区间都能有所作为,关键是媒体组织在进行品牌定位的时候,必须对各级媒介产品或服务的市场进行大量的调查和研究工作,以保证媒介产品或服务的发行成功。

媒介行业中一个特殊的现象是,从业人员的品牌价值往往能够得到消费者的认可。比如,影视行业很多时候是靠明星效应获得收益。而近年来,电视台的主持人群体也开始了明星化运作模式。一些对媒介消费者的调查显示,在亚洲地区,主持人对于栏目的重要性排在众多节目要素之上。所以,媒介行业的个人品牌建设也是至关重要的战略手段。

案例研究

一个卓越的媒介品牌——奥普拉·温弗瑞

奥普拉·温弗瑞,是一名黑人,更是当今世界上最具影响力的妇女之一,她的成就是多方面的:通过控股哈普娱乐集团,掌握了超过 10 亿美元的个人财富;主持的电视谈话节目《奥普拉脱口秀》,平均每周吸引 3300 万名观众,并连续 16 年排在同类节目的首位;2009 年 11 月 20 日,据国外媒体报道,在播出了 23 年之后,脱口秀女王奥普拉·温弗瑞的节目《奥普拉脱口秀》将于 2011 年 9 月 9 日结束。

奥普拉 14 岁之后,与父亲一起生活。在他严格的教育下,奥普拉原本黯淡无光的生活,终于开始泛出色彩。17 岁,她摇身一变成为"那斯威尔防火小姐",同年又夺得了"田纳西州黑人小姐"的桂冠。昔日的街头野孩子进入了州立大学学习大众传媒,并成为当地电视台第一个非洲裔美国记者。在电视界熬了十余年后,奥普拉终于遇上了伯乐。1984年,她接手《芝加哥早晨》这个半死不活的节目,仅仅一个月后,节目收视率扶摇直上,一年后改名为现在大家所熟知的《奥普拉脱口秀》,并打造出了品牌。电视史上最高收视率的脱口秀节目就此诞生!30出头,奥普拉就凭以自己的名字命名的《奥普拉脱口秀》成为无可争议的"脱口秀女皇"。该栏目之所以能取得举世瞩目的成就,就在于启发嘉宾"实话实说",而且与一般谈话节目不同的是,《奥普拉脱口秀》邀请的嘉宾并非某一领域的专家或学者,而是各个领域的人物,既包括明星也包括普通大众,谈论的主题也集中在个人生活方面。为启发嘉宾"实话实说",奥普拉常不惜将自己的一些秘密也告诉对方。当嘉宾的故事令人感动时,她会和嘉宾一起抱头痛哭。相比其他节目,《奥普拉脱口秀》更直接、坦诚,也更具个性化,因此深受那些白天在家无所事事、知识层次不是很高的中年人,尤其是中年女性的欢迎,而这些人正是收看电视节目的主流人群。当这些观众全身心地投入到观看节目中并一起痛哭流涕的时候,该栏目的品牌价值以及奥普拉的个人品牌价值也就越来越大。

在奥普拉的事业蒸蒸日上时,她经人提醒,认识到仅靠替人打工并不能真正成功,她应该组建自己的公司。于是,1986年,她与人合伙创建了"哈普娱乐集团"。奥普拉出任董事长,拥有90%的股份。公司定期制作《奥普拉脱口秀》,并出售给各家电视台。在合伙人的精心打理下,哈普集团迅速取得了成功。至2001年,仅《奥普拉脱口秀》一项的营业收入就已高达3亿美元。还有一个颇为引人注目的节目是"奥普拉读书会",这是自1996年推出的电视读书节目。节目一经推出就大获成功,以致奥普拉选书的那一周,被称为书市的"奥斯卡周"。而经她推选过的47本书,本本都畅销。此外,集团还涉足电影制作、妇女杂志等多个领域,都取得了不俗的成绩。

2000年,哈普集团开始发行一本名为《O》的杂志。奥普拉凡事力求亲力亲为。在杂志付印前,奥普拉会仔细阅读每一个字,彻底检查每一张图片。在这种严格的质量控制下,仅一年时间,杂志的月发行量就达到250万册,而以往最成功的杂志也要5年才能取得这一成绩。哈普集团已成为一个实力不俗的媒体帝国。

根据2011年的统计数字,"脱口秀女王"奥普拉依然是美国好莱坞身价最高的人物,她财力雄厚,拥有近800亿元的财富,还自立门户创办了"OWN"电视台。

(节选自百度百科)

二、品牌及其内容的规范

2012年,因iPad的商标之争,苹果公司的产品在中国多地下架。未免重蹈覆辙,美国著名社交网站Facebook不得不提早布局,先后在中国注册了多个商标。商标作为品牌的组成部分,其重要性由此可窥一斑。

品牌是一种名称、标记、符号或形象设计,并且这些要素经常组合在一起使用。比如,中央电视台就普遍使用了CCTV这一标识,而一些地方电视台则在中文名称的基础上,使用艺术形象设计作为品牌形象。报纸、杂志一般是以报纸或杂志的名称作为品牌形象。媒介品牌可以帮助消费者在众多的媒介产品或服务中快速识别自己喜欢的种类,并能够使媒体组织的媒介产品或服务与竞争对手拉开距离。

有很多媒体组织的品牌在媒介市场上默默无闻,因而广告收入就很有限;而有的媒介品牌则有很多忠诚的消费者,他们为媒体组织带来了巨大的利益。一般来讲,消费者对报纸和杂志类品牌忠诚度相对较高,如果没有出现重大的质量问题,消费者一般不会轻易改变已经选择的品牌。而电子媒介的消费者的品牌忠诚度则相对低一些,因为转换成本非常低。

一个媒体组织必须建立自己的品牌识别标志,这不单是为了和竞争者进行区分,也是为了方便消费者记忆和寻找。以电视频道为例,在频道数量日益增加的今天,没有消费者愿意记住某某电视台是在电视机的哪个频道上,人们只使用遥控器循环搜索,寻找自己喜欢看的节目。所以,媒体组织必须建立容易识别的品牌标志,只有这样,消费者在搜寻节目的时候,看到了熟悉的品牌标志,就会多停留一会儿,这多出来的几秒钟就给媒体组织用优秀和有价值的节目留住消费者带来了可能性,并有可能因此创造巨大的经济利益。

一个好的品牌能够传达多种意思:

第一,好的品牌可以给消费者带来功能上的利益。比如,影视剧能为消费者提供娱乐功能,纪录片能让消费者更好地了解世界和社会,各种知识性的栏目能为消费者提供信息等。而真人秀节目则能直接满足大众的表现欲望。

第二,好的品牌可以给消费者带来情感上的利益。比如,通过观看节目或阅读报纸杂志,可以消除工作中的疲惫,听一场音乐会可以抒发感情等。

第三,好的品牌可以体现媒体组织的核心价值。媒体组织拥有的权威性、正义性、个性等都是其核心价值。人们愿意相信那些有公信力的媒体组织。

第四,好的品牌能够体现媒体组织的内部文化。如果一个品牌能够反映出企业的组织文化,那么就能吸引志同道合的员工参与进来,而这意味着媒体组织更能够实现人力资源的优化组合,从而减少内部摩擦,带来生产的高效率。例如,我们常常看到一些名制片人或导演都有一些常年的合作者,而这就是影视剧的生产质量和效率的保证。杂志和图书出版等媒介行业也是如此。

第五,好的品牌要找到自己理想的消费者并借此区分消费者。我们可以轻易地观察到,读政经大报的消费者和读娱乐报纸的消费者是可区分的。换个角度说,媒介品牌在某种程度上也为消费者提供了一种显示身份标志的功能,而人们愿意为身份买单。近年来,纪录片、小剧场话剧,甚至歌舞剧在国内的热度逐渐上升,代表了国家文化产业建设的成就,但也有研究认为这是部分年轻人借此标榜身份的结果。

第六,媒介品牌另一个重要的功能在于品牌的联想功能。比如,提起湖南卫视,人们就会想起它的娱乐节目;提起安徽卫视,就会想起电视剧大卖场;提起阿里巴巴,则会想到电子商务。品牌的联想功能可以直接为媒体组织带来忠诚的消费者,并带来丰厚的经济利益。

如果我们对上述功能进行归纳,就能发现媒体组织在构建媒介产品或服务的品牌时,必须要结合媒介产品或服务的品牌核心价值、象征、权威基础、功能利益点、情感利益点、个性、理想顾客等媒介品牌的构成要素,综合考虑媒介产品或服务的品牌建设(如图 7-2 所示)。

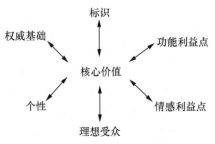

图 7-2 媒介品牌的构成要素

媒体组织在进行品牌建设时,需要最终决定媒介产品或服务的核心价值,这是媒介品牌建设的关键。在具体操作时,有两种方法。一种是先决定外围的品牌要素,然后向内确定核心价值。另一种方法是,先确定核心价值,然后向外扩展决定外围的品牌要素。

例如,对曾经引发真人秀热潮的《超级女声》的品牌可以做出如下的描述:

栏目标识:《超级女声》的粉红色标志,代表了年轻女性的梦想

权威基础:大众参与和评选,全民运动

栏目个性:轻松、自然、积极努力的心态

功能利益:满足大众的表现欲望
情感利益:自我表现后的情感的抒发
理想受众:初高中女生
核心价值:想唱就唱=个性的张扬

三、媒介品牌名称与品牌权益

媒体组织在决定媒介的品牌名称时,一般有三种选择的可能性。第一种是使用**个别的品牌名称**,第二种是使用**产品群的品牌名称**,第三种是为媒体组织和媒介产品或服务冠以**共同的品牌名称**。

第一种方法适用于不同的媒介产品或服务使用不同的品牌。除了手机这种新兴的媒介形态之外,这种方法在杂志社的品牌名称战略中经常用到。这是因为一个杂志社会针对不同的消费人群推出不同的杂志产品,比如同时推出男性杂志和女性杂志,如果使用同一个品牌就会引起很多误会,也会给消费者的选购带来不必要的麻烦。为了不使消费者产生误解,减少产品相互排斥的现象,杂志社常常采用不同的品牌名称。这种品牌命名的方法也会在某种程度上保护媒体组织的声誉和信用,即使自己的一两个媒介产品或服务出了问题,也不会对媒体组织造成直接的伤害。但是,使用不同的品牌名称,就需要分别进行宣传,这会让媒体组织的营销成本上升。

第二种方法是媒体组织为一个媒介产品或服务群冠以统一的品牌名称,这种方法在报社和电视广播的品牌名称战略中比较常见。最近,出版社也开始频繁使用这种品牌名称战略,我们常常看到出版社在一个品牌名称下出版了很多种类的著作。在成熟的品牌名称下,不停地导入新的媒介产品或服务,很容易被消费者接受,所以可以不用再去为新的媒介产品或服务进行过多的宣传和推广活动,从而节约了媒体组织的营销成本。但是,这种做法也有一个弊端,那就是如果在多种媒介产品或服务中频繁地使用同一个品牌,有可能损害品牌形象。

第三种方法是媒体组织给媒介产品或服务冠以和媒体组织相同的名称的战略。一般来讲,网络媒介比较喜欢采用这样的品牌名称战略。这样的好处是可以利用媒体组织的名声提升媒介产品或服务的知名度。当然,对于一些新的媒体组织来说,由于知名度并不是很高,所以如果把媒介产品或服务的品牌名称和媒体组织的名称结合起来,就可以互相提升知名度。

如果消费者喜欢某一个媒介品牌,就会在这个品牌上花费大量的金钱,为媒体组织的经营收入作出贡献。特别是好的品牌可以为媒体组织带来制定高价格的可能(这就是所谓的品牌溢价),而且消费者也愿意支付这笔额外的付出。也正是因为这个原因,我们可以看到在同类的媒介中,有的媒介的零售价格和广告价位就比其他一些媒介要高出许多。而且,一个媒体组织可以利用较强的品牌权益拓展自己的竞争优势,并能够增加和消费者以及合作者讨价还价的能力。

品牌不但能为媒体组织带来传统的广告或消费者付费的收入,还能带来版权销售等多渠道的收入。这是因为已经有了消费者喜爱的前提,所以媒介品牌就可以成为商品向其他领域的企业进行转卖,这实际上出售的是媒介品牌背后的消费人群,这就是媒介品牌的权益核心所在。例如美国的《美国偶像》栏目,几乎每一季都能登上美国收视榜榜首,成为非常罕见的高收视率节目。而且,《美国偶像》凭借其品牌效应,在电视广告、唱片发行、授权纪念品和演唱会门票等各方面,在全球创下了超过10亿美元总收入的惊人业绩。除版权销售外,《美国偶像》的授权产品还涵盖玩具、糖果、商业卡、电子游戏、杂志、图书等领域。仅美国的福克斯电视台,就向开发《美国偶像》这一节目的英国娱乐公司支付了超过7500万美元的版权费用。目前从全世界范围看,很多国家都为这个品牌支付了版权购买费用,这些都为媒介的品牌带来了源源不断的经济收益。

四、媒介产品或服务的产品线

媒介的品牌还和媒介产品或服务的产品组合以及**产品线**的概念相互关联。就像一个电视台有很多频道,而每个频道又有很多栏目一样,媒体组织所拥有的媒介产品或服务的组合是分属于不同的产品线的。媒介产品或服务的产品线是指把面对相同的消费群体或具有相同功能的媒介产品或服务放在一个平台上进行营销管理的方法。比如,对于电视台而言,一个频道就是一条产品线,在推行频道专业化的今天,频道负责制渐渐会成为主流,内容或类型比较接近的电视栏目都将会被放在一个频道里进行相应的营销管理。一个电视台尚且如此,可想而知媒介集团的媒介产品或服务的组合将会更多,而产品线的幅度也就会更宽。

为了更好地理解媒介产品或服务的组合和媒介产品线的概念,我们用表7-1进行举例说明。

在这个例子中,我们可以看出媒体组织有六条产品线,其中三条是电视频道,两条是广播频率,还有一条就是出版的杂志。

每条媒介产品或服务的产品线都有各自的长度。如果频道1是综合频道的话,那么就会有各种类型和特色的电视节目穿插在里面,比如新闻、经济报道、健康保健、少儿教育、娱乐、电视剧、音乐欣赏等栏目。而每个栏目的形态又不尽相同:有大型栏目,也有小型栏目;有长时间的栏目,也有短时间的栏目。

表 7-1　媒介产品或服务的组合

	产品线的数量(幅度)					
	频道1	频道2	频道3	频率1	频率2	杂志
产品线的长度	A B C D E ⋮	A B C D E F G ⋮	A B C D E F ⋮	A B C D E F G ⋮	A B C D E F G ⋮	A B C ⋮

对于一个媒体组织而言,应该保有多少媒介产品或服务的组合和媒介产品线,是由媒体组织的营销管理战略决定的。一般来讲,能力强的、在市场上处于领先位置的媒体组织,比较倾向于多产品线并且采取较长产品线的战略,而竞争能力较弱的媒体组织则倾向于较窄的产品线幅度和较短的产品线。有关这部分的内容,我们将在第三篇的相关章节进行详细的论述。

五、媒介品牌的入口和出口战略

如上所述,一个媒体组织会拥有众多的媒介产品或服务的品牌。例如,一个电视频道是一个品牌,而这个品牌的下面还会有众多的栏目品牌。那么,如何让消费者知道并逐渐忠诚于自己的品牌就是媒体组织战略思考的重点。一般来讲,当媒体组织确定了定位之后,就要考虑如何与媒介的消费者进行接触,也就是说,要为消费者提供一个**品牌的入口**。换句话说,一个品牌栏目(板块)是一个频道(报纸)的品牌战略的入口,而一个频道(报纸)的品牌也会是一个电视(出版)媒介的集团品牌的战略入口。例如,娱乐是湖南卫视的品牌定位,所以在娱乐的理念下,由《快乐大本营》开始,湖南卫视制作了包括《玫瑰之约》在内的众多优秀的电视节目引领了中国娱乐节目的发展。而电视观众正是通过这些娱乐色彩浓厚的品牌栏目才了解了湖南卫视的娱乐品牌特征。因此,曾经的《快乐大本营》和《玫瑰之约》这些娱乐栏目实际上已经成为引领电视消费者进入湖南卫视的入口。这些品牌栏目做得好,就会保证湖南卫视品牌的入口畅通,能够维持湖南卫视整体的娱乐形象。

一般来讲,任何品牌在实际的经营过程中都会出现问题。要么是消费者喜新厌旧,要么是出现了强有力的竞争对手,这就需要媒体组织在适当的时候采用适当的品牌价值传播战略维持或强化自己的品牌。在采取维持或强化品牌价值的战略的时候,要实施有效的品牌价值传播战略,如广告、公关活动等,以密切接触目标消费者。

例如,当初的湖南卫视因成功的定位,带来了大量的模仿和激烈的竞争。结果是,《快乐大本营》和《玫瑰之约》等品牌栏目在激烈的竞争中由盛转衰,收视率大幅下跌。再加上湖南电视台各频道的节目大体相似,而且时间上有冲突,因此观众分流严重。这些入口问题带来了湖南卫视持续几年的低迷。为了在激烈的市场竞争中继续占有优势,湖南卫视就必须重新强化频道的娱乐品牌。这就需要在频道的入口战略上做文章。在这种状况下,要么强化已有的《快乐大本营》《玫瑰之约》等栏目的品牌,要么寻找频道的新的入口品牌栏目。由于《快乐大本营》和《玫瑰之约》等栏目的形态已经进入了市场成熟期的后期,并且竞争非常激烈,所以强化这些栏目的品牌应该不是一件易事。由于观众在电视栏目的消费上容易喜新厌旧,并且由于湖南卫视在娱乐节目的制作方面非常有经验,所以在新的娱乐栏目制作上投入力量应该比强化旧有的品牌栏目更有效果。于是,就有了《超级女声》栏目的诞生。由于该栏目有效地实现了与消费者密切接触的品牌价值传播的课题任务,所以在全国乃至世界范围内引起了极大反响。湖南卫视整体也因为这个新的入口品牌战略的成功,获得了强劲的发展动力,吸引了大量的消费者,并在其后的一段时间内在全国卫视收视以及广告收入排行榜中占据首位。

任何媒介内容品牌或媒介平台品牌都有其价值空间和影响力,如果一个品牌的价值被过度开发,或者盲目相信品牌的影响力,而忽视了内容或平台的质量建议,就会使得品牌价值空间变小,甚至被消费者抛弃。

还有一种状况是,当媒体组织想从某个领域撤退的时候,也需要考虑采用什么战略逐渐弱化品牌,以免引起消费者的不满甚至是对媒体组织的反感,以至于影响到组织拥有的其他品牌的价值。媒体组织甚至要考虑设置品牌的**出口战略**,让消费者流入自己拥有的其他品牌旗下。图 7-3 显示了一个媒体组织随着时间的推移所能进行的价值传播的方向选择。由图 7-3 可见,强化、维持和弱化都是可选择的方向,这些选择关键取决于媒体组织最高层面的经营战略。

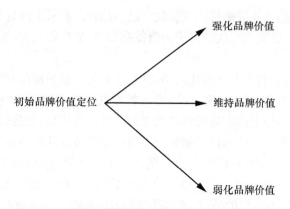

图7-3 媒体组织的品牌价值传播战略方向选择

第二节 品牌价值传播战略及效果分析

中国有一句古语说,"酒香不怕巷子深";但是在今天也有人说,"酒香也怕巷子深",需要进行良好的包装和宣传。中国还有一句话,叫作"好事不出门,坏事传千里"。实际上,这些话语都是关于品牌价值传播的问题。特别是在网络媒介发达的今天,品牌形象的传播效果越来越受到关注。有研究表明,在发达国家的社交媒介中,品牌的好评率相对较高,而在中国的社交媒介中,品牌的恶评率则相对较高。所以媒体组织的管理人员,在新媒介发达的今天,对于品牌管理以及品牌价值的传播战略要非常重视。

一、品牌价值传播的目的与战略行动

在某种意义上讲,媒体组织可以用自己拥有的媒介手段传播信息和内容,并借此为其他行业的组织提供广告宣传、公关等服务。同时,媒体组织也需要利用自己以及其他媒体组织的媒介渠道为自己的品牌价值进行广告宣传和公关活动。新媒介技术的出现,带来了媒介传播渠道的多样化特征,因此媒体组织能够向普通消费者和广告主提供的媒介品牌价值传播战略也就多种多样,但重要的是媒体组织要设计合适的品牌价值传播战略或方案,并且让消费者确信媒体组织提供的品牌价值信息是真实可信的。

媒介品牌价值传播创意表现的重点在于能够表现媒介产品或服务的核心价值。所以媒体组织在进行品牌价值传播时,应该注意以什么内容为中心诉求品牌价值,推广措施以什么为中心唤起话题。媒体组织的品牌价值传播战略行动

还应该具有竞争的意义。只有这样,才能更好地达到和消费者进行价值交换的目的。

媒体组织为了实现上述向消费者传达品牌价值的战略目标,必须进行如下的战略活动。

首先是常规的**非人际传播**的战略手段。媒体组织要充分利用广播、电视、报纸、杂志、网络、手机、户外等各种大众型媒介手段,把媒体组织和媒介产品或服务的品牌价值尽可能有效地传达给普通的媒介消费者。例如,电影产业领域的海报、明信片以及电影放映前的贴片是最常见的传播方式;同时,电影制片企业也要在电视、互联网、报刊、户外、手机等媒介上购买广告板块。除此之外,还可以在报纸杂志以及电视中的娱乐栏目上登载介绍性的文章或信息等软广告信息。图书出版行业也会在报纸和杂志乃至电视节目中进行各种书评或宣传活动,或者是在其他书籍的后面刊载信息,而且近年来图书都普遍加了腰封等,以推动销售。

媒体组织为广告主提供品牌价值传播活动,也就是俗称的广告和公关服务时,要考虑如何结合自己拥有的媒介渠道特性提供有效率的战略服务。例如,直接利用广告板块进行品牌价值宣传活动,或者利用内容板块作公关宣传服务,也可以利用社交网站等新媒介平台,为广告主提供社会化媒介营销,或者直接利用电视媒介渠道展开电视购物战略活动。

其次是常规的**人际传播**的战略手段。媒体组织会经常利用人员或事件等公关手段进行品牌价值传播活动。如电影制作部门会充分利用开关机仪式、首映式、见面会、参加影展等事件或公关活动进行宣传。如果能在国外获得某个奖项,就更要借题发挥,进行大型报道和放映活动。每年一度的诺贝尔文学奖,也是出版商开展商业活动的大好契机,获奖作品大都会实现很好的销量。

一般而言,**口碑传播**具有良好的公信力,而在社交媒介快速普及的今天,利用网络上的口碑传播的速度,媒体组织能用最短的时间和最低的成本实现价值传播的战略目标。当然,媒体组织要学会控制网络上的传播力度和方向。

最后是非常规的品牌价值传播的战略手段。媒体组织会利用促销活动进行品牌价值传播活动。例如,电影产业会用半价日、信用卡服务或手机套餐服务等战略手段进行电影的促销,以实现最大观影规模和相应的票房收入。在出版行业,一些出版商和零售商也会像超市卖牙膏那样,在书店入口处堆放书堆以吸引消费者。特别是在以苹果平板电脑为代表的新媒介平台日益普及的今天,一些媒介产品或服务可以利用较低价格在新媒介平台上销售,而且还不会让消费者有促销的感觉,例如团购等。

> **案例研究**

品牌纪录片成为广告宣传新策略

红翼公司借品牌纪录片　主打"美国制造"

美国品牌纷纷在海外建厂，而美国百年制靴公司红翼(Red Wing)借此之机推出了一系列纪录短片介绍其在美国明尼苏达州的工厂、造革间和修补间，以凸显其"美国制造"和手工精细的品牌特点。该系列影片在Facebook、YouTube和公司官网一经上线就颇受关注，仅修补间的工作视频观看次数就达4万。除了介绍制作工艺，纪录片还邀请Shirley Sommerfield 等工龄长达40年之久的老员工讲述四代红翼造鞋工匠们的故事。

宝马纪录短片将宣传融入科普

2011年年初，宝马汽车公司推出了四集纪录短片《无论你想去何方》，集中探讨未来城市的可移动性和可持续发展。这个长度约为4—10分钟的短片邀请了谷歌副总裁、宇航员、汽车媒体主编、宝马设计部总裁等畅谈可移动性与未来城市发展。负责策划制作的广告公司还发起了网友提问征集活动。届时，有关纪录片、未来可移动性及电子汽车等方面的问题将由片中嘉宾——解答。

宝洁制作母亲主题纪录片　开展品牌推广

英国母亲节(4月3日)前夕，伦敦奥运赞助商宝洁公司推出了一部讲述八十年来英国母亲角色变化的纪录片《当个时尚妈妈》(*Making of a Modern Mum*)，从而开始了其在英国首个面向消费者的集团品牌推广活动。这项名为"妈妈们的荣誉赞助商"的宣传活动为期十八个月(截至伦敦奥运会)，旨在表达宝洁公司对妈妈消费群体的关心与感谢，通过与消费者加深情感互动来加强品牌宣传。

IBM 推出纪录片庆祝百年诞辰

为庆祝百年诞辰，IBM 公司邀请好莱坞知名导演拍摄了三部纪录片，回顾公司百年来的重要发明和对社会发展产生的巨大影响。第一部《100×100》邀请了百位嘉宾回忆 IBM 在他们出生当年取得的成果；第二部《他们在那儿》(*They Were There*)追寻了 IBM 历史上重大事件的幕后功臣；第三部《野鸭》(*Wild Ducks*)则试图探寻 IBM 公司特有的创新和冒险精神。

注：出自泛媒研究院

二、使用非人际传播媒介的效果分析

我们多次提过,媒体组织既要为自己传播品牌价值,又要通过自己的产品或服务为其他行业的组织或产品品牌提供价值传播服务。

媒体组织使用各种媒介形态进行品牌价值传播活动时,虽然可以到达较大范围,但由于是单向传播,目标消费者是否有效地接收了媒体组织所要传达的信息,并且产生了消费欲望等都是难以测量的。就如通过收视率体现的到达率并不是真正的到达率。但是从宏观的角度来看,由于大众媒介是消费者接触最多的媒介形态,所以在品牌价值传播的战略制定中还是占据着有利的地位。但是,消费人群的媒介使用在逐步分化,例如高端消费人群可能会更多地接触户外或网络等新媒介渠道,而另外一些消费人群可能会长时间接触广播、电视等传统媒介,所以媒体组织要有针对性地为其他行业的企业组织提供营销战略服务。也就是说,单纯的提供广告的服务要进行转型,要考虑如何根据自己的媒介消费者的特征为其他行业组织提供整体的品牌价值传播战略服务。

对于自己的媒介品牌,媒体组织从挽留已有的消费群体的角度出发,利用自身的媒介进行宣传是最有效的手段。这时要做的就是让消费者知道媒体组织在不停地改良自己的媒介产品或服务,以此来满足消费者更高的需求,为消费者提供更高的满意度,主要的沟通方法就是在自己的媒介上对自己的产品或服务的内容进行宣传,让消费者感受到媒介产品或服务的高价值。

媒体组织若想开发新的消费者,可以利用其他的媒介形态进行品牌价值传播活动,但由于各个媒介都有各自的受众群体,不可能为其他竞争的媒体组织做宣传,所以媒体组织大都使用非同类形态的媒介,比如户外媒介或其他一些没有具体内容的媒介形态进行品牌价值传播活动。

现在,在路边的各种广告牌以及各种车辆的箱体上都可以看见各种媒体组织的标志。由于媒介产品或服务大都属于信息产品,很难在户外媒介上进行详细和细致的说明,所以媒体组织的品牌价值传播活动大都是以媒体组织品牌名称的广告形式出现的。因此,我们可以看到的媒体组织的品牌价值传播战略大都是宣传媒体组织的理念、经营方针和活动,而很少看到非常具体的品牌价值传播活动。当然,媒体组织也可以利用一些有影响力的栏目或板块作为吸引消费者接受自己的手段进行宣传,但与其说是在进行具体的媒介产品或服务的品牌活动,不如说是在为媒体组织进行品牌价值传播活动。

案例研究

影视产品官网的设计应用

近些年来随着网络的高速发展，网络营销作为好莱坞的新阵地所受到的重视程度越来越高，而官网的架设也是网络营销的重要内容之一。反观国内，尽管不少影视作品也在新浪等门户网站上开辟专页或官方博客，但是多属于把东西委托他人的平台进行展示，受到的限制还是很多。首先，在网页设计上，只能依靠门户网站提供的页面模板，因此打开每一个电影、电视剧的网页，其排版布局均大同小异，毫无特色可言。其次，在内容信息的发布上，被动性很强，信息更新缓慢，因为门户网站本身的信息更新量很大，因此很难为某一部作品进行单独的跟踪和更新。而电影官网的制作在好莱坞的受重视程度甚高，好莱坞电影制作公司不仅购买专门的域名，还聘请专人维护和更新，更量身打造最符合电影特色的页面浏览模式，并且最大限度地提供各种与电影相关的下载内容，从桌面图案到屏幕保护，从系统图标到 E-mail 签名档，小到每一个鼠标点击时的动画，大到网络整体构架，无时无刻不透露出需要宣传的影片的特点。

以《功夫熊猫》为例，该片启用了 http://www.kungfupanda.com/ 的专属域名，并且采用了最常规的"www.电影名称.com"的基本模式，只要在地址栏里敲入电影名称，便会快速链接到该网站，方便观众的搜索。一级主页面一目了然，搞怪表情的 Po 几乎占据了屏幕的全部，让浏览者可以迅速了解到这部电影的类型特色——"动画+喜剧"。进入二级主页面，主要以电影中的场景为背景，信息分类均罗列于屏幕的下方，并不破坏整体页面的画面感。背景采用了卷轴式的动态展示方式，只要把鼠标轻轻地放在背景上，它便以中国古典卷轴画的方式缓慢展开、移动，同时背景图画中还暗藏玄机，相关的角色、场景均可供点击。这种页面设计方式让浏览者可以以直观的方式了解影片的信息，活泼有趣的点击方式更增加了网络浏览的趣味性。在点击每个分链接时，loading 被设计成影片中主人公喜欢的"飞镖"，颇有特色。同时，网站还注意了增加浏览时的互动性，只要点击进入"games"，就可以开始一些页面游戏，比如拼图、扔飞镖等，这也是近年来好莱坞电影官方网站惯用的招数。另外，官方网站上提供了丰富的下载内容，不仅涵盖了各版本预告片和花絮短片的下载，还包括桌面图案、屏幕保护、系统图标、动态表情头像以及 E-mail 签名档等。尤其是 E-mail 签名档独具匠心，好莱坞营销者把浏览者本身也作为一种传播媒介，当你把这个动态图片放入 E-mail 签名档中，随着 E-mail 的发出，更多的人会获知该片的信息。

与此同时，好莱坞也在逐步重视新媒介的传播力量，如 iPad、iTouch、PSP 这

第七章 媒介品牌价值传播战略

些可随身携带的影音设备。因此,在营销上也推出了相对于两个载体的宣传策略,最普遍的是官方网站上发布的预告片、幕后花絮、电影 MV 等视频短片均提供 psp 或 iTune 的专属格式下载。而浏览者更可以在美国 iTune 的主网站上收集到即将上映的各种电影的预告短片。PSP 更不用说,作为掌机游戏平台,不少电影的游戏版同时也会选择这一媒介作为发行平台。随着手机、平板电脑等娱乐化功能的强化,这些电影的游戏版也会推出相应的手机、平板电脑游戏,如梦工厂的动画电影《里约大冒险》便联合芬兰 Rovio 游戏开发公司,推出了"里约大冒险版愤怒的小鸟",该款游戏成为 App 游戏下载榜单上的热门作品。

不论是为自己的媒介品牌做宣传,还是为其他的行业组织提供品牌价值传播服务,媒体组织都要结合媒介的产品战略、价格战略等营销手段,使用媒介形态进行整合营销传播战略活动。实际上,媒介行业实施的品牌价值传播活动的主要目的就是吸引消费者的注意并引发购买,也就是说不但要让消费者主动消费本行业的媒介产品或服务,也要带动其他行业的产品销售。其效果如图 7-4 所示。

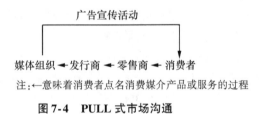

图 7-4 PULL 式市场沟通

> **著者观点**
>
> **植入式广告走向智能时代**
>
> 从我国媒体组织的经营现状以及未来一段时间发展可能性的角度讲,广告收入仍然是最主要的创收来源。目前最主要的媒介广告形式有硬广告和软广告两种,而硬广告又是典型的高价货,它是支撑着整个媒体组织广告收入的重要部分。然而,在投放硬广告的过程中却常常出现下面这种情况:
>
> 一个销售汽车的商家为了推广自己刚刚下线的新车,耗费巨资委托广告公司为其精心制作了一则广告片,并找到了几家电视台的广告部门,投入巨大的资金买下其黄金段位,播出该广告片。然而数月过去了,汽车商家发现销售量并没有达到预期的增长,于是准备到电视台广告部门撤下下月续投的广告资金。出

现这种情况的原因是每当出现硬广告时,观众要么是常常转换频道,要么就是主动忽视广告的存在,也就是说广告不能在观众中留下品牌记忆的痕迹,那么自然就不能获得相应的收视效果,更不用谈实现销售量的预期增长了。

以上这个虚拟的例子旨在说明,硬广告由于其强制侵占人们的娱乐消费时间,已经引起了大部分观众的麻木反应或反感。所以,植入式广告应运而生,不仅为商业性媒体组织的广告创造了新的赢利空间,也为商家寻找到一个新的产品信息发布平台。在国际上,通过精心的策划和巧妙的设计,植入式广告已经成长为一个拥有数百万美元产值的行业。

植入式广告主要是指将产品或品牌及其代表性的视觉符号甚至服务内容策略性地融入影视作品,通过场景再现,给观众留下产品或品牌印象,从而达到营销的目的。很多研究认为,植入式广告比之硬广告,不仅观众抵触程度低,而且宣传效果好,广告价格适中,并且产品的品牌信息与对其进行植入的媒介产品或服务共生共存,具有更长的生命期。例如,追溯到20世纪80年代,好时公司的Reese's Pieces在斯皮尔伯格的《ET》中的露面,直接导致的"后果"是这种糖果的销售量在三个月内上升了65%。而该案例更成为植入式广告历史上的经典案例为商家和媒体所津津乐道。

在拉塞尔的三构面分类法中,植入式广告主要有镜头画面植入、对白台词植入和情节植入这三个构面。比如电影《史密斯夫妇》中的宝马车和天梭表的画面植入;著名的电视栏目《美国偶像》的每一个段落都被冠以"可口可乐时间";冯小刚的《手机》中响着"You have a coming call"的摩托罗拉手机成为推动影片矛盾冲突的重要道具;而奥黛莉·赫本在1961年拍摄的电影《蒂凡尼的早餐》中所说过的那一句"我喜欢蒂凡尼(珠宝)",成为对白植入的经典之作。

在电影、电视剧、电视栏目、报纸中的非新闻性报道和杂志上的时尚评论专题中随处可见植入式广告的身影。甚至连网络游戏、PC游戏都不可避免地被塞满了广告——网游《街头篮球》的篮板、围栏上被植入了广告商标;在《分裂细胞:明日潘多拉》中,玩家必须用索尼爱立信完成游戏任务;在PC游戏《模拟人生》中,玩家可以在麦当劳里打工挣钱,还可以在《福特赛车》中选择驾驶1955年到2002年间生产的各种不同型号的福特汽车。

另外,从长期发展的角度讲,未来媒体发展的速度愈加迅猛,竞争越来越激烈,广告在各类媒介形态之间的分流也将越发严重,植入式广告必将成为各类媒体组织的营销战略的重要组成部分。

但是在我国,传统的植入广告存在着众多问题。首先,我国媒体组织的策划和营销团队对市场机制不熟悉,洞察消费者的能力不足,在大量的媒介产品或服务中随意地植入各类品牌广告,严重地影响了消费者的消费体验;同时,广告主也无法衡量品牌传播的效果到底如何,是否能让目标人群记忆并了解品牌价值且带来消费。因此,如何结合媒介内容巧妙地植入各类品牌信息等广告是媒介营销人员必须重视的问题。

同时,媒介技术的发展也为植入广告等品牌价值传播活动带来了曙光。随着媒介设备终端的多屏化、智能化,媒体组织可以随时地通过技术了解到消费者的媒介消费生态,并根据消费者的文化程度、收入水平乃至消费习惯,适时地推出各类品牌信息。这样不但可以加深消费者对品牌的印象,甚至有可能让消费者主动接收自己喜爱的品牌的信息,如此媒体组织就能够直接促进消费者的消费。例如,只要征得消费者的同意,在消费者阅读电子书的时候,可以推送消费者订阅的品牌信息等广告内容;甚至在消费者用手机接电话的瞬间,都可以在手机的屏幕上植入品牌等广告信息。

近年来出现的 SOLOMO(social location mobile)、LBS(location based service)、O2O(online to offline)等概念,都是基于了解了消费者的消费习惯或者抓取了消费者的位置而推出的品牌信息传播服务,其根本目的还是在实现品牌价值传播的同时促进消费,但前提条件是要尊重消费者的隐私权和知情权。

三、使用人际传播进行品牌价值沟通的效果分析

除了使用各种媒介形态进行品牌价值传播活动之外,媒体组织还会经常利用人际传播的方式进行市场沟通。虽然这一手段所到达的市场范围会受到时间、地域等多方面的限制,但是因为和消费者的沟通是双向互动的,所以能够增强消费者对媒体组织和媒介产品或服务的理解和记忆。

现在,报纸和杂志类的媒体组织都纷纷采用人际沟通的方法和消费者进行沟通,以促进报纸和杂志的销售。这是因为报纸和杂志等媒介形态和广播电视媒介不同,其内容会有一定的深度和风格,一旦消费者开始消费,就会有一个持续的消费期间,而且一旦消费者对报纸或杂志的价值做出了判断,就很难发生变化。所以,为了说服消费者订阅或购买报纸或杂志,就需要进行人际传播领域的沟通活动,比如向发行商和零售商说明报纸或杂志的价值,这样一来,发行商和零售商就可以在报纸或杂志的零售点向消费者进行推荐。

同样,电视媒介和报纸杂志的广告销售也需要采取人际传播的方法。广告投放单位非常希望自己的产品信息能够准确地传递到消费者手中,可是因为信息不对称,这些广告投放单位并不知道媒体组织和媒介产品或服务的消费者是

否是自己的目标消费者,所以媒体组织的广告营销人员就需要利用人际传播的方法,把自己的信息介绍给广告投放者,以促进广告销售。

媒体组织为了使媒介产品或服务更好地和消费者接触,以便顺畅地为消费者所获得,就需要定期地对发行商和零售商进行战略性的支援活动,比如定期地介绍媒介产品或服务的更新、改版状况以及进行资金和人员方面的支持等,其作用机理如图7-5所示。

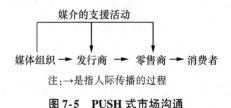

图7-5　PUSH式市场沟通

由于人际传播是面对面接触消费者,所以能够更好地了解消费者的实际需求信息,并且沟通能够做到深入细致,使得消费者更容易理解媒体组织的品牌价值。特别是在今日,由于技术的进步,专业化的区分越来越细,导致媒介产品或服务的品牌种类越来越丰富,而消费者的时间也越来越碎片化,很难去详细了解众多的媒介品牌信息,难以判断众多媒介产品或服务的品牌价值。这也意味着在购买的最后阶段消费者更需要信息咨询,并且相对而言更信任面对面沟通的效果,所以人际传播也就越发显得重要。我们常常看见的现象是,虽然消费者带着一定的品牌购买目标到商场购买某品牌产品,但由于导购员的热心介绍而购买了其他品牌的产品。

我们以报纸为例,考察通过发行环节实施的人际传播活动的主要内容,并考察可能实现的品牌传播的效果。

第一,报纸的征订业务:发现消费者、说明报纸的特征、接受订阅。例如,可以做到一年365天随时接受订阅;利用CRM系统录入订报起始时间,订阅结束前一段时间通知具体服务人员电话征询续订意见。

第二,送报和回收管理业务:定期送报、定期回收订阅费用、提供各种活动的说明等,甚至为读者提供旧报回收管道,回收价格可以高于日常纸张回收服务的价格。

第三,处理问题的业务:处理消费者的疑问或投诉、分析问题的原因并提供服务。例如,可以响应客户需求,在上班日把报纸送到单位,节假日送到家里;遇订户出差、旅游、度假,可按要求在发行基站存放离开时的报纸,待订户回家后一次性投递;或暂停订阅服务,待订户回家后顺延订阅期限等。

第四，消费者管理业务：把握和分析消费者的消费行为。例如对高职位、高学历、高收入读者人群的广告价值进行提炼，推送自己或其他的品牌价值服务。

第五，收集信息业务：从消费者、竞争对手以及渠道成员处收集信息。例如主动收集读者对于采编内容整体质量、版面架构、内容版块、征订服务的意见和建议。

第六，报社内部的业务：业务部门之间的工作调整、信息的传递等。例如各个子品牌之间消费者信息的共享、信息采编和发行部门的配合等。

在新媒介快速普及的今天，各种社交或者社会化媒介手段把人们面对面的人际沟通环节转移到了网络环境下，人们可以利用网络媒体获得更多的人际沟通，以求得更好的决策效果。现在的消费者在购买前花费大量时间查阅其他消费者对该产品的反映并对产品进行了解。在做决定时，他们想办法获得优惠券或促销打折的机会。购买后，他们会非常积极地在网上发表对产品的看法，因此又影响到了其他消费者的购买决定。

四、公关活动的效果分析

近年来，公共关系战略的重要性日益受到了各个行业的重视。所谓公共关系是指组织为了在公众中树立良好形象，运用传播、沟通媒介和活动等手段，与公众结成利益一致的社会关系，促进公众对组织的认识和支持，以帮助组织实现长期的生存和发展。由于公共关系的战略手段具有相对较好的性价比，所以其发展前景也越来越被看好。

随着消费者日益重视和保障自己的权益，企业的负面信息会经常遭到消费者以及媒体组织的曝光，所以曝光后的一段时间也是其他行业组织利用媒介进行公关战略活动的高发期。

一般来讲，在实施公共关系战略活动的时候，会较多地使用现场活动并采用大众媒介配合报道的模式。所以，其他行业组织大都比较重视向媒体组织提供有关自身各种经营活动的信息，甚至联合媒体组织一起进行活动，以增强消费者对其组织的印象。媒体组织也可以使用自身的媒介，展开各种公关活动，向消费者提供各种信息，使得消费者对自己有更加深入的了解。只有消费者对媒体组织有了更加深入的认识，才会加大和媒体组织的交换力度。

现在，影视作品的制作方常常利用各种媒介展开公关活动，比如主创人员经常到各大媒体组织进行宣传，搞新闻发布会、首映式等活动，希望以此增加消费者对影视剧情的了解，并期待拉动消费者的消费欲望。

在国外，很多媒体组织的所有者都通过媒体组织拥有专业的运动队，比如专业棒球队、足球队和篮球队等,并且利用这些运动队为媒体组织作整体形象的广告和宣传,所以我们经常看见这些运动队的服装上印有媒体组织的标识。

同时,因为媒体组织拥有这些专业的球队,在比赛时,媒体组织可以从所有权中获得一系列的收益,比如,门票收益、电视转播收益、服装和吉祥物的销售收益等。但对于媒体组织来讲,最大的收益还是各种比赛所提供的源源不断的公关活动的机会,以及消费者的大量关注。无论任何比赛,一个赛季都会很长,在赛季中,消费者每天都会谈论比赛的结果,关心球队的排名顺序。即使在赛季之外,消费者还是会关心球队的状况。所以,所有的媒体组织都不遗余力地去报道比赛的状况和结果,并对赛后以及赛季后的球队动态做出追踪报道,这就等于天天为媒体组织进行公关宣传活动。消费者喜欢媒体组织拥有的球队,自然就会对媒体组织产生亲近感,进而就会主动消费媒体组织提供的媒介产品或服务。

业界大观

以水载舟:从企业到受众
——简述企业公关活动的媒体传播

谢 滢

如果你要问企业的媒体公关活动是什么,也许大多数人的答案都是一致的,无非就是企业通过借助各个渠道的公众媒体,来宣传品牌或者整个公司的形象。

那么在这简单的一问一答背后,藏着怎样的玄机呢?怎样去实现一次优质而有效的媒体沟通呢?企业的性质、宣传的具体目标千差万别,如何一文以蔽之呢?所以,我们不如把完成一个企业媒体沟通项目,比作一段水路运输的航程——其中包含五个要素:

1. 水——代表媒体
2. 舟——代表公关事件或新闻故事
3. 船上的货品——企业需要通过媒体所宣传的内容
4. 此岸——企业
5. 彼岸(目的地)——目标受众

这段航程的成功与否,取决于三个关键点——首先,确定你要向受众传达的信息;其次,寻求恰当的新闻事件;最后,选取合适的媒体,借助媒介的力量,将需要宣传的信息,有效地传播给目标受众,把你的"货物"成功地从此岸运往彼岸。

那么,作为舵手,我们应当怎样来规划这段里程呢?在航行的过程中,我们又该注意些什么呢?且看下文——分解其中每一个关键点的奥妙所在:

一、确定你要运送的货品——传播内容和主旨

在所有的工作开展之前,"舵手"们最重要的任务,便是确定运送的货品是什么?也就是说整个媒体传播项目所要传播的内容及其主旨(key message)。

以我为其工作过的一家快速消费品行业的公司为例,此类企业通常会有两方面的传播内容——一是与产品相关的,如新品发布或产品改良;二是与产品无关但与公司形象有关的,如公益活动。如果是前者,那么我们可选择的传播的主体思想可以是:新产品有哪些优于以往产品的功能、新产品最吸引人的热门概念是什么、新产品将带给消费者哪些优越的顾客体验等;如果是后者,我们需要挖掘的内容可以是:公司为什么要参与这项公益活动、此活动与公司的业务有何关联、公司将在其中如何践行企业社会责任等。

不同类型的公司会有不同的宣传需求,但以下两项基本原则是不变的:一是所宣传的内容必须有一个明确的主旨;二是所有的环节——公关活动设计、新闻稿的编撰、选取的媒体资源等,都必须围绕这个主旨来进行。

媒体传播内容是以媒体发布的新闻资料为载体的,如新闻通稿(又称新闻统发稿)、媒体问答(Q&A)、背景资料等,这些材料通常会做成一份新闻夹,发放给媒体。现在,越来越多的公司乐于使用一些新兴载体,如光盘或者U盘,甚至简化为一个FTP地址,来发布新闻资料。请不要忘记,别等着媒体来为你特地撰写新闻稿,通过媒体发布的新闻通稿是需要企业公关人员来完成的,并且,需要提前完成,并在公关活动当天就发放给媒体。

二、舟的意义——新闻事件对于媒体公关的重要性

没有船体,货物不能凭空漂在水上——就如同没有具体的新闻事件,你所想表达的内容或者主旨是很难传递到目标受众那儿去的。

举一个更为生活化的例子。如果你想请朋友吃顿饭,一般都会找个由头吧:过生日、搬新家、结婚等。同样的道理,如果公司希望媒体能就某一个主题(topic)做一次规模化的宣传,寻找一个事件(event)作为缘由是很必要的。

在媒体公关中,你就更需要去设身处地地了解媒体的需求——大多数媒体,不管是纸媒、电视还是新媒体网络,在做报道时,都是讲求时效性、新闻性的,如果没有一个6"W"的开头和清晰的故事主体,其新闻稿将很难刊出,因为这样的文章,不能被称为"新闻",倒是非常明显的软广告。

比如,公司要宣传某一个即将上市的新品,那么最典型的方式便是举行一场新品发布会,发布会的形式很多,比如明星代言、嘉宾体验、记者招待会等。通常具有一定知名度的企业,还会选择开展社会公益活动来提升公司形象。那么在

活动中邀请媒体参与是一个很好的方式,如果活动具有延续性,那么企业经常采用的方式是办一个活动启动仪式,或者在最后举行捐赠典礼等,以邀请媒体集中地见证一个较为出彩的时刻。

也许你会问,这个事件的意义在哪里?即使没有这样的事件,不也可以通过与各个媒体面谈或打电话等方式,把需要宣传的主题说清楚,并且把上文中提到的新闻通稿传给他们吗?这样不是为公司节省了很多成本吗?在这里不得不说,一个负责任的、专业的媒体,不会原稿照抄地刊登通稿,他们在刊发文章前,会根据对该事件的解读来对稿件进行进一步的编撰与改写——这便是广告和企业新闻宣传稿的区别。

三、确定"水路"——选择合适的媒介载体

明确传播对象,即媒体目标受众,然后选取适当的媒体资源,这是企业媒体沟通的第三个关键点——就如同运送货物时,你可以选择不同的水路一样。

通常,企业设定的目标受众和公司的目标消费群相关性很大——如果这是一家家用快消品公司,他们面向的消费者是普罗大众,那么所选择的媒体应当是一些发行量大的报纸杂志或者收视率高的电视频道;如果是化妆品公司,那目标受众可能是广大女性,所选择的媒体自然是一些报纸或杂志的时尚版、网站的女性频道等;如果是一些专业性较强的公司,比如汽车制造类、酒类、家居类等,其公关传播涵盖的媒体资源很可能就是一些行业类的媒体。

还有一种可能性,便是出于各种原因,公关项目的目标受众是一个特定的人群——比如年轻人,那么用一些互动新媒体,如SNS网站等进行宣传就会比较明智。总之,万变不离其宗,公关媒体传播的目标受众和所选取媒体的目标受众一定要吻合。

当然,企业公关的范畴远不止于此,还包括企业内部沟通、政府关系维护、企业社会责任等方面,每一部分都是一块基石,构建成公关这座建筑。这些部分为企业形象的维护与文化的建设发挥着不同的作用,并包含着既相通又独立的各种学问。笔者希望在与读者们分享一些浅显的心得后,大家能对公关活动的媒体传播这块"基石"有一个基本的了解。

五、促销活动的效果分析

媒介的促销活动是一种对于上述三种活动的支持性活动。下面我们介绍一下媒体组织可能采取的促销手段,并进行分析。

表7-2 媒体组织的促销手段

刺激活动	赠品、竞赛、纪念品
体验活动	展会、论坛、栏目现场、晚会参与
折扣活动	打折

一般来讲,媒体组织的赠品和折扣活动没有必要经常使用。报纸和杂志在新季度的征订过程中,适当地采取赠品或折扣战术会有一定的效果,但如果在其他期间频繁使用这类战术会有负面影响——对媒介的品牌形象有损害,而且还要花费许多不必要的资金。

案例研究

Vogue 带着赠品进入中国

Vogue 自在美国诞生以来,一直记录着世界流行时尚的演进,其历史超过了一个世纪。而且,*Vogue* 在全球发行多种语言的版本,拥有全球最庞大的时尚数据库。*Vogue* 杂志现在是世界上最重要的杂志品牌之一。每个月,*Vogue* 杂志触及全球 1500 万最具影响力的忠实读者。*Vogue* 这个品牌已被奉为世界的"Fashion Bible"(时尚圣经)。这一成就得益于其强调编辑独立的政策和秉承最高编辑水准的宗旨。在世界各个国家和地区,*Vogue* 杂志都突显她独树一帜的定位,力求从独特视角反映出版所在地的文化。

2005 年,经由我国新闻出版总署的批准,康泰纳仕有限公司与人民画报社以合作出版的形式,于当年 9 月正式出版发行了中国版的《*Vogue* 服饰与美容》。*Vogue* 在中国将自己定位成"中国唯一的面向年轻时尚女性读者的百分百展现时装美容和时尚生活方式的杂志",意图通过"时尚艺术化"的新概念,把时尚、文化、艺术、生活等融入向往高品位生活方式的读者的日常生活。

然而,在 *Vogue* 登陆中国之前,已有日本《瑞丽》、法国 *ELLE*、本土《时尚》等品牌。如何从这些竞争对手手中夺得市场份额成为该杂志的营销战略的课题。

首先,*Vogue* 在中国开展了盛大的创刊活动。

Vogue 在杂志上市前后,在上海、北京、广州等 6 大城市做了大量户外广告。那个时候,人们常常会看到巨大的 *Vogue* 标志竖立在最繁华和最时尚的街区,似乎其身影无处不在。而这些仅仅是品牌价值传播战略活动的一个开端。接下来的 *Vogue* 百年经典图片展、Bag Magic 包魔展、*Vogue*·现代讲堂、*Vogue*·派对等大型巡回路演活动和现场推广活动都是为了深入目标消费人群,扩大品牌的影

响力。

除了上述的品牌价值形象宣传活动之外,*Vogue* 还开展了大量的促销活动。

该杂志每期售价仅 20 元,却赠送精美的 *Vogue* 产品和别册,同时也开展订阅送礼活动。此举立即带动了国内各时尚刊物的赠品潮。时尚类杂志的赠品活动后来引发了旅游、家居、汽车、美食等各个门类的期刊纷纷效仿。

由于时尚期刊市场的竞争日趋激烈,期刊发行的秩序混乱局面也愈发严重,特别是期刊发行中愈演愈烈的赠品大战不计成本。期刊的包装越来越大,赠品越来越惹眼,种类五花八门,价值更是不菲,有的甚至大大超过了期刊本身的售价。期刊行业和政府主管部门都已经认识到赠品大战不但严重扰乱了正常的市场秩序,而且会损害期刊业的整体利益和长远利益。因此,为了扭转市场的混乱局面,《Vogue 服饰与美容》《时尚》《瑞丽》《世界时装之苑》等四大时尚期刊社发起倡议,呼吁规范发行秩序,营造良性竞争环境。此举作为一个公关形象活动,不但得到政府主管部门的认可,而且得到了众多期刊的热烈响应。

对于 *Vogue* 而言,经过一年的赠品策略和伴随市场的培养,已经成功占据了一定的中国时尚刊物市场的份额,并吸引了一批忠实的读者。赠品战略所引发的激烈竞争,已经导致经营成本持续上升,利润空间持续缩小,不利于集中主力在内容上进行建设。因此,主动倡导规范行业秩序,为其树立了较好的公共形象,并且此举为后续的市场进入者设置了一个较高的行业门槛。

媒体组织可以考虑采取如下促销战略和战术。

首先,媒体组织可以使用竞赛和观看竞赛的方式与消费者保持沟通。比如,猜谜语、歌咏比赛、模特大赛等活动就通常能够得到消费者的关注。消费者只要发送一条短信,就有可能参与到媒介产品或服务的制作中去,并有可能因此获得大奖。实际上,媒体组织也正是通过这类活动不断地保持消费者的兴趣,吸引消费者关注媒介产品或服务。

另外,媒体组织还可以向消费者派送纪念品或礼品,比如圆珠笔、笔记本、年历等。在这些纪念品上,一般都会有媒体组织或媒介产品或服务的标识,它们会经常提醒消费者关注媒体组织并且消费媒体组织的产品或服务。

媒体组织也可以参加各种展会和论坛,并且举办类似的活动。在各种展会和论坛上,媒体组织不但可以获得相关的资讯,为媒介内容的生产制作收集素材,还可以借机对媒体组织的形象、经营理念以及媒介产品或服务进行宣传。媒体组织还可借此机会赠送样报、样片光盘等,以此来获得消费者的关注。

现在,电视媒介更是利用自己的视频优势,吸引消费者参与到栏目和晚会的制作环节中来。消费者不但能因此体验节目制作的新鲜感,还能近距离地观察和接近心目中的偶像和明星,获得心理上的满足。

媒体组织开展的各种促销活动属于辅助性的沟通活动,如果能和其他的品牌价值传播活动实现很好的配合,便能够为媒体组织带来良好的传播效果。

现在,广告竞标与招商会已经成为最大的品牌价值传播活动。各类媒体组织纷纷利用广告招商会进行广告促销活动,而且规模越来越大。广告招商会的重点在于向广告主和代理商推介媒介产品或服务,并强调这些产品或服务的特性和消费群体,强调投放广告的价值。为了吸引尽可能多的广告主和广告代理商参加广告招商会,媒体组织常常花重金聘请演艺明星来场为招商会助阵,并且在招商会上公布上个年度的优秀广告主和广告代理商的名单,并请演艺明星作为颁奖嘉宾为自己的客户颁奖。

中央电视台更是独领风骚,不但经常大手笔地举办与广告主、广告代理商的联谊活动,而且力图把自己打造成为中国经济的晴雨表,把自己的广告招商平台建设成为企业品牌形象的展示场,吸引那些想在全国人民乃至行业主管政府机构面前宣示品牌形象的企业参与投标。因此,在每年的广告投标大会上,中央电视台均大有斩获。

第三节 企业利用媒介传播品牌价值

近年来,所有行业的企业组织都越发重视媒介在品牌价值传播方面的作用,特别是新媒介技术的发展在大多数企业得到了应用。在某种意义上讲,企业组织也越来越具有媒介特征。

一、媒介与企业品牌价值传播

众所周知,所有企业的年会都很热闹,还伴有各种演出活动,而近年来企业年会也在越来越多地使用媒介技术,例如,很多企业已经用现代的大型LED屏幕来替代传统的舞台装饰。而传统纸媒介也在企业里得到了更多的应用。从企业管理的角度讲,在员工中传播企业文化并让其发挥相应的作用是至关重要的,所以内刊越来越受到企业高层管理者的重视。

企业内刊是彰显企业精神、传播企业文化以及技术与技能的媒介形态,因此不能脱离企业的发展脉络独立存在,要在企业文化精神的统领下为市场服务。但同时它又具有鲜明的媒介特征,具有较强的行业规律,在工作的方式方法上具有相对独立的一面。所以,既要重视企业特点,又要遵守媒介行业的规律,不可顾此失彼,二者有机结合才能使企业内刊的发展步入正常化轨道。

一般来讲,内刊制作大致可分为企业内部制作、整体外包、内外结合制作三种,选择何种方式需要从企业实际情况出发,以效率和效果为目标,从企业现阶段的人力、技术资源配置和资金、质量监督体系的完善等方面进行评估。

业界大观

文 心 雕 龙
——用自媒内刊传播独具风采的品牌文化

赵咏馨

云在青天水在瓶,道是无形却有形。在新媒体发展日新月异的今天,各种自媒纷纷登台,颇有"乱花渐欲迷人眼"之势。其间,作为自媒的内刊也展露出发展势头良好的趋势。

目前,很多企业组织已相继采用了多种自媒体方式构筑了向客户表达的渠道,如企业网站、论坛、博客、微博等,并取得了较为显著的成效。然而在众口一词的新媒体时代,有些企业和组织机构在构建自媒体时依然采用纸媒方式。究其根源,在于企业组织必须要根据自身的文化、行业特征以及产品特点,选择有效的宣传组合战略,在满足消费者的阅读需求的同时有效地传达自己的特征或特色。实际上,在某些特定的行业,纸媒反而是实现其传播品牌精神和技术理念要求的最佳媒介,具有其他媒介形态不可替代的优势。

《MGP造型妆苑》是一所形象设计艺术学校的内刊。伴随着该校规模的稳步扩张,就有必要重视企业文化和艺术风格的传承,并以此作为支持企业可持续发展的必要途径。因此,在宣传战略方面,该校深感需要建设一种自媒,以传播品牌精神和技术理念为目标,在数百名员工和每年数千名学员之间持续传递。如此,不但能使共同的企业文化在每一所学校中一脉相承,让品牌精神在每个人身边如影相随,还能通过技术交流,使得各个学校的水平保持一致。于是,内刊《MGP造型妆苑》应运而生。这为其他受众了解该校建立了一个畅通的渠道,使他们能够全面、深入地了解品牌,增强认知和情感,进而成为品牌形象增值的一种无形资产,并有效地形成与竞争对手的区隔。

传播媒介的选择要紧紧围绕受众特点和传播内容展开。问卷调查结果显示,《MGP造型妆苑》的受众主体是80后、90后女性化妆艺术类学员群体,她们具有感性、个性鲜明、喜欢时尚和新鲜事物、对色彩敏感等特点。获取信息时,她们容易接受以图像符号为构成元素的视觉信息,喜好形象生动的图片式阅读。因此,在《MGP造型妆苑》的设计中,对视觉效果的要求明显高于一般的大众媒体和专业媒体。

在满足受众阅读需求的同时,内刊所体现出来的专业形象也必须能代表学校的品牌文化特征。为了充分体现学校所提倡的"时尚·经典·唯美"的艺术风格标准,以及化妆造型效果所追求的"形、色、韵"的和谐境界,就需要通过夸张个性的设计和高清晰度的图片,突出作品缤纷艳丽的色彩和细腻丰富的细节,进而充分展现品牌形象和技术特点。很显然,这样的定位与传播需求是普通的大众时尚类纸媒难以满足的,只有制作精良的纸媒内刊才能实现。

而且,与大众时尚类纸媒相比,纸媒内刊的优势还包括:可以准确地锁定目标群体;内容能按照企业与受众需求设置;成本相对较低;保存、传播时限较长;可反复利用并多次传播;具有一定的稳定性及较长的受众关注时段。

至于为什么不选择互联网自媒做成电子内刊进行传播,原因是网站的视觉设计效果相对较弱,达不到突出品牌形象和受众阅读需求的目的,而且不便于读者不借助任何载体随时翻阅。

虽然纸媒的平面设计与网站设计都具有良好的视觉表现力,但两者之间的差异突出了平面纸媒的优势。第一,设计理念不同。纸媒能使传播的品牌形象更突出。平面设计的核心是品牌,以品牌为出发点去设计,要在视觉中100%体现品牌的魅力。网页设计的核心是用户,网站的目的是与用户100%沟通,要实现某些特定的功能。网页设计以用户的操作习惯为出发点,突出人性化,不仅让用户使用方便,而且要避免长时间浏览带来的视觉疲劳。因此,众多网站把页面设计成以白色或浅色为主色调,因为鲜艳的颜色看久了眼睛会非常疲惫。第二,图片格式和像素的区别。纸媒能使用高清晰度图片展示精致细节。平面设计需要的图片格式一般为PSD、AI、EPS等比较大的源文件格式或导出的JPG格式,一般像素(分辨率)大于300的高清晰图片,网站设计一般为GIF或PNG或JPG格式,一般像素(分辨率)小于72的图片,颜色位小于256(在不影响图片100%浏览的情况下降低分辨率或色彩位)。平面设计采用矢量图,目的是保证图片在无限放大与无限缩小时不会变得模糊不清。网站设计只需要精确定义边界而且很小的图片。第三,使用色彩种类的区别。纸媒能提供更丰富的色彩。平面设计可以使用成千上万种颜色,几乎可使用所有色彩。但网页设计中规定了240种安全色,只能使用这240种颜色才能使网页更加美观并具有兼容性。而且网页会尽量使用整块颜色设计,提升加载图片的速度。第四,构图的区别。纸媒能进行多元化设计。平面设计的构图多种多样,可以围绕整本杂志的风格,就某个栏目和单张图片的效果,进行创造性发挥。网站设计的构图基本上是固定的,一定要包含顶部、内容、底部这个固定的构架,浏览方式也基本是从上到下。

第五,层次区别。纸媒能突出个性化作品。平面设计可以只突出一个主题物。网站设计注重把网站的整体层次拉得很开,让用户在浏览大量信息时方便查找。

《MGP造型妆苑》采用全面质量管理机制制作高品质内刊。在执行过程中,对四个环节进行了全面监控:策划定位、内容制作、美术设计、印刷,以此保证传播效果。

任何一种媒介产品要想在目标顾客心中得到有价值的地位,首先源自精准的策划定位。《MGP造型妆苑》的定位是高端内刊。作为专业化妆艺术类期刊,它的受众主要包括18—25岁的校内学员(其中,女男读者的比例为80∶20)、全体员工以及上级领导部门、外部媒体、合作伙伴、友好往来机构等。视觉标准以"唯美·时尚·经典"的艺术风格为核心;坚持"艺术化、专业化、时尚化、实用化"的办刊宗旨;实现忠实记录品牌成长历程、采集与提炼企业文化、交流化妆美学与技术、展示新的设计理念和作品、渲染学习氛围、展示师生精神风貌和提升团队精神的办刊目的。

独特的品牌形象和艺术风格,加之行业、受众的特点和内容的要求,决定了该刊必须按视觉逻辑进行编辑,通过图文并茂的方式展现品牌的全景风貌。该刊在设计上另辟蹊径,以唯美和经典为基调,融入新奇和前卫的潮流风尚,做到内容与视觉相得益彰,呈现出艺术微澜的履新之作,实现了内刊定位,满足了目标读者的审美需求。

为了体现品牌鲜明、统一的形象,该刊采用了品牌标识组合中的红、黑色设为固定的主色系,每期结合国际彩妆及服装流行色设定组合色系。封面则以创意彩妆头像为主,着重表现学校独特的创意设计理念和专业细腻的化妆技巧。该刊图文比例为5∶5,比一般的内刊更为强调视觉效果,采用独特的视觉传播形式,引发读者对化妆造型产生新的思考并激发新的创作方式。读者在欣赏翻阅之间,能感受到什么才是真正融化在精神之中的彩妆,什么才是有专业精神的艺术作品,什么才是潮流中独具个性的美。

与众不同的版面设计,个性鲜明的艺术作品,只有精美印刷才能呈现出完美的视觉效果。《MGP造型妆苑》对专业要求非常精准、独特,彩妆作品的整体效果要实现整体色彩的协调搭配,细节刻画精致,层次丰富,质感细腻。化妆造型的特点需要通过高品质的图片才能充分展现出来,清晰且色彩还原度高的印刷效果,才可以让读者一目了然地看到作品的整体风貌和细节处理。在色彩的世界中有无数颜色存在,微弱的冷暖差异都会导致作品的整体效果发生改变。即便在常见的淡妆中,化妆品的色彩和质感也已经在科技的发展中变得种类繁多。以常用的眼影和腮红为例,从质地上来说,已经不限于前些年的粉质效果,而是出现了液体、膏状、亚光、强光、微光等不同种类。色彩方面,化妆师们将几十、上百种颜色进行调和,组合出无数神奇的效果,而且不同色彩之间的差别已极其微妙。这也对印刷提出了更高的要求。

《MGP造型妆苑》采用全彩精印,每期配有新闻图片、艺术作品欣赏、技术示意图等百余幅图片。在印刷过程中,对图片的色彩还原度、清晰度都提出了高要求。为了实现品质定位和目标追求,《MGP造型妆苑》要求印刷时必须达到色彩饱和、清晰度高、层次鲜明、质感光泽细腻的标准。因此,该刊选择了目前国内最好的印刷厂合作,该印刷厂为世界500强企业,无论在流程管理、质量检查、纸张资源、印刷设备、工艺及装订、人员技术方面都达到国际化水准,符合《MGP造型妆苑》的印刷要求。编辑人员非常注重质检流程,在第一次输出彩色样片后,会对质检出的每一张图片的色彩还原图和清晰度进行调试,将图片色差、明暗、精致度调整到最佳效果。此外,编辑人员还特别甄选纸张和油墨的品类,封面和内文分别使用国际大型时尚杂志用纸200克、105克日本进口铜版纸,油墨采用进口油墨。纹理光滑细密的纸张,加上色彩丰富润泽的油墨,让每一幅精心设计的画面,细节清晰地展示给读者。受众在赏心悦目间,可以细致入微地观察妆容的细节,对学习、创作起到了很好的辅助作用。

该校准确运用了内刊《MGP造型妆苑》的自媒功能,传播了独具风采的品牌文化。其成功之处在于品牌传播策略的精准、媒介的正确选择和方案的有力执行。对于不同领域的企业来说,如何根据品牌发展的战略规划,选择得当的媒介,传递能够满足受众需求的信息,是非常值得思考的问题。

二、企业的整合营销传播战略

在广告界,有一句形容广告主广告投放效果的话常常被提起,那就是:我知道广告费有一半被浪费了,但我不知道被浪费的是哪一半。某国际知名的广告公司的创意总监也曾经表示:根据其长年的经验,在企业投放的广告中,平均而言只有三分之一是有效的,三分之一是没有效果的,还有三分之一反而带来了负面的影响。这些内容体现了企业广告投放的效率问题,也是近年来被广泛认可的整合营销传播领域要研究的内容。

在某种意义上讲,整合营销传播可以概括为:针对合适的消费者,在合适的时间,使用合适的渠道,利用合适的价格向合适的消费者传递合适的信息或产品。如果以麦当劳这种快餐为例考虑整合营销传播,我们就可以发现如果在早上9点和11点之间面对消费者播出广告,是不会有什么意义的。因为在这个时间段,潜在的消费者都在上学或者工作,而且关键的是这些人刚吃完早餐,并没有吃午饭的欲望。而在上午11点以后,当人们开始考虑吃午餐的时候,如果能用合适的媒介渠道向消费者传递品牌信息,就能够激起一部分人的消费欲望。

结合上面的论述,我们可以发现,企业在进行自身的品牌建设或者实施品牌强化战略的时候,应该注意从品牌价值传播的接触点出发,策划传播方案,展开整合营销传播战略。如今,新媒介技术的发展使得各个行业的企业组织在进行整合营销传播活动时有了更多的选择,传播的范围相对更精准,成本也更低。

业界大观

电视台媒体资源整合营销项目实践流程

王哲慧

广义的整合营销传播是指整合企业内外部所有资源,再造企业的生产行为与市场行为,充分调动一切积极因素以实现企业统一的传播目标。从广告心理学的角度看,强调与顾客进行多方面的接触,并通过接触点向消费者传播一致的、清晰的企业形象。这种接触点小至产品的包装色彩大至公司的新闻发布会,每一次与消费者的接触都会影响到消费者对公司的认知程度,如果所有的接触点都能传播相同的正向信息,就能最大化公司的传播影响力。同时消费者心理学又假定:在消费者的头脑中对一切事物都会形成一定的概念,假使能够令传播的品牌概念与消费者已有的概念产生一定的关联,必然可以加深消费者对该种概念的印象,并达到建立品牌网络和形成品牌联想的目的。

从上述定义来看,电视媒体是企业或者品牌在整合营销传播过程中可选择的媒介工具之一。理论上,企业或者品牌可以通过整合电视媒体资源达到自身所需的整合营销目的。2007年,某汽车品牌新车上市期间,在上海地区通过整合不同的节目和内容资源传达"实力新风范"这一核心概念,运用的就是典型的整合营销传播策略,取得了巨大成功。

立足于电视台的整合营销概念与立足于企业和品牌的整合营销传播策略会有很大不同,前者指的是开发电视台的媒体资源,为客户提供除单纯硬广告投放以外的其他投放可能。其形式包括节目冠名、项目赞助、定制节目、品牌及产品植入等。电视台会在广告部门中设置专门销售此类广告产品的部门,以完成广告业务指标。

现在越来越多的4A公司也专门设置了与之对口的部门服务于品牌客户，市场中也逐渐出现一些能融合品牌和节目诉求的专业策划公司来填补行业中的空缺。电视台开发节目资源做整合营销项目有两方面原因：对电视台本身而言，此举意图争取客户更多的预算，提升广告销售收入；对客户而言，电视台提供多种广告产品供选择，通过赞助电视上的事件、大型活动和项目等营销手段可以提升品牌影响力。

从事电视台整合营销业务的人员，需要了解两方面的业务状况。一方面是电视台的节目资源，包括节目类型、节目定位、针对人群、播出时间、收视率、广告价格等，最关键的是要熟悉各种类型的节目和项目针对不同品牌或产品可开发的空间。另一方面是关于客户。需要通过各种渠道了解客户需求信息。这类信息包括客户渠道来源、预算初步规划、投放策略、品牌信息等，最核心的是客户有意向对电视台投放整合营销项目的预算规划信息。

当节目资源和客户需求能基本匹配以后，可以开始合作方案的初步意向洽谈。在此阶段要基本确立品牌和节目的合作方式和框架预算。通常整合营销项目的难点会在此出现。我们需要理顺电视节目资源本身和客户品牌或者产品之间的关系。即客户会问，我为什么要选择这个项目？我的品牌或者产品如何在节目内容中得到体现？建立节目资源和客户品牌的有效关联以及在保证节目质量和收视率的情况下将品牌理念或者产品信息进行有效传播成了整合营销的重要课题。这也是决定电视台整合营销项目销售能否成功最为重要的环节。

当合作形式基本确立后，进入资源回报的商务谈判阶段。得到的资源和支付的价格永远是客户最关心的部分。客户都倾向于支付更少的价钱获取更多的资源回报。我们通常的做法有两种。一种是让客户主动意识到所选择的节目资源的稀缺性和不可替代，并伴随有竞争，不给客户太多议价空间。另一种是通过折扣率或者投资回报率的方式证明客户所拿到的广告资源确实物超所值。当地方电视台在某区域具有绝对垄断地位时价格体系趋于刚性，当客户必须在该区域进行电视投放的时候，价格谈判的空间并不大。

商务谈判结束后会进入合同签约流程。在此环节除了明确双方在商务谈判中已经确立的资源回报细节和合作标的外，需格外小心客户的付款方式，以保证财务安全。为避免出现电视台广告已经播出却收不到广告款项的问题，通常采取播前付款的方式。

以上为在区域市场中，电视媒体高度垄断的状况下，电视台媒体资源整合营销项目的实践流程。

如果没有准确的产品定位,没有准确的品牌定位,没有适当的入口战略和互动活动,企业的品牌战略就不能取得预期的效果。另外,在媒体组织制定关于接触点的方案时,要着眼于接触点的质量,也就是说,要充分考虑时间、地点、场合、心情等要素的影响,在受众希望的时间、地点和场合,结合目标消费者的心情,提供适当的产品或服务。

例如,思科公司2010年发布的一份报告发现,目前39%的网络流量为视频,预计到2013年,90%的网络流量均为视频内容。2010年10月,接受福布斯调研的多名主管表示,他们在观看了与工作相关的在线视频广告后,会去访问供应商的网站,53%的人会搜索有关供应商、产品或服务的更多信息,42%的人进行了商业采购。一系列行业调查报告显示,在线视频能够带来更高的参与度与回馈率。而企业要想利用视频营销实现较好的效果,就要在增强品牌的吸引力、和观众建立良好的互动关系、拓展各种新型播出平台等领域投入精力。一般而言,视频广告内容必须具有合适的节奏、信息量和较高的品质,也就是说,视频广告必须能够吸引观众足够长的时间才有意义。最近微电影开始流行就已经证明广告界开始把电影的视听语言技术应用到广告和品牌价值传播上。近年来快速发展的平板电脑和智能手机也为视频广告带来了更多的播出渠道。在此基础上,企业还应该注意在视频播放的基础上利用链接技术,引导消费者进一步进入到企业的主页面或者其他的信息展示区域,并想办法对消费者的信息(如点击率、访问频率、购买行为和货币支出额等)进行追踪和统计。

除了社会化媒介营销之外,搜索引擎也能够引领消费者快速找到目标消费品牌,因此如何优化搜索引擎中的排名也成为媒体组织在实施营销战略时不得不考虑的问题。特别是那些从事电子商务的媒体组织不但要重视如何才能出现在搜索结果排行的首页,也要重视用户点击进入网站后网页的反应速度等带来的体验感觉。

一般来讲,消费者会首先选看标题和摘要。如果其中含有关键词,则会明显吸引消费者点击。因此,确保关键词出现在标题或摘要当中的重要意义是不言而喻的。而且,媒体组织的网站应该削减链接层级,避免消费者还没有看到媒介内容或者商品就已经不耐烦地关闭窗口。一般而言,国外电子网络媒体组织的页面大都简洁明了,尽量避免过多地堆砌杂乱内容,而国内的网络媒体组织则比较喜欢把页面内容弄得丰富多彩。当然,这也许和国内外消费者的消费文化不同有关。

新媒介技术的蓬勃发展,虽然没有改变营销学的本质,但的确促进了媒体组织整合营销传播战略的效率。企业组织制定整合营销传播战略的时候,如果能充分利用传统和新媒介渠道各自的优势,会给组织的营销带来更好的效果。例如,我们已经看到一些电商性的媒体组织,在充分利用社交媒介和实施搜索引擎战略之后,为了扩大品牌影响力,又返回来使用传统的媒介实行广泛的品牌告知战略。

业界大观

挖掘数据价值,推进数字化广告运营

沈 浩

媒介融合与整合营销是当今广告市场的主题。随着媒体市场竞争加剧,媒体多元化、数字化、广告碎片化成为发展趋势,如何在媒体竞争的市场环境下提升媒体使用效率和广告效果,实现精准营销、个性化营销,唯有突破传统品牌营销的弊端,深入洞察消费者,理解消费者的生活形态,追踪消费者的媒介接触行为,挖掘消费者数据的价值,实现营销传播理念的创新,走整合营销与数字化广告运营之道。

碎片化时代的广告数字化运营

媒介、广告和消费者(受众)是传统大众媒体的构成要素。在大众传播语境下,广告运营成为媒体经营和企业营销的市场法宝,有效利用媒体进行有针对性的传播营销,有效实施媒介计划和广告投放,成为提升广告效果的重要因素。随着媒体生态环境的变化,传统的单向式大众传播有了根本性的改变,媒体的传播属性也已从过去单一的一对多的大众传播,逐渐变为一对少的窄众传播,进而演化为一对一的个性化传播。随着网络Web 2.0时代的到来,移动通信技术、互联网和媒体的技术融合,特别是微博带来的社会化媒体的爆发,使得多对多的互动传播成为混媒时代的特色。与此同时,消费者市场也在发生根本性变化,从传统的大众市场到细分市场,进而关注目标市场,顾客导向的基于客户关系管理的沟通市场,现在更是跨媒体多渠道的互动口碑的个性化市场。反观媒体,特别是电视媒体,也已从单一追求收视率,到追求更大的市场份额;从关注节目的包装和导视,到差异化打造精品栏目、品牌栏目;从以内容为王,到与受众零距离互动;从叫座叫好的评价指标到不断构建节目综合评估体系;从制播分离、台网分离到三网融合下的数字化、高清化走向台网融合、新媒体互动;媒介生态的演化,以及大众消费市场的改变必然带来媒体和广告市场营销的变革,从传统的4P(产品、价格、渠道和促销)营销角度来讲,今天你能生产这个产品,我也能,你能卖这个价格,我也能,你能铺这个渠道,我也能,4P中唯一能够竞争的1P就是促销。当发现消费者经常同时购买两个产品时,我们可以把它们捆绑销售,说明我

们的营销理念已经发展到了4C(客户、成本、沟通和方便)。但是当你能以顾客为导向,我也能;你能控制成本,我也能;你注重客户沟通,我也行;4C中唯一能够竞争的1C就是方便性。消费者面对过度竞争的同质化市场时有时候并没有那么忠诚,谁家能提供更方便的服务可能就购买谁家的产品。当发现周末在超市购物时购买婴儿尿布的男性消费者,一般都会顺道购买啤酒,你就会发现这两个产品的相关性,从而实现交叉销售和增量销售。能够做到这点,说明你的营销理念已经到了4R(关联性、相关性、强调回报和及时响应)的阶段。从4P到4C再到4R,不仅是营销理念的转变,更依赖于媒体和广告从业者对消费者的消费行为、生活态度的深入理解。当然这种理解应该说更加依靠采集更多的消费者数据,并挖掘数据价值,进行全媒体、跨媒体广告运营,以及个性化推荐和数据库营销。

实现营销传播理念的创新

　　面对全媒体和广告管理的新挑战,媒体和广告营销中一直存在诸多问题。整体的营销策划往往在媒介策略和广告投放方面缺乏专业的、可持续的、统一数据平台的支持;无法及时了解消费者在媒介接触和消费行为方面的变化,难以站在令人信服的高度,指导营销策略创立,更无法量化不同营销策略的好坏,无法科学、客观地提出相应的消费者沟通方案,缺乏对营销传播效果的有效支持。过去,媒介和广告专业人员只能凭借主观的经验和直觉给出媒介策略和创意,不能从多视角、全方位洞察消费者需求,策略的制定缺少广告和品牌管理的专业性和严谨性,缺乏强有力的、支撑可持续性品牌资产的数据评估体系。传统的消费者数据往往来自第三方调研机构的专项研究或专案分析,广告公司购买了大量的第三方客户数据,但针对这些资料和数据缺乏有效的融合管理手段,无法形成有效的媒体与广告、销售与品牌、策划与创意等跨部门营销人员协同作战的数据业务平台支撑。

　　媒体无处不在、广告无孔不入,品牌营销在媒介融合下,利用电视、广播、报纸、网络、户外等多种媒体向消费者传达信息,借助媒体的广告活动、公关活动和市场活动共同构筑了营销体系。做广告有时候就是做品牌,但媒体所承担的信息传播功能与广告所要传达的品牌诉求,最终都需要品牌对营销负责。《2009—2010中国广告主生态调研》数据显示,广告主更关注"迅速促进企业产品/服务的短期销售"。这表明广告主更关注广告时效性与销量关联的务实理念。在广告碎片化、媒体环境多元化、广告预算总量不增加的情况下,营销策划该如何优化媒介选择?如何将销售导向与构筑品牌资产的诉求合理统合?新媒体环境下的体验式营销、事件营销、社会关系网营销、精确营销、个性化营销、情景营销、病毒式营销等都催生了新媒体环境下的整合营销。过去的整合营销更致力于整合传播资源和传播渠道,强化多种营销活动形成合力,最大化地传递核心品牌诉求信息。但是,消费者是否能接收到所传递的信息以及多种媒体渠道带来的整合信息是否能够在消费者心中形成"统一视图",一直是营销策划人员无法测量和把控的痛点。

面对层出不穷的新媒体、移动互联网和数字化产品,以及微博、微信、LBS等社会化媒体出现后的营销变革,媒体、广告和企业都处于快速适应和策略调整的新阶段,都在思考如何在整合营销的基础上融入新媒体特性,把握消费者数据,发挥数据库营销威力,形成互动式整合营销模式。如果说传统整合营销的重心是整合媒体和传播渠道,完善一个营销传播计划,通过优化媒介计划和综合评估不同传播手段的角色和传播效果,以期实现广告投放的投资回报,获取附加值,进而能对消费者产生明晰、持续的最大化影响,那么新媒体环境下则需要将营销重心转移到围绕消费者不同阶段的消费体验而定制的"统合营销"理念上,侧重于收集消费者信息,建立消费者数据库,捕捉消费者媒介接触行为,创造更多的媒介接触点,采用全新的营销模式,让广告能数字化运营。

广告数字化运营之道

统合营销的关注点需要从品牌形象和产品利益点的整合转变为消费个体行为模式和经验的统合,运用同源消费者数据找到与消费者互动的关键媒介接触点,用更精细的方法来连接数字与实体,从而与顾客产生持续的对话。数字化新媒体和社会化媒体的发展为营销带来的不仅是新传播渠道,而且能实现全方位触达消费者,可实时互动,使提供精准定位和分析消费者需求成为可能,将消费者个体作为营销整合的主体,多种媒介、多信息源彼此协作,引导购买,促进销售。要实现这一切,就需要我们研究新媒介环境下各种媒介自身的性质以及发生的改变,掌握全媒体的整合研究,明确各类媒介的特点(哪些媒介形式更适合品牌资产建设、哪些更适合销售提升、如何进行广告投放以达到预期效果、如何提升媒介效率和广告效率)。同时,要对广告投放进行客观的价值评估,通过对目标消费群体进行细分,持续性调研消费群体的媒介接触行为、生活形态、消费态度和习惯,为广告投放提供更有针对性的数据支持和接触点匹配;在消费者调研数据的持续性研究基础上,深入挖掘投放广告(促销或销量提升)与品牌传播之间的矛盾根源,寻找市场与品牌双赢的营销模式;在洞察消费行为和数据的基础上,逐步建立适合统合营销体系的媒体、广告、公关与促销等营销活动的指导性范本,规范业务营销策划的流程,构建销售导向的商业战役新模型,同时也要关注网络和社会化媒体等新的传播手段和工具以及新媒体广告效果的评估方法与测量手段。

建立数字化广告运营体系下的统合营销要求营销策划企业能够依靠数字化技术,通过多渠道连续收集客户信息,探究影响消费者消费行为的各种变量,建立数学统计模型,利用数据挖掘技术探求那些不能靠直觉发现的商业机会,挖掘分析模型和商业规则,从而使营销策划人员可以根据消费者的信息、细分群体的特征和消费心理变量,去追踪消费者个体体验的可持续性。对消费者数据的分析运用可以使营销人员与客户产生持续性对话,提供更个性化的传播信息,寻找在不同时间、地点的最佳媒介接触点和媒介组合。这一切都将提升策划人员对目标消费者进行精准洞察的能力,以及跨媒体平台集成数据的能力。研究显示,80%的人类行为是由潜意识所造成的,消费者行为是用来缓解因内心需求与外部解决方法不一致而引起的潜意识的不安的具体行动。研究消费者的心理变数需要从消费者购买决策过程中去挖掘。消费者在购物过程中,可能处于不同的决策阶段和不同情境,其购物心态也会受到媒介的影响,发生动态变化,相关因素包括消费者的购买动机为何、如何去搜索信息、如何权衡品牌和评估购买、如何购买、开始购买后如何评价、满意度如何、是否会重复购买、忠诚度如何等。对消费者不同阶段消费心理的捕捉可以让我们知道在何时、何地采用何种媒介,以何种创意方式与消费者沟通对话,才能获得最佳的营销效果。营销策划人员首先需要研究消费者的年龄、收入、学历、家庭结构、地理信息等人口统计学特征,找到正确的沟通对象,之后需要了解消费者的生活方式、价值观、个性性格、生活态度等心理学特征,找到正确有效的沟通方式和方法。

综上所述,广告数字化运营的变革根本在于统合营销的理念强化,最终落实于品牌管理流程的变革,能够在整个营销过程的不同阶段获得消费者的"统一视图",界定目标消费者,洞察消费行为,挖掘数据价值,确定品牌沟通策略和定位,统合媒介接触点,优化媒介组合和投放,在整合营销框架下形成支撑营销、策划、创意、媒介和执行的一体化决策流程,从而提升整体营销效率,做到品牌与销售的和谐统一,媒体、广告和企业市场营销的双赢、多赢和共赢。

在本章中,我们主要论述了媒介品牌价值的传播概念和具体的战略效果分析,也探讨了企业如何利用媒介传递自身的品牌价值。实际上,品牌价值传播战略的核心目标是要让消费者理解并接受媒介品牌的价值,并愿意为品牌价值付费。而品牌价值的最高境界则是培养消费者对品牌的忠诚,而且是超过理智的忠诚,是超过品牌价值的忠诚。或者说是要让消费者极端地爱上品牌,不能自拔。为此,要做好以下几点:第一,各类媒体组织的营销人员在实施品牌价值的传播战略活动中要能释放出情感,人们只有在释放了情感的状态下才会富有激情和创造力,而且其呈现出来的产品或服务,乃至相应的传播战略内容也会打动消费者并让消费者也随着释放出情感,进而催生具体的消费行动。例如,一个好的影视产品,甚至是广告视频都应该能够让消费者愿意分享并考虑是否能够帮助你进行改善。第二,包括媒体组织在内的企业组织要能够激发出营销人员的创造力,而且是非理性的创造力。过去对员工的要求是具备专业的技术和知识,近年来则还要求营销人员具备洞察力,能洞察消费者的需求并提供相应的产品或服务。而今天要求营销人员还必须具备变革力,从而能够创造价值。第三,营销人员要在品牌传播营销的战略活动中打造神秘感,让神秘感为组织服务,而不是单纯提供信息。第四,要为消费者提供感官体验,情感是通过体验才能激发出来的。现在已经进入了体验经济的时代,如果消费者有了很好的体验经历,那么激发出来的情感就会让消费者自身不停地进行体验(消费)。第五,要营造和消费者之间的亲密感,让消费者愿意拥有你,这个时候消费者就不会在意产品或服务在成本意义上的价值。

战略思考训练

1. 关于在央视春节联欢晚会上有没有,或者要不要植入广告的问题,一直有很多争议。请对近年来央视春晚的品牌建设及其价值进行分析,并针对春晚是否应该植入广告提出自己的观点。

2. 真人秀节目如果不能引发全社会各类媒体组织的关注和报道,是无法形成轰动效应的。请从品牌传播、真人秀选手的来源、观众的接触点等多元角度考察目前国内或国际真人秀节目的品牌价值传播战略,在进行详细的对比分析后作出归纳总结。

3. 美国的奥斯卡金像奖是电影界最为著名的奖项,国内的电影人也纷纷冲击这个奖项。请对国际上著名的电影节或者奖项的信息进行归纳整理,并做出具体的分析。同样对电视领域的奖项和电视节也作出同样的分析。

4. 在传统戏曲已经逐渐被年轻消费者淡忘的今天,昆曲《牡丹亭》却似乎已经造成了一定的影响力,并坚持每年巡演,这似乎显示出了其品牌价值的延续性。请对昆曲《牡丹亭》的诞生以及后续发展进行详细的了解,并在分析其获得成功的原因后,阐述你对传统曲艺发展的观点。

5. 早在20世纪80年代,很多港台明星称谓的前面都要加上"影视歌三栖明星"。虽然这种称谓在今天已经消失不见,但至少代表着明星经纪公司在打造明星个人品牌价值成功后的品牌价值的运用。请对你熟悉的明星的品牌价值的成长经历作出分析,并总结出在复杂的媒介环境时代,如何打造明星的品牌价值。

6. 至今为止，我们能看到无论是传统纸媒还是新兴的电子媒介，都在大量开展活动。很明显，连续的活动能为媒介提供源源不断的内容素材，形成连续的内容，也因此能带来广告的投放。请对众多媒体组织的活动内容及其效果进行分析，尝试找出活动营销以及品牌价值传播的有效模式。

7. 《人民日报》等国内多家主流媒介，都提出各级政府领导人要善用社交媒介。请对国内一些地方政府部门或者领导人的官方微博或其他的社交媒介进行细致的调研，并做出详细的分析报告。

8. 在博客蓬勃发展的初期，一些名人博客拥有最多的粉丝。因为这些人的粉丝数量比一些传统媒体组织还要多，所以令人想到利用其博客的品牌价值进行各种广告宣传活动。但其后微博的发展，则让另外一群名人独领风骚。请对此个人网络媒介品牌成功的规律做出研究总结，并指出其对于企业品牌价值营销战略的意义。

9. 美国的研究发现，所有智能手机的贬值程度并不一致。购买6个月后，iPhone的转售价格为原建议零售价的89%，Android智能机只有55%。购买18个月后，iPhone的转售价为原价的53%，而Android为42%，黑莓为41%。这个研究数据能说明什么问题？如果有可能，请在我国做类似的调查。

10. 请用简单的文字对本章内容进行归纳总结。

第三篇

媒体组织的营销管理

第三篇

收益法的
相关问题

第八章
媒体组织营销管理概论

> 媒体组织生存在由社会的政治、文化和经济等环境组成的关系网中。在这个庞大的关系网中,媒体组织如果不能很好地处理与利益相关者的各种关系,那么这个网就会紧紧地束缚媒体组织的手脚,使得媒体组织总是感觉营销管理不顺畅;如果处理好了各种关系,那么这个网就会很好地保护媒体组织,使得各种交易关系变得非常顺畅,媒体组织的营销管理则会如鱼得水般地自由灵活。

在第一章中,我们就已经强调过,媒体组织必须在环境中生存。不过,媒体组织也不应一味被动地受环境的制约,而应该主动地适应环境,甚至选择环境,以保障自身的生存和发展。比如,美国的好莱坞以前是在美国拍片,然后把影片出口到全世界,而近年来为了追求低成本战略,开始尝试把拍摄基地从本土搬到澳大利亚和新西兰;默多克的新闻集团从澳大利亚开始在世界领域内收购媒体组织,最后把总部搬到了美国,在经历了一段好日子之后,因为旗下报纸的窃听问题遭到英国政府的严厉制裁,并且在美国也受到调查;某些国家禁止在电视台黄金时段播出海外的电视内容,或者每年对海外的电影进口实施配额制度等,媒体组织有可能针对这些规定说服主管部门,再通过主管部门说服国家政策部门出台有利于媒体组织发展的政策;手机通信技术的进步,改变了人们进行信息沟通和欣赏娱乐节目的方式,也会为媒体组织的生存和发展带来新的机遇。

当然,媒体组织也不能完全左右环境,但是和生存环境建立和谐的交换关系是媒体组织营销管理的核心内容之一。媒体组织如何和生存于其中的环境建立和谐的关系就是我们在第三篇中所要着重论述的媒体组织对环境的营销管理。

第一节 媒体组织对环境进行营销管理

我们已经阐述过,媒体组织和外部市场环境有着许许多多的交换关系。比如，媒介产品或服务的生产过程中所能利用的记者、摄像、编导、照明、印刷等资源，就是媒体组织在这些资源市场和资源的所有者进行交换时得到的。媒体组织在市场中，以双方认可的价格（回报）得到资金、人员及其拥有的知识和经验、社会的信任（品牌）、摄录编设备等生产资源用以制作信息和内容，并把自己生产制作的信息和内容提供给消费市场。

在第二篇中，我们主要介绍了媒体组织如何设计市场营销的战略，这涉及一个媒体组织和消费者之间建立和谐关系的问题，并且我们已经清楚地认识到这一问题的重要性。当然，构成媒体组织的市场环境的不只是消费者，还有竞争者和资源提供者，这些都对媒体组织的生存和发展起着举足轻重的作用。所以说，媒体组织的经营管理者进行的**营销管理活动，实际上就是选择与媒介市场建立和维持什么样的关系的问题。**

为了更好地理解媒体组织和市场环境的关系，首先有必要对媒体组织与市场环境之间的关系进行细致的分类。

一、媒体组织的市场环境分析

在第二篇的概论中，我们就媒体组织与媒介消费者的交换关系进行了详细的论述，并引出了媒介营销的核心内容。然而，不管是一个电视台，还是一个报社，甚至是一个新兴的媒体组织，包括和媒介消费者的交换关系在内，媒体组织和市场环境之间的关系是非常复杂的。媒体组织能否营销管理好这些关系，关系到这个媒体组织的基本生存和发展的问题。

那么，一个媒体组织会与市场环境有什么样具体的关系呢？我们从营销管理的角度对此做一个更详细的分析。为了帮助读者更好地领会这方面的内容，我们要做一个假设。假设你是一个媒介领域的从业人员，有着很强的事业心和责任感，并希望在媒介行业做出一番事业。现在，你所在的单位为了今后的产业布局，考虑在集团组织构架中设立视频部门或者电子商务部门，而这副重担落在了你的肩上。这就意味着你将成为一个媒体组织的经营管理者了，而这也为你实现个人的理想创造了条件。那么，你该如何做好这项工作，并实现人生的目标呢？

首先，经过再三的思考和权衡，你决定组建一个视频网站，因为你觉得视频是一种强势媒介形态，有着很好的发展前途。但是有着长年从业经验的你也很清楚，视频媒介属于网络媒介，而网络媒介的影响力是越来越大的，并牵扯到国家的信息和文化安全等问题，而且在世界范围内，各国政府对网络和视频的管理也都是非常严格的，所以你想要组建网络视频类媒体组织并展开经营活动，就必须取得相关政府部门的许可。为了让网络资源更好地为国家的经济建设和人民生活服务,国家的政府部门会通过许可证或执照制度,同意你的组织进入网络视频服务领域。实际上,这就是一种和市场环境之间的交易,是与政府之间进行的交易。这种交易虽然也需要缴纳一定的管理费用,但是费用收益并不是交易的主要手段和目标。政府和媒体组织进行许可证或执照交易的主要目的在于保障媒体组织能够遵守政府的相关法律法规和规则。媒体组织如果没能遵守国家的法律法规,从事非法的媒介产品或服务的生产,并对国家安全、消费者利益以及社会环境造成了恶劣影响,那么政府就会吊销其许可证或执照。所以说,这种遵守国家法律法规的义务是媒体组织获得网络视频服务经营资质的前提条件。在很多场合,和政府的交易都属于这种情况。因为你很清楚这一点,所以在你的申请书里,你强调了你所创建的网络视频媒体组织所能带来的社会效益,并为取得政府部门的认可开始奔波。在通过多次努力,并得到了强有力的帮助(如政府公关、主管部门的战略协助等)之后,你终于得到了政府的许可。

其次,网络视频行业需要庞大的资金支持,例如兴建办公场所、购买办公设备和专业设备及器材,以及引进人力资源等都需要你花费大量的金钱。而这些资金又如何筹集呢?在以往的计划经济时代,媒体组织的资金完全来源于政府部门的财政拨款,而在市场经济时代想获得政府的财政拨款是相当困难的事情。你只能看看政府每年是否有行业的资助计划,例如文化产业发展基金等。如果符合政府的资助条件,你就能获得一些资金的支持。但你知道这些支持远远不能满足支出的要求。你自己掏腰包或者向亲戚朋友借钱也许是一个方法,但这并不是一个好的方法,因为你的积蓄再加上借来的钱也只是杯水车薪而已。那么剩下的唯一可行的办法就是从金融市场中筹集资金。然而,不管是从银行申请贷款也好,还是从资本市场上获得资金也好,作为媒体组织的经营者,你都要给资金的提供者以相应的回报。接受资金和提供回报又是一种交易,是媒体组织和金融市场之间的交易。

媒体组织和资金提供者之间的投资回报可以细分为两类。一种是资金提供者以规定返还期限和规定利息为条件向媒体组织提供资金,也就是说这种资金提供者非常厌恶风险,所以只注重能否得到固定的回报。另一种是资金提供者以取得媒体组织的经营利益为条件向媒体组织提供资金,也就是我们常说的分红。

我们多次强调,媒介市场是风云万变的,所以并不能保证媒体组织肯定能够取得经营利益。如果媒体组织不能取得经营利益的话,那么以取得分红的方式向媒体组织提供资金的提供者就不会获得任何回报,所以这种资金提供者承担的风险就比较大,自然要求媒体组织提供的回报也就要大。他们不仅会要求董事会的职位,而且如果长期不能得到较好的资本回报,这些资金提供者就会"用脚投票",撤出自己的资金。

看起来接受固定回报的资金提供者并不承担什么风险,因为他们只接受固定回报,即使媒体组织破产,这类资金提供者也会优先取得媒体组织的资产。但是,这并不意味着这类资金提供者没有任何风险,如果媒体组织的资产不能抵销债务的话,这类资金提供者也会遭受损失,所以他们也在承担风险,只不过相对而言要小一些罢了。因此,这类资金提供者所能获得的回报一般来讲要比追求分红的资金提供者所能得到的回报少。一般而言,追求固定回报的资金提供者大都是银行,而银行又有很多类型;追求高风险高回报的资金提供者种类较多,有股票市场的普通投资者、有风险投资基金,还有所谓的天使投资人等。选择什么类型的资金提供者并与之建立、维持什么样的关系,你要做出抉择。

再次,你将会考虑如何充实视频内容的库存。一个新的视频服务商,要想和其他的视频类媒体组织竞争,就必须要有好的视频内容才行。本来如果政策和市场环境允许,盗版资源就足够你为消费者提供服务的,因为现在的消费者不太在乎是不是盗版;但是你知道国家政策不允许,而且这不但要面临被视频内容版权所有者告上法庭的风险,还要面临那些著名的广告主为了自己的名誉而不会把广告投放给你的风险。虽然可能因输掉版权官司而需承担的赔款不是很多,但是因广告主拒绝投放广告而带来的损失是巨大的。更重要的是如果考虑到未来要在海外的资本市场上市,那么就更要遵纪守法,所以从长期利益的角度出发,你不能播出盗版的内容。那么剩下的选择就是购买视频内容的版权,或者是自己生产视频内容。因为刚开始建设,你的媒体组织自制的视频内容量不能满足播出需求,而且自制的视频内容的质量也会参差不齐,所以必须外购一些视频内容以充实播出。鉴于中国视频内容市场的现状,你很有可能会购买一些好的电影和电视剧以获得高点击率并赢得广告收入,也许为了迎合一些高端消费者,你还会购买一些专题片和纪录片。除了这些,你还会向节目供应商购买什么类型的视频内容呢?这涉及你的视频网站的风格(是否走专业化视频服务之路,还有是否向消费者收费)的问题。另外,你应该和这些视频内容供应商之间建立一个什么样的合作关系呢?是把它们纳入自己的麾下,使其成为自己专属的节目制作团队,还是维持长期的购买合作关系?这又回到了我们在前面的章节中论述的媒介产业链的控制问题。当然,你还可以把自己的视频网站打造成一个开放的平台,让用户自己上传视频内容,这样用户就自发成为视频内容供应商,当然这种做法具有一定的风险。因为各种选择都有利弊,所以你会陷入苦恼。

接下来,你还要面对广告主和广告代理商。多年的从业经验告诉你,我国的媒体组织是依赖广告收入维持经营的,所以和广告主以及广告代理商建立良好的合作关系也是你经营管理视频网站的过程中非常重要的一环。为了表现你作为经营管理者对广告招商活动的重视,市场营销部的人员邀请你去参加广告招商推介会。你踌躇满志地到了会场,在会上说了一些客套寒暄的话后,就开始强调你的视频网站的优势。说到高兴处,也许你会不小心地说出要把自己的视频网站打造成事实上的网络电视台的远大抱负,并且信誓旦旦地说,如果为你的网络电视台代理广告,并长期坚持合作的话,广告代理商肯定会有很大的回报。可是,到场的广告代理商看起来并不是太热情,甚至有人说很难相信一个新的视频网站能够取得多大的市场份额,甚至还有一些广告代理商当场就提出希望能拿到较大的回扣,并且其折扣要求已经超出了你们的底线。在招商推介会上遇到这样的情况是你不曾预料的,所以你对招商推介会后的豪华晚餐及演艺活动都觉得没了兴致,但你还是满脸堆笑地逢人就说:请多关照。你的热情与诚挚感动了一些广告代理商,他们向你表示会尽力向广告主推荐你们的网络电视台,并且努力保持合作的关系,但是他们需要全权代理你的广告销售,你不能再和其他的广告代理商有联系,也不能自己作任何的广告业务。你该怎么办呢?是全盘答应以图省心,还是只同意对方做某一行业的代理,或者你只能表示回去研究研究后再给出答复?

在进行上述各种活动的同时,你还要考虑引进人才的问题。节目采访、摄像、编导、设备管理、化妆、播出、广告、人力资源管理等部门都需要人手。为了请这些人来,你就要进入专业的人才市场,并且支付相应的报酬。所以,你除了向认识的一些人发出邀请外,还会请猎头公司帮助你挖角。你还会参加一些政府部门举办的人才招聘会,并且肯定还会去重点大学这样的专业人才培养机构招聘一些相关专业的学生。可是你要招聘多少有工作经验的人员,又要招聘多少没有工作经验的学生呢?另外,和你的员工是维持长期的就业关系,还是短期的雇佣关系?因为这些问题牵扯到你现在和将来的生产效率以及培养未来的经营管理者接班人的问题,所以你要做出决定。

经历了上述的许多事情之后,你终于完成了视频网站的初步建设,而且通过各种手段获得的视频内容也终于开始上线播出了。虽然时不时地会出一些小问题,但是通过你和员工一起努力也都解决了,一切好像开始走向正轨了。也许你已经觉得心力交瘁,但考虑往后还有许多事要做,可能你已经后悔答应建设视频网站。但不管怎么样,是该停下来喘口气,并进行适当的总结了。

你经历了第一个交换关系,亦即和投资商的交换关系。在这里,我必须要提醒你,没有投资商的资金介入,建设视频网站这件事根本无从谈起,你也当不了未来的网络电视台的经营管理者,更不用说实现人生的远大理想。可见投资商是非常重要的市场资源。况且给你提供资金的投资商,也在替你承担着很大的市场风险,所以,你必须按照当时的合同约定,归还投资商的资金并给予相应的回报。如果你在这个领域做得不好,投资商"用脚投票"或者通过董事会会议直接更换你的职位,会降低你在职业经理人市场中的评级,因此影响你未来的职业发展和收入水平。

在当今社会,特别是在新媒介产业领域,企业上市成为普遍的经营目标。而且很多号称天使或其他类别的风险投资商之所以在你的企业创设初期就不遗余力地支持你,是因为他们觉得你的公司提供的产品具有独特性和未来性,如果企业在未来能够上市,例如当初的谷歌和后来的脸谱公司那样,不但能获得更多的现金流,而且能为后续的融资奠定基础,投资商也会获得巨大的投资利润。随着企业规模的扩大,你也将更深刻地体会到和投资商合作关系的好坏能影响到你公司的发展。首先,上市之前,为了在与同业者的激烈竞争中获得优势地位,你将不停地需要投资者的资金支持。而当企业上市之后,你也许会因为成功的欲望的驱使,想把企业做得更大更强,于是你要拓展业务领域。例如,当你想通过购买银行的股票进入金融领域的时候,你必须要得到资本市场的认可才能获得相应的资金支持,而且现任的各方股东能否给你投赞成票也很关键。

你经历了第二个交换关系,亦即和劳动力的交换关系。包括记者、编导、摄像等在内的从业人员给你提供了劳动服务,他们牺牲了自己的时间,风里来雨里去到处采访,然后深更半夜地编辑,保证播出。正是因为这些员工的辛勤努力,帮助你实现了你的愿望。看到了他(她)们的辛苦,你觉得应该按照合同,支付相应的报酬,并适当地给予嘉奖。不过你要考虑嘉奖的种类是什么。是单纯地提高报酬水平,还是提高其在公司中的地位,或者也可以考虑给予名誉,甚至还可以考虑提供相应的培训机会等。不过有一点你要清醒地认识到,中国的媒介行业的人才流动率比较高。你花费的培训成本很有可能为他人做了嫁衣。但是,如果中国的媒体组织都不培训员工,那么中国的媒介行业就将永远处于低水平的竞争态势。

除了给员工增加收入、提升地位名誉、提供培训机会之外,如果你还有余力,可以考虑为员工提供住宅和子女教育机会等福利。特别是在中国,房子和孩子是文化和生活环境中最被看重的因素。很多人一辈子辛苦工作就为了房子和孩子。所以,为了招揽和留住人才,你可以考虑自己建房并以成本价提供住宅,这也是一种展示企业实力、提升品牌形象的好手段。而且你也会发现,很多与你有竞争关系的新媒介产业领域的公司为了抢夺和留住人才,从提供无息贷款到直接买地盖楼,正在用各种手段解决员工的住房问题,这似乎已成为新媒介行业巨头们的一种集体意识。

你经历了第三个交换关系,亦即和设备提供商、节目供应商以及发行渠道商的交换关系。器材设备生产公司放心地把设备租赁给你,节目制作公司把节目提供给你,并在播出后收款,也是承担了风险的。所以,你觉得按照市场价格付给他们报酬是应该的。另外,你制作的节目不但要在自己的网络视频媒介上播出,为了获得更多的利润回报,你开始考虑把自己的一些优秀的节目拿到国内外的媒介市场上卖掉。于是,有人把你介绍给一些节目发行商。你们谈得很投机,他们决定把你的节目发行到海外华人市场,为此你要向他们支付一定的发行费用。当然,是按比例分成以期实现最大经济收入,还是由他们一次性买断以期获得资金效率,你们可以通过协商解决。

你经历了第四个交换关系,亦即和广告主以及广告代理商的交换关系。广告代理商不停地为你联系广告主,当然他们也希望自己能多赚一些钱。特别是在亲自经历了广告招商推介会之后,你暗暗地庆幸自己把广告事宜委托给广告代理商是对的。也许你正在考虑是否根据广告代理商业务量的多少调整佣金或者折扣。

你经历了第五个交换关系,亦即和广大网民(视频内容消费者)的交换关系。你经常会得到消费者的评价,一部分消费者告诉你说,他们非常感谢你为他们提供了及时的信息和令人舒心振奋的娱乐内容,希望你们再接再厉。于是,你感觉到你直接和这些媒介消费者有了接触,内心深处又产生了动力,并想为他们制作出更多更好的信息和内容。也许更大部分的内容是来自消费者的批评,比如视频不流畅、广告不能跳转等,希望你把这些都看作是一种对你的激励或建议。

你经历了第六个交换关系,亦即和政府的交换关系。你很早就明白了如果没有政府的许可,你是没有资格经营网络视频媒体的,因为政府要保障国家的安全、网络的畅通,并且为了文化传媒事业的正常发展,必须规范信息和视频内容的制作及广告市场,所以,政府颁发的许可证是必要的。你是一个正直的人,你觉得政府为你提供了服务,你应该尽义务,于是你考虑不但要注重社会责任,还要在纳税方面合理避税而不是逃税。

二、媒介市场的详细分类

如上所述,任何一个媒体组织都要经历这么多复杂的交易关系。如果其中任何一个关系出了问题,都会影响到这个媒体组织的生存和发展。所以我们一直强调,媒体组织要对这些市场交易关系进行营销管理,这也是媒体营销管理具有挑战性和刺激性的地方。

在和市场环境的各种交易关系之中,如果媒体组织能够得到生存和发展的资源,并对这些资源进行适当的组合和生产活动,就会得到经济利益和其他的一些东西,比如从业员工对媒体组织的忠诚和敬业、媒体组织技术水平的提高、社会大众对媒体组织的信任等。

在上述诸多关系之外,还有一个非常重要的关系,那就是和同业者的竞争与合作的关系。也许媒体组织和竞争对手之间在内容和资金等方面有直接和具体的交易关系,但同时也都在抢夺同样的消费者群体和广告客户,如何处理好这种竞争与合作的关系对媒体组织的生存和发展是非常重要的。为了在激烈的市场竞争中取胜,媒体组织不能忽视竞争对手的动态。

媒体组织所进行的各种交易关系是在不同的市场中完成的。和消费者以及和竞争对手的关系是在媒介产品或服务市场中展开的,和资金提供者的关系是在资本市场中展开的,和设备、节目供应商的关系是在供应市场中展开的,和广告代理商的关系是在广告市场中展开的,而和员工的关系则是在劳动力市场中展开的,所以就要求媒体组织对不同的市场进行营销管理。但是,媒体组织的经营管理者应该注意到,实际上和竞争者的关系不只是局限在媒介产品或服务市场,在其他的市场也都存在竞争关系。也就是说,媒体组织的竞争者之间,会在任何一个市场,围绕资源、资金和人才等生产要素展开激烈的竞争。

通过观察,我们会发现,在任何一个时间段内,媒介市场中的各种关系都是处于均衡状态下的,但这个均衡状态在长期中却是动态的。

图8-1显示了媒体组织和各个市场的各种关系。图中的虚线代表了政府制定的各种法律法规政策以及社会伦理道德所限定的框架,这也构成了媒体组织所能展开的营销管理活动的范围。如果政府不对这个框架加以政策和法律上的改变,那么媒体组织的营销管理就不可能也不应该超出这个范围。例如,常常有媒体组织或个人呼吁政府对电影或电视执行分级制度,分级制度是否应该出台还值得商榷,但至少在这个制度出台之前不能逾越政府规定和社会习俗的底线。还有一点,所有的媒体组织都在面对同样的政策,有的媒体组织能在市场中生存得很好,有的媒体组织生存得就比较艰难,其原因可能不单单是政策的问题,还

有可能是创意能力或适应能力等方面的问题。

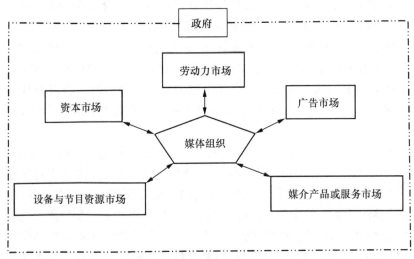

图 8-1 媒体组织与媒介市场的关系

如果我们对图 8-1 所示的市场关系,按照媒体组织的投入和产出原则,再做一次详细的分类,就可把这些市场关系归纳为两个市场关系。我们可以把上部显示的关系称为媒体组织与消费者之间的媒介产品或服务市场的互惠型营销关系,而把下侧显示出来的关系称为媒体组织与资源所有者之间的要素市场的互惠型合作关系。

图 8-2 显示了媒体组织和投入产出市场的关系。经济学知识告诉我们——任何一个价格都是市场中的均衡结果,显示了市场中的供需平衡。

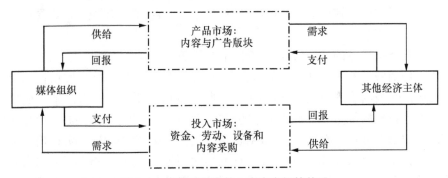

图 8-2 媒体组织和投入产出市场的关系

在前文中,我们曾经说明作为一个媒体组织的经营管理者,在面对着众多的交易关系时,会有多种战略性的选择,这些选择的总和就构成媒体组织所采取的营销管理战略。或者换句话说,媒体组织针对消费者的营销战略需要媒体组织与其他利益相关者的关系战略(营销管理)做支撑。

我们先看一看在要素投入市场中,媒体组织所应该采取的营销管理战略。比如在劳动力市场中,面对和员工的交易关系时,仅电视媒体就有所谓的"台聘""企聘"的选择,这些选择就是媒体组织的经营管理者的人力资源战略的一部分;同样,向什么样的资金提供者以什么样的方式筹集资金形成了媒体组织的资本运营战略。

另外,在媒介产品或服务市场中,在何时、何地向什么样的电视观众(消费者)提供什么样的内容构成了媒体组织的产品或服务战略,这是我们在第二篇中详细论述过的内容。同样,在何时、何地用什么样的媒介产品或服务、什么样的广告价格同什么样的竞争者进行竞争构成了媒体组织的竞争战略。

当然,媒体组织的经营管理者还应该注意与设备供应商及内容供应商有关的战略选择,不过这些战略选择同时会牵扯到媒体组织的内容生产战略和竞争战略,这是因为考虑到产品战略和竞争战略的需求,媒体组织的经营管理者就要决定是否把设备供应商和内容供应商以及渠道发行商完全纳入媒体组织内部,或者把自身的内容制作部门完全分离到媒体组织外部,使之成为外部的内容供应商。这种战略选择也就是我们常说的电视媒体要不要实行制播分离、媒体组织要不要实行集团化以及实行什么样的集团化等方面的内容。

在前文中,我们论及了媒体组织应该在政府制定的法律的框架内进行经营活动,这是绝对正确的,但我们要提醒的是,这并不是一成不变的,媒体组织可以利用自身的影响力,说服政府部门制定对自身有利的政策和法规。特别是在政府大力发展文化传媒产业、调整经济结构体系的时候,媒体组织往往容易得到政府的政策或资金支持。

但要特别注意的是,文化与媒介产品或服务往往作用于消费者的精神世界,会影响到消费者的人生观和价值观,所以很容易造成各种问题。比如,网络游戏会带来沉迷或网瘾现象,影视剧为了获得收视率或者票房而设置的情节所展现出来的不正确的价值观会给青少年的成长带来负面影响等。这些必定会带来政府的严厉处罚措施。有的时候,政府也会直接介入市场的运作,例如政府资助一些企业开发绿色软件,防止青少年出现网瘾问题等。但是,政府部门在出台政策或直接介入市场的时候,要考虑到政策或介入效果。政府的政策和直接介入行动必定会给产业界的发展带来影响,而且政府的投入是以税金为基础的,所以要考虑税金使用的合理性和效率。

在国际化成为普遍潮流的今天,媒体组织不可避免地要在国外开展各类活动,因此就要考虑如何与外国政府展开关系,如何在异国法律和政策允许的框架内进行营销活动,这就是国际化经营战略的研究范畴。

业界大观

政府干预市场的政策手段的有效性

创造韩国党议员曾经对即将开始实施的韩国青少年防沉迷制度提出了反对意见。理由如下:

1. 与韩国政府个人信息保护政策相冲突

该议员在国会中举办的文化体育观光部(以下简称韩国文化部)国政监察会议中主张,"由于韩国政府正在为防止个人信息的泄露,尽量简化原有的个人信息收集等程序,因此青少年防沉迷制度将与之冲突"。

2. 会给游戏公司带来额外的开支

同时,该议员还指出,为了执行防沉迷制度,游戏公司要投入300亿韩元(折合人民币约为1.6亿元)的系统架构费用。

也就是说,若防沉迷制度实施,未满16岁的青少年若想注册游戏账号,就要取得监护人的同意,游戏公司为此要花300亿韩元架构额外的个人信息收集系统,收集监护人的个人信息。

该议员递交的韩国立法协会调查报告书上称,若防沉迷制度实施,韩国游戏产业所要承担的费用为系统架构费55亿韩元(折合人民币约为2971万元),个人信息保护系统架构费259亿韩元(折合人民币约为1.4亿元),一共要花费300亿韩元以上。

3. 效果受质疑,对服务器在海外的游戏无可奈何

同时,该议员还表示,为了解决青少年沉迷游戏的问题而制定的防沉迷制度,对于服务器在海外的游戏将无可奈何,这会导致更大的问题。

4. 还不如举办相关活动,让青少年健康度过闲暇时光

最后,该议员主张,为可有可无的制度花300亿韩元架构相关系统,还不如把钱花在构筑能让青少年健康度过闲暇时间的相关活动等方面。

节选自17173新闻中心

第二节 媒体组织实施营销管理的目的及其战略

在以上的内容中,我们不厌其烦地阐述了媒体组织进行环境营销管理的必要性。那么,环境营销管理的核心目的是什么呢?虽然我们已经多次提及,但还是有必要进行归纳和总结,以帮助读者加深理解。

一、媒体组织进行环境营销管理的目的

媒体组织的经营管理者在面对着众多的市场交换关系时要进行相关的战略抉择。可是,这些战略是基于什么目的而被制定和选择出来的呢?当然,就像我们多次强调的那样,不单是为了追求经济利益,也是为了媒体组织的生存和发展。对于一个媒体组织的经营管理者和在职的大多数员工来讲,媒体组织不应该是一个单纯追求经济利益的经济主体,对经济利益的追求实质上是媒体组织存在意义中最为表层的东西。

那么,媒体组织到底是什么?最为肯定的答案应该是人的集团。实际上,媒体组织的员工之间的相互关系以及和外部环境的众多交易关系把媒体组织变成了一个小的人类社会。而人类社会需要什么呢?答案是显而易见的,人类社会需要安定与和谐,这样才会有发展。

媒体组织既然是一个小型的人类社会,那么维持媒体组织的安定与和谐就是媒体组织发展的必要条件。如果从这个角度来考虑的话,对媒体组织进行营销管理的目的还应该包括维持媒体组织的稳定这个层面的内容。所以说,媒体组织的经营管理者不但要努力创造出能够保障集团生存所必需的经济利益,更需要维持媒体组织的安定与和谐。比如,不要频繁地更换媒体组织的成员,并保证媒体组织成员的收入稳定。媒体组织的经营管理者如果只考虑经济利益或个人的感受,而不考虑绝大多数员工的利益,那么就不会有员工对媒体组织产生忠诚的感觉,自然,媒体组织的生存和发展也就无从谈起了。同理,员工过多追求回报,也会影响组织的生存安全。

还有,媒体组织所进行的各项活动和人们的自我实现活动也是密不可分的。如果有机会采访一些成功的媒体经营管理者,问他们经营管理媒体的乐趣在哪里,感受到了什么,相信他们一定会强调说:在开始创业的一段时间,他们的确拼命想追求经济利益,而在经营管理媒体组织一段时间以后,伴随着组织的发展,追求经济利益的意识会逐渐减弱,为社会服务、实现个人的人生梦想这个意识会逐渐清晰起来。同样,如果去问一个普通的电视编导或报社记者,为什么要从事

这样辛苦的职业,相信大多数人会说,不是为了那点微薄的报酬,而是因为在从事自己喜欢的工作,能从事这样的工作,并能在工作中实现自己的理想,便觉得人生有意义。

如果我们综合一下上面的分析,就会发现我们谈了三个方面的内容:一是对利益的追求,一是媒体组织的维持,再一个就是自我人生价值的实现。实际上,作为一个媒体组织的环境经营管理者,你如果没有考虑到这些方面的因素,那么这个媒体组织也将会分崩离析了。这是因为职场人士抱有多种多样的动机和理想,如果你对媒体组织的营销管理,不能实现人们的理想,那么那些有理想、有追求的员工就不会被吸引到这个媒体组织中来,而已经加入的人员也很有可能会离开。中国媒介行业的高离职率也许能说明一些问题。

追求经济利益也好,维持媒体组织也好,实现自我的人生价值也好,如果媒体组织没有实现发展的话,这些也就无从实现,所以说媒体组织的发展是实现上述众多目的的前提条件,是媒体组织实施营销管理的大方向。但是,在媒体组织的发展过程中,不可避免地会遇到各种难题和风险,如果不能发现和解决这些难题,就会威胁到媒体组织的生存,所以说媒体组织通过实施营销管理消减风险是对实现发展的支撑。

总结上面的内容,我们可以提炼出媒体组织的营销管理的目的应该包含两方面最为核心的内容,那就是实现媒体组织的发展和消减各种风险。实现发展是媒体组织营销管理的终极目标方向,而消减风险是对目标方向的支撑,两者是相辅相成的。

二、媒体组织的发展战略

让我们参考前文中所举的例子,思考一个媒体组织为了实现自身的发展,应该采取的发展战略。

对于你所创建的视频网站,你最先考虑的发展战略之一可能就是要打败自己的竞争对手,取得更高的点击率和更多的广告收入。换句话说,一个媒体组织如果获得了更高的收视率、点击率或发行份数等市场份额指标,自然就会带来相应的广告收入和组织的发展。

你接下来该考虑的是如何扩大市场和事业领域,通过你和你的团队的营销努力,让国内其他地区甚至国外的观众都能收看到自己的视频节目或广告。另外,让自身的媒介形态发生改变和融合,扩大自身的经营领域,也能够带来媒体组织的发展。

如果对上述内容进行总结,你就会发现你考虑的媒体组织的发展战略包括

竞争战略和**多元化战略**这两个方面的内容。而多元化战略又可以细分为扩大事业领域的多元化战略和扩大市场领域的国际化(全球化)经营战略。

那么,和投入市场相关的媒体发展战略又是什么呢?首先应该是**人才战略**和**资金战略**。为了让人力资源和资金的拥有者为媒体组织提供这些必需的资源,媒体组织就要为资源拥有者提供相应的经济利益或其他的便利。如果不能把媒体组织在发展过程中所取得的果实分配给这些资源提供者,或者说成果分配机制不健全,那么资源的拥有者也就不会持续地为你的媒体组织提供资源。

特别是在资金的筹集环节,是和股票市场保持良好的合作关系,以确保每次股票发行的顺利,还是和银行保持良好的合作关系,以确保贷款的顺利,这是你的资金战略中重要的选择。另外,每个媒体组织都会考虑接班人的问题,是从外部寻找合适的接班人,还是在内部培养合适的接班人,这也是你的人才战略中要考虑的重要问题。

三、媒体组织消减风险的战略

上文中提及了媒体组织的发展战略,并粗略地阐述了相关的战略手段,那么媒体组织消减风险的战略又有什么呢?还是让我们参考前面所举的例子来进行分析。

在阐述消减风险的战略之前,让我们分析一下你的媒体组织会面临什么风险。

首先,你的视频网站的市场状况也许并不乐观,没有人能保证你的视频内容会有很高的点击率。即使昨天很受欢迎的内容,也许在今天,点击率就开始大幅度下滑。其原因也许是流行趋势有了变化,也有可能是竞争对手上传了比你更好的视频内容,这些都为你的媒体组织带来了风险。还有,你上传的视频内容也许因为审查不严,出现了严重违背政治原则的问题,这种风险的严重性不言而喻。另外,可能为你们的视频网站进行广告代理的公司突然倒闭,广告费暂时无法回收,并且广告位置一时间无人代理,结果造成资金吃紧。还有一些其他的天灾人祸,都会给你的媒体组织带来风险。

在媒体组织进行的各项活动中,都会存在各种可预知和不可预知的风险,有些风险是可以利用商业保险措施等战略手段回避的,但有些风险是不能够用这样的手段简单回避的。风险是永远伴随着媒体组织存在的,而且随着媒体组织的发展,你所面临的风险也会越来越多,越来越大。

实际上,很多风险来源于媒体组织所面临的市场环境,其中包括市场需求的变化所带来的风险,还有相应的技术变化所带来的风险。消费者的爱好如果发生变化就会影响市场需求，给媒体组织带来巨大的风险，而技术的变化所带来的风险是指现在的媒体组织所使用的技术被新的技术所取代时所形成的风险。市场需求的变化和技术的变化给媒体组织带来风险的例子比比皆是，这些风险常常改变了媒介市场的格局。

例如，自从电视开始普及以后，广播电台被电视媒体压得抬不起头，不但收听率直线下滑，广告收入、影响力等都比不过电视，所以很多广播人纷纷改行当起了电视人。不过最近几年，广播电台的交通台却扭转了这个局面，其收听率一直居高不下，就连其节目主持人的影响号召力也不亚于电视上当红的节目主持人。很多电视频道的收视率根本就没有办法和交通台相比。带来这种变化的原因实际上很简单，那是因为人们的生活方式发生了变化，人们出行的机会增加了，主要是出行中乘车的机会增加了。现在，在北京等主要大城市，自行车的身影越来越少，出租车和私家车的数量急剧上升，在大街上看到的往往是汽车的海洋。这样一来，电台的优势就比较明显了，所以交通台的听众（消费者）自然就越来越多，其相应的广告收入和影响力自然就会增加。

生活方式变了，市场需求就会发生改变，竞争的压力自然就会要求技术发生变革，并且可以很快地催生新的技术。现在，移动电视技术已经成熟，在一些大城市配有液晶电视的交通工具已经行驶在大街上了，这意味着电视媒体在移动领域的竞争力开始加强，这样就又会给广播电台的交通台带来风险。相信在不久的将来，电视和电台在移动领域的竞争格局会发生一些改变。2005年，北京的出租车已经逐步加装液晶电视，北广传媒也建立了移动电视频道，甚至有可能建立单独的出租车频道，这样将会给广播电台带来极大的竞争压力，不知道广播电台会采取什么样的竞争和风险战略，让我们拭目以待。

不过，广播电台和电视媒体关注市场格局和技术变化所带来的影响，并展开相应的竞争还是不够的，更强劲的竞争对手早已浮出了水面，那就是移动通信。人们生活方式的改变，带来的最大结果是手机的普及。相信在不久的将来，伴随着移动通信技术的飞速进步，手机给包括电台、电视台以及纸媒介在内的所有媒体组织所带来的影响将会是巨大的。也许电台和电视台早就应该把移动通信商看成最大的竞争对手，并展开相应的竞争或合作战略。实际上，现在已经有很多电台和电视栏目纷纷和移动通信商展开了密切的合作。

参考上面的内容，我们可以把市场所带来的风险分为两大类。

首先，是竞争对手所带来的风险。在媒介产品和服务市场中，竞争对手会采取什么样的手段，往往在事先是不可预知的。竞争对手采取的竞争行动，可能使得你拥有的竞争优势崩溃，并失去已有的市场份额。

其次,是事业环境的变化所带来的风险。在媒体组织周围的环境中,常常会发生一些意想不到的变化——消费者的兴趣发生了变化、人口数量或者比例发生了变化、经济形势发生了变化、技术发生了变化等,而且很多变化是突如其来的,没有什么征兆。伴随着这些变化,消费者对媒体组织提供的产品的需求会发生改变,也有可能带来媒体组织经营成本的上升。那么,媒体组织该如何应对这些变化所带来的风险呢?

媒体组织为了应对竞争和环境变化所带来的风险,一个基本的手段是要利用自身积累的知识、经验以及能力,尽可能地回避风险或者把风险降到最低,然后尽可能地创造媒体组织的经济利益,满足媒介产品或服务的消费者的需求,确保媒体组织的发展。

对于因竞争所带来的风险,媒体组织必须要理解市场竞争的状态,制定出战胜竞争对手的战略方案,或者避开竞争的战略方案。所以,媒体组织在实施营销管理战略时,必须做的事情包括:理解市场及其竞争机制,判断和分析对手的竞争手段。为此,媒体组织要时刻把握竞争的状态和相关的信息,并掌握分析信息的知识和能力,然后以此为基础,制定出竞争对策。我们把这些称作媒体组织的竞争战略。

对于因环境变化所带来的风险,媒体组织还要具备预测市场环境的变化,并采取必要的行动的知识和能力。洞察消费者的需求、预测市场环境的变化,并事先准备好相应的媒介产品或服务,或者调整自身的产品或服务结构,进入到新的事业领域等都是很好的应对环境变化的基本方法。比如说,如果能很早地预见到手机电视会流行,就应该预先准备好手机电视所需要的资源和技能,并推出适合的节目内容。我们把媒体组织根据环境的变化,制定出事业领域的范围和框架的对策称为媒体组织的多元化战略。

我们可以从上面的分析看出,竞争战略、多元化战略以及国际化经营战略是媒体组织为了组织的发展和消减风险而实施的重要的营销管理战略。

在本章里,我们重点阐述了媒体组织和环境的关系、媒体组织进行环境营销管理的目的和发展战略等核心内容,并就一些战略内容作了大致的概述。在余后的章节里,我们主要就媒体组织的竞争战略、多元化战略和国际化经营战略等内容,进行更为详细的阐述,这些是媒体组织的营销管理战略的核心内容。

第八章 媒体组织营销管理概论

战略思考训练

1. SICAS 模型是 DCCI 互联网数据中心发布的 2011 社会化营销蓝皮书中的一个消费行为模型。消费者的消费行为已经被很多机构研究过,并已形成各种各样的模型。请对各类消费模型作出细致的调研,并进行对比分析。

2. 一些行业人士认为,视频网站的竞争已经由资金层面"购买力"的竞争转向行业层面"购买能力"(选剧能力)的竞争,但这并非重点,最终决定胜负的将是平台的"造剧能力"。请针对此观点展开论述。

3. DCCI 调查数据显示:2011 年,65.4% 的网络电视英超受众表示因为赛事丰富、可选择程度高而选择网络电视;从整个赛季来看,广告少成了英超受众选择使用网络电视的主要原因之一。请对网络视频的市场状况做出细致的分析,并对网络视频产业的发展战略做出归纳总结。

4. 有专业杂志认为,移动互联网天生是国际化的,而且在市场开拓方面比 PC 互联网更具备国际化的优势。所以,国内的游戏或软件开发企业要更重视使用移动互联网开拓国际市场。针对此观点展开你的分析,并讨论移动互联网与企业国际化战略的本质关联。

5. 曾经的 114 电话查号台正在努力转型为一个综合信息服务平台。请对 114 现行的战略服务内容进行深入的调查,对其战略的成功与否给出评价,并分析其未来的发展趋势、面临的竞争和其他可能的风险。

6. 在网络化生活的今天,人们还在看书,还在买书。不过,他们往往先在实体书店看书、挑书,再去网上书店买书。这种文化消费模式已经影响到书店产业的格局。现在大学附近都会有书吧,请对你所在大学附近的书吧的经营现状、未来的发展战略以及肯定会遇到的风险进行调查分析。

7. 现在,出现了越来越多的"垂直化"专业社交网络。这些网络通过专门的工具,为某种特定的职业人士服务。所以有研究结果认为,通用性的专业网络会逐渐被更专业化的垂直网络所削弱。请对近年来专业化垂直网络的发展状况作出调研分析。

8. 美国和日本动漫产业的发展以及其对经济整体的贡献一直是我们用来提倡发展动漫产业的根据。现在,国内有动漫研究报告认为:作为朝阳产业,动漫产业在国家政策的大力扶持和各方共同努力下,取得了令人瞩目的成绩,正在从小到大,由大到强,稳步前行。请结合这个观点,考察我国动漫产业的年产值和从业人员的数量,从其占 GDP 总体的百分比以及人均产值收入等角度进行综合分析。

9. 英国某媒体曾经撰文称,随着 iPad 和 Kindle 等便携数字设备的崛起,英国的报业公司都在纷纷缩减或放弃印刷业务,并向数字内容公司转型。请对目前国际和国内报业公司的现状和转型趋势进行系统的分析。

10. 请用简单的文字对本章内容进行归纳总结。

第九章
竞争与合作战略

媒体组织之间的竞争有多个层次。价格的竞争是最常见的而且是最低级层次的竞争,产品的竞争是稍微高一个层次的竞争,再上一个层次就是技术和生产管理体系的竞争,再进一步就是产业标准的竞争,而最高层次的竞争就应该是营销管理理念的竞争,竞争战略的核心目标就是消灭竞争。媒体组织的资源是有限的,所以相互竞争者之间有时也会在一些领域采取合作战略。总而言之,不论是采取竞争还是合作的战略,目标都是为了获得尽可能多的消费者。

媒体组织的营销管理战略是媒体组织在市场环境中,和各个利害相关者建立和维持交换关系时的选择。战略应该包括媒体组织进行短期和长期活动的基本构图和意志,是媒体组织进行环境营销管理的核心内容,决定了媒体组织的行动的内容和方向。

我们在本篇的概论中,已经论述了媒体组织的营销管理战略应该包括竞争战略、多元化战略和国际化经营战略等方面的内容。在本章,我们主要学习媒体组织的竞争战略。

第一节 市场竞争与竞争战略的目标

曾几何时,传统媒介纷纷指责新媒介在内容上侵权,甚至电视媒介大动干戈,千方百计阻止网络视频播出拥有电视台版权的内容,可见竞争之激烈。然而时隔不久,"网台联动"又成为时髦的词汇在两个业界流行起来,真让人觉得如戏剧一般。

一、谁是竞争对手

一般来讲,媒体组织的经营管理者习惯于把同类媒介的媒体组织当成最大的竞争对手,事实上也的确如此。因为媒介市场的空间是一定的,广告主和媒介消费者在各个媒介领域的广告投放以及付费也是相对固定的,于是所有的媒体组织为了提高市场占有率和获得更高的收入,都在不停地使用各种营销手段进行竞争。例如,各大电视台常常通过改版、实行收视率末位淘汰制、不停地举办与广告主的联谊会并进行转播等战略行动展开激烈的竞争。而近年来,电视台之间的竞争就更为典型,全部集中在真人秀、电视剧等娱乐节目上。报纸之间的竞争也相当激烈,主要是报社之间在各个地域内展开的价格竞争。电影的竞争,主要体现为电影制片公司在几大观影档期争夺院线的数量和排片规模。新媒体组织之间竞争的激烈程度也不遑多让,门户网站之间竞争用户的规模是不是第一,视频网站争购版权内容以获得用户的忠诚,连最晚出现的团购模式也从一开始就面临着激烈的价格竞争。

如果一个媒体组织的经营管理者只把同类媒体组织当作竞争对手,那么这个媒体组织将会面临困境。这是因为这种竞争意识会导致管理者只是从狭隘的媒介形态角度出发来考虑和设定竞争战略,而不能在更深层次考虑媒体组织的竞争环境。这种狭隘的竞争思维往往最终会导致价格战。因此,我们有必要从媒介产品与服务的层面考虑一下竞争的意义。

媒体组织是一个提供信息和娱乐内容的生产性组织,而提供信息和娱乐内容的组织却不只有电视台、电台、互联网、报纸、杂志甚至电信运营商等媒体组织都能够提供信息和娱乐内容,所以媒体组织应该把竞争对手的范围扩大到整个广义的媒介行业,也就是说,只要是提供信息和娱乐内容的组织和机构都是媒体组织的竞争对手。例如,电视和电影有竞争关系,和网络视频有竞争关系,和手机视频也有竞争关系。

业界大观

2010 年媒体组织竞争压力来源调查

陈 永 丁俊杰 黄升民

1. 2010 年被访电视媒体广告经营竞争压力来源前三名:电视、互联网和报纸

2010 年被访电视媒体认为自身最大的竞争压力来源于同类媒体,而除此之外,互联网、报纸和户外成为对电视媒体造成竞争压力较大的三类媒体。

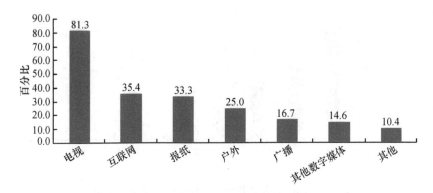

图 9-1 2010年被访电视媒体竞争压力来源(n=48)

2. 2010年被访广播媒体广告经营竞争压力来源前三名：互联网、户外和电视

2010年被访广播媒体认为最大的竞争压力来源于互联网媒体,选择的比率为75%,其次是户外媒体和电视媒体。

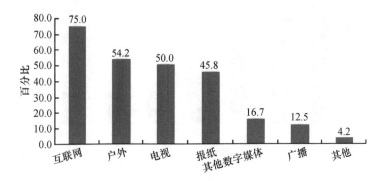

图 9-2 2010年被访广播媒体竞争压力来源(n=24)

3. 2010年被访报纸媒体广告经营竞争压力来源前三名：报纸、互联网和电视

2010年被访报纸媒体认为自身最大的竞争压力来源与电视一样,都是同类媒体,而除此之外,互联网、电视、其他数字媒体成为对报纸造成竞争压力较大的三类媒体。

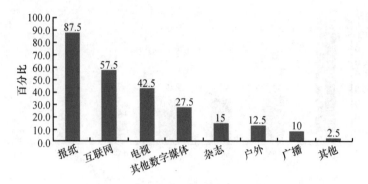

图9-3　2010年被访报纸媒体竞争压力来源(n=40)

4. 2010年被访杂志媒体广告经营竞争压力来源前三名：电视、互联网和杂志

2010年被访杂志媒体认为最大的竞争压力来源于电视和互联网媒体,选择的比率为58.3%和50.0%,其次是同类媒体,再次是其他数字媒体。

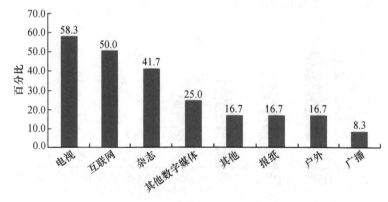

图9-4　2010年被访杂志媒体竞争压力来源(n=12)

节选自中国传媒大学广告主研究所发布的《中国广告生态调查》

到现在为止,虽然我们把竞争的视野放宽了,但也还是停留在媒介产品或服务领域,我们应该进入到消费这一层面。

不知读者是否有这样的经历,因为一些不得已的应酬活动,比如和友人一起吃饭、聊天或者参加健身等活动,错过了想要看的电视节目。虽然现在在一些较为发达的地区,你可以通过数字电视等手段,在合适的时间收看到想看的节目,但在全国范围内还不行,为此读者可能会觉得很遗憾。这说明了一个问题——电视节目消费的是消费者的余暇时间,所以所有能够占有消费者余暇时间的活动项目都是电视节目的竞争对手,比如电影、读报、上网冲浪等。

案例研究

地铁媒介的多样化竞争

当我们坐在地铁中,会发现车厢里充满了各种媒介形态。从发展的顺序讲,首先是平面印刷广告形态,后来是贴在车门上的半透明广告,然后就是车厢电视媒介形态。当初车载电视媒介刚刚出现的时候,曾经引起学界和业界的广泛研究和讨论,其中大多数研究认为,在车厢封闭的环境内,人们只能被强制观看车厢电视的内容,所以车载电视会有很好的传播效果,因此广告效果也就值得期待。后来,连地铁隧道的墙壁上都装上了LED动态广告显示屏幕。

然而,事实又如何呢?事实是,地铁车厢内的媒介形态还有很多的竞争对手。

在车载电视等新媒介流行之前,人们会普遍带着报纸和书籍,以阅读的方式打发车内的时光。如今在乘坐地铁的时候如果你仔细观察,就会发现乘客们都在低头玩弄手里的各种媒介终端设备,或是在查找信息,或是在观看视频、听音乐,甚至是在玩游戏,只是偶尔地抬起头,至于是否"在看"或者能否留有印象就不得而知了。这些意味着曾经被期待的车厢媒介的传播效果并没有实现。不过有一点值得认可的是,那些因为拥挤不得不站在车厢门口的乘客被动地观看视频广告或者车门上粘贴的广告的机会的确会多一些。

如果再仔细观察,又会发现,由于便携式终端媒介设备的普及,那些携带报纸和书籍的乘客越来越少了。那么利用地铁站销售点或车厢内流动销售的方式,以地铁车站巨大的人流为销售对象的纸媒介的营销方式也许不得不改变。

从另外的角度讲,在过去技术不发达的时代,乘客在封闭的地铁车厢内,只能看内容或信息,所以打发无聊时光的行为模式只有"看"一种。而现在车厢内设置的媒介形态已经视频化,从理论上讲,乘客可以"听"和"看",因此行为方式更为丰富,也因此才会产生更有价值的媒介消费(强化广告记忆,带来后续的消费)。但可惜的是,车载视频媒介的诞生晚于便携式媒介终端设备,而便携式终端设备能让乘客在同样的时间内体验内容更为丰富、质量更好的"看""听""玩"等行为带来的乐趣。

对于乘客而言,拥挤的车厢环境和糟糕的乘车体验根本无法让其产生对车厢媒介的消费欲望,而且人们的地铁乘车体验在短期内也不会有根本性的好转,所以附着于地铁车厢箱体的媒介形态的传播效果以及发展空间,实在堪忧!

另外,如同我们在渠道以及平台战略那一部分所阐述的那样,随着物流产业的发达,媒介渠道早已经成为一个为其他产业提供服务的流通渠道,如能实现商流、信息流和金融流等。众所周知,电子商务领域的图书销售已经严重侵蚀了传统图书行业的市场,而伴随着手机智能终端的普及,移动互联网的便利带来的移动支付服务的增长率也非常惊人。特别是在一些新兴市场,卡基支付的普及程度远远低于发达国家,而移动终端的普及率却很高,再加上消费者对移动支付的用户体验要求偏重基本功能,所以推广移动支付的成本相对较低,那么这些地区的用户就很有可能跳过卡基支付方式而直接进入更为便捷的移动支付时代。

所以从渠道和服务的角度讲,媒介产业很有可能在未来同所有的产业组织在各个层面展开激烈的竞争。

所以说,一个媒体的经营管理者要从竞争理念上考虑自己的战略,把时间和精力等多放在吸引消费者的余暇时间上面,并且让消费者在向媒体组织交付了他们的余暇时间的同时,也愿意向媒体组织交付金钱。

二、媒介内容领域的竞争格局

在经济学的章节中,我们曾分析指出中国的大多数媒介市场是垄断竞争类型的市场。在接下来的内容里,让我们看一看中国媒介市场的竞争格局,以便对今后的学习有所帮助。

首先,从媒介形态上看,各个媒介都进行着激烈的竞争。以电视节目市场为例,如果打开你的电视机,至少能收看到50至60个频道,甚至在一些小区,还能收看到境外频道。这些频道每天都围绕着固定的电视观众,在一定的时间内展开激烈的竞争。如果我们观察纸媒介的话,就会发现纸媒介之间竞争程度的激烈远远超过了电视媒介,在一些地区已经进入了白热化状态。

其次,就媒介传播的内容来看,目前主要有新闻、体育、生活、音乐、财经、综艺等几大类别。现在每一类别的竞争都已经非常激烈,比如说体育类节目,无论是电视还是广播,都在比拼传播速度。受众注重的是第一手的信息资讯,所以这类媒体组织的竞争在很大程度上是比赛转播权的竞争,或者换句话说,是其背后资金实力的竞争。资金充足就能购买到转播权,也就能最终占有受众的注意力资源,形成影响力,并实现巨大的经济回报。例如,每届奥林匹克运动会都会吸引大批有实力的媒体组织来竞争转播权。体育类纸媒介之间的竞争也是非常激烈。

通常，一旦有国际大赛，中央电视台的体育部当仁不让地会取得转播权，而现在它受到了有经济实力的地方台的挑战。已经有地方台提出质疑：为什么地方台不能取得国际大赛的转播权？经过努力，现在已经有一些地方台参与到一些重大国际比赛的转播工作中。

对于新闻、生活类等媒介，由于受众偏向于知晓自己所在地区的新闻、生活信息等方面的内容，所以外地媒体很难满足当地受众的这一需求，主要是地区内的各种媒体组织之间展开竞争，竞争的程度不很激烈。

不过，我们也看到了一些另类的竞争，那就是媒体组织内部的竞争。例如，中央电视台的各个频道之间似乎就存在着新闻栏目之间的"竞争"。从电视台广告经营的角度来看，中央电视台的《新闻联播》节目具有很强的广告效应。新闻栏目已经成为各级电视台争取广告收入的重要渠道，所以各个电视台都在不断加强新闻栏目的播出力度。

中央电视台因为其市场定位的不同，在制作新闻类节目时，比较注重对国内外大事和要事的报道。每到正点时间，如果你打开电视机，就会发现中央电视台的新闻频道、一套、二套、四套等都在播放类似的新闻节目。这些新闻节目的形态和重点都不同，可以看成是中央电视台内部的竞争。这种竞争看起来分散了新闻节目的消费群体，造成了每个新闻节目收视人数的下降，但实际上这是一种良性的竞争。正是因为这种频道间的良性竞争，中央电视台反而能够从整体上吸引到更多的收视人群，为不同口味的观众提供不同风格的新闻内容。如果观众不喜欢新闻频道的新闻播报形态，可以选择其他频道的风格。这样一来，等于增加了中央电视台的新闻产品的数量和种类，强化了中央电视台在新闻节目上的竞争实力，使得中央电视台获得了更多的收视群体和经济效益。

但从另外一个角度讲，中央电视台虽然在国际、国内重大新闻方面比各个地方台具有优势，但在地区新闻这一领域，却无法和地方台竞争，这就给地方电视台留下了很大的市场空间。

财经类信息和内容自身的特点决定了它较少地带有地域色彩，因为在当今经济发展的形势下，任何一个地方发生的事件都可能是牵一发而动全身的。此外，它也不可能是一个依赖于信息的垄断性来经营发展的媒介类型。财经媒介的受众不但要知晓财经方面的信息，还要参考相关的信息评论，亦即二手的观点资讯，这个领域的竞争就更为激烈了。此外值得注意的一点是，财经媒体组织的从业人员与其他媒体组织的相比，更多地具备经济管理头脑和市场意识，这就更加剧了整个市场竞争的激烈程度。

从目前的财经媒介市场来看,在电视台、电台方面,各地方都有自己的经济频道和经济广播,从覆盖面来说,整个市场中处于龙头地位的依然是中央电视台的经济频道。但在一些具体的栏目上,如股评栏目等,一些地方卫视还有一定的话语权。在纸媒介方面,整个市场要比电视、广播领域更为活跃,老牌的诸如《中华工商时报》《中国经营报》等面对着新兴的《21世纪经济报道》和《经济观察报》的激烈竞争,而后两者几次试图将周报改为日报,却因广告额有限而屡屡作罢。在杂志方面,《东方企业家》《中国企业家》《财经》《新财经》《财富》等也处于混战中,彼此定位相仿,差异并不是很大。

在综艺类别这一块,电视媒体组织之间的竞争就更加激烈了。我们可以发现,现在除了电视剧以外,最能吸引观众眼球的就是综艺类节目。观众们都反映各个电视台的节目千篇一律,很少能看到创新的节目,而出现这种状况正是因为我们的媒体组织缺少创造差别化竞争的能力,彼此只能进行同质化竞争。任何一种创新,甚至对国外节目形态的模仿都有可能带来很高的收视率,从而带来利益的不平衡,结果势必要引来国内其他媒体组织的模仿,而且电视节目的创新又是很容易被模仿的,所以各台都在拼命模仿他人的节目,结果就造成了千篇一律的局面。

从近年来电视栏目的编排策略中,也能看出竞争的味道。例如,除了在日常的节目中挖空心思实行编排策略,就连春节联欢晚会也绞尽脑汁考虑播出时间,以追求市场份额和播出效果。众所周知,每年的春晚都是各个电视台投入最大精力的节目。在20世纪八九十年代,每到除夕夜,所有的电视台都在播放自己制作的春节联欢晚会,无形中比拼着各自的创意和质量。但是,鉴于中央电视台的品牌影响力,全国的老百姓大都会选择观看中央电视台的春晚,这就使得各地方台花费巨资制作的春晚只能在重播环节吸引人们的注意,因此投入的价值就大打折扣。而到后来,各地电视台开始逐渐改变春节联欢晚会的编排策略,纷纷躲开中央电视台的春晚,选择在节后合适的时间带播出。虽然各个地方台的节目依然会撞车,但竞争的压力就小了很多,得到的市场份额也就会多一些。近年来,随着节目运营和竞争理念的更新,一些地方台选择在春节的前一周就播出春晚节目,甚至有些地方台把春晚当作整个春节期间打头阵的节目,希望形成连续的播出效果。而在日常的节目编排中,各大卫视普遍采用电视剧+娱乐栏目组合的方式进行竞争。所以,在某种意义上讲,报纸、杂志和广播电视等媒体组织的内容编排不但是其完整的产品策略,也是一种竞争战略。

很多传媒管理方面的教科书常常把具体的节目编排当作重要的内容,例如报纸杂志如何设计版面、电台如何编排频率、新闻类的节目如何穿插、如何把不同质量的节目混编在一起形成收视流等都是被大篇幅讲授的内容。这些内容的确是过去经验的总结,但是这些节目编排策略往往是所有的媒体组织都在遵循的,因此也就没有什么实际的竞争意义,而且新人在进入媒体组织工作之后往往立刻就能学会这些手法。

内容的编排对于媒体组织的营销管理很重要,是一个竞争手段。但是,内容编排的手法不应该完全是行业经验的总结,而应是在营销管理战略或竞争战略的理念指导下,不断根据环境和技术的变化进行创新的结果,应该是动态的。特别是在新媒介时代,消费者的消费模式已经不是线性的,而是碎片化的、点播式的。所以,本教材抛弃了传统的线性节目编排的内容,而是从战略的高度阐述媒体组织该如何占据竞争优势。

著者观点

从独播剧、自制剧到定制剧

在我国,电视剧是最受关注的媒介产品或服务。出于收视率竞争的需要,各个电视台都纷纷出资购买电视剧的版权,由此催生了曾经最为流行的名词:"独播剧"。2005 年,中央电视台在尝到了独播《加油,金顺》《京华烟云》的甜头之后,决定加大独播剧的购片费用;同年 9 月,湖南电视台播出了花费 800 万元人民币独家引进的韩剧《大长今》,并获得了上千万元的广告回报,而 2006 年开春的一部港剧《金枝欲孽》又为其赚尽了眼球和口碑;以"七剑出江南"为口号的浙江卫视则豪掷 3400 万元,天价买断了《雪山飞狐》的独播权;上海文广新闻传媒集团看中了港剧《胭脂水粉》的市场和口碑,果断购下了该剧的播出版权……不可否认,拥有"独播剧"的版权曾经是电视台在竞争日益激烈的市场中,赢得广告和消费者市场的一个新的制高点。

然而,独播剧对于一个电视台的贡献到底有多大呢?

不可否认,独播剧在收视率和收视份额上的确为电视台作出了巨大的贡献。湖南卫视在播出《大长今》时平均收视率高达 4.0%,市场份额更高达 17.3%,稳居全国同时段节目的首位。在一年之内,湖南卫视凭借"超级女声"栏目和《大长今》,迅速成长为全国性媒体平台,并成为万众瞩目的焦点。众所周知,收视率是与电视台的广告价格直接挂钩的,因此播出《大长今》的意义不仅在于为湖南卫视赢得了收视市场和广告收入,也在于提升了 22 点档的市场价值,改变了传统电视消费者的收视习惯,并为广告客户创造了一个新的黄金投放时段。

什么样的剧才具备独播剧，或者说是好剧的条件呢？从电视剧采购者的角度说，判断一部电视剧是否能成为独播剧，主要还是考察主创阵容、故事主体等基本构成元素。从目前情况来看，独播剧主要集中于古装题材及引进剧。由于广电总局对各家电视台的引进剧实行配额限制，因此电视台必须学会对引进电视剧的质量和可形成市场进行判断。古装题材电视剧的投资额度越来越大，制作越来越精良，在质量上形成了一定的优势，同时因集数一般在30—40集，可播出的周期较长，在播出期间可吸纳的广告量易形成梯级递进，所以是目前电视剧领域的重点投资对象，也是各地电视台希冀在制作初期就介入的掌控对象。

独播剧是一种稀缺资源，但是投资独播剧的机会成本是多少，电视台要有清晰的认识。对于电视台来说，投资独播剧意味着拥有一部电视剧的掌控权和主导权，但同时也意味着在支付独播剧所带来的高额成本时所丧失的其他选择，以及不可预知的投资风险。

众所周知，中国电视媒体的多元化发展尚处初级阶段，广告收入的多寡在很大程度上决定了各地电视台购片费用的额度。对于央视来说，资源的丰富似乎可以抗击投资独播剧带来的高成本。同时作为一个全国性平台，只要营销得当，其投资风险还是比较小的。而纵观全国收视频道市场，不仅仅是央视一家独霸天下，省级卫视也吸纳了收视主体。对于这些省级电视台来说，独播剧是不是应该成为主流选择呢？投资独播剧就意味着必须支付庞大的购片费用，如果缺少对于广告预期效果的评估，大笔的钱就很可能打了水漂。因此对于各地卫视来说，盯住最大的竞争对手的出发点是正确的，但是在投资独播剧的问题上不应该仅仅考虑投资总额的问题，还应当考虑投资比例的问题，也就是说一个电视台在独播剧上的投资成本占预期广告收入的比例。

再延伸视角来看，鹬蚌相争，渔翁得利。电视台之间为投资独播剧展开竞争，最大的受益者是电视剧的生产者。对于电视剧的生产者而言，投资独播剧资金回笼会比较快，有利于下一部电视剧的开拍，同时可以实现高投入、高质量，久而久之势必形成电视剧制作市场上的马太效应。但是纵观整个电视剧生产链，电视剧后产品开发缺失，制作费用不断攀升，明星的演出费节节上涨，成本恶性增加，电视剧投资总额必然增加，从而再次导致购片价位的提升。根据"二八定律"，真正优秀的电视剧也就是几部而已。电视台之间为了竞争数量极少的几部精品剧必然会在购片费用上进行比价，而所谓价高者得的市场竞争机制将进一步发挥作用。然而，另一方面，电视广告市场不可抵挡的份额萎缩，势必要求电视台适当削减购片费用，而退一步又会让对手占尽先机……倘若电视台之间互不让步，必然会造成整个电视台购片市场上资本竞争的加剧。

也正是因为独播剧的高昂购片成本让电视台难以承受,所以独播剧在引领了一段风骚之后正在逐渐让位给自制剧。这在某种程度上意味着电视剧产业又回到了改革前的制作和播出模式。播出自制剧可以降低电视剧的制作成本,电视台自己拥有版权并可以控制植入广告的收入。但是,很多电视台多年没有制作电视剧,已经丧失了制作能力,所以其制作出来的电视剧的水平让人难以恭维,虽然可能引发热论并带来高收视率,却不利于广告的投放。

作为电视台,既要获得高质量的电视剧产品以利于竞争,又要降低电视剧的制作费用以利于获得利润,那么就必须找出最佳的组合战略。于是,其他产业中常用的定制或委托生产的模式就必将在电视剧产业中得到应用。这个现象已经在我国的电视产业中出现,而且很有可能成为未来的主流模式。

三、新媒介产业领域的竞合态势

在中国国内,百度在搜索领域是绝对的领先者,但是淘宝总裁公开说要开发搜索引擎,希望能让百度睡不着觉。百度也公开说其目标是让中国的消费者有更好的搜索体验,希望这种搜索竞争能为消费者带来更好的服务。不过,当淘宝开发了电子商务领域的搜索服务以后,却引发了电子商务企业截然不同的态度——有的企业修改页面技术以拒绝淘宝的搜索服务对自己网页相关信息的抓取,有的企业则表示欢迎。

从整个国际社会来看,苹果的 iOS 系统和谷歌的 Android 系统也形成了一种相互竞争和合作的关系。当苹果发布 iPhone 手机时,Google 是苹果的第一家合作商。谷歌地图、YouTube 视频和谷歌搜索等服务都被醒目地整合到 iPhone。两者是一种相互依赖的关系,苹果因为谷歌的软件服务而促进了销售,而谷歌也借助苹果 iPhone 手机获得了巨大的广告收入。然而,在谷歌发布了 Android 系统之后,两者的关系开始变得微妙。到了 2011 年,苹果在发布新的 iPhone 4S 手机时,已经在手机中整合了可以替代谷歌搜索服务的软件。而且,苹果在此之前就已经收购了地图服务应用技术开发公司,这似乎预示着这个技术成熟后,在未来的苹果 iPhone 手机中可能会植入替代谷歌地图的软件。苹果的另一举动是针对 Android 系统阵营的手机制造商,以侵害专利为由展开诉讼,希望在欧洲以及美国等地禁售侵害了苹果专利的手机。而谷歌也收购了摩托罗拉公司,不仅获得了大量的相关专利,也获得了手机制造技术。这些举动不但可以对 Android 系统阵营的手机制造商起到支撑的作用,而且也为自己在未来直接制造手机提供了可能性。

从全世界的范围看，装载了 Android 系统的手机数量已经超过了苹果 iPhone 手机，因此两者的竞争也许会变得激烈起来。但是因为消费者对应用软件的需求不同，所以苹果和谷歌之间复杂的竞合关系也许不是两个公司自己能够分离得清楚的，两者之间相互依赖和相互竞争的关系也许还将持续很长的时间。同时，两者还要共同面对微软的手机操作系统和应用软件带来的竞争，而且微软也已经举起专利的大棒对 Android 系统阵营的手机收取专利费用。可以预见，手机操作系统和应用软件产业将进入三国鼎立的格局。而所有竞争与合作的目标都是为了获得消费者。

2011 年接近年末的时候，中央电视台的一则关于发改委调查中国电信和中国联通涉嫌垄断宽带接入市场的报道引发了极大的争议，甚至导致相关纸媒对中央电视台进行反击。这在中国是少见的，由此引发了人们对发改委对宽带接入垄断进行调查事件是电信与广电部门之间利益之争的结果的猜测。甚至连新华社和《人民日报》都对垄断调查事件进行了报道，提出了各自的观点。

随后，备受关注的宽带反垄断调查范围在扩大，广电系统也被纳入取证范围。广电方面表示拥护和积极配合国家发改委的调查工作，并希望此事绝对不能大事化小，小事化了，一定要调查到底并作出妥善处理。广电系统更将此次调查视为契机，希望能够借此获得宽带、IP 固话等增值电信业务的平等参与资格。

广电系统即将全面建设下一代广播电视网 NGB，因此广电部门认为如果不能平等地参与未来宽带市场的竞争，那将造成国家投资的巨大浪费。广电部门也正在加紧筹建国家级有线网络公司，这个国家级的公司成立后势必会与三大电信运营商在宽带等增值电信业务领域展开竞争。

媒介产业之间激烈的竞争的确会带来行业内组织的生存问题，但是竞争也会给行业带来发展的激励和机会。我们虽然看到传统媒介行业在面对来势汹汹的新媒介行业的竞争时似乎有些难以招架，但我们也应该看到它们正是在激烈的竞争压力面前开始了艰难的转型，一方面相信媒介行业提供的自己生产的内容，另外一方面加快借助新技术的力量实现向新媒介行业的转型。例如，所有的报纸、杂志、电视台和电台都有了自己的网络传播平台；而实体书店已经纷纷开发电子书以应对来自亚马逊的竞争，或干脆转型成为综合性商场；传统的户外媒体也纷纷采用 LBS 的技术和理念，通过互动技术吸引目标消费者的注意力，打造能实现精准投放或价值传播的概念以吸引广告主。也就是说，今天我们还在讨论传统媒介和新媒介的区别和竞争，也许明天传统媒介和新媒介之间已经没有了界限，无论在技术还是业态层面，都会实现完全的产业融合。这实际上也是产业经济发展的本质。

四、市场生命周期与竞争力

索尼的高管在2012年年初公开表示:索尼开发的 PlayStation 3 游戏主机的寿命将为10年,这意味着推出仅5年时间的 PlayStation 3 在短期内不会被取代。这是因为网络仍然无法处理游戏磁盘上的所有数据,因此继续拥有家用游戏主机对用户仍然十分重要。这一表态体现出索尼公司对此款产品的市场生命周期和竞争力的认识。

一个媒介产品或服务,比如某个类型的电视栏目或游戏等内容,在被导入市场后,经过一段时间就可能消失。我们一般把媒介产品或服务从在市场上出现到消失的过程叫作**媒介产品或服务的生命周期**。除了电视栏目、电玩游戏等有形的媒介产品或服务外,甚至是"明星"也同样具有生命周期,我们常常能目睹一位明星从小荷初露到大红大紫再到淡出公众视野的全过程,而且这个过程越来越短。生命周期的概念并不仅针对某个媒介产品或服务,对媒介产品或服务的市场一样适用。在娱乐节目市场、电视剧节目市场,甚至是演艺经纪市场,也存在同样的问题。所以,我们把媒介产品或服务的出现和消失的过程称为媒介产品或服务的生命周期(如图9-5所示)。

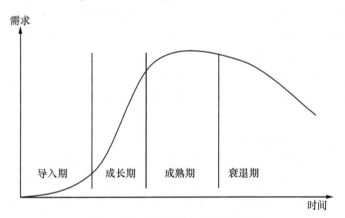

图9-5 媒介产品或服务的生命周期

众所周知,媒介需求的存在决定了媒介市场的存在。媒介消费者的存在,让媒体组织看到了媒介产品或服务市场中利润点的存在,从而投入到媒介产品或服务的生产制作领域。然而,众口难调,不同的消费者在消费媒介产品或服务的过程中,由于受到偏好、文化程度等多方因素的影响,对于媒介产品或服务,形成了不同的需求,从而形成了相应的目标市场。这种由于消费者需求的细分而产生的细分市场,导致媒介产品或服务类型化的产生,从而也衍生出了不同的媒介产业链组织。

现在我们消费的媒介产品或服务是通过满足市场需求而形成的模式化产品,然而,市场规律告诉我们,一旦形成了模式化,虽然的确能够提高生产效率,但也会使生产者产生思维惰性,从而缺乏创造性。久而久之,这会导致该类型市场份额的缩小,甚至有可能导致一种市场类型的衰亡。

为了研究上的便利,我们常常根据一些特征把一个市场生命周期分为导入期、成长期、成熟期、衰退期等四个阶段。分析媒介市场以及媒介产品或服务的生命周期的过程,对于媒体组织在媒介产品或服务的生产制作、发行销售和市场竞争等方面的营销战略的制定是很有帮助的。

媒介产品或服务和媒介市场的生命周期因产品和市场的范畴不同而有不同的特性。有的媒介产品或服务的生命周期在一年内,甚至一两个月内就结束了,而有的媒介产品或服务的生命周期却能达到几十年甚至上百年。而且受媒介产品或服务的特性、经济条件、技术发展、消费者偏好、国际环境以及政府政策的影响,媒介产品或服务的生命周期的各个期间的长短也不尽相同。比如说,有的媒介产品或服务的导入期很长,有的却很短,甚至于没有导入期而直接进入成长期。一般来讲,导入期的竞争不会太激烈。成长期的时候,会有一些竞争对手加入进来,形成一定的竞争。成熟期的竞争最为激烈。衰退期的竞争会减弱。所以,在不同的周期,要采取不同的竞争战略。

当然,媒介产品或服务的市场生命周期,并不会完全像图9-5所示的那样自然流畅,而会有很多波动。下面具体介绍媒介产品或服务在不同的市场生命周期中会普遍采取的战略行动。

1. 导入期的特征和战略

导入期是指市场中的需要量和成长率都很低的开拓阶段。一般来讲,一个新的媒介产品或服务在市场中进行销售时,就可以认为其进入了导入期。有的媒介产品或服务的导入期会很长,特别是纸媒介或网络媒介的产品或服务尤为如此。这主要和媒体组织的生产能力、技术问题、消费者的消费习惯、价格问题等多种原因有关。在此期间,只有那些革新型的消费者才会主动消费这类媒介产品或服务,所以销售量会很小,而流通和广告宣传的费用会很大,因此媒体组织的利润会很少甚至亏损。但这个时期的竞争者一般也会很少。所以这时常常使用的市场营销战略是盯住那些具有革新意识的消费群体,同时对其他消费者使用价格和宣传这两种手段的组合展开营销攻势。这样做不但能获得尽可能多的消费者,也能早日消化前期投入的巨大成本。

2. 成长期的特征和战略

成长期是指市场中的需要量和成长率都急速提升的阶段。在此期间,因为消费市场已经开始接受这种产品或服务,就会产生一定的市场规模和需要,所以在赢利方面会有很大的改善。这时,除了革新型消费者的购入以外,大多数保守型消费者也开始积极购买此类产品或服务。这样就会给媒体组织带来利润,但也会带来竞争者。随着产品或服务的知名度逐渐提高,宣传费用就会减少,这就是产生利润的原因。在这一时期,媒体组织为了维持成长过程,应付开始出现的竞争,一般会对其产品进行各式各样的改良,增加内容和功能,这就产生了媒介产品或服务的市场细分化战略。实际上,产品或服务的市场细分化战略就是根据不同的消费者生产不同的"价值品"的战略。

3. 成熟期的特征和战略

处在成熟期的产品或服务的市场营销战略极为重要。因为在成熟期,市场的需要量虽然有所增加,但成长率却已经开始下降,市场开始接近饱和状态,是竞争最为激烈的时期。在这个时期,会有许多新的竞争者参与进来,所以为了保持竞争上的有利地位,就有必要不断改良产品,更要注意产品的市场细分化战略。同时还要加强宣传力度,并在适当的时候降低销售价格。宣传费用的增加和降价意味着成本的增加和收入的减少,一个后果就是利润减少。特别是在成熟期的后半期,市场开始逐渐变小,竞争更加激烈,一部分媒体组织开始从这个生产领域撤退,所谓的撤退就是逐渐减少或停止一切相关媒介产品或内容的生产以及与之匹配的价格和品牌价值传播战略。但大多数生产企业还是对市场成长抱有期待,并且机械设备和技术具有特殊性,不可能立即挪作他用,还有一些媒体组织不忍心看到自己努力生产出来的产品被淘汰,所以还会尝试加强市场营销的努力程度。

4. 衰退期的特征和战略

如果媒介产品或服务处在市场的衰退期中,媒体组织就必须考虑是撤退还是坚持。一般来讲,在这个时期,虽然还有一定的需求,但因为收益的减少或消失,媒体组织比较容易选择撤退。但是,如果某个媒体组织仍能在这个市场上坚持到最后,就会形成市场独占的局面,并因此有可能获得高额利润。例如,日剧在中国观众的概念中,一直是青春偶像剧的类型。比如,《东京爱情故事》《回首又见他》等日剧就在国内引起了很大的反响。的确,现在日本的各个商业电视台播出的电视剧几乎清一色是青春偶像剧,这是因为青春偶像剧能为电视台带来高额的广告收入。这种现象与当前日本经济的发展,以及年轻人的收视喜好有直接的关系。青春偶像剧这种类型的电视剧在日本也是逐步成长起来的。在二战之后较长的一段时间里,日本的电视剧产业充斥了大量的古装题材剧,直至今天,古装题材仍拥有一批以中老年人群为主的忠实观众。虽然 NHK 还在制作少量的古装历史正剧,可仍不能完全满足这些观众的收视需求。因此,个别商业电视台依然制作播出古装戏说题材的电视剧,用以迎合老年消费者的需求,而且有些剧目的播出周期已经长达数十年,形成了品牌。重要的一点是,日本的老年人属于拥有高额财富的人群,所以这类电视剧能吸引针对老年群体的广告投放。在唱片领域也有类似的现象,如黑胶唱片依然有发烧友喜欢听,所以价格比较贵。

著者观点

"网游下乡"开拓新市场

中国农村人口众多,但因为人均收入水平较低,所以一直作为一个潜力巨大的市场而存在。但是一旦这个市场的消费欲望被激发出来,那么它将是所有行业的企业组织所不能忽视的。这和当初发达国家一直觊觎中国市场的情况是一致的。随着农村人口的收入不断上涨,需求不断得到释放,同时中国的家电厂商在发达城市和出口市场的业务持续萎缩,政府主导了家电下乡计划。此举不但得到了众多家电厂家的追捧,也得到了农村市场的认可。可见农村地区的潜力一旦释放出来,其力量是不容忽视的。从对文化传媒产品的消费角度看,农村人的文化娱乐方式非常单调,主要的娱乐手段无外乎看电视、听广播和打牌等。CNNIC 于 2011 年 7 月 19 日发布的《第 28 次中国互联网络发展状况统计报告》显示,截至 2011 年 6 月底,中国农村网民规模为 1.31 亿,占整体网民的 27%,较 2010 年年底增长 4.9%。随着农村地区互联网接入条件的不断改善,网络硬件设备更加完备,农村地区的网民规模持续增长将会是一个不争的事实。因此,如何为他们提供新的娱乐方式,或者文化娱乐内容提供商如何占领巨大的农村市场就成为值得关注的问题。

网络游戏在发达地区一直攻城略地,取得了不错的发展成就。开发商和运营商正是看中了发达地区人们的收入水平才展开了激烈的市场竞争,甚至大打免费牌,依靠游戏中的装备升级等手段赢利。在某种意义上讲,网络游戏在发达地区的竞争已经白热化,产品生命已经进入成熟期,有必要开拓新的市场空间,而农村市场的网络普及和农民收入水平的提高,让网络游戏的开发商看到了新的曙光。例如,巨人网络就曾经计划在 2011 年秋季展开"网游下乡"计划,这不但能够为广大的农村人口提供新形式的文化娱乐活动,也能为自己带来新的市场空间。虽然后来考虑到农村未成年人口的游戏监管问题,巨人网络公司主动叫停了这个计划,但是从市场营销的角度讲,这个计划的确显示出了当一个市场趋于饱和的时候,企业主动开拓新市场空间的战略。而且因为该产品已经在一、二线城市得到消费者的认可,所以如果能先发制人,并投入适当的宣传,也能取得预期的目标。

五、竞争战略的目标

在前文中,我们曾经阐述过,媒体组织实施营销管理的终极目标是实现生存和发展。如果一个媒体组织能够在激烈的市场竞争中得到生存和发展,自然就会有利润出现。那么,媒体组织如何才能在激烈的市场竞争中取得生存和发展呢?

经济学常识告诉我们,完全竞争的企业是零利润的,而不完全竞争的企业,比如垄断性的组织才有可能获得高额利润。读者如果对这些内容还有不解,请参见第二章的相关内容。

实际上,媒体组织只有减弱市场竞争的程度,或是完全消灭竞争,才能更好地生存和发展,也才能取得更多的经济利润。为了叙述上的方便,我们把媒体组织减弱竞争和消灭竞争的战略行动统称为**非竞争指向战略**。

就像国外的媒体组织那样,率先开发出新的节目形态和模式,并且获得相应的专利,就可以独占市场,也可以通过出售专利获得利益;又如我国的中央电视台,通过压倒性的地面覆盖优势和品牌影响力,可以获得竞争优势,吸引大量的观众;一些地方卫视或者纸媒介在一些特殊的领域也会因为具有竞争优势而占据相应的市场地位,并获得相应的经济回报;媒体组织还可以通过强有力的低价格(或者高回扣)策略,来满足广告市场的需要,当然如果给出的价格(回扣)是其他媒体组织所不能承受的,就不会引起竞争了。

另外,我们也经常看到一些媒体组织在自己的媒介产品或服务上标注独家报道的字样,包括前述的电视台推出的"独播剧",这就是一种典型的非竞争指向的手法。现在已经有很多的媒体组织在努力搜寻一些即将从这个世界上逝去或消失的媒介资源,比如一些著名的人物或者建筑等,并储存和提前制作出相应的媒介产品或服务,以便在适当的时候提供给消费者。这样就能够做到媒介资源的独家占有,所以往往能够产生巨大的经济和社会效应。

现在,国内一些有影响力和经济实力的电视媒体制作的节目和国外的节目非常相近,当然,这些节目经过改动已经符合中国观众的收视习惯。引进收视率较高的节目形态,便能增强媒体组织在媒介产品或服务市场中的竞争力,减弱市场竞争的强度，这就是非竞争指向的战略行为。当然如同前文中指出的那样，这种非竞争指向的战略行为的效果不能持久。

近年来媒介行业被誉为朝阳行业，在很大程度上是因为媒介市场的不完全竞争格局使得媒体行业和组织获得了巨大的利润。我们也有理由相信，伴随着今后媒介行业之间的相互整合，媒介行业的组织将会获得更大的经济收益。

那么为什么媒介市场不能呈现出经济学所阐述的资源效率最高的完全竞争的市场状态呢？这是因为媒介行业很容易使用一些手段，达到非竞争指向所追求的状态，这就是我们要分析的媒体组织的竞争战略。

第二节 竞争战略

在第一篇关于经济学基础的章节中，我们分析了媒介市场的基本特征。媒介市场的特征在某种意义上体现了媒体组织所能够采取的竞争战略。比如，垄断或者寡头的市场格局能够给媒体组织带来高额利润，那么媒体组织作为一个合理的经济实体，必然会采用一些手段，以达到或接近垄断或者寡头的市场格局。

我们先不考虑垄断给社会生产带来的非效率，单纯考虑词汇本身的含义，就意味着在媒介市场中只存在一个媒体组织，并且由这个组织来提供市场中所需要的媒介产品或服务。这样一来，这个媒体组织就能够拥有定价权，由此也就能获得高额利润。也就是说，市场竞争的程度越低，媒体组织定价的权力也就越大，自然就会获得更高的利润。

虽然媒体组织为了降低市场竞争的程度并追求高额利润所能够采用的手段是多种多样的，但如果我们对其进行归纳，就会发现媒体组织的基本竞争战略只有三种。第一种是减少市场竞争对手的数量并弱化其敌对行动，第二种是市场缝隙战略，第三种是差别化战略。当然这三种手段并不是相互排斥的，媒体组织可以把这些手段组合起来使用，以追求更好的市场效果。

一、减少竞争对手的数量并弱化其敌对行动

首先，媒体组织可以利用市场进入壁垒减少竞争对手的数量。

政府的法规和政策、资金和技术的要求等因素会形成媒介市场的进入壁垒。不仅是在我国，即使在许多标榜自由经济的国家，也不是所有的经济主体都能够进入到媒介领域的。若想进入媒介领域，必须要符合一定的条件并且得到政府颁发的许可，这是因为媒介行业关系到国家经济和政治领域的安全，所以政府部

门会对其进行严格的政策制约,这实际上就已经形成了一种**政策上的进入壁垒**。就像前面的案例所介绍的那样,不但媒体组织本身,就是影视节目内容想进入媒介消费市场也需要得到政府相关部门的允许。政策原因形成了进入的壁垒,而且我们非常认同这种政策壁垒的必要性,但也不得不承认,包括这种政策壁垒在内,所有的进入壁垒都会带来经济层面的非效率,并且使得媒体组织过于依赖政府政策的保护。长此以往,媒体组织的体质会衰退,媒介产品或服务的质量很难保证,从而会失去在媒介市场中的竞争力,久而久之由这些没有活力的媒体组织构成的媒介市场就会全面失去消费者的关注,并被消费者所抛弃。近年来,我国媒介行业的政策壁垒已经有所松动,政府允许外资和民间资本以合资等方式进入到除新闻以外的媒介产品或服务的制作和发行等领域,相信这些领域的市场竞争会逐渐加强,各个媒体组织都会因此而不得不积极地利用各种战略方式强化自身的竞争力。

众所周知,建设一个媒体组织需要庞大的资金,初期的建设投资或后期的维护资金会让许多经济组织难以承受,这就形成了**资金的进入壁垒**。这些数额巨大的资金会用于媒体组织的设备投资、开发投资、制作投资和发行投资等方面。正是资金方面的要求,使得一般的企业组织不能够参加到市场竞争中来,所以媒体行业不能形成完全竞争的市场格局。特别是在新媒介产业领域,如果没有持续的风险投资的资金支持,就更无法面对激烈的市场竞争和设备升级换代的需求。

而在内容生产领域,一些媒体组织也开始大手笔制作影视剧内容,使得单集或者每部电影的制作成本急剧上升。这种操作模式不但能发挥市场宣传作用,在某种意义上也设立了影视剧制作的资金门槛。

近年来,由于新媒介技术的流行,社交媒介等新媒介产业对于营销的重要性越来越受到重视。所以在一些媒介产品或服务领域,先发的新媒介产业组织就会积累起数量庞大的用户,而且媒体组织会发现多年积累起来的社区用户群恰恰帮助构筑了市场壁垒。只要不停地给自己的用户群导入最新的媒介产品或服务,就能让竞争对手望洋兴叹,所有的营销努力也许在先发媒体组织拥有的庞大用户群面前都微不足道。例如,网络视频已经成为互联网服务的核心领域,由于拥有数量庞大的用户就能吸引广告主的注意力,当网络消费者开始习惯在网络上看视频的时候,那些拥有大量忠实用户的网站在购买能吸引用户群的影视剧时,就可以大手笔地买断网络版权,并利用用户群的优势获得相应的广告收入,而且其获取广告的成本也比较低。在现实中,我们也会发现,利用既有的用户群壁垒和买断版权方式等构筑起来的竞争优势是那些新兴的视频网站很难打破的。

媒介行业的技术壁垒也会让许多想进入这一行业的竞争者望而却步。媒介行业的**技术壁垒**不但是指媒介行业的硬件设备、制作信息和节目的基本技术和技能,还包括从业人员的知识技术和技能的积累,比如信息传递技术、高清晰节目制作技术、排版及印刷技术、数字特效技术、媒体组织的经营管理技术等。虽然有些技术可以通过设备的购买和人员的引进得到,但有些技术却是无论你花多少钱都买不到的,特别是那些无形的技术和技能。在很大程度上,这些无形的技术壁垒构成了难以逾越的屏障。苹果近年来经常利用专利大棒向一些国家或地区的法务部门申请禁止竞争对手的产品销售就是最典型的例子,如果法院裁决对苹果有利,那么就意味着竞争对手会丧失那个国家或地区全部的市场。再例如,在国内,中央电视台虽然不是垄断组织,但受到了政府政策的保护。众所周知,中央电视台的综合频道等一些频道的内容是政策要求必须在全国范围内落地的。正是因为这种政府政策的保护,中央电视台不但节约了很多落地成本,也减少了许多竞争对手。就在各地卫视花大力气和大价钱苦苦争取落地权的时候,中央电视台轻易地就覆盖了全国市场。实际上,中央电视台最大的竞争优势在于高素质的人才积累。它具有的人力资源方面的竞争优势,至少保证了其在中国境内的一些节目质量是一流的,这是央视利用拥有的技术和技能构筑起来的媒介产品或服务的质量壁垒。这种人才优势形成的技能积累使得中央电视台能够随时从地方电视媒体吸引到优秀的员工,这又等于为地方电视媒体树立了人才壁垒,从而能保障其在中国电视行业的综合竞争优势。

其次,媒体组织应该使用各种手段减弱竞争对手的敌对行动。

如果同类别的媒体组织之间展开激烈的市场竞争,那么一个极有可能发生的现象就是两败俱伤。特别是当一个市场存在了一定的时间以后,各个媒体组织都会得到相应的市场份额,如果相互不挑起争端,也就意味着媒体组织各自会得到相应份额的经济收入。也就是说,如果媒介市场的参加者都能够采取合作的态度,遵守所谓的市场秩序,就能够分别得到相应的经济利益,经济学上把这种状况叫作**合谋**。合谋分有意识合谋和无意识合谋两种。所谓**有意识合谋**,是指市场的参加者制定合作协议,并且都保证遵守这份协议。**无意识合谋**是指参加者之间没有形成固定的协议,但自觉地,或者心照不宣地遵守行业已经形成的不成文的规定。

合谋的手段大都属于违法行为,即使有些合谋不违法,也都是处在公正与不公正的交界处。但对于生产性组织来讲,合谋是一个获得经济利益的好手段,所以大多数生产性组织都比较愿意踏入一种心照不宣的合谋境界中,媒体组织也不例外。

　　从人类社会的发展历程来看,在许多行业都存在着合谋的现象,不管是有意识还是无意识的。虽然合谋是一个自然现象,但是合谋的状况绝对不会持续很久,因为总会有人(既有的市场参加者或者新的市场参加者)为了获得更大的经济利益而采取一些行动,从而打破这种合谋的状况。一旦某个行业的平衡被打破,这个行业的市场就会出现强有力的竞争态势,市场会出现混乱,然后慢慢地平静下去,直到一个新的平衡产生为止。而当这个行业的新的市场平衡产生后,所有的参加者会维持新的平衡,直到有一天这个平衡再被打破,又形成一个新的竞争格局。其实行业市场本身就处于一个循环往复的发展过程中。例如,多年来中国所有的财经杂志期刊都遵守了不成文的行业规则——大致保持了十元一册的价格水平。然而,一本售价六元的财经杂志的出现打乱了这个市场长期的平衡。在某种意义上说,这是一种"合谋"和"合谋的打破"。再比如,手机通信费用虽然令消费者普遍不满,但其缓慢下降的趋势至少表明运营商之间竞争博弈的存在。

　　因为媒体组织都要谋求各自利益的最大化,所以常常产生背叛合谋的动机,也因此会带来激烈的市场竞争,这对于所有在市场中生存的媒体组织都是不利的。例如,我们常常能看到一些地方报纸打价格战,甚至有些地区的消费者每年向报社缴纳的订阅费比每年把这份报纸当废纸回收的钱还要少。最典型的就是香港地区。由于市场竞争激烈,各个报社纷纷打出免费报纸的概念以争夺消费者,换取广告投放,以至于拾荒者天天去大量领取免费报纸。如果媒介产品或服务的品质没有下降,激烈的市场竞争带来的价格下降对于消费者而言是一件好事情,而对于媒体组织而言则很有可能是一损俱损。而实际上,激烈的市场竞争必然会带来媒介产品或服务质量的下降。之所以会出现恶性竞争的状况,往往是因为这个媒介市场的同业竞争者中没有一个拥有制裁力的领导者。也就是说,如果存在一个具有价格或者其他方面的经济制裁能力的领导者,他就会从自身利益出发,对挑起竞争的媒体组织进行经济制裁,从而对整个媒介市场起到震慑作用。这实际上又是一种变相的合谋,也会给消费者带来一定的影响。最可怕的就是,竞争者的规模都差不多,这时媒体组织就会陷入激烈的市场竞争,最后的结果就是价格竞争,并必然导致媒介产品或服务的质量下降,即使政府部门介入进行市场调控,通常也不会有理想的效果。

　　以上我们讨论了媒体组织用以减少竞争对手的数量和减弱竞争对手敌意行动的战略。虽然这些是媒体组织常用且有效的手段,但是也伴随着很大的风险。这是因为很多战略手段往往伴随着不公正,伴随着较高的市场价格,因此很难得到社会和消费者的认同。另外,长期地弱化媒体组织的竞争体质,就像在温室里养不出生命力强的植物那样,一旦媒体组织所在的市场环境发生改变,它会很难适应。还有,一个媒体组织虽然可能在一定的时间内和另外的媒体组织采取合作战略,以降低竞争的激烈程度或者获取更多的经济利润,但为了获取更多利益,它会产生背叛合作的动机,所以媒体组织减少竞争对手的数量和减弱竞争对手敌意行动的手段,只能在短期内应用,如果作为长期的竞争战略就有很大的风险。

二、市场缝隙战略

接通对方手机前一成不变的嘟嘟声是最让人焦躁烦闷的,为此中国移动于2004年率先引入了彩铃技术,让等待的时刻变成轻松愉悦的享受。彩铃技术在推出后的短短一年时间内迅速创造了30多亿元的业务收入,也为濒危的数字音乐产业带来了一线生机。一个小小的消费者需求催生了庞大的市场,真可谓"彩铃一响,黄金万两"。

市场缝隙是指媒介市场中一部分消费者的需求没有得到满足的状态,即没有媒体组织能提供满足消费者需求的媒介产品或服务,或者即使有少数的媒体组织能提供相应的媒介产品或服务,但不能很好地解决消费者的问题。

市场缝隙战略是指媒体组织把市场关注的焦点聚在还没有媒体组织进入,或者参与的媒体组织特别少的媒介市场上,做出相应的SWOT(优势与劣势、机会与风险)分析后进入这个市场,成为这个媒介市场的自然垄断者,或者少数寡头之一。如果一个媒体组织率先成功地进入到某个媒介市场,就会抢占先得的市场利益,并且能够随着时间的推移实现技术、技能以及品牌等资源的积累,即使将来有更多的竞争者进入该市场,也能通过拥有的资源优势获得较大的经济利益。

市场缝隙战略,如果单纯从字面上进行理解的话,就是找到一个没有竞争者进入的媒介市场缝隙,自己进入后能够躲避竞争。实际上,这一战略的重点并不在于发现别人没有进入的媒介市场缝隙,抢占一个小的市场,而在于利用自身资源等方面的优势,把这个缝隙类的媒介市场做大,同时使自己成为垄断者或这个市场中的强有力的领导者。

从理论上讲,媒体组织为了赢得竞争和实现自身对经济利益的追求,应该时时刻刻密切观察媒介市场中消费者的需求状况,并提供相应的媒介产品或服务用以满足消费者的需求。可是为什么还会存在媒介市场的缝隙呢?

首先,没有一个媒体组织能够做到完美,充分发掘媒介消费者的所有需求。

媒体组织之所以不能发掘市场中消费者的需求，是因为媒体组织所掌握的市场信息不足。人们都有一个通病——在一个行业工作久了之后，就会过于相信自己的工作经验，不愿经常地去了解市场的信息，这样就会失去很多机会。每个媒体组织所掌握的市场信息是不一样的，如果一个媒体组织掌握了别的媒体组织没有掌握的市场信息，就有可能率先发现市场的缝隙，特别是在媒介消费者的爱好急剧变化的今天，具备敏锐的嗅觉和市场意识、发现消费者没有得到满足的需求的能力尤为重要。

其次，一个媒体组织可能已经发现了市场缝隙，但是因为一些特殊的原因，比如成本核算、优势资源等方面的原因，而无法进入这个市场。特别是一些大型的媒体组织，往往都有长期的发展计划，并且不易掉头，因此很难进入一些缝隙市场，这就为其他的媒体组织留下了市场缝隙。比如中央电视台留下的地方新闻空间，为地方媒体组织的民生新闻带来了市场生存空间和经济利益。小型媒体组织很容易调整经营方向，并且人员调配等经营成本也低，所以一旦它们发现了缝隙市场，就很容易进入。

再次，媒介消费者自身并没有明确感觉到有具体的需求。不知读者有没有这样的经历——一直想看某一类节目，但是自己也说不清楚到底要看什么，而在某一天偶然看到了一个新的节目形态，突然发现这个节目实际上就是那个一直想看而又说不清楚的节目。这也是一种市场缝隙。虽然消费者表面上没有这种需求，这个市场看起来不存在，但在消费者内心深处还是存在这个需求的，只是没有形成具体的可表述的要求。所以在这个时候，媒体组织要学会调查、分析和诱导消费者，发现他们的内心需求，利用新的媒介产品或服务把这个潜在的市场需求激发出来。

市场缝隙战略是一种能够为创业者带来经济利益的战略，也是一种没有企业家精神的支撑就难以实现的战略（因为没有参照对象，也没有任何经验可循）。而且这也恰恰是官僚体制化了的大型媒体组织往往难以采取这种战略的根本原因。

媒体组织要实施这个战略，必须具备两个条件。第一个条件是要比竞争对手更早发现市场缝隙。为此，媒体组织平时就应该注意储备媒介市场需求方面的信息，并且还要注意储备能够满足市场需求的制作和传播技术领域等方面的信息，特别是要关注相关产业的发展信息，因为很多新兴市场往往是跨界信息相互融合的产物。第二个条件就是要有革新的志向和进入的能力。所谓革新的志向在某种意义上说是一种对媒体组织内部现有制度和秩序平衡的破坏，媒体组织如果不具有这种企业文化，就很难实施市场缝隙战略。这是因为市场缝隙在常人看来是不存在的,或者是不足道的;另外即使有很多人发现了市场缝隙,并且想到去填补这个市场缝隙,但却可能没有进入这个市场的能力。所以如果要实施缝隙战略,必然意味着资金、设备和人员等资源分配的改变,而媒体组织中的大多数人可能会出于组织机构稳定方面的考虑,强烈地反对这一战略。因此说,能否顺利地实施市场缝隙战略的关键在于媒体组织是否具有发现并且进入缝隙市场的能力,以及对自身进行变革的能力。

例如,分众传媒之所以能有快速的发展,就是因为其发现并具备了进入缝隙市场的能力。因为公务繁忙,每天人们都会有等电梯的时候。曾几何时,大多数楼宇的电梯旁边什么都没有。也许人们并没有感觉到什么,也许会觉得无聊,但都只能静静地打发那段等电梯的时间。后来,电梯内部和外部逐渐贴满广告、招贴海报,人们自然会被吸引,并阅读上面的信息以打发时间。现在的液晶显示器上的动画信息更能吸引那些电梯乘坐者,并给其留下更深刻的印象。对于大型的媒体组织,比如中央电视台,或者《人民日报》,也许它们没有注意到这个等电梯的人群的需求,或者即使注意到了也不会来开发这个市场。试想,如果中央电视台来做这件事,大概会是装一个液晶显示器,然后播出自己的电视节目。《人民日报》大概也是把自己的报纸放上去,以供人们阅读。然而,那些等电梯的人会不会有耐心和时间看完一个电视栏目,或者读完大段的新闻报道呢?所以,那些比较成熟的媒体组织不可能关注这个市场,只有小型的、具有市场眼光,并且具备相关能力的媒体组织才有可能开发这个市场,而且有可能做得好。分众传媒在进入这个行业之前,长年从事广告代理活动,具备了这方面的能力,因此它才能进入这个市场,并逐渐进入相关的各个缝隙市场。

同样,在短信通信领域,按照现有的流量资费标准计算,一条信息沟通产生的成本几乎可以忽略不计。而在传统短信通信领域,1角/条的资费标准已经多年未变。随着Wi-Fi等技术的进步和普及,用户用更加经济的方式和朋友沟通是大势所趋。因此,常年没有竞争对手的短信通信市场终于迎来了米聊、微信等类似应用的大举进攻。

总而言之,任何一个媒介市场,不论大小,只要有利润就会有潜在的竞争者。不论媒体组织采取何种战略,都只能在短期维持高额的经济利益。在长期,会有竞争者想方设法进入这个市场,结果任何市场都会变成竞争性的市场,即使是政策性垄断的媒介市场。实际上,三网融合及其问题在某种意义上就是市场进入问题,是一种对政策性垄断市场的进入壁垒带来的经济利益的争夺问题。虽然政策性的制约使得三网融合的进程比较缓慢,但是对于巨大的经济利益的强烈追求的欲望,会让各方用各种手段进入相应的市场,这就会使得媒介市场的政策壁垒或早或晚都会降低甚至消失。甚至电网都会进入这个市场,形成"四网或多网融合"的态势。

案例研究

"银河拯救,成功!"

王沁沁

"银河拯救,成功!"这是笔者在《银河马里奥》游戏中通关后脱口而出的第一句话!这款游戏有着不同于以往的精美画面,有着优美动听的BMG旋律,但最特别的是它不再使用传统的按键式操作、旋转攻击等各种华丽的攻击方式,只要摇晃一下手柄,就可以轻松做到。对于笔者这样的电玩游戏盲来说,这无疑是最便捷的操作方式。其实,这款游戏是专门为新款次世代主机Wii所推出的平台大作,而这款有着动作感应功能的神奇主机,在2006年年底掀起了一场革命,不仅缔造了每秒售出17台的惊人纪录,更令这个仅有4000多名员工的日本企业——任天堂重新登临游戏业内的王者地位。

在笔者的印象中,曾经的FC红白游戏机(任天堂于1983年推出的第一款游戏主机)是一个属于家庭的娱乐设施,所有的人都可以参与其中,而随着游戏机的演变,游戏机生产商也形成了如今的任天堂、微软、索尼三足鼎立的局面,彼此之间依靠开发新一代主机而竞争,从FC到PS到XBOX 360,游戏机的硬件质量在不断地提高,但却由于复杂的操作方式而变得越来越个人化。从任天堂的GameBoy开始,掌上游戏机逐渐取代了电视游戏机,大众娱乐的形式也逐渐宣告结束。记忆中也只有风靡一时的跳舞毯曾带动过大众娱乐的风潮,然而却因为游戏的单调,顶多只能算作是游戏主机的配件,因而最终没落。到了PC时代,游戏从电视荧屏和掌机上搬上了电脑,所谓革新也仅仅是带来了更加复杂的操控,然而由于平台本身的局限,个人化的游戏让人始终无法再体会与家人、朋友一起在电视机前抢夺游戏手柄的欢乐。

游戏市场消费者规模的收缩,导致电视游戏机不再是客厅里的娱乐工具,而成为男性玩家书房里的私人玩具。与此同时,游戏机厂商之间的竞争也逐步聚焦于显卡与GPU。这种单一的聚焦战略,直接导致游戏机的主体市场更加萎缩,能够跟随游戏机厂商不断的更新换代的消费者只能是那些真正喜欢玩游戏的玩家。产品的生命周期规律告诉我们,游戏主机生产商必须要通过主机的更新换代才能获得利润,但是更新换代的代价就是高昂的开发成本。这种成本只有转嫁到消费者身上才有实现利润的可能性,这就必将导致机器售价的提升,而主力消费者是否真的愿意永远为那些游戏机买单呢？排除其他因素的干扰，价格的提升与消费能力的提升如果成正比，那么答案只能是有可能。然而，大多数情况下答案是否定的，因为更多的未知媒体的出现也将分流掉部分消费者。那么，怎么样才能创造电视游戏新的生命力呢？

如果说在当今时代，大家更倾向于个人化，那么为什么迪斯尼公园每天的旅游者仍然络绎不绝呢？"独乐乐不如众乐乐"。任天堂 Wii 的推出给整个游戏业指出了一条新的道路。Wii 的出现带来的不仅仅是操作方式上的革命，更重要的是它创造了更大的市场。任天堂的现任社长岩田聪把 Wii 定位为家庭性的游戏。Wii 的研发代号原来叫 Revolution，而在推出时正式更名为 Wii。"Wii"这个名字的发音与英语单词"We"相近，之所以如此是因为"Wii"是一台为所有人设计的游戏主机，而两个 ii 也像两个游戏玩家在一起，这个名字本身便强调了游戏共享的特色。

轻便的机身设计、革命性的操作方式和支持多人协作的游戏内容，把电视游戏的消费者范围扩展到了年轻女性、中老年人群。每一个年龄层不仅能在其中找到属于自己年龄段的游戏，还能超越年龄鸿沟，和不同年龄层的玩家参与到同一个游戏中。比如最具特色的 Wii sports。打网球还用去网球场吗？在家中挥动无线手柄就能获得打网球的乐趣。这款游戏还支持四人双打，爷爷奶奶、爸爸妈妈，还有孩子可以共同参与。如果想增强玩游戏的现场感，还可以为你的手柄配上丰富的配件——钓鱼竿、网球拍、拳击手套、光线枪、高尔夫球杆、汽车方向盘等。游戏手柄还有更丰富的操作方法，比如最有趣的是《龙珠》，你可以拿着手柄做出冲击波等不同的手势，大大增强了游戏的体验感。在人们的传统观念中，玩游戏和看电视一样，会让人玩物丧志，消磨意志。然而，Wii 却改变了这种观念，它将游戏与健身运动相结合。2007 年，为了进一步拉动 Wii 的销量，任天堂推出了一款游戏配件——Wii Fit。站在 Wii Fit 上，不用手柄，你也可以做瑜伽、踏板操、滑雪这样的运动。有趣的是，英国的学校把 Wii 引入了体育课，以降低孩子逃课的概率。

Wii 的售价并不高，比起 XBOX 360 和 PS3，的确是一个相当亲民的价格。最重要的是，这个不算太高的价格，仍然能保证每卖出一台 Wii，不但能收回成本，还有较高的纯利润。比之同期发售的 PS3 和 XBOX，这种成本上的控制降低了主机显卡和 GPU 的级别，形成了一定的利润区。除此之外，Wii 主机还内置 WiFi，支持联网对战；并且设计了 USB 接口和 SD 卡插槽，支持听歌和照片浏览。Wii 将主要的家庭娱乐方式尽收于一台小小的机身内。

"Wii 并不是游戏业界的内部竞争，而是和游戏之外的其他娱乐形式的竞争。如果任天堂获胜的话，游戏业界将会变得更大，这就是我们的出发点。"马里奥之父宫本茂一语道破天机。Wii 的成功在于任天堂领先于竞争对手发现了新的市场缝隙，不仅满足了一部分消费者的需求，更通过这种竞争战略成功拓展了整个游戏产业的规模。

然而，任何战略的成功都只是暂时的，随着 Wii 的成功推出，索尼、微软也相继推出了具有体感功能的 PS Move 和 XBOX Kinect，而苹果 iPad 的出现又将触摸功能与体感功能相互结合。在新技术时代，任天堂是否能以它一贯的革新精神继续引领次世代主机的发展，"拯救"日益萎缩的游戏市场？游戏业还将有怎样的发展？我们拭目以待！

三、差别化战略

如果不能减弱媒体市场竞争的程度，那么媒体组织如何维持自身的经济利益呢？这就需要媒体组织考虑实施差别化战略。

差别化战略就是指媒体组织在满足消费者需求的整个过程中，做到其提供的产品或服务的全部或者一部分和竞争对手有差别，以保证竞争优势。

媒体组织能够制造差别的地方有很多，比如说，提供信息的速度、节目的质量、节目内容的丰富程度、媒体组织的形象、消费者消费的时间和地点的方便性、广告的时段和价位、广告的售后服务、广告费的支付条件、与广告代理商的合作等。如果媒体组织能在这些方面做到与众不同，就意味着媒体组织在实行差别化战略。

差别化战略有两个层面的内容：一个是商品本身的差别化战略，另一个就是营销管理体系的差别化战略。

首先，让我们来讨论商品层面的差别化战略。

媒介内容与服务层面的差别化战略意味着媒体组织要制作出和竞争对手有差别的媒介产品或服务内容。其核心是在信息和节目内容的质量、广告的段位和价格、传播的时间和地点等方面和竞争者形成差异。比如新浪和搜狐两个门户网站的竞争、Google 和百度在搜索引擎领域的竞争、各个卫星电视频道在专业化频道定位方面的竞争等，都属于媒体组织差别化竞争战略的范畴。

媒介产品或服务层面上的差别化竞争是非常令人瞩目的，我们日常所能观察到的往往是这个层面的内容。比如曾经的湖南卫视的《快乐大本营》，以及后来的江苏卫视的《非诚勿扰》，都创造出了与众不同的节目效果，不但形成了社会热点话题，也带来了足够的收视份额，为两家卫视获得娱乐节目领域的竞争优势作出了贡献。

但是,基于媒介产品或服务内容的差别化竞争也有一个极大的弱点,就是任何媒介产品或服务的内容都是可以被模仿的。这就意味着媒介产品或服务的形态差别化优势可能无法维持很久。比如上述两个栏目,在推出不久就开始遭到模仿。

由于媒介技术手段的使用已经非常普及,甚至是一般消费者都能做出很好的影视频内容,所以模仿不是一件困难的事情。特别是对于那些长期从事媒介行业工作的人来讲,在观看到一个新的媒介产品或服务的形态后,很容易分析出这个媒介产品或服务的制作过程。比如,通过观看电视节目,就能分析出节目的基本构成、邀请什么样的主持人和嘉宾能达到什么样的效果、如何突出广告的位置、采用何种方法与观众形成互动等。通过这些分析活动,任何节目形态都将会毫无秘密可言,这也是节目形态的差别化优势不能够维持很长时间的原因。

其次,让我们开始考察营销管理体系的差别化战略。

在前文中,我们曾经重点阐述了媒体组织和经营资源的交换关系。营销管理体系的差别化战略,就是指媒体组织在利用各种经营资源进行生产活动的过程中,利用经营资源的交换关系的构建形成和其他竞争对手的差别的战略。比如说,拥有开发节目内容的技术和人才、创造崭新的节目制作理念和技巧、设计新的设备配置方案(人机关系)、建立新型的广告代理关系、增强员工的忠诚度和创新意识、构造媒体组织的新架构(人际关系)、提升在消费者心中的形象等都属于营销管理体系的差别化战略的内容。媒体组织能够形成营销管理体系的差别化的根基是它所拥有的能创造价值的经营资源和对这些经营资源进行整合并充分挖掘资源潜力的组织结构和管理模式。

媒体组织的营销管理体系的差别化战略是竞争对手难以模仿的,或者说竞争对手模仿起来会非常耗时耗力,并且未必会得到同样的效果。因此,媒体组织营销管理体系的差别化所形成的优势就能够维持较长的时间。在我国,之所以有些媒体组织具有长期的竞争优势,是因为这些媒体组织具有别人难以模仿的营销管理体系上的优势。

营销管理体系的差别化之所以很难模仿,原因之一是这种差别化很难被观察到。虽然竞争对手之间可以观察到对方的媒介产品或服务表面上的形态,但却无法了解对方的组织构造、组织文化、人员的合作方式等环节,并且这些深层次的东西是难以复制的。即使在内容形态上模仿得很像,但是由于不了解内容生产和经营管理体系,所以生产成本也许会比竞争对手高出很多。另外,有些媒介资源积累起来需要很长的时间,比如对媒介消费者的理解能力、对媒介产品或服务内容的策划能力、品牌形成和社会信用等。而有些媒介资源根本就很稀缺，一旦被一家媒体组织得到，其他的媒体组织就无法再得到。即使得到了和竞争对手同样的媒介资源，也通过所谓的"取经活动"，考察了竞争对手的组织构造，但因为既存的组织文化等因素的影响，而无法建立和竞争对手具有同样效率的组织结构，也是媒体组织的营销管理体系难以被模仿的原因之一。

更重要的是，对市场信息和技术的储备，以及革新的完成，都不是一朝一夕就能实现的。这些资源大都是媒体组织在和市场的接触过程中，通过各种实验而积累起来的。如果一个媒体组织率先进入某个领域的细分市场，并且不断保持革新的志向，那么就会逐渐积累起这方面的制作经验和技能，并将其不停地整合到系统化的生产体系中，因此就能保持领先地位，并通过竞争优势持续获得经济收益。

媒体组织的营销管理体系实际上体现了媒体组织的综合实力。因此，营销管理体系的差别化是媒体组织维持长时间的竞争优势的最佳战略，也是我国媒体组织今后必须重点关注的地方。

不能开发出独特的营销管理体系的媒体组织，只能依靠现有的媒介产品或服务和对手竞争。众所周知，在媒介产品或服务的制作以及开发领域，即使一个媒体组织能够领先竞争对手，但如果不能持续革新，保持领先，任何优势都只能是暂时的，不久后就有可能被竞争对手模仿甚至反超，所以单纯依靠媒介产品或服务就能够维持竞争优势的媒体组织还不存在。现在，在国际社会，处于业界领先地位的媒体组织往往都不是单纯依靠其媒介产品或服务的内容，而是依靠其具有竞争力的营销管理体系取得竞争上的优势地位的。或者换句话说，媒体组织只有拥有了有竞争力的营销管理体系，才能不停地策划和制造出有市场竞争力的媒介产品或服务。媒介产品或服务层面的竞争和营销管理体系层面的竞争的关系如表9-1所示。

表9-1 媒介产品或服务层面的竞争和营销管理体系层面的竞争

差别化的手段	产品层面的差别化	营销管理体系层面的差别化
效果及其特征	非常瞩目、容易理解 容易取得华丽的成功 容易被模仿 持续时间短	不太瞩目、不易理解 取得的成功不易显现 难以模仿 持续时间长

一般来讲，一个媒体组织的营销管理体系的效率水平在某种意义上也能真实地代表一个国家的媒介产业的效率水平。也就是说，国家与国家之间媒介产

业的竞争实际上就是各自产业的营销管理体系的效率水平之间的竞争。媒介产业的从业人士如果不懂得这一点，就根本无从谈起产业竞争。以电影产业为例，我们对于电影产业的发展和国际竞争的认识实际上还有盲区。虽然国内有很多的研究者一直在研究美国和欧洲的电影，无论是在电影理论上，还是商业操作上，我们都似乎研究得很透，但就是拍不出理想的效果。也许有人会把原因归结于资金不够，但是我们也看到国际上一些低成本的电影一样做得很好。单从电影元素的任何一项来讲，我们都能做得很好。比如说画面，我们可以做到国际水平；我们能做出各种音效；我们的化妆也很棒；我们还有国际一流的导演和演员。即使暂时没有这些电影元素，我们也可以在国际市场中得到，但是当我们把这些一流的电影元素放到一起，却难以拍出一流的电影来。虽然国内的电影也能在国际电影节上获奖，但却很难拍出一部在国际上有影响力和竞争力的电影。这是为什么？很多电影理论家和实践家给出了很多的解答和解决方案，可就是一直没有解决我国电影界的根本问题，即电影产业营销管理体系的效率问题。近年来的中国电影业实际上走的是模仿的道路，希望能拍出和美国一样的大片来，然而因为国家经济、宗教、地域和民族文化等多方面的影响，以及制作理念的不同，尤其是我们没有按产业规律办事，自然我们拍出的电影的"质量"也就难以让消费者认可，更不用说走向国际市场了。

　　实际上，中国的电影人应该清楚，电影产业之间的竞争不是一两部影片的竞争，一两部电影获奖并不能说明什么。电影是一个经过营销管理体系运作后的产品，而国内的制片部门和电影产业本身的营销管理体系存在很多问题。国内经常派出大批的考察团去实地考察美国好莱坞电影的营销管理体系，也许我们看见了一些东西，但我们并没有真正理解和消化这些东西，所以模仿起来就很困难。偶尔一两部影片在国外引起了轰动，也许会有一些票房收入，但并不能代表我国电影行业的真正水平。我国的影视界只有创造出"符合国情"的营销管理体系，才能创造出"有中国特色"的电影，也才会有国际竞争力。

第三节　构筑营销管理体系进行竞争

　　在上文中，我们已经阐述了媒体组织之间的竞争包括媒介产品或服务的竞争以及营销管理体系的竞争，而且只有良好的营销管理体系才能为媒体组织带来竞争上的长期优势。那么，一个媒体组织应如何构筑其营销管理体系呢？

　　媒体组织在构筑其营销管理体系时，必须要注意三方面的内容。首先，媒体组织要考虑向什么样的消费者提供什么样的媒介产品或服务及价值，这是我们在第二篇中重点阐述的内容;其次,媒体组织要明确以谁为竞争对手并展开竞争活动;再次,媒体组织要明确以什么为基础构筑营销管理体系的长期竞争优势。

一、在竞争中为媒介消费者提供核心价值

媒体组织在构筑营销管理体系时,必须要清楚地认识到一个基本问题,那就是媒介市场的竞争是围绕着什么而展开的。媒介市场竞争的核心在于,哪些媒体组织能够通过构筑起来的营销管理体系有效地触动并满足媒介消费者的核心需求,并提供具有核心价值的媒介产品或服务。

我们知道,在媒介产品或服务的市场上,广大消费者在时时刻刻地对媒体组织的产品及其组织本身进行评价,并且在心中做出优劣判断,一些媒介消费者还会把自己对媒介产品或服务乃至对媒体组织的价值判断通过各种信息渠道公开。消费者之所以会选择视听电子媒体组织提供的节目,或是购读报纸、杂志类的媒介产品或服务,是因为消费者觉得自己值得为这个媒介产品或服务付出时间和精力,也就是说,他们的付出必须要有相应的价值回报。所以,媒体组织必须要考虑清楚媒介消费者都有什么样的需求,其中什么是消费者的核心需求,什么是消费者的附加需求,而自己又将如何满足这些需求,并提供相应的价值。然而令人意外的是,很多媒体组织并没有把主要精力放在市场的消费者身上,而是放在了竞争对手身上,过多地注重与竞争对手的竞争。在中国,因为缺少原创力,所以无论是传统媒介还是现代媒介,都把营销的重点对准了竞争对手,采取跟风性的行动模式。只要一家媒体组织模仿了国外最新的媒介产品或服务并在国内市场推出后,所有其他的媒体组织就都立刻跟进。媒体组织注重和竞争对手展开相应的竞争活动是重要的,但是任何竞争活动只有建立在理解消费者的各种需求,并且为消费者提供相应价值的基础上才会有实际意义,否则就是浪费自己的宝贵资源。另外,在新媒介技术手段日益发达、传播力度也越发强大的今天,一个媒介产品或服务的市场很难容下几个竞争对手共同生存,所以把营销重点放在竞争对手身上并采取同样的战略行为,很有可能意味着难以取得竞争优势。

所以,为了向消费者提供价值,媒体组织就必须全面了解消费者的需求。消费者的需求是多方位的,涉及媒介产品或服务的形态、内容、形象、价格、可消费的时间、可消费的地点等。消费者的需求也会因媒介产品或服务的特征及消费者群体的不同而发生改变,并且在众多的需求当中,不同的消费者也会有不同的关注点。比如,对于电视新闻节目来讲,人们会关注新闻报道的时效性;而对于报纸的新闻板块,人们会更看重它的深度报道;在观看电影或纪录片时,人们会关注它的历史性、思想性或者艺术性;而在欣赏娱乐节目时,消费者则会放松身心，不会有那么多艺术和思想方面的期待，只是希望能够因此消除一天的辛劳。

满足媒介消费者的需求并提供相应的价值，需要媒体组织运用营销管理体系来完成。媒介产品或服务的消费者的需求多种多样，可是没有一个媒体组织的营销管理体系能够做到面面俱到，全面满足消费者的需求。即使媒体组织的经营资源非常丰富，也很难在所有的营销管理活动领域都构筑起强大的竞争优势，并且要构筑这样的营销管理体系往往会造成资源的分散，反而会减弱媒体组织在竞争上的优势。因此，虽然消费者有众多的需求，但媒体组织应该把营销战略的重点放在消费者的需求相对集中的地方以及消费者比较敏感的地方。

比如说，如果媒体组织认为娱乐是消费者需求的核心，是市场竞争的焦点，就应该通过娱乐内容和其他的媒体组织实现差别化，利用媒介产品或服务内容的策划、制作、宣传乃至广告销售环节，构筑一个能够以具备竞争优势的娱乐内容向消费者提供核心价值的营销管理体系，而且这个体系必须是其他媒体组织难以模仿的。

再比如说，在我国大城市，报纸的竞争已经非常激烈，而且还不断有新的报社加入竞争的阵营。如果报社认为在内容上已经无法实行差别化战略，只有价格才是竞争的焦点，就应该以有竞争优势的价格作为差别化的武器，构筑一个从采访、编辑、印刷到发行等各个环节都能够降低成本的营销管理体系。

媒体产品本身的差别化，具体包括机能的差别化、内容的差别化、品质的差别化、形象的差别化、渠道的差别化、服务的差别化和价格的差别化等内容。在实施这些差别化战略时，媒体组织要配以相应有效的营销管理体系才能最终实现设定的战略意图。为了持续实施机能或品质的差别化，媒体组织就有必要积累这方面的技能，并且其营销管理体系下的市场调查机构，也要比竞争对手更早发现消费者在媒介产品或服务的机能或品质等方面的需求动向。

媒介服务的差别化也是如此。如果质量和价格都不能和竞争对手拉开距离，那么服务上的差别化就可能带来竞争上的胜利。比如，中国人都比较喜欢在外面买报纸，如何能够在读者想看报的时候提供报纸就成为报社的营销管理战略的课题。实际上，在出版社和报社等媒体组织的诸多基本活动中，发行和零售店的布局已经成了竞争的关键因素。例如，书籍、报纸和杂志等媒介产品纷纷进驻机场、火车站和地铁站内的销售点，以图为媒介消费者提供最近距离和最便利的服务。甚至有些报社干脆在举起免费这个价格差别化战略旗帜的同时，依靠大量的人力，在各个地铁站码放大量的免费报纸任过往乘客领取。

最值得媒体组织和从业人员注意的是，尊重消费者是所有营销管理战略的最基本前提。很多媒介从业人员由于自我感觉良好，养成了高高在上的思维习惯,并在其产品和服务上体现出来。这是最危险的,早晚会受到消费者的抵制。

二、如何应对竞争

一个媒体组织构筑营销管理体系、瞄准消费者需求的核心价值、为消费者提供有价值的媒介产品或服务的重要性我们已经很清楚了。但是,媒体组织只是做到了这一点还是不够的,因为你所做的事情,你的竞争对手也在做,而且有可能因为资源积累的优势做得比你更好。实际上,媒介行业组织在建设自己的营销管理体系时,大都会进行市场调研。如果各个组织采用的调研手法接近,那么调研结果就会不约而同地对准相同的消费者需求的核心价值。这样一来,也就很难创造出竞争上的优势了。非常有意思的现象是:为了竞争,大家都在追求差别化,而结果是大家又都走到了一起,使得差别化竞争难以实现,这就是媒介市场竞争的现实。

如果我们仔细观察那些在市场中取得成功的媒体组织所采取的营销管理战略,就会发现,这些媒体组织所取得的成功无外乎决定于两个方面的因素。一是采取了有效的市场细分化战略应对竞争(避免竞争),另一个就是利用自身积累的优势资源获取竞争上的优势地位(直接竞争)。

1. 采取市场细分化战略应对竞争

媒体市场是众多的媒体组织和媒介产品或服务的消费者的集合。在这个市场中,不是所有的消费者都具有相同的消费爱好和消费行动。有些消费者对媒介产品或服务的形态有强烈的爱好,有的消费者对媒介产品或服务的内容比较敏感,有的消费者对媒介产品或服务的提供时间有苛刻的要求,也有一些消费者对节目主持人或嘉宾情有独钟,甚至有一些粉丝为了自己喜欢的影星去创造高票房。所以说,媒介产品或服务的市场是由很多互不相同的子市场构成的。这些子市场就是我们常说的细分市场。寻找子市场的过程是媒体组织实施市场细分战略的开始。具体地说,所谓的媒介市场细分化是指,即使用途相同的媒介产品或服务,也要根据媒介消费者需求的不同,对媒介产品或服务的市场进行细致的划分,然后根据我们在第二篇所学习的内容,针对不同的细分市场开发不同的营销手段的战略组合。

不管是什么媒介产品或服务,媒体组织都不可能将其销售给所有的消费者,即使是我国媒介消费者普遍喜欢的春节联欢晚会、《新闻联播》等节目,中央电视台也做不到让所有人都观看。媒体组织进行广告宣传以及品牌传播活动,其目的在于尽可能地增加消费者的数量,而不是也不可能是动员所有的消费者,因为消费者的数量极为庞大,文化层次和性格等也截然不同,购买意向和行动更不可能相同,而且市场上还存在着其他媒体组织所生产的同类或近似的媒介产品或服务。所以,对于任何一个媒体组织来讲,在所有的消费者之中,只有一部分会成为最终的顾客,这就是媒介市场占有率的问题。也就是说,所有的媒体组织在任何时候实施的任何媒介营销管理战略,实质上都是在细分市场中扩大相对市场占有率的问题。也就是说,细分化是一个动态的、可调整的过程。

在至今为止的很长一段时间内,传统的媒体组织的营销管理模式是进行大量生产、大量流通、大众宣传,通过分摊平均成本从而带动大量消费。各个媒体组织因为技术手段和制作理念相同或相似,都在生产极为类似的媒介产品或服务,并在大众市场中进行销售。其结果只能是引起激烈的市场竞争,加速产品与服务乃至广告的价格下落,并最终使得媒体组织的利润水平降低。随后,为了减弱竞争的程度并增加利润,各个媒体组织都采取了对媒介产品或服务的质量、特性进行区别化的战略。例如,安徽卫视曾经实施的电视剧大卖场策略就是一个典型的例子,具体做法是在周末通过连续播放电视剧和其他卫视形成区别,以吸引消费者并拉动广告投放。现在,市场细分化作为一种常规的营销管理战略模式,越来越引起媒体组织的重视。其主要做法是在市场上,利用一些指标,把消费者划分为不同的群体,然后根据不同消费群体的需求特征,并结合媒体组织自身的媒介产品或服务以及资源储备等领域的竞争优势,针对其中的一个或几个消费者群体进行相应的生产、宣传和销售战略活动。

媒体组织往往在媒介产品或服务的特性方面进行分析,但这只是影响媒介产品或服务的成功或衰退的一个方面;哪些媒介消费者愿意接受这些媒介产品或服务所具有的特性,其他的消费者对该媒介产品或服务的反应程度如何等,也是媒体组织要兼顾考虑的问题。媒介行业与其他行业不同,在其他行业中,任何一款产品只针对目标销售人群进行销售,与其他的消费者没有直接的关系,不会带来具体的影响,也因此非目标消费人群往往对产品采取不关心的态度。而媒介产品或服务则有其特殊性,除了目标消费者之外,也会引发非目标消费群体的广泛关注,而这种关注和媒体组织通过广告宣传或品牌传播活动追求的市场关注是不一样的。因此,媒介产品或服务的目标市场可以细分,但其影响力却无法细分,有时会涵盖广泛的人群。也就是说,对于某一个特定的媒介产品或服务,虽然目标消费者会欣然接受,媒体组织也尽可能扩大在目标消费人群中的影响力,但很有可能引起非目标消费者的抵抗和非难,甚至有些群体会提出强烈的抗议并引发某些特定媒介产品或服务的消亡。例如选秀、交友类的电视娱乐节目,年轻人比较愿意接受,而部分年纪较大的消费者则可能采取抵制的态度,以至于导致行业主管部门采取限制政策。

市场细分这个战略之所以重要,正是基于以上原因。在某种意义上说,现代社会的任何媒介产品或服务的市场营销管理战略实施过程本身都是从市场细分化战略开始的。媒体组织在策划营销管理战略方案时,最重要的是一定要清楚消费者的范畴和其需求分布、目标消费者对核心价值的追求,以及相关的营销管理战略可能引发的非目标消费人群的强烈反弹。

在以上的内容里,我们分析了对市场进行细分化的必要性和重要性。那么接下来我们考察一下媒体组织实施市场细分化战略的好处。

首先,通过对市场进行细分化,媒体组织可以细致入微地对应消费者的不同需求,为消费者提供更高的消费满意度。好比移动运营商使用的手机终端销售组合战略那样,即使用途相同的媒介产品或服务内容,消费者也会因其年龄、收入、身份地位以及其他诸方面的差异,对媒介产品或服务的内容产生不同的需求。所以,把需求不同的消费者按照一定的标准进行市场细分,就可以充分地满足他们的需求。特别是在近几十年中,世界各国都经历了不同程度的经济发展,人们的生活水平得到了提高,个性得到了张扬,价值观也发生了很大的变化,消费者多种多样的需求被唤醒,这一切为媒体组织的市场细分带来了可能性和必要性。

其次,市场细分化战略可以带来市场绝对规模的扩大。和市场细分化战略相对应的是标准化战略。一般来讲,在实行标准化媒介产品或服务市场战略的时候,容易产生规模化效应,并能够简化生产流程和管理体系,媒介产品或服务的品质也容易控制。但是,标准化的媒介产品或服务不能满足顾客日益增加的多种多样的需求,就会使得一些消费者丧失消费的欲望。这就如同人们常说的那样,想让所有人满意,其结果就只能是所有人都不满意。而如果根据消费者的不同需求对市场进行细分,虽然会形成相对复杂的生产和营销管理体系,在品质管理和成本控制上也会面临一定的困难,但只要营销管理战略使用得当,并且推出的媒介产品或服务能满足各个子市场的媒介消费者的核心需求,就能让相对更多的消费者参与到媒介市场中来,从而最终扩大市场的绝对规模。

我们知道,媒介产品或服务市场有规模、地区上的区别,也有消费者收入、消费观念和购买行动等方面的区别,还有行业或组织机构行为模式的区别。受这些市场要素的综合影响,对于特定的媒体组织来讲,会形成策划、制作、宣传、发行和顾客忠诚度等方面的差异。所以,在媒体组织的营销管理实践中,常常把消费市场所具有的这些要素作为市场细分化的依据,详见表9-2。

表9-2 市场细分化的常用依据

大众市场	人口统计	年龄、性别、家庭成员数量、家庭的生活方式、居住地区等
	社会经济	收入、职业、受教育水平、社会阶层
	生活方式	东方风格或是西方风格、保守或是时尚
	使用状态	使用者的状态、使用的频度、购买时间、对产品的忠诚度
组织市场	组织结构	所属产业、所在地、规模、使用的技术
	购买态度	日常的行动、偶发性的行动等
	行动基准	集权与分权程度、购买习惯、购买的基准(信任度、价格、品质)
	负责人的特征	在组织中的地位、性格

表9-2列出了一些较为常用的对市场进行细分化的标准依据,其中包括针对大众消费者市场和组织市场进行细分化的内容。直接和消费者见面的媒介产品或服务主要受消费者因素的影响,因此媒体组织主要利用消费者指标设定市场细分战略,例如时尚杂志、市民报、电影、个人通信服务、家庭网络接入服务、团购等就属于这一类。表9-2的上半部分列出了一些常用的数据指标。而对于一些特殊性质的媒介产品或服务,例如党报、电视剧发行、电信集团服务、企业宣传片等,媒体组织的营销管理人员将会直接面对各个企事业组织的购买人员和上级主管决策人员,表9-2的下半部分主要是组织市场的细分化标准依据。

很多媒介产品或服务是针对企业市场的,特别是在国内,政经大报最主要的订户大都来自党政机关、工矿企业以及学校等团体。就连信息产业中的电脑软件操作系统也被细分为面向家庭和商业两种用途,并实行不同的渠道销售策略。所以在面向组织市场的时候,组织的购买模式是值得研究的。例如,在信息产业链中必不可少的电脑终端市场,至今为止使用微软操作系统的企业占据了绝大部分组织市场,而且由于文件的通用性,使用微软系统的电脑终端也必然能在家庭市场占据绝大部分的市场份额,而苹果则依靠个性化特点占据了部分家庭电脑市场。伴随着苹果革命性的电脑终端iPad的出现,个人平板电脑市场蓬勃发展起来,而且也由于竞争对手无法提供类似的体验,所以iPad占据了个人平板电脑市场的大半江山。更重要的是,这个潮流开始影响企业的IT购买人的决策,这为未来苹果电脑侵蚀微软系统的企业级市场带来了可能性。据媒体报道,已经有众多企业,特别是中小企业纷纷表示要采购苹果的iPad或Mac用于个人和商务目的。而且相关研究也显示,苹果设备在企业市场的销量之所以激增,主要是因为企业白领暗地里纷纷购买Mac机。

纵观一个国家的产业经济结构,媒介产业是最容易进行市场细分的,这是因为媒介消费者群体具有多重文化和社会属性,其媒介需求也是最具多样化特征的。媒体组织也因此可以采用市场细分战略实现经营管理的最高战略目标,即长期的生存和发展。如果单纯地站在营销学的角度分析媒体组织的竞争,那么竞争战略的最高境界就应该是消灭竞争。所有的媒体组织在不引起消费者反感的前提下,都拥有自己能够控制的"相对垄断"的市场,或者在同一个市场空间内的任何一个媒体组织都不挑起主动竞争,那么众多媒体组织就会相安无事。而在实践环节,媒体组织出于自身利益的考虑,大都会采取竞争的策略。这就要求每个媒体组织最终还是要在相对细分化了的市场中寻找其消费者需求的焦点,并对准其中的一个或几个焦点,利用自己所具备的营销管理战略体系,提供有差别化特征的媒介产品或服务,并且能让消费者感觉到其媒介产品或服务所具有的核心价值。而竞争对手的做法也毫无二致。从这个角度讲,媒介的市场细分是一个动态的过程,而且在细分市场当中还可以进一步细分,甚至只要有可能就可以一直细分下去,直到不能再细分为止(市场容量不能满足媒体组织的生存条件)。例如杂志领域就有时尚类的细分市场,而这个细分市场又被媒体组织细分为更多的类别。

媒介产品或服务市场被分割成众多细分市场后,一个媒体组织就可以选择进入哪个细分市场并为消费者提供相应的服务。当然,有实力的媒体组织可以根据自己的战略意愿进入所有的细分市场,并展开相应的竞争行动。大型媒介集团往往喜欢这样的战略,并能提供综合性的媒介战略服务。更多的媒体组织则喜欢进入单一或较少的细分市场,并展开相应的经营活动。实际上,如果一个市场被细分到很小的份额后还有媒体组织愿意进入,这就是我们在上文中论述过的缝隙战略。

业界大观

低成本类型电影的营销

丁为民

从营销层面上讲,所有的电影,如战争片、枪战片、惊悚片、剧情片、科幻片、儿童片、喜剧片、灾难片、歌舞片、卡通片、魔幻片、爱情片、西部片、传记片等都是类型电影,因此在影片的营销战略上就会有一定的规律可循。虽然类型片的概念在中国电影界已经是基本的常识,但在目前实际的策划和营销过程中,电影界还欠缺类型电影的操作模式,大多数情况下依然停留在大片和小片的区别上,这就能给那些挖掘类型电影市场的投资人带来以小搏大的机会。

在这些类型片中,灾难片、科幻/魔幻片是进口电影的主力军,如《阿凡达》。

这类电影往往需要雄厚资金做支撑方能成功,不适合小成本电影涉足。其余的,功夫/动作片和都市言情片一般需要大牌明星号召;警匪枪战片又受到严格的审查限制;虽然文艺剧情片的选择频率达到7%,但近年来国产文艺剧情片在票房上非常尴尬,即使像《立春》《三峡好人》和《左右》等在国际电影节上斩获大奖的影片,票房也依旧惨淡。排除法下来,只有喜剧和惊悚/悬疑等少数几个类型,能成为小成本电影寻求突围的理想类型。

一般来讲,一部影片的投资规模、导演、演员阵容能决定它的吸金能力。比如一部电影投资5000万元,加上宣传发行费用一共7000万元,这样它的票房必须在2.1亿元左右才能收回成本。按照目前国内的市场规律,影片要放在五一档、暑期档、国庆档、贺岁档和春节档才可能达到这样的票房要求。而一部电影要想确定档期,先要确定主要目标观众群,并据此选择春季、国庆、秋季、暑期或者贺岁、春节档。目前,国内每年能上院线的国产片在150部左右,上映的分账和买断进口片在50部左右,因此一部电影独霸一个档期的可能性越来越小。而当制片方与发行方确定基本档期时,还要了解在该档期前后上映的竞争对手的情况。除一些著名导演的作品无须过多考虑院线意见,其他国产片都会和院线进行紧密沟通。从目前的操作惯例上来看,多数国产片都是杀青后再确定档期,只有少数大制作是开拍前就确定了大概档期。电影市场是瞬息万变的,雪藏太久才拿出来放映,要么是同类题材已上映,要么演员已没有时间配合宣传。至于宣传发行周期,则取决于片方有多少资金和宣传材料可以用到上映之前。虽然"春节长假—四月中旬""五一长假—暑期前""暑假后—国庆节前""国庆节后—贺岁档"都是传统意义上的淡季,但也蕴含了巨大的市场潜力,"黑马"往往出自淡季。

目前"贺岁档"被视为国内票房产出能力最高、观众消费能力最强、多次消费最集中、竞争最激烈的电影档期。对电影市场份额占有需求大、票房预期高、号召力强的影片——"大片",多云集于此档期。这类影片从制作成本、导演号召力、演员阵容等方面看,在中国电影中都是顶尖的,宣传力度也是空前的,其市场杀伤力是强悍的。但《午夜心跳》作为一部低成本制作的恐怖片也挤进了贺岁档,这无疑是个剑走偏锋的营销战略决定。

虽然类型电影有为数众多的营销方法,但在运用中因各种因素的影响,效果差别很大。所以,在运用中应因地制宜突出重点,不必求大求全。

电影《午夜心跳》是第一部票房超过3000万元的国产惊悚片,也是2010年度惊悚片票房冠军。该电影从策划、拍摄、制作到对上映档期的确定,都进行了认真的分析和权衡比较,且所有计划都得到坚决的执行。本片确定上映的档期为2010年贺岁档,具体日期是12月24日"圣诞夜"。作为曾经的年度类型片票房冠军,其营销战略的成功之处可以总结为如下几点。

类型:一部电影不会得到所有观众的喜爱,每个观众都有自己的偏好,要强化"辨识度",明确类型,让喜爱此类型的观众快速发现影片并选中。四处讨好观众是不可取的,明确类型定位是必需的。惊悚类型片是独特的片种,有较忠实的影迷,观影者流失率低。在惊悚类型片中,《午夜心跳》的制作和演员阵容是最强的,演员中有两个影帝、两个处于上升期的女星。《午夜心跳》类型定位精准。制作人对影片做了明确的类型定位,剧本从之前的"鬼片"修改为惊悚类型,强化了影片辨识度。同时,在宣传上,本片也被定位为惊悚片中的"大"制作(此前的惊悚片制作成本更低、演员阵容不够强大),突出贺岁档第一"恐怖片"的市场概念,做到"独树一帜",让受众辨识度达到了一定的高度。

竞争:电影《午夜心跳》属于低成本影片,影片体量小,其主要的市场竞争对手不是"大片",而是制作精良的中小成本电影。当时已知将在"贺岁档"12月上映的影片是上旬上映《赵氏孤儿》,中旬上映《让子弹飞》《非诚勿扰2》,此档期竞争空前激烈。按以往经验,影片发行时都会回避"大片",选择其他档期来获得较好收益。本片的发行决定反其道而行之,在"贺岁档"上映,借"大片"扫清《午夜心跳》的主要竞争对手,也就是那些制作精良的"中小成本"电影,在"大片"的夹缝中抢到市场份额,出奇兵放手一搏。

借势:"大片"之所以成为"大片"自有道理,中小成本影片正面与其对抗争锋非常困难,道理不言自明。"人多的地方生意就多",这是最朴素的营销理论。"大片"影响力大,号召力强,"大片"把观众吸引到影院,观影的人多,电影票就难买。《午夜心跳》在贺岁档上映拼的是到电影院观影的受众首次观影选片的"第三选择",多次消费受众的"第一选择"。

排片:影院在追求高经济效益的同时,还承载着丰富人民文化生活的任务,在排片上要尽量保证影片的种类多样。"大片"在此档期上映,很多影片害怕当"炮灰",敢于在此档期上线的新片减少,但特点鲜明的中小成本影片还是有空间"活下来"并赢利的。事后从相关部门统计的结果看,12月是2010年全年上映影片最少的一个月,只有11部影片上映;其他月份仅新片上映都在20部以上,加上未下线的影片,数目是12月的几倍。《午夜心跳》惊悚类型明确,影片长度适宜,观众群定位精准,排片组合灵活。

系列化:2009年同档期上映的一部影片《午夜出租车》是当年的票房黑马,获得1600万元的票房,是成功的先例。2010年同档期上映《午夜心跳》,可借势《午夜出租车》形成午夜系列,吸引喜爱惊悚类型片的观众观影,冲击贺岁档。

总而言之，类型电影营销战略的重要性是不言而喻的，但所有的营销战略的成功都要建立在消费者认可的基础上。如果电影本身的质量不好，所有的营销努力都将是一种成本的浪费，即使能把观众"忽悠"进电影院，也不会带来口碑效应，而且也对未来的发展不利。而所谓的好电影一定要接"地气"，能和消费者当下或者某一阶段的生活关注点或情感点对接，只有这样才能引起消费者的共鸣。主流电影观众是青春的、时尚的，这一人群在当下开始注重自我感受，善于表达并愿意分享。他们是积极的、富有激情的、反应迅速的，电影必须为他们提供情感宣泄，给人生找到直观的对应物。如《失恋33天》和《那些年，我们一起追的女孩》都是很好的典范。这两部电影虽然都是小成本制作的爱情题材的电影，但都取得了较好的口碑和票房回报。从营销的角度讲，两部影片在档期以及宣传营销战略(例如微博营销等)的选择上都可圈可点，但其成功在本质上是因为这两部电影贴近了消费者的生活，能够引起消费者的共鸣。

今后，伴随着我国文化传媒产业促进政策的推进、行业规制的逐渐放宽，以及媒介技术的进步带来的替代可能性的增强，媒介行业的进入门槛将会大大地降低，这就意味着媒介市场的竞争会逐渐加剧，也因此媒体组织占领不同细分市场的趋势会越来越明显。

从目前的实际状况来看，在诸多的媒介形态中，纸媒介在市场细分方面已经走在了所有媒体组织的前面。所以在中国，纸媒介的市场细分战略已经非常成熟，我们可以在市场上见到各式各样的报纸和杂志。即使在相同的领域，例如上述的时尚领域，相关的一些媒体组织利用消费者在年龄、职业和收入等方面的区别，又进行了不同程度的细分，并推出了相应的媒介产品或服务。之所以纸媒介能在媒介市场细分领域有所建树，是因为纸媒介的消费群体的平均文化水平相对偏高。在综合文化素质水平较高的群体中，大家的兴趣和爱好是分流的，这类群体的媒介需求具有明显的多元化倾向，所以媒体组织就能够抓住这些分流的需求，并提供有针对性的媒介产品和服务。纸媒介的细分化程度高在很多国家都是普遍现象，但随着传播技术和内容生产技术的不断演进，再加上传统纸媒介的新媒介化加速进行，市场细分化的趋势将会进一步加强。

中国的电视和广播媒体，因为能够无偿地得到频率资源，所以喜欢跑马圈地，进入到所有的媒介市场，从中央电视台到地方电视台都开设了众多的频道或频率就是最好的证明。虽然每个电视台都对自己的频道进行了所谓的市场细分，但这都不是因为竞争而形成的，频道专业化在某种意义上成为获得免费频率资源的一种方法。不过，在卫星电视这一领域，因为各个电视台都面临着竞争，所以才有了一些市场细分的味道。比如，湖南卫视重点进入娱乐节目市场，安徽卫视重点进入电视剧市场，海南卫视则干脆把名称都改为旅游卫视。但是从电视媒介市场细分的整体格局上看，频道专业化也并没有实现什么真正的效果。如果仔细分析，就会发现，所谓细分化比较成功的安徽卫视和湖南卫视实际上也都是在走大娱乐、宽频道专业化的路子，一个是走电视剧娱乐的战略道路，一个是走栏目娱乐的战略道路。连近年来快速崛起的江苏卫视和浙江卫视，也是依靠娱乐风格获得市场认可的。再考虑到我国各地方的电视台也大都是凭借综合娱乐频道、电视剧频道和电影频道获取广告收入，而其他电视频道的收视率和广告收入都很低，就足以说明中国的电视消费者目前还是以观看娱乐节目为最大的媒介需求。这也意味着电视媒体现阶段很难在娱乐领域以外的频道专业化建设方面取得令人期待的成绩。所以从一般意义上来讲，当今中国的电视行业不适合专业化频道建设，这是因为电视媒介的受众群体文化程度比较接近，消费倾向并没有分流，所以很难进行细分。之所以全国的卫视频道的专业化建设很少能成功，原因也正在于此。

不过，在新媒介视频领域，伴随着互联网和手机媒介开始进入视频领域，而且也由于网络消费者的文化素质普遍高于电视消费者，所以他们对于网络视频类内容的消费追求是分流的，因此生产网络视频类内容的媒体组织和渠道商可以借助市场细分化战略获得相应的市场份额和收益。虽然目前网络视频之间的竞争还停留在同质化竞争的阶段，而且视频网站纷纷烧钱购买视频版权，想通过内容量获取竞争优势，但版权购买成本的上升势必会压低各个视频网站的利润，对其未来的融资也会产生负面影响。也就是说，烧钱战略可能会有短暂的效应，但不会有长期的效果。所以在未来的一段时间内，针对网络视频消费者的视频需求实施细分战略，必将成为各个视频网站首选的发展战略。

当然，纵观媒介产业发展的未来，伴随着经济发展和人们收入水平的提高，媒介消费者的整体文化素质也将会逐渐提高，其兴趣和爱好会发生更多改变，媒介消费行为会更为多元，再加上各种媒介形态的充分融合，传统媒介和新媒介的行业界限会消失，甚至目前的媒介产品或服务的生态模式也会发生大规模的融合。这就意味着媒介产业的未来将会是在融合媒介产业形态中提供多样的媒介产品或服务，所以媒体组织要做的就是时刻把握消费者的生活节奏变化，提前做好相应的市场细分准备。

2. 把资源优势转化为营销管理体系竞争的优势

在传统的营销管理学中，人们常说企业的生产要素有三种，分别是人、财、物。这三种要素结合在一起,企业就会有产出。现代营销管理学则认为,企业的生产要素有四种,也就是在传统的人、财、物概念的基础上,再加上信息这种要素。特别是在现代媒介产业的营销管理过程中,信息这种要素的重要性越来越明显了。媒介产业本身就是一种进行信息采集、生产加工和社会化发布的体系,所以对媒体组织而言,信息是一种极为重要的经营管理资源。

我们在前文中已经讨论了在媒介产品或服务的制作过程中制作技能的积累问题,并且也指出技能的积累是媒体组织具有竞争优势的源泉。实际上,媒介市场上具体的消费需求信息、对媒介需求信息的分析能力、对媒介产品或服务的加工制作技术和技能以及媒体组织的品牌形象等无形资产,都属于信息的范畴,都是媒体组织在媒介产品或服务的制作过程中需要投入的生产资源要素。例如,一个优秀的编导、记者或发行人员可以把自己掌握的职业技能当作信息传授给同事,使得大家都掌握同样的技能,其结果必然会带来媒介产品或服务质量的上升,那么也就意味着媒体组织在市场中的竞争能力会有所增强。

信息是一种无形的生产资源,这种资源有三个特性。第一个特性是很多人可以同时使用同一个信息资源;第二个特性是信息资源可以重复使用,在使用过程中不会有损耗;第三个特性是信息资源在被使用的过程中,可以结合其他的信息生成新的信息资源,这个特性尤为重要。

一个媒体组织使用人、财、物和信息这四种生产要素进行媒介产品或服务的生产制作活动,并带来媒介产品或服务的产出,同时,也生成了新的信息资源。这些新生成的信息资源还会作为投入要素进入到以后的生产环节,和新的媒介技术信息发生融合,不停地带来媒介产品或服务生产的高效率。

例如,近年来动画电影大放异彩,接连取得不俗的票房佳绩。如果仔细观察就会发现,与传统的迪斯尼动画电影不同,以皮克斯和梦工厂为代表的新兴动画电影制片商制作的动画影片已经全面进入了电脑合成时代,特别是 3D 动画更离不开电脑特效技术的支持。动画电影在传统上一直采用手绘等技法,特别是美国好莱坞的动画电影制作团队,在消费者需求、传统动画电影制作等领域已经积累了大量的技能信息,而且这些技能类信息支撑着他们不停地开发出优秀的动画电影并且在全球市场获得高票房收入。但是,当传统的动画电影制作理念、对消费者需求的把握等技能类信息和现代电脑科技图像处理等技术类信息碰撞到一起的时候,立刻就迸发出了耀眼的火花,为电影观众带来了新类型的动画电影产品类型和新的视觉冲击效果,当然也带来了庞大的市场规模。

强调信息的重要性,实际上强调的是人力资源的重要性。这是因为技术、技能、知识等信息资源对于任何行业都是非常重要的,信息虽然是无形的,但却是有载体的，所以在某种意义上说，人是所有知识和技能的最佳载体。没有人，任何技术和技能等信息资源都将无所作为。所以说，"人才"是媒体组织最重要的经营性资源。人如果只是简单意义上的劳动力，机器人就可以取代人的劳动，但是机器人无法取代人作为信息资源的载体的功能；特别是媒介产品或服务的内容往往具有很强的艺术性和思想性，需要不停地对信息资源进行加工和创造，这是机器人所不能完成的。机器人所能做的是在拍摄现场协助人类完成繁重的工作，例如自走式摄像机能减轻人们的劳动强度，提升拍摄效率，但机器人自己并不能自动选取镜头的角度和拍摄对象，更不能自动完成艺术剪辑等工作。

但是，一个媒体组织，无论掌握了多么优秀的资源和资源的载体，并不能直接形成竞争优势。包括人力资源在内的各种媒介资源，归根结底只是产生出竞争优势的素材，只有把这些素材巧妙地结合起来，也就是说，只有在媒体组织内部，具有能够组织和充分利用这些媒介资源的营销管理体系，使得资源得到有效的配置，并让人力资源发挥出能动性，媒体组织才能在市场竞争中形成优势。

比如，一个电视媒体组织，为了向电视观众提供具有价值的内容，就必须开展节目策划、采访、编辑、备播、宣传、播出、广告推介、广告售后服务等一系列活动，而这些战略活动的背后需要大量的资源支撑。所以，电视媒体组织应该考虑的是：在这些基本活动中，哪些是由自己来完成的，这主要是考虑自己是不是具备相关资源上的优势；哪些活动是可以委托他人来完成的，这主要是考虑合作者具备的资源优势能不能被充分调动起来并且和自己的战略活动相融合；在众多的战略活动中应该重视哪些活动、如何开展这些活动，以及如何把各项活动组合得更好。

同样，其他形态的媒体组织也都有其各自的基本活动，如何组织这些基本活动、把这些活动有机地联系在一起，并且创造价值，是所有的媒体组织在构建营销管理体系时应首要考虑的问题。

国外电视媒体的分工已经很细致了，很多电视媒体组织都只是一个播出机构而已，除了新闻节目以外，大多数节目都是由外面的节目制作公司来完成制作的。而中国的电视媒体组织一般倾向于所有的事都由自己来做。不过近年来情况大有改观，制播分离已经成为一个大的趋势。所谓的制播分离在某种意义上讲，就是媒体组织结合资源占有方面的优劣势进行的一种营销管理体系建设。媒体组织实施的制播分离战略不但可以在国内展开，也可以在国际范围内展开，当制播分离战略在国际范围内展开的时候，就是一种典型的国际化营销管理体系的建设。

三、如何让竞争对手难以模仿

在上文中，我们详细介绍了媒体组织应对竞争时的差别化手段，并指出了使用这种手段带来成功的可能性。可是任何市场上的成功，都意味着获利，自然就会带来竞争者或潜在进入者的模仿和竞争，而且媒介行业的技术门槛很低，也很难阻止竞争对手进入。特别是在开放和发展的大环境下，政府部门也很难利用政策门槛保护特定的媒体组织。如果所有的媒体组织都朝着相同的方向努力，通过市场细分化和资源优势所形成的媒体组织之间的差异就会变小，结果还是会给媒体组织带来风险。那么，这种情况下的营销管理体系应该发挥什么样的作用呢？

在基本满足了消费者对媒介产品或服务的核心需求的情况下，媒体组织利用营销管理体系实施的竞争战略大体上有三种。第一种是微小差距优势战略，第二种是追求个性化战略，第三种是降低成本战略。

微小差距优势战略是指媒体组织在满足消费者的核心需求的同时，在消费者对媒介产品或服务的附加需求中的一点或几点上，努力展示不同于竞争对手的特征，以吸引消费者。实际上，这也是一种差别化战略。之所以要强调微小差距的优势，是出于考虑媒体组织实施竞争战略的成本原因。一般来讲，媒体组织针对竞争对手所营造出的差距越大，竞争战略的实施成本也就越大，相反差距越小，成本也越小。关键是要能让消费者感觉到这些微小差距的优势，并产生消费的欲望。此时，媒体组织就没有必要花大量的时间、精力和资金成本去营造和竞争对手之间的巨大差异。

在营销管理学中，我们常常把市场中的参与者，依照其所获得的市场份额，分为领先者、挑战者、追随者和寻找缝隙者四大类。领先者和挑战者，由于在媒介市场中的位置比较接近，所采取的市场战略也大体相同，大都是以市场份额（例如收视率）为主要的竞争目标，所以竞争是非常激烈的。媒体组织在价值品战略、成本与价格战略、品牌传播战略以及渠道战略等方面的差距越来越小，这就形成了所谓的同质化竞争。在这个时候，如果媒体组织注重在一些领域形成微小的优势，并能够依靠这些优势吸引消费者，就能出奇制胜。例如电视台的广告中心除了能为广告主提供监播报告等常规服务，如果还能结合自己的媒介特色，并根据广告主的产品特征，定期地为广告主提供投放建议，虽然会产生一些成本，但却能让广告主感觉到你的与众不同，这一点点差异也许就能维持与大客户的关系。再比如在电信服务领域，也许营业厅服务人员态度上的差别就能决定消费者的选择。报社送报体系也是如此，在报纸内容很难进行区分的时候，送报时间的准确性就成为决定竞争成败的重要因素。换句话说,媒介服务有时候比具体的媒介产品更重要,因为在服务层面最容易形成微小的差距优势,而且服务往往直接面对消费者,最容易让消费者感受到。

追求个性化战略是指媒体组织在满足消费者的核心需求的同时,在采访、编排、制作、广告和发行等众多的营销活动当中,选择其中的一个活动或少数几个活动,集中自己的优势资源,强化自己的活动能力,并以此作为自身的个性,向市场和消费者进行展示的战略。

媒体组织的个性是指媒体组织、媒介产品与服务在消费者眼中具体化的形象表现,也是媒体组织向消费者进行战略展示的重点。如前所述,媒介产品或服务的消费者有诸多的需求,如果媒体组织进行认真的分析,找出那些拥有共同需求的消费者,并且能够使之形成一定的群体,媒体组织就已经发现了一个细分市场。这时,如果媒体组织能够强化自己的形象,向消费者展示自己的个性,就能够让消费者产生收视或购读的动机。这个时候,消费者消费的实际上就是媒体组织的主张或媒体组织的个性。

例如,我们多次谈到报纸媒介的激烈竞争,但是也正是因为这种竞争,让报社的竞争能力普遍得到了加强。我国每年都有很多家报纸进入市场,其中一些采取了很好的竞争策略,获得了良好的市场效果。

多年以前,《南方周末报》以其犀利的视角、鲜明的观点和个性赢得了广大读者的青睐,一时间大江南北都在争看这张报纸,每天报纸一上报摊就被读者抢购一空,真有些洛阳纸贵的感觉。现在这种现象已不复存在,但是从当时的情况来看,在很大程度上,读者购读的早已经不是报纸,而是报社的个性,或者说就是报社。

同样的事情,现在发生在电视媒体上。凤凰卫视受到很多电视消费者的追捧,国内很多媒体专家对此从各个方面进行了研究和分析。在节目策划和制作等基本营销活动环节,凤凰卫视的确有许多地方值得内地的媒体学习。然而单纯从节目的内容和导向上看,凤凰卫视所传播的实质性信息和内容与内地媒体组织没有本质上的区别,有所不同的只是节目的风格。这也就意味着观看凤凰卫视的电视观众所消费的,实际上是凤凰卫视的风格,是和国内其他媒体组织不一样的味道。

对于那些占有的市场份额比较小的媒体组织,以及那些想开始进入媒介的缝隙市场的媒体组织而言,在很多场合,强烈的个性主张是非常必要的。在这个市场中,作为一个参与者,如果媒体组织没有强烈的个性主张,是很难引起媒介消费者关注的。媒体组织的个性主张,因媒体组织的属性不同而不同。有的媒体组织会突出媒介产品或服务的形态,有的会突出媒介产品或服务的内容,有的会突出广告的价格,还有的会突出服务。但不管是新加入的媒体组织,还是那些市场份额较小的媒体组织,依靠在某一方面的强烈个性和主张而获得成功的例子比比皆是。比如中央电视台虽然是名牌电视台,制作力量雄厚,但有一些栏目的收视率也不是很理想,而新闻评论部的"焦点访谈"栏目,从诞生那一天开始就凭借其强烈的个性获得了成功。

竞争体质较弱的媒体组织之所以会采取这种个性化战略,是因为只凭其所处的地位和所具有的实力要想被整体市场接纳是不容易的,它们反而容易被整体市场中的一部分,也就是细分市场接受。相反,一些规模较大的媒体组织,比如媒介市场的领先者,则因为其所处的地位以及形成的官僚作风等原因,不太容易采取这样的战略。

但是我们也应该认识到,虽然在媒介产业中,个性化战略是一个较为有效的吸引媒介消费者的战略,但这一战略的效果却很难持久。首先是"审美疲劳"的原因,其次是主管部门的审查会破坏媒介产品或服务的个性化特征,更重要的原因是那些形成个性化特征的关键因素(如人物)的离开会造成个性化特征逐渐消失。在某种意义上讲,在媒介产业所需要的所有资源中,人是相对最为稀缺的个性化资源,因此媒体组织要打造一批具有个性化特征的人物,并争取长期留住他们。换句话说,具有特殊才艺的媒介人才资源经纪产业很有可能是媒介产业中相对而言具有较长生命力的领域。具有特殊才艺的人才资源也容易形成规模庞大的粉丝群,以及消费者长时间的消费能力。例如在出版行业,虽然在整体上因为数字化发行和盗版等因素,传统出版行业正在面临严冬,但几个青年作家,因为具有强烈的个性化特征而拥有庞大的粉丝群,他们编写出来的图书往往会成为畅销书。换句话说,出版畅销书不是最重要的,因为任何一本畅销书都有其生命周期,而拥有能创作畅销书的人才资源才是最重要的,这样才可以连续打造畅销书。如果我们把这个现象放大,就会发现整个媒介产业都具有相同的特征。例如电视剧产业的投资者近年来常常抱怨制作经费都让主创人员拿走了,制作电视剧反而不怎么赚钱,这就意味着演员经纪公司相对而言风险较小。唱片行业也是如此,随着各种终端播出设备和互联网的普及,出版唱片已经是高风险的投资事业,而且新媒介渠道越多意味着投资的风险越大,所以与其出版唱片,倒不如拥有歌手资源,不靠销售唱片赚钱,而是通过向各个媒介渠道营销(经纪)个性化的歌手资源而获利。

微小差距优势战略也好,追求个性化战略也好,在现代激烈的市场竞争中,都已经是媒体组织必不可缺的战略了。在实施这些战略的过程中,关键的一点是必须首先充分满足消费者的核心需求,并且对于非核心的需求也要兼顾。这样做,一是为了引起消费者的关注,同时也是出于成本的考虑。如果忘了这些,就会被市场或消费者无情地抛弃。

比如说,媒介消费者在日常生活中,非常关心一些新近发生的新闻事件,也想了解其前因和后果。虽然消费者都有猎奇的心理,但最终还是想要了解事件的真实情况,这才是媒介消费者的核心需求,而猎奇等则是非核心需求。然而,现在有些媒体组织为了在竞争中获胜,不惜用新闻造假、购买消费者数据、窃取消费者隐私等手段来吸引或接近消费者。这种现象在各类媒体组织中都较为常见,但在新媒介领域更为突出。这样的手段虽然暂时能够满足消费者的猎奇心理,但却不能满足消费者对于新闻真实性和客观性的核心需求,所以习惯于新闻造假的媒体组织,在短时间内有可能会获得一定的市场份额,但长此以往必将会失去信用,不但会被其他媒体组织曝光,最终还会被媒介市场所淘汰。

降低成本战略是指以成本的优势取得竞争上的胜利。实施这种战略的前提是,媒体组织很难和竞争对手形成有差别的展示或诉求,并且个性化战略也难以实施,或者是双方的竞争处于均衡状态,并且双方都不想打破均衡以免两败俱伤。在这种状态下,媒体组织就应该考虑如何在整体的媒介产品或服务的策划、制作和发行等营销管理体系方面,尽量降低总的生产制作和管理成本,以便形成成本上的优势。媒体组织采取这样的低成本战略,因为不体现在公开的媒介产品或服务中,所以竞争对手往往难以发觉。即使双方的媒介产品或服务以及广告价格等都相同,无法实现差别化,但有成本优势的媒体组织还是能够获得更多的利润,长此以往则能增强竞争的体质。

成本优势基本上都是在媒体组织内部的部门,或是在和上下游产业链的媒体组织的合作中形成的。以报纸媒介为例,确保优质低价的新闻纸张的供应,采购新型高效的机械设备,确立高效的采访、编排及印刷体制,彻底贯彻降低成本的经营意识等都是在和竞争对手以及报纸的消费者没有直接接触的状态下,在报社内部或自己的产业合作链中完成的,这样一来就能够形成成本优势。在双方的发行份数、报纸的零售价格以及广告板块的价位基本相同的情况下,有成本优势的媒体组织就能取得高于竞争对手的经济效益,并为今后有可能进一步展开的竞争战略打下坚实的基础。同样,影视媒体组织在保证质量的前提下缩短制作周期也是降低成本的关键步骤。我们经常会看到在同一个放映档期,两部电影的票房比较接近,那么成本低的那部电影资本投入的回报就更为丰厚。

微小差距优势战略和追求个性化战略都是媒体组织在消费市场上实行的差别化战略,而降低成本战略表面上看起来不是什么差别化战略,从消费者的角度也看不出有差别化,但是从生产制作的角度讲,这是一个典型的差别化战略,而且这种战略很有可能在以后为媒体组织带来媒介消费市场上的差别化。

例如在前文中,我们阐述了实施成本战略的前提是双方处于力量的均衡状态,谁都不想因为竞争造成两败俱伤。但是,没有一个媒体组织不想在市场中取得最终的胜利。这是因为媒体组织如果不这样想,就不会有改革的动力,就会被竞争对手在不知不觉中超越,所以媒体组织必须千方百计地在媒介市场上,利用各种差别化战略和对手展开殊死竞争,甚至到最后不惜采用价格手段。不管采用什么差别化手段,能支撑到最后的还是那些具有成本优势的媒体组织,因为这样的媒体组织有资金方面的支持,即使真的到了打价格战的地步,风险也会小很多。

媒体组织的成本优势不但能够对抗价格竞争,还是抑制价格竞争、取得超额利润的利器。一旦竞争对手了解到你比他们更具有成本优势,就不会贸然采取价格战略引发市场竞争,因为竞争对手更害怕你实施相应的价格报复战略。也就是说,如果你把自己的市场价格降到竞争对手的制作成本线以下,而在自己的制作成本线之上,你就会有利润可赚,而竞争对手将会因为自己引发的价格战略而崩溃。所以在竞争对手不敢挑起价格战的时候,拥有成本优势的媒体组织也不会轻易地发动价格战略,这是因为在相对接近的市场价位水平下,拥有成本优势的媒体组织等于拥有了更大的利润空间水平,所以这类媒体组织一般不主动降低自己的价格水平,而把成本优势当作减弱竞争程度、稳定市场的威慑力。

当然,媒体组织的成本优势战略是在满足媒介消费者的整体需求的基础上实行的,如果只考虑降低生产和制作成本,而影响了对媒介消费者需求的满足,那么成本优势战略也就毫无意义可言了。所以说,成本优势战略是建立在媒体组织已经满足了媒介消费者的核心需求,并且取得了一定的市场份额的基础上,为了获得更好的生存和发展,在进行相应的差别化战略的同时所采取的战略。如果成本优势战略和其他的差别化战略组合在一起使用,会取得更大的效果。现在一些处于行业领先地位的媒体组织,基本上都在尽可能地扩大市场份额,利用规模经济效应形成成本(媒介产品或服务的生产成本以及广告投放的人均成本)优势,同时采用相应的市场和产品的差别化战略。

著者观点

新型战略:快速占位战略

在新媒体时代,随着企业营销策略的不断升级,除了三种传统战略以外,以最快的速度占领市场也成为一种新型战略。快速占位战略主要指媒体组织利用自身的资源优势,向市场迅速推出媒介产品及服务。以往,由于消息相对闭塞,而且技术开发也大都专注于各自的领域,所以开发媒介产品或服务时讲究精雕细琢,要保证能出精品才会得到消费者的认可。甚至一些企业组织为了保证目前的市场不受冲击,故意雪藏一些新的技术或产品。而现在新媒介领域的技术发展推进了媒介行业的融合,甚至媒介行业与其他行业之间的界限也已经开始模糊,这就意味着相互之间的概念借鉴或技术应用变得很容易。更值得注意的是,各种新的媒介技术乃至媒介产品或服务的创意概念很快就会在网络上被介绍出来,甚至是一种新的技术或想法很有可能被其他的行业率先应用,这就意味着对技术或创意,甚至是媒介产品或服务进行保密在新媒介时代已经是不现实的事情。在这种环境下,媒体组织要让自己或他人的创意或想法快速形成媒介产品或服务,并在第一时间将其推向市场,然后交由消费者随心所欲地使用,并在使用中对其不断地修改和完善。

曾经的谷歌、现在的 Twitter 和 Facebook 等很多受消费者欢迎的新媒介产品或服务都是在推向市场后,不停地由消费者开发出各种新功能的。这就是媒体组织和消费者合作推出和完善媒介产品或服务的典型。现代的消费者能够容忍新媒体组织在产品服务领域中的一些错误,他们虽然会抱怨服务不好或功能不完善,但只要媒体组织能快速改正就会欣然接受并继续使用。而这些抱怨、建议以及改正的过程就是媒介产品和服务的完善过程,而且这个过程也造就了媒体组织的巨大成功。所以,媒体组织的管理者和开发者要有开放的心态,努力把自己的媒介产品或服务打造成为一个能容纳百川的平台。

目前,国际通信技术的发展日新月异,一旦错过发展窗口,就很有可能被永远淘汰出局。2000 年 5 月 5 日,中国主导的 3G 技术 TD-SCDMA 入选三大 3G 国际标准后,虽然遭遇其他两大标准在全球范围内从产业链到商业化方面的打击和压制,但我们自己也因为行动滞后甚至相互扯皮,错失了大好时机。所以在 3G 时代,中国的 TD-SCDMA 未能按预想发展成型,让竞争对手瓜分了国际市场。2012 年,我国主导的 TD-LTE 在 1 月 18 日正式成为 4G 国际标准,这意味着下一代移动通信标准的全球征战正式开始。实际上,我们很早以前就对外宣布自主开发了 4G 技术,而现在这一技术似乎要经历和 TD-SCDMA 同样的命运:同样被认可为国际标准,同样获得政府的支持,但产业化和市场化的速度也同样落后于竞争对手。如果我国政府和产业界不吸取教训,不能推动自主知识产权的技术以最快的速度在世界范围内展开商用,那么在信息化时代,我们还会被发达国家远远地甩在后面。

四、选择竞争领域和手段并保持长期的竞争优势

对于目前尚没有构筑起具有优势的营销管理体系的媒体组织,当务之急就是要考虑在什么市场、针对什么样的竞争对手,如何构筑有优势的营销管理体系。而对于那些已经构筑起有优势的营销管理体系的媒体组织而言,要考虑的则是如何维持其竞争优势。

在前文中,我们曾经介绍过,在任何行业的任何市场都会存在进入壁垒。媒介行业及其各个领域的市场亦不例外,并且被市场壁垒保护起来的媒体组织能够得到相当高额的利润。一个媒体组织要想进入某个媒介产品或服务的市场,去分享已经存在的高额利润,就必须越过这些壁垒的障碍。

在媒介市场中生存着的媒体组织,在有意识或者无意识当中,都已经形成了各自的营销管理体系。媒体组织能否在媒介市场上具有很好的竞争力并具有优势地位,它的营销管理体系起着决定性的作用。一个有竞争优势的媒体组织的营销管理体系是需要很长时间才能够建设起来并发挥作用的,而且必须经历市场的考验才能存续下来,因此具有难以模仿的特征。这对一些想随后进入市场的媒体组织而言,形成了一个无形的市场壁垒。

那么新进入媒介市场的媒体组织该如何打破或超越这些壁垒并分享市场的利益呢?那些已经具有优势的媒体组织该如何维持,甚至增加这些壁垒的障碍,以维护自己的利益呢?为了回答这些问题,媒体组织有必要理解什么才是取得竞争优势的源泉。

能够给媒体组织带来竞争上的比较优势的源泉有两个。一个是媒体组织在竞争的过程中,向市场提供的媒介产品或服务的水平及种类的优势,另一个是媒介产品或服务背后的支撑手段及其运用能力,也就是我们一直强调的媒体组织所拥有的资源和资源整合体系。

实际上,媒体组织的产品或服务的水平和种类是媒体组织在各类媒介市场进行直接竞争的武器,而媒体组织在策划、制作、发行(播出)、广告等环节的实力和相应的人力资源则相当于这些武器的弹药库和战斗力。优秀的指挥员不打无准备和没有把握的仗,这和媒体组织的经营管理者做市场竞争方面的战略决策异曲同工。也就是说,媒体组织应该凭借自己的产品或服务的种类及其背后的支撑手段,选择应该进入的竞争领域,并获得竞争优势。如果把媒介产品或服务的种类看作横坐标,把各种业务手段看作纵坐标,那么我们就很容易通过对媒体组织所拥有的产品和资源优势的分析找到媒体组织应该参与的竞争领域。

图 9-6 显示了某个媒体组织所选择的市场竞争领域。我们发现,这个媒体

组织实际上进入了三个产品的市场,并且决定了其在各个产品的生产制作过程中的垂直统合程度。我们可以看出,图 9-6 所示的媒体组织对不同的产品所做的垂直统合的选择是不同的。对于第一个产品,媒体组织选择了承担从策划到制作以及广告等全部的生产制作环节,如电视台的新闻节目或频道的整体运营都属于这一类别。而对于第二个产品,媒体组织选择的基本活动就较少,只有传输、发行和广告三个环节是自己完成的,综艺、体育、电视剧频道等属于这一类别。对于第三个产品,媒体组织只完成了发行(播出)一个环节的活动,其余的都交给合作单位,天气预报节目、电影频道等属于这一类别。

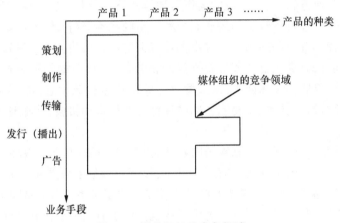

图 9-6　媒体组织的竞争领域

针对不同的媒介产品或服务采取不同的竞争战略,给媒体组织实施差别化竞争带来了可能。如果整个媒介产品或服务市场已经被分成了一系列的细分市场,那么每个媒体组织就能够选择进入一个或几个细分市场并展开竞争。当然,媒体组织也可以选择进入所有的细分市场,并展开相应的竞争活动。就像我们前述的那样,中央电视台等国内主流的电视媒体进入了几乎所有的电视节目领域,而阳光卫视则主要选择进入了纪录片领域。

如果媒体组织强化了垂直统合的力度,也就意味着媒体组织所能拥有的竞争手段的增加。就以图 9-6 的第三个产品为例,如果媒体组织把所有的生产环节都外包给其他部门,虽然可以节省很多资源方面的支出,但是也等于减少甚至放弃了在媒介产品或服务的差别化方面进行竞争的战略选择,同时也很难创造出成本优势。而如果像第一个产品那样,所有的生产制作活动全部由媒体组织在内部完成,虽然会增加资源方面的投入,使得组织结构变得复杂,但是可以利用媒介产品或服务的形态、风格、质量等方面的差别化进行竞争,并且如果管理得当,还有可能创造出成本优势。

当然,我们也要清醒地认识到,竞争优势大都是相对的。业务手段的确是媒体组织获得竞争优势的源泉,但前提是每个业务手段的作用都能够充分发挥,如果媒体组织没有这方面的业务能力,增添这些业务手段只是徒然增加成本,并不能带来竞争的优势。例如在中国,电视剧对于电视媒体组织而言是最好的媒介产品,能为电视台带来大量的广告收入。那么,一个电视台的经营管理者就要考虑提供广告段位的工作是由自己内部完成,还是交由广告代理公司完成。

一般来讲,电视广告营销人员应该具备如下能力:

首先,在业务领域,在规范的运作管理体系下,营销人员要具备专业的知识、耐心和责任心,并具备较强的沟通能力和丰富的经验,这样才能够真正地了解客户的需求、找到客户的问题并及时提供具有创造性的解决方案。其次,在售后服务方面,要能按时提供电视节目安排和调整的信息、权威的收视调查数据、定期的广告资讯、监播记录和证明,以及竞争品牌的广告投放信息,能够对播出中出现的问题及时给予补救,还要能够提供独特的节目赞助机会,并随时保持和客户的互动。

根据调查统计,某个依靠娱乐内容获得市场认可的地方卫视在以上各个环节中,在全国范围内大都名列前茅。可见,该卫视能够在激烈的市场竞争中,依靠娱乐内容的品牌声誉取得相对的竞争优势和收入业绩,不单是因为其独特的编播能力,其在广告经营环节的优质服务也提供了有力的支撑和保障。

而近年来在电子商务领域,物流执行能力不仅决定了电子商务企业的赢利空间,也是电子商务模式能够顺利拓展的后台保障。与商场购物相比,网络购物虽然提供了在家消费的便利,但对于消费者来说,必须承担"等待"的代价。因此,等待时间的长短在很大程度上决定了网络购物的吸引力,而将货物及时、准确和安全地送达成为电子商务顺利运营的后台保障,并进而成为企业的营销利器。有数据显示,电子商务的先行者亚马逊对物流体系进行了重新的梳理整合后,使得其总运输成本从13.8%下降到9.7%,订单执行成本也从最高时的15.0%下降到9.1%。物流成本的下降不仅为其贡献了较高的利润水平,也为其利用促销实施竞争战略提供了新空间。

五、弱势媒体组织如何强化营销管理体系

一般来讲,弱势媒体组织想要通过复制和领先的媒体组织相同的营销管理体系,并因此获得竞争上的优势地位是非常困难的,这是因为弱势媒体组织大都无法获得优质的资源。一些曾经弱小的媒体组织之所以能够在后来取得巨大的

成功,大都是由于构筑了和领先的媒体组织不同的,但是能够发挥自身特长的营销管理体系,从而创造出独特的竞争优势的。它们所走的成功之路,是那些领先的媒体组织无法走或难以走的,例如凤凰卫视和分众传媒至今为止在各自的领域都取得了一定的成功就是很典型的例子。

弱势媒体组织要重新构筑营销管理体系,意图确立新的竞争优势,要注意运用以下方法:第一,充分利用自身经营资源的活力形成某种竞争优势;第二,合理运用支点战略撼动对方的优势地位;第三,注意从外部补充经营资源强化自己的营销管理体系;第四,充分利用环境的变化开创新的市场空间。这四个方法有时候可以单独使用,有时候是相辅相成的,以下进行具体解释。

第一,充分利用自身经营资源的活力,是指充分利用媒体组织在生产活动中所产生出来的各种资源。比如技术和技能这样的信息资源不但是生产活动中的投入资源,也是可以在生产经营活动中不断更新的资源。如果媒体组织选择了合适的市场和竞争领域,那么在构筑新的经营管理体系时,就应该充分利用已有的资源,并鼓励员工在工作中学习和进步,最重要的是不断总结出新的工作经验和技能。这样循环往复,就能强化媒体组织在某个领域的竞争优势。实际上,所谓先发优势往往指的是技能资源的积累优势。

一般来讲,每个媒体组织中都有一些闲置的资源没有得到充分的利用。资源浪费在任何组织中都是一个极其普遍的现象,特别是人力资源,因为人才的潜力是可以深度挖掘的,而且人的工作能力是随着工作时间的积累而逐步增强的。在工作过程中,人们会越来越熟悉自己的岗位,所谓熟能生巧,经验也会越来越丰富,那么工作能力也就得到了提高,这些都能带来生产效率的逐步提高。更重要的是,随着时间和经验的积累,人们会实现技术创新,创造出更好的生产方式,从而带来劳动生产效率的飞跃,并很有可能因此实现整个生产制作流程革命性的变化。而这些变化最终都会体现在媒体组织营销管理体系的建设上——媒体组织的营销管理体系有了质的变化,竞争力更强,甚至可以向外输出这种竞争力资源。最典型的例子就是湖南卫视,它利用在娱乐节目领域的先发优势不断积累制作和发行经验,并以此为支点,在激烈的电视市场竞争中获得自己的地位,甚至基于此形成了媒体组织的娱乐文化,对员工的学习活动和行为方向起到了指导作用,树立了娱乐精神的品牌。这种娱乐品牌的竞争力也为组织带来了更多的市场合作机会,给媒体组织内部的优势劳动力资源带来了更大的活动空间。

我国相当一部分媒体组织的经营管理者对资源的重要性并没有清醒的认识,特别是对人力资源的重要性的认识远远没有达到像口头上所提倡的那样。其结果是媒介行业的各种资源,特别是人力资源的浪费现象极为严重,这就严重打压了人力资源效率的发挥,从而严重阻碍了我国媒介行业的发展。所以说,一个媒体组织的经营管理者,要充分认识到现有资源的生产和制作能力,尽量发挥出这些资源的能量,并同时注重在生产制作环节提升这些资源的能力,使资源的生产效率不断得到提高。特别是要注意发挥人力资源的主观能动性,为他们提供合适的工作岗位和各种学习机会,以此激励人力资源不断地自我学习,不断地提高技能水平,从而提高媒介产品或服务的质量,并且以此来构建更有竞争力的营销管理体系。

第二,媒体组织要采用能够支撑营销管理体系的支点战略。伟大的科学家阿基米德曾经说过,如果能为他提供一个支点,他就能撬起地球。由此可见支点战略的重要性有多大。由于技术和创意层出不穷,所以对于媒体组织而言,在面对激烈的市场竞争时能够拿来作为媒体营销管理体系构筑支点的东西有很多。

首先是**媒介产品或服务支点战略**。这是指媒体组织开发出具有竞争优势的媒介产品或服务,并以其为支撑点构筑新的营销管理体系。这种战略的核心,其实就是在某一方面有意识地形成差别化,然后不断强化这个差别,并以此差别来构筑有效的营销管理体系。差别化战略有两个好处。首先,差别化能在媒体组织内部达成共识,让所有员工明白,自己的媒体组织和其他媒体组织有何不同。这样一来,从业人员就可以在媒体产品的设计和自身技能的提高方面做到有的放矢,少走弯路,以此降低媒体组织的生产成本,提高生产效率。其次,这种差别化也会给媒体组织的外围环境带去一个明显的信号,使得利益相关者在很短的时间内就能明白媒体组织的营销方向,因而在资源的取得和相关领域的合作方面就会更加顺畅。

很多媒体组织正是依靠其产品或服务的支点战略获得了市场的认可。例如,湖南卫视在某种程度上就是以娱乐节目作为支点获得了市场上的优势竞争地位。《北京青年报》曾经采用小红帽的送报体系作为支点战略,在激烈的市场竞争中为消费者提供了便利从而获得了市场地位。"免费"是淘宝网成立初期,直接针对具有强大外资背景的 eBay 易趣实施的非常强有力的支点战略。凭借这把利刃,初生的淘宝迅速切入了原本被 eBay 易趣垄断的国内网购市场,并且在短短两年时间内,成功抢占超过 60% 的市场份额。这一支点战略对于日后淘宝成功迫使 eBay 放弃中国市场,进而成为国内网购市场的领先者,发挥了至关重要的作用。

其次是**聚焦战略**。这是指媒体组织把重点放在媒介产品或服务的生产制作流程中的某个环节上,和其他的媒体组织形成明显的差异,并以此为支撑点来构筑新的营销管理体系。

苹果公司在和微软的竞争中有很长一段时间处于劣势地位,特别是应用软件的匮乏让大多数消费者望而却步,但苹果出色的图像显示效果让那些从事影像处理工作的人对其不离不弃。也正是由这些忠诚的消费者形成的市场空间支撑苹果生存下来,并在天才的引导下后续发力形成了今天的地位。苹果对影像效果的执着正是一种聚焦战略,也正是其在这个领域的优势保证了在和微软的竞争中处于不败之地。今天,苹果在注重显示效果的同时,又开始在触摸屏领域聚焦于操作的顺畅性。虽然其硬件系统和竞争对手相比并不占据优势,但是其软件操作系统和硬件的匹配造就了流畅的触摸效果,带来了与众不同的体验,使得其在手机和平板电脑领域占据了绝对的优势地位。

再次是**测试战略**。这是指媒体组织开发全新的营销模式,或者叫作商业模式,进行一些小规模的实验,如果实验取得了成功,就以此为支撑点构筑新的营销管理体系。

中国的铁路交通一票难求,特别是在节假日高峰出行期更是如此。在几乎所有的企业组织都开始使用新媒介手段提供服务之后,铁路部门终于在2012年年初开始提供网络售票服务。这对于铁路部门的票务营销体系而言的确是巨大的创新。可惜,这项服务并没有得到消费者的认可。网络登录难、提交订单速度慢、余票无法查询等问题成为用户投诉的焦点。还有,这个系统并没有考虑到大部分农民工无法上网订票的问题。更糟糕的是,上线不久就出现了全面瘫痪的事故,让消费者更加质疑铁路部门的服务质量。之所以会出现这样的问题,原因就在于铁路部门在推出服务之前并没有进行严格的测试,所以导致网络售票服务不能得到消费者的认可。

第三,媒体组织可以从外部环境补充不足的资源。任何媒体组织内部都有可能存在资源浪费和资源缺乏并存的问题。如果媒体组织想进入新的市场,或者采用差别化战略,就必须构建新的营销管理体系,而通常在重新确定了发展方向后,就会发现一些必要的资源储备不足,这时就应该考虑从外部补充这些不足的资源。媒体组织补充资源的手段和方法有很多,比如媒体组织间的并购、战略合作等。这部分内容会在下一章中有详细的说明。

第四,媒体组织可以利用环境的变化重新构筑营销管理体系。环境的变化是不以人的意志为转移的,但是如果媒体组织能够巧妙地利用环境的变化,改善或者重新构筑营销管理体系,就有可能因此实现竞争局势的逆转。在环境没有任何变化时,媒体组织想从根本上扭转竞争的格局是一件很困难的事,因为环境不发生改变就意味着媒体组织很难找到适当的机会。甚至我们可以说,没有新媒介技术带来的环境变化,就不可能会出现诸如淘宝、分众传媒等媒体组织。然而，现代社会是一个环境变化迅速的社会，由于新技术、新生活方式不断涌现，势必会引起环境的变化，这些虽然给媒体组织带来了风险，同时也带来了很多机会。

利用环境变化而获得成功的案例比比皆是。例如在日本的移动通信市场，DOCOMO在2G时代一直大幅度领先对手，无论竞争对手怎么追赶都难以超越。而AU公司则以3G时代的来临为契机，通过适当的营销战略，一举扭转了颓势，并一度成为3G市场的领先者。在中国，也开始呈现出这种格局。2G时代，中国移动在GSM的市场份额一直维持在接近90%的水平；而当进入3G时代后，中国移动逐渐失去了霸主地位，三家电信运营商在3G市场上呈现出三足鼎立的格局。据不完全统计，中国移动在2011年的3G市场份额大约为40%左右，而中国联通和中国电信分别达到了31%和29%，在份额上相当接近。而中国联通和中国电信在2012年开始采用不同的通信制式，并纷纷推出苹果手机、低价智能手机和丰富多彩的价格套餐等战略，进一步抢占市场份额。

不过媒体组织要注意的是，因为环境变化非常迅速，媒体组织的营销管理体系的进化速度也变得非常快，再加上激烈的市场竞争和其他媒体组织的模仿，营销管理体系的生命周期就有可能变得非常短。这就意味着没有任何一个媒体组织可以在长时间内保持竞争优势地位，经营管理者必须时刻关注市场环境的变化，以便及时做出应对。

媒介市场环境的变化大体上是由以下因素造成的，这些都会触发媒体组织的营销管理体系的变化：媒介产品或服务形态上的变化；媒介产品或服务的制作技术的变化；信息的处理和传输技术的变化；媒介信息接收设备的变化；媒体组织的管理技术的变化；消费者人口构成的变化；消费者生活习惯的变化；政策的变化。

以上只不过是列出了影响环境变化的几大因素。媒体组织的营销管理体系发生根本性的变化往往是环境变化触发的，而不是自发地形成的，所以归根究底就需要媒体组织的经营管理者具有企业家的精神和创新的精神，并且时刻保持清醒的头脑，能够真正利用这些技术和环境的变化，来构造新的营销管理体系，以取得市场竞争上的优势。

在媒体组织构筑新的营销管理体系的过程中，其在市场中的地位很有可能会随之发生改变。然而事实是，一旦某个媒体组织利用营销管理体系取得市场上的优势地位后，就很难变革自己的营销管理体系，这是因为媒体组织内部的人员在接受了这个营销管理体系一段时间以后，就会产生思维惯性。所以管理者在对媒体组织的营销管理体系进行变革活动的时候，往往会遇到阻力，其面临的形势比那些从零开始构筑营销管理体系的活动要更为复杂。另外，媒体组织一旦形成市场竞争上的优势后，经营管理者往往会产生麻痹思想，常沉湎在胜利之中，也容易把营销管理的重点放在固守既得利益上面，长此以往企业家精神和创新精神就会慢慢地枯萎，从而在不知不觉之中，使营销管理体系失去了活力，并最终丧失市场竞争中的优势。

业界大观

阳谋电视剧

李桂敏

电视剧永远是国内电视台的兵家必争之地。各家卫视为提高收视率，吸引广告投放，每年都要斥资几亿元用于购剧。继湖南卫视首推独播剧概念，浙江卫视紧随其后二次试水，之后各大广告收入较高的卫视也纷纷响应加入此行列。购剧预算不断增加，而每年的好剧却资源有限，这在一定程度上刺激了电视剧市场的卖价，价高者得成为新的行业定律。在好不容易花了大价钱购得好剧之后，怎样让一部好剧产生最大的经济效应，大幅提升收视率？以往只管播出不管营销的播出思路已经再难满足当下混乱的卫视眼球争夺战的需求，各台纷纷成立运营推广团队，有些是由电视台总编室直接参与，有些是独立设置影视剧营销推广部门，也有些借来外力，外包给公关公司委托推广。不管这些部门来自哪里，目的只有一个——提高收视率，抢占收视份额，获得竞争优势地位！卫视混战，犹如置身沙场，兵戎相见时靠的是各种阳谋。

从电视剧营销推广的时期来看，主要分为播出前推广和播出中推广。

播出前推广是为了提高电视剧的知名度，是赢得收视率争夺战的基础。从媒体形态上分类，主要分为：电视媒体宣传、线下活动和其他媒体宣传。

电视媒体宣传的常用手段：

1. 宣传片：作用在于抖包袱，引发观众的期待。宣传片主要包含一个明确的宣传主题、悬念、剧目特色、主演信息、播出信息等内容。根据剪辑内容侧重点的不同，可以分为总宣篇、剧情篇、人物关系篇、阵容篇等。宣传片通常在电视剧正式开播前两周放出，为了方便播出编排，一般时长为25秒或30秒（几乎很少出现15秒版本，这是因为电视剧篇幅较长，15秒宣传片时长有限，很难讲清楚剧情信息）。要达到较好的播出效果，平均每日滚动量要尽可能大一些。在一些广告营销的强台，宣传片也成为一种独特的广告宣传资源，可以根据广告商的品牌气质与剧集的匹配度，以"25秒正片+5秒片尾落幅带广告商LOGO"的形式独立打包出售。

2. 特殊宣传片：作用在于对常规宣传片的内容进行补充，提高观众对该剧的进一步认知。特殊宣传片一般在常规宣传片播出后推出，形式包含宣传ID、剧情预告、MV等非常规时长的宣传视频内容。宣传ID一般时长为10—15秒，内容为演员明星们提示观众收看即将播出的某某电视剧。剧情预告（或片花），一般时长为3—5分钟，也有10分钟或是更长的，重点选择该电视剧中最具矛盾冲突或最具悬念的大片段，重新剪辑推出，让观众先睹为快。MV则是将电视剧的片头曲、片尾曲或插曲，配合剧情画面推出，一般以青春偶像剧使用该手段最多，如东方卫视在青春励志剧《我的灿烂人生》开播前，放出由该剧主演言承旭主唱的《我的灿烂》，借用具有传唱度的歌曲来为电视剧预热。较为优秀的主题曲还可在电视剧播映前参与各大音乐榜单的打榜活动，用年轻人比较乐于接受的音乐方式宣传该剧，如《步步惊心》的片尾曲《三寸天堂》，虽无大牌歌星演唱，却凭借优美的曲调，直线飙升至各大音乐排行榜的首位。

3. 频道ID：一般配合鸿篇巨制的宣传，运用主视觉元素全方位包装频道，集合全台的资源力量予以宣传，最大程度强化电视剧的播出分量。如在高希希版《三国》播出时，江苏卫视征集了网友的意见，运用统一的视觉风格，将本台的渠道特色与《三国》品牌融合起来，推出了"荔枝三国"的频道概念（因江苏卫视台标像荔枝），不仅特制多个版本的卡通CG频道宣传片，还推出了一系列带有该标识的各类频道版式、宣传定版等，变身名副其实的"三国台"。

4. 开播大典：一般在年度大剧开播前一天举行的综艺晚会。该形式主要借鉴了电影首映礼的概念。也有部分卫视为拉长电视剧的预热周期，会推出开播倒计时晚会。现如今，开播大典已成为各家卫视打好渠道战的第一炮，开播大典的高收视率，会形成较好的观众黏性和偏好度，当电视剧播出时，收视率便可在整体竞争中脱颖而出。由于当下大剧的制作模式转变，大明星加大制作，导致成本急剧攀升，售价极高，很少能有一家卫视拿下独播权，通常会由二到四家卫视平摊购剧成本。这造成拼播的几家卫视为了抢夺各自的收视份额，常常在开播的前一天，同时推出开播大典。在这种情况下，拼的是各台的创意和邀请到的主演阵容强大与否。

5. 季度编排：与推广单部电视剧不同，季度编排是通过特别编排，整合即将推出的三至五部剧，打造"季播"概念，如安徽卫视在2011年第四季度打造的"186美人季"，推出《爱情睡醒了》《命运交响曲》《娘家的故事》《唐宫美人天下》四部186集以女性为题材的电视剧，通过联合宣传的方式，强化剧场定位，形成目标观众的顺延收视习惯。

线下活动:

由于卫视平台均为上星频道,信号覆盖全国各大城市。CSM 的收视率统计,一般可分为 35 城市、29 省网两种统计方式,因此卫视频道的线下活动也常常选择在这些地方举办。这种具有目标性的营销手段,不仅可以降低全面撒网的成本费用,也可以迅速提高当地观众的收视热情,直接为最终的收视率做贡献。

1. 新闻发布会:线下活动中最常见的手段,也是最具有公信力的信息发布手段。通常由两个基本环节组成——官方信息发布和媒体采访。通过召集来自不同地区、不同媒体行业的记者,打造新闻热点和新闻事件,一般会配有通稿供记者取阅。新闻发布会比较常规,且模式基本固定,但作为正式宣传的第一炮,如何给予媒体记者更多的报道点、提高记者的报道热情,也是需要推广者精心策划的,因此组织方也会配合安排为主演庆生、召开主题 PARTY 等,创新发布会的流程和形式。

2. 粉丝见面会:适用于大牌明星主演的电视剧或引进剧。通过多年的发展,粉丝从追星个体,转变为有组织有纪律的追星组织,本身就具有一定的号召力和信息传播能力。善用粉丝的力量,不仅可以更快地发布电视剧信息,同时由于粉丝的组织性和自发性,实现了信息的免费传播。一般粉丝见面会委托明星的官方影迷会代为组织,通过粉丝组织内部的层级控制,实现现场流程的有序进行。现在,为了更好地活跃新闻发布会的气氛,不少组织者也会邀请部分粉丝参与新闻发布会,提高现场媒体记者的工作热情,制造新的话题。

3. 点映会:比较适用于拥有一定社会知名度的电视剧,如一些由畅销网络小说改编的电视剧等。主要借助体验式营销的方式,邀请观众、影视评论者或媒体记者提前对整部剧中的几集先睹为快,形成一定的观剧评价,并在官方或非官方的媒体平台发布,凭借口碑营销传播,提升其他观众对于剧情的期待度。如湖南卫视的独播剧《步步惊心》,该剧的制片方唐人电影公司选择了上海、北京、成都等地,放出剧集的前三集,组织小规模的点映会。此类点映会需要合理筛选放映场地、控制观影人数和放映时长。之前,唐人公司曾在剧集《怪侠一枝梅》推出前,特别剪辑了电影版推出,也收到了较好的营销效果。

4. 路演活动:由于这是能最大程度直接接触到当地观众的方式,因此也是花费最高、最被重视的手段。一般会先对当地目标消费者的行为进行调研,再选择合适的交流地点和时间举办。由于目前中国电视剧主流观众集中在中年人群,因此会选择当地的街道居委会做点对点的上门推广,或是在周末时间选择人流聚集的商场、广场等地方进行表演性质的推广。路演活动由于分散性较强,最忌繁杂而无题,尤其是在举办多场活动时,更需要做主题式的整体活动策划。如安徽卫视在推广《新水浒传》期间,遴选《水浒传》里的侠义精神为宣传核心,以"海豚好汉(因安徽卫视台标形似海豚),四海行善"为宣传主题,根据各地不同的风俗习惯,开展不同内容的推广活动。在炎热的夏天里,为深圳居民送凉茶、重庆棒棒冰犒劳棒棒军、北京长城为外国友人送上水浒文化衫、杭州赠送遮阳伞、成都送上武大郎烧饼、沈阳发放高温费等活动,既宣传了《新水浒传》,也塑造了正面的频道形象。

其他媒体宣传:

5. 平面、网络稿件宣传:适时配合电视剧的播出,阶段性、策略性地放出一些新闻话题,帮助推高收视率,也是各台重点使用的手段。为媒体记者提供宣传点,是运用该手段的核心。如《回家的诱惑》开播时,"山寨韩剧《妻子的诱惑》"及一条明星婚变的新闻这两个宣传点,强烈地刺激了观众对于该剧的关注神经。由于平面媒体的公信力相对强于网络媒体,通常一篇稿件会对于当地收视率的提升起到较为直接的作用。而网络媒体在传播的速度和广度方面更具优势,两者缺一不可。

6. 网站广告合作:一般会选择两类网站——门户网站和视频网站。门户网站主要依托于它丰富的资源内容和高覆盖率,视频网站则可在视频内容方面实现资源共享。在与视频网站合作的过程中,首先需要注意该视频网站是否已经购买了电视剧的视频播出版权。随着"网台联动"的战略升级,通常大网站也纷纷要求与电视台之间开展独家合作,除了会进行常规资源的置换外,如通过网站首页广告位、头图、专题页面等体现相关合作信息,也会进行广告联合招商,实现合作资源的收益最大化。

7. 网络游戏合作:以年轻观众为目标观众的电视剧宣传手法。由于网络游戏的推广需要较长的启动周期,通常此类合作均由电视剧制片方发起,电视台后期协助参与。网络游戏的合作形式通常分为两种。一种是配合电视剧的主要剧情研发新的网络游戏,但耗资巨大,同时研发周期长,游戏上线后还需要组建专人团队维护,因此并不适合"短平快"的电视剧。另一种则是选择现成的网络游戏,邀请电视剧的主演代言,或是将电视剧的部分元素植入游戏。这种合作形式成本较低,上线快,同时可借助游戏已有的影响力,是目前网络游戏合作的主流形式。《步步惊心》是一部以"穿越"为卖点的电视剧,制片方唐人公司联手搜狐大型网络游戏《鹿鼎记》,邀请主演刘诗诗、吴奇隆等人代言游戏,并特别推出了"步步惊心"游戏扩展包。由于《鹿鼎记》本身有宣传的需要,搜狐已经为之配备了强大的宣传资源,而电视剧《步步惊心》整合了《鹿鼎记》的宣传资源,迅速在网络上打开局面,在年轻玩家中创造了极高的知晓度。

8. **手机媒体营销**:如手机短信、手机报等。安徽卫视曾在《娘家的故事3》播出期间为上万中国移动用户发送了"锁定安徽卫视,观看娘家故事"的短信,以点对点的方式,直接宣传电视剧。

9. **其他媒体广告**:如院线贴片、铁门广告、户外大屏幕、公交车身广告、出租车移动广告、楼宇广告等。一般以广告费用支付或资源置换的方式为主,价格较高,不是营销手段的主体,是针对特殊电视剧目标观众营销时采取的手段之一。如以讲述"异地恋"为主题的《双城生活》,剧中的两位男女主人公,一位来自上海,一位来自北京,为了维系感情,双方便以乘坐飞机的方式前往对方的城市。围绕该剧的剧情,我们可以选择在京沪高铁或是京沪两地机场的媒体中投放该剧的宣传广告,起到辅助宣传的效果。

电视剧开播前的各种宣传,其实是在为电视剧的正式播出创造良好的开播环境,起到告知、暖场的作用,而要真正促使观众选择并留在本频道收看,还需要在电视剧开播后,为观众再打上几剂强心针,直接刺激收视率的提升。

1. **开播时间点**:正剧开始时间越是早于竞争对手,越有机会让观众迅速流入本频道。为抢占收视先机,各台在电视剧的开播时间上也是煞费心机。2008年,本计划由江苏卫视、云南卫视、北京卫视、东方卫视于某日晚间同步播出《我的团长我的团》,然而江苏卫视突出奇招,借鉴了电影零点首映的形式,首次将电视剧首播时间提前至凌晨。原本四台同步首播的播出协议被迅速打破,其余三家卫视被拖入疯狂抢播中,让《团长》一剧迅速在一天多次的轮播中耗干了收视价值,致使准备二轮播出该剧的电视台无法保障收视效果,造成了制片方、播出方等多方利益的损失。尽管"团长事件"给业内敲响了警钟,但也足以见得开播时间点在竞争中的重要性。"《新闻联播》后无缝播出"则是业内开发的另一种电视剧抢播方式。山东电视台在播出《新水浒传》时,于每晚的19点29分47秒央视《新闻联播》结束后,迅速切入《新水浒传》的片头,舍弃了央视《天气预报》和片头广告,实现了电视剧与《新闻联播》之间"无广告、无转台"的无缝对接,此举推出后该台的收视率迅速提升。

2. **直播广告点**:目前上星播出的电视剧,大多采取四家卫视拼播的模式,在剧情内容无差别的情况下,如何顺利将"敌台"流失观众引入我台,监控广告点是一种行之有效的手段。广告点之于观众,意味着"尿点"或是"转台点"。而这一时间点之于电视台,则是抢夺竞争台流失观众的最佳时间点。通常当晚播出的电视剧片中广告都会在当天由广告串编部门直接和正剧内容剪辑好后生成一盘播出带,广告时间点在播出中不可变动。而为了灵活掌控广告播出的时间点,则需要将广告带与正剧内容各输出一盘播出带。这样便可通过实时直播监控，观察竞争台的广告点，确保我台的广告点晚于竞争台，适当引流部分观众。

3. 短信平台互动：挑选部分热心观众发送的短信内容，随每天电视剧的播出，在屏幕下方滚动。常见的是以"评论电视剧，即送出精美奖品"的方式来吸引观众的参与。短信互动，一方面是为了加强与观众之间的互动，另一方面，也是口碑营销的一种形式。观众发送的短信内容五花八门，最终被播出的短信均是经过电视台的字幕机人工筛选出的，所以被挑选出的短信内容也大多是对本台电视剧的赞誉。

4. 微博营销：近两年刚刚兴起的电视剧营销形式，"随手拍""微访谈""微电影"是目前使用较多的微博内容营销手段。"随手拍"是指在电视剧播出过程中，用手机随手拍下带有频道台标的电视剧画面，并@该频道的官方微博，即有可能获得奖品赠送，可谓是短信互动的网络版。"微访谈"则是在电视剧已经播出了一段时间后，邀请电视剧主创团队，通过微博，适时回答观众提出的问题，但由于技术方面的原因，需要与网站特别合作。"微电影"可以以拍摄电视剧的番外篇为内容，但需要协调主创人员档期，且成本较高。三者相比较，"随手拍"的成本最低，互动性最强，使用最普遍。

5. 下集剧情：时长一般不超过3分钟，内容以介绍次日播出的剧情为主。该手段在各台的竞争中，逐渐演变为一种变相的抢播方式。通常在当日规定的集数内容播完后，通过直接剪辑下一集的开头部分，并挂角"下集预告"屏标，抓住观众希望"精彩剧情早知道"的心理，变相延长当日的剧情，让观众多一些频道停留时间。

6. 奖品刺激：看电视剧，送奖品，早已成为各台刺激收视率的重要手段之一。奖品的形式主要分为两种，一种是由广告商赞助的实物奖品，另一种是由电视频道独家定制的衍生品奖品。由于寻找广告赞助需要较长的周期，同时资源置换牵涉到不同部门之间的利益平衡，因此在奖品方面，为了凸显各台的品牌特色，往往各台更倾向于定制独家衍生品。如江苏卫视在播出《我的团长我的团》时，定制了一批限量版的角色人偶，由于其收藏具有独特性，获得了不少喜爱该剧的观众的青睐。但是由于各台的推广经费有限，衍生品的价值通常不高，因此也需要在电视剧开播的前几日，配合广告商赞助的巨额奖品，给予观众先期的收视刺激，使观众被奖品吸引而留在该台收看，待形成收视惯性后，再辅以推出独家衍生品，便可收获较好的播出效果。

7. 特别节目：在电视剧开播期间推出，借助现有的栏目或新开辟的栏目，围绕电视剧，或邀请嘉宾深入解读剧情，或邀请该剧主创讲述该剧在拍摄过程中的台前幕后故事。出于成本的考量,一般会借助频道现有的访谈类节目。此概念是由湖南卫视借助电视综艺栏目《超级女声》宣传独播剧《大长今》而引申出的,进而演变为借助其他节目的影响力,通过多样化的栏目覆盖观众,整体宣传电视剧。但开辟新的专题栏目,则是由安徽卫视首创。安徽卫视是全国唯一一家以"电视剧立台"的卫视频道,所有资源配置和营销推广方式都围绕电视剧展开。安徽卫视为深度解读该台播出的电视剧,曾推出过一档大型综艺类节目《剧星会》。而后该形式为各台所学习,进而演变为在每日电视剧播映结束后,结合该台独特的主持人或嘉宾资源,推出5—10分钟的特别小板块。现今,特别节目的内容形式日渐多样化,如在《新水浒传》播出期间,天津卫视推出了由郭德纲主持的访谈节目《今夜有水浒》、东方卫视推出综艺栏目《达人说水浒》、安徽卫视推出脱口秀栏目《水浒三人行》等,通过不同的角度和特点,帮助观众进一步解读剧情中的弦外之音。

8. 事件营销:以一些非常规营销手段,打造新闻事件,以在一定时间内迅速获得观众的关注。如东方卫视在播出《家常菜》时,特别邀请了剧中的主创齐聚上海,通过短信平台征集观众的意见,将观众投票数最高的结局,拍摄成独家版大结局,增强了电视剧与观众的互动性,满足了观众对圆满结局的期待,创造了营销话题,也提升了收视率。

各大卫视为了争抢收视率而实行的营销手段类别繁多,在此不可一一穷尽,但判断电视剧营销方式优劣的标准不是营销费用,而是要看是否能做到在以提升目标收视率为根本目的的基础之上,结合频道自身资源,合理运用营销战术,从而形成独特的竞争优势。

在本章中,我们着重介绍了媒体组织的竞争战略,也重点介绍了竞争的手段和方法。读到这里,也许有的读者开始认为,所谓的媒体组织的竞争战略,其根本目的在于追求不完全竞争,在于消灭竞争,在于追求垄断的地位。如果单纯地从营销学的角度思考的确是这样的,例如如果全中国的电视台经过竞争的混战,最后只剩下一家,并没有别的可以替代的媒体组织,那么所有的广告主都会蜂拥而至,必将会为这家电视台送上巨大的经济利益。但是也要注意,随着新媒介技术的不断出现,媒介市场格局的变化已经完全超出了人们的预期,也就是说,媒体组织的垄断地位会常常被莫名其妙地打破,所以要时刻关注新媒介技术的进展,购买冷藏或者率先加以应用。与此同时,还要不停地对员工进行教育,不能忽视经营资源的积累,不能忽视人才的流失,更要避免因轻敌倾向蔓延而忽视消费者的需求。如果是这样,其结果是不言而喻的。

基于上述观点,我们要重新认识竞争战略。对于媒体组织而言,最佳的竞争战略应该是,通过保有竞争意识以维持媒体组织的健康,使得媒体组织不断地得到发展。

在本章里,我们只是把媒体组织的竞争战略和范围限制在了某个市场或某个事业领域里面。实际上,我们在本章里所强调的媒体组织竞争战略的实施前提是,媒体组织如何在一个市场或事业领域进行营销管理体系层面的竞争,并取得优势。

但我们经常发现,很多媒体组织并不只是在一个媒介产品或服务的市场或事业领域里进行生产经营活动,而是把其经营活动扩张到很多的市场和事业领域中,并且在这些领域中和竞争对手展开激烈的竞争。特别是一些国际上著名的媒体组织,其所涉足的事业领域已经非常宽阔,甚至超出了媒介行业的范围,这就是媒体组织的多元化战略。当然,无论媒体组织进入什么市场或事业领域,在其中任何一个市场或事业领域,我们在本章所阐述的竞争战略内容都是适用的。也就是说,无论媒体组织进入哪个市场或事业领域,都会遇到竞争对手,都要实施相应的竞争战略。媒体组织为什么会实施多元化战略?多元化战略对媒体组织来说有什么利弊?这就是我们要在下一章里重点阐述的内容。

战略思考训练

1. 现实中的图书零售行业,已经形成了实体书店走向末路、网络书店实现大跃进的格局。某著名网络购物公司总裁认为,网络书店和实体书店各有各的长处,有些消费者喜欢网络时代带来的"快生活",而另一种追求"慢生活"的需求只能由实体书店来满足。"网络书店和实体书店并不是一种你死我活的竞争关系,而是一种互补的关系,如果双方都能找到各自的定位,找到合适的位置,都可以生存下去。实体书店要想生存必须适时地转型。"这个观点体现了什么样的竞争战略思维?在学校周边调查生存得比较好的实体书店的案例,并做出总结分析。

2. 电影贺岁档是电影制片企业竞争的主战场。对最近几年贺岁档影片的竞争战略进行细致的调研和分析,并尝试阐述国产电影和进口电影竞争的可行性。

3. 举一个利用市场缝隙战略而取得成功的例子,分析其是否容忍了其他媒体组织的进入,并且具体分析其为什么容忍或没有容忍其他媒体组织的进入。如果没有容忍其他媒体组织的进入,那么这个媒体组织采用了什么具体的手段。

4. 搜索业务是近年来得到最广泛应用的服务。不但先行者谷歌和百度展开过激烈的市场竞争,门户网站等也纷纷提供相应的服务,例如一些垂直类的网站展开了具体业务搜索服务。请对目前搜索市场的服务体系进行分析并阐述你的观点。

5. 请对中国各地电视台卫星频道的现状和问题点进行细致的考察,并尝试分析其各自的竞争战略和有效性如何。在此基础上阐述你关于中国卫星电视频道应有的竞争战略的观点或建议。

6. 《财富》杂志网络版刊文称,谷歌社交网络 Google$^+$ 正在快速发展。目前尚不清楚 Google$^+$ 对 Facebook 造成了什么样的影响,但可以肯定,未来几年内两家网站将发生激烈竞争,同时都将获得发展。因此,Google$^+$ 挑战 Facebook 并非"零和博弈"。请对目前具有代表性的社交网站的战略进行分析。

7. 新浪 CEO 在 2012 年年初的一次演讲中称:"到今天为止,新浪微博已经问世了整整 28 个月零一个星期,在在座各位以及全体网友的呵护下,它已经从一个蹒跚学步的婴儿进入了少年期。在 2011 年,新浪微博茁壮成长,发出了很大的能量。如今,新浪微博的注册用户数已经超过 2.5 亿,每天有接近 1 亿条的微博内容在新浪微博上被创造。通过无数人随时随地地分享,微博改变了我们的生活,也在推动中国的进步。"请对新浪微博现在的市场生命周期的位置进行判断,并分析其竞争对手和竞争战略如何?

8. 众所周知,电子商务企业之间的竞争越来越激烈,而且电子商务企业对物流的依赖也越来越严重。请考察亚马逊等电子商务巨头的物流成本对竞争以及利润率的影响程度,并结合案例对如何降低物流成本、提升电子商务企业的竞争力和利润水平提出自己的观点。

9. 2012 年年初,360 与新浪微博正式签订全平台战略合作协议,实现双方账号"互联共享",即用户可以用新浪微博账号登录并使用 360 的所有产品,也可以使用 360 的账号登录并使用新浪微博。有分析说此次中国互联网安全第一品牌与中国最有影响力的社交网络平台达成"互联",标志着中国网络平台级互通时代的来临,开启了中国互联网"开放、互联、共赢"的新产业模式发展之路。对此合作战略,你持什么观点,并对现状进行考察。

10. 2012 年,央视 CNTV 和 SMG 百视通两大 IPTV 播控平台宣布合并。请考察中国 IPTV 产业发展的状况,并给出你的分析。

11. 结合目前媒介产业发展的现状、趋势和问题,尝试阐述你个人关于我国的媒介组织应该如何展开竞争的观点。

12. 当苹果宣布新版操作系统 iOS 5 将支持自己的即时通信服务 iMessage 后,很明显将对移动运营商最大营收源泉之一的短信业务构成威胁。请寻找相关数据,对近年来即时通信市场的演变进行梳理,并对电信运营商受到的影响进行分析总结。

13. 请考察我国的 TD-LTE 标准在国内与国际的应用状况,并分析其战略成功或失败的根源。

14. 请用简单的文字对本章内容进行归纳总结。

第十章
事业领域的多元化战略

> 媒介行业具有能与多种行业相结合的优势。一个优秀的媒体组织的经营管理者,要时刻根据市场环境的变化,优化自己媒体组织的事业组合,减少环境变化所带来的风险,并且从中寻找新的生存和发展机会,同时制定新的多元化战略,并且在战略执行过程中,进一步优化资源的配置和使用效率,使得自己的媒体组织在该领域有更强的竞争力。

从事互联网服务的网易公司在2012年年初终于公布了在网上被讨论很久的养猪事业规划图。从规划上看,网易饲养的猪将会享受比所有的同类更高规格的待遇。网易是否会从事养猪事业的话题已经在网络上热炒了很久,人们大多质疑从事互联网事业,特别是在网络游戏领域颇有建树的网易公司为何要和养猪事业发生联系,而且这个联系有何必要。

同样,互联网业的国际巨头雅虎在经历了一系列风波之后,新任CEO明确表示,要把资源投入更多的产业领域。

国内很多媒体组织都在不停地扩大自己的事业领域,同时扩大自己的组织规模。在国际社会上,媒体组织之间的兼并热潮也是一浪高于一浪,结果是媒体组织的规模越来越大,自然其事业领域的范围也越来越广。

媒体组织扩大事业领域的行为和相应的兼并活动,是媒体组织的战略选择。那么,媒体组织是出于什么理由扩大自己的事业领域并进行兼并活动呢?在这些活动中,媒体组织应该注意什么?媒体组织如何在众多的事业中分配自己有限的资源?这些内容是我们在本章要研究和讨论的问题。我们把媒体组织这方面的活动及其战略选择称为媒体组织的多元化战略。

第一节　经营压力带来事业多元化战略

一、媒体组织的生存发展与广告和经济的关联性

中国媒体组织的生存和发展是以广告作为其重要支撑的。没有广告，电视台就不能斥巨资购买消费者喜爱的电视剧、举办备受瞩目的春节联欢晚会；没有广告，报纸杂志就不能及时为读者提供新鲜出炉的资讯。但是，目前很多专家学者都在努力传播一种观念，即中国的媒体组织的营业收入中广告收入比例过高，这种现象不正常，所以大都主张媒体组织不应该过分依赖广告收入。媒体组织的确是依靠广告收入生存的组织，特别是在现阶段，以我国的经济发展水平和国民的文化教育程度为背景，比起节目销售等其他的（多元化）收益手段，广告收入是所有媒体组织的营销管理中最重要的支撑部分，这是谁都不能否认的。而且，媒体组织的广告收入比例高，也不一定就是什么潜在的风险，我们完全没有必要拿广告收入的比例和外国同类媒体组织进行比较，因为我们的媒介市场的发育状况以及媒介产业结构和国外大不相同。从历史经验来看，任何国家的广告收入和经济发展速度（GDP）都呈现出一定的正相关关系。目前，中国每年基本都能维持8%及以上的发展速度，这就意味着每年的广告投放资金也是成比例增加的。

从目前发达国家的情况来看，一个国家的广告市场规模占 GDP 的比重能反映出该国广告市场的发展程度。具体来说，作为高度成熟的广告市场的代表，美国与日本的广告市场规模与 GDP 的比例都保持了一个较为稳定的数字。

表 10-1　2000—2005 年美国广告市场规模占 GDP 比例

年份	广告市场规模（亿美元）	年增长率（%）	GDP（万亿美元）	年增长率（%）	广告市场规模占 GDP 比例
2000	2475	—	9.79	—	2.5%
2001	2313	-6.5%	10.13	3.5%	2.3%
2002	2369	2.4%	10.47	3.4%	2.3%
2003	2455	3.6%	10.97	4.8%	2.2%
2004	2638	7.4%	11.73	6.9%	2.2%
2005	2711	2.8%	12.48	6.4%	2.2%

数据来源：广告市场规模数据来自 TNS Media Intelligence 历年监测，GDP 数据来自《2006 年美国总统经济报告》。

表 10-2　2000—2005 年日本广告市场规模占 GDP 比例

年份	广告市场规模（亿日元）	年增长率（%）	GDP（亿日元）	年增长率（%）	广告市场规模占 GDP 比例
2000	61102	7.20%	5010681	1.20%	1.22%
2001	60580	-0.09%	4967768	-0.09%	1.22%
2002	57032	-5.90%	4896184	1.40%	1.16%
2003	56841	-0.03%	4905435	0.20%	1.16%
2004	58571	3.00%	4960503	0.10%	1.18%
2005	59625	1.80%	5031879	0.40%	1.18%

数据来源：根据日本电通公司公布的信息整理。

表 10-3　1991—2006 年中国广告市场规模占 GDP 比例

年份	广告市场规模(万元)	年增长率(%)	广告市场规模占 GDP 比例
1991	350893	40.3%	0.16%
1992	678475	93.4%	0.26%
1993	1340874	97.6%	0.39%
1994	2002623	49.4%	0.43%
1995	2732690	36.5%	0.48%
1996	3666372	34.2%	0.55%
1997	4619638	26.0%	0.63%
1998	5378327	16.4%	0.70%
1999	6220506	15.7%	0.76%
2000	7126632	14.6%	0.80%
2001	7948876	11.5%	0.82%
2002	9031464	13.6%	0.86%
2003	10786800	19.4%	0.92%
2004	12646000	17.2%	0.79%
2005	14163000	12.0%	0.78%
2006	15730000	11.1%	0.75%

数据来源：根据国家工商总局和国家统计局公布的数据整理。

由表 10-1、表 10-2 和表 10-3 可见，欧美等发达国家广告市场规模占 GDP 的比例一般都超过 2%，日本也超过了 1%，而中国目前尚不足 1%，因此我国媒体组织的广告收入在未来还有巨大的增长潜力。

一般来讲，媒体组织的广告收入与媒体组织的市场占有率以及对消费者的影响力是挂钩的。纵观中国媒体行业发展的几十年历程，我们的确能够发现这个规律,在电视成为主流媒体之后,电视媒体的广告收入就一直高于报纸。但是近年来却发生了根本性的变化,新媒介产业广告收入的增加幅度已经开始超过电视。虽然在广告总量上还是电视行业领先,但这个领先地位能保持多久还是未知的。

广告收入水平虽然能在某种程度上说明媒体组织的营销管理水平的高低,但是也不绝对。很多媒体组织的广告收入下跌,是因为受到了行业和市场变迁的影响。

例如,楼宇电视广告的发展才不过几年,就培育出庞大的广告市场,并催生了"分众传媒"这一在纳斯达克上市的中国概念股。再如,中国移动、中国联通等运营商的收入早就远远超过了传统媒体的收入。单是这些经营收入的逆转现象就能够说明如下问题:无论媒体组织的经营管理者多么有能力,也无论媒体组织的竞争战略多么适当,即使能够在同一个市场打败同类性质的竞争对手,但如果媒介市场本身出现了衰退,媒体组织的生存和发展也会变得非常困难。所以说,媒体组织为了长期的生存和发展就需要不断地开拓新的事业领域。

二、环境的变化与多元化战略适应

任何组织都会在生存和发展的过程中不自觉地追求规模,这是因为规模大的企业不但赢利能力比较强,抗风险能力也比较强。虽然数字、通信以及物流技术的变化正在改变传统思维和战略模式,但至少从目前来看,那些实现了长期的生存和发展的媒体组织大都规模越来越大。规模扩大在某种程度上被视为成功,而这种成功是依靠营销战略管理体系实现的,而且这一体系必须要和媒介市场环境的变化相结合。

媒介市场的盛衰荣辱是由很多原因造成的。今天,环境的变化并不是连续的,环境发生突变的状况屡屡出现。其中有媒介产业政策方面的原因,有技术方面的原因,也有媒介市场的需求和竞争方面的原因。比如我们多次提到新媒介技术带动的新媒介产业的蓬勃发展威胁到了传统媒介产业的生存基础;政策环境的宽松和紧缩会影响到市场规模和生产成本,所以也会给媒体组织的运营带来巨大的威胁;而消费者行为模式的改变也会影响其媒介消费习惯,而这恰恰是媒介产业的最大威胁。不过,威胁和机会是并存的,只要战略得当,威胁就会转化为机会。

在第九章,我们详细论述了生命周期的概念。任何一个媒介产品或服务,甚至一个媒介市场,都有走向衰退的一天。如果媒体组织只拥有单一的媒介产品或服务,那么伴随着媒介行业和产品的生命周期的变化,媒体组织可能会受到意想不到的打击,并且这一打击可能是致命的。所以,许多媒体组织为了应对市场的生命周期的变化,就不得不考虑对自己经营的事业领域进行适当的调整,也就是说,通过多元化战略的手段,来消除市场生命周期的影响,并实现媒体组织的生存和发展。因此,追求市场规模和收益是媒体组织实行多元化战略的第一个原因。

另外,媒体组织展开多元的经营战略,与媒体组织的成长要求是一致的。媒体组织为了追求成长和壮大,就要不停地寻找机会,进入新的事业领域,这不是单纯地惧怕已有的事业出现衰退,而是出于成长的需求。只有进入不同的产业领域,媒体组织的规模才会变大,才能为员工提供更多的上升空间和职位,激励员工更加努力,并带动劳动效率上升。另外,组织规模的大小对从业人员的心理感受也有影响,人们都愿意在大型企业工作。所以,吸引人才并提高生产效率是媒体组织实行多元化战略的第二个原因。

我们也发现,多元化战略不但能实现组织的成长和消减风险,还能为媒体组织带来资源使用的高效率。媒体组织从事的多元化业务之间大都有相关性,因此在这些业务领域之间的资源可以被充分共享,从而降低生产成本。例如广播和电视领域共享主持人资源,电子和纸媒领域共享记者资源,甚至是各个媒介形态共享内容资源,都能为媒体组织带来资源使用效率。这就是媒体组织实行多元化战略的第三个原因。

很多国际上著名的传媒企业,都是在众多的事业领域中从事自己的生产和经营活动,称得上是名副其实的"多元化媒体组织"。即使那些一开始以单一的媒介产品或服务起家的媒体组织,也都是在成长过程中,逐渐扩大了经营领域和事业范围,成为著名的跨行业,甚至跨国经营的媒体组织。微软公司就是以电脑操作系统这一单一产品开始了其创业的过程,而现在其主营业务领域横跨多种行业,成为涉足提供信息和节目内容、开发游戏软硬件、提供网络服务等多种事业领域的供应商。同样,搜索巨头谷歌也是从提供单一的搜索引擎服务开始其业务的,而今天它所提供的产品和服务几乎涵盖了所有的媒介形态。

在中国,一些传统媒体也开始了多元化产业的进程。例如在2001年8月,由原上海人民广播电台、上海东方广播电台、上海电视台、上海东方电视台、上海有线电视台等广播电视播出制作机构整合而成的上海文广新闻传媒集团(SMG)正式组建完成,其后开始实践"资源整合、品牌经营、产业链接、市场内驱、合作共赢"的战略思想,并计划由单一的广播电视播出平台发展成为集制作、播出、发行于一身的内容提供商,为此大规模地展开了多元化战略。首先,SMG与环球唱片合资成立上腾娱乐公司,标志着其从广电领域进入了音乐事业领域。随后，它又与韩国 CJ 家庭购物频道共同投资 1.6 亿元人民币成立东方 CJ 商务有限公司，这意味着其又进入了电子商务领域。由于 IPTV 和手机电视一直是中国媒体相对关注的事业领域，所以 SMG 又通过了审核，分别得到了 IPTV、手机电视以及全国性数字付费频道集成运营机构的牌照。另外，在 2004 年 11 月 15 日，SMG 又与《广州日报》《北京青年报》合作发行《第一财经日报》，将"第一财经"品牌，从广播、电视领域延伸到了平面媒体领域。也有报道说，上海文广新闻传媒集团要和美国的梦工厂一起打造东方动画产业王国。

第二节 多元化战略的理论基础

世界上著名的媒体组织在发展的过程中，大都是从单一的事业领域走进多元化的事业领域，并最终成为巨大的跨行业经营的媒体组织。比如新闻集团、时代华纳集团、贝塔斯曼集团、维亚康姆集团等大型传媒机构都是如此。

下面，我们分别从成长的经济性、范围的经济性和分散风险这三个角度对媒体组织的多元化战略进行说明。

一、成长的经济性

成长的经济性是指媒体组织的成长过程所带来的经济效果。媒体组织的成长所带来的经济效果，和媒体组织的规模经济的效果有着本质的区别。

一般来讲，**规模的经济性**是指媒体组织生产制作单一媒介产品或服务的规模扩大后所带来的经济效果。也就是说，如果媒体组织追求规模经济的效果，一般指的是在某个具体的事业领域中，追求大规模的生产所带来的生产制作的平均成本的大幅下降。所以说，规模经济的理论，只能解释媒体组织在单一事业领域取得的经济效果。比如说，某报社的某份报纸的印刷和发行份数的增加（规模扩大）所带来的经济效果就是规模经济的效果。但是规模经济的理论却不能解释这个报社开始从事电视节目制作领域的生产经营活动时实现的经济效果。

媒体组织的成长过程本身之所以能够带来效率，是因为如下机制发挥了作用。

第一，多种经营资源能够在媒体组织的成长过程中得到充分的利用。

在媒介产品或服务的生产过程中，设备和技术技能是最容易通用的，在多元化事业领域中也最容易得到充分共享。在每一个媒体组织内部，由于经营管理等方面的原因，或多或少都会有一些经营资源没有得到充分利用，甚至会出现人员过剩、设备闲置等现象。这是任何媒体组织都不能避免的。但是伴随着媒体组织的成长，例如电视台开播更多的频道并进行更多的节目制作，那些在媒体组织的经营活动中没有得到充分利用的资源就有可能被投入生产活动，开始得到充分的使用。而且由于这些经营资源是没有得到充分使用或是一直闲置的，所以在开始使用的时候，就没有必要过多地支付成本，自然媒体组织的生产经营活动就会变得更加有效率。除此之外，对于媒体组织而言，最常见也是最应该充分利用的就是信息内容资源。例如，我国很多电视台的栏目组由于机构设置和合作机制不健全，都各自为政，拍摄自己需要的素材并加工制作成节目，而实际上这些素材在很大程度上是可以在栏目组之间共享的。不过，随着媒介资源管理系统的重要性逐步得到了认识，信息资源的共享意识已经开始在国内媒体组织内落地生根，这也就意味着媒体组织不但能够在媒介产品和服务的生产环节降低成本，甚至可以通过出售信息素材资源获得更多的经济利益。

之所以媒体组织内部会存有未加充分利用的资源，除了上述原因之外，还有一个原因就是我们在前文中阐述过的——媒体组织能够通过生产和制作环节，不断地产出新的知识和技能，而这些都源于从业人员的学习能力。所以，在媒体组织的生产制作过程中，人们不断地总结经验教训，新的知识和技能就会在媒体组织内部不断地被积累和掌握，这就是所谓的熟能生巧。这些新知识和技能相互结合后生成的新技能或技术，不但能够投入到媒体组织的既有事业领域的生产制作活动之中以提高生产效率，还能够帮助媒体组织开发新的领域，实现更大的经济效益和社会效益。

人是一种学习型的动物，人类能有今天的发展也正是源于不断地从生活中学习并总结经验。人们只要对所从事的事业花费了心思，就能够掌握提高工作效率的方法。每个正常的人都有这种学习的能力，在一个稳定的工作环境中，随着时间的推移，人们会和周边的人进行沟通、交流，从而能够逐渐掌握多种经验和技能，这就是融会贯通。如果这些经验和技能不能被加以充分利用，在某种意义上就会形成资源的浪费。所以说，媒体组织的成长，实际上也是一种把这些不断生成并未被充分利用的资源进行有效利用的过程。更重要的是，知识和技能的融合也是创新的源泉。如果一个媒体组织能在内部形成良好的组织文化，激励人们自主学习并充分共享就会慢慢地形成良性循环，这对媒体组织的发展大有好处。

在某种意义上说，因为人们会自觉不自觉地学习和进步，所以媒体组织在人力资源领域，永远有可充分挖掘的潜力。

让我们举一个例子，试想有个新闻专业的大学生，毕业后进入电视台当了新闻记者，一开始每天和摄像师、编导还有主持人一起制作新闻节目。经过一段时间以后，他积累了大量经验，成长为一名优秀的新闻记者，还逐渐掌握了使用摄像和编辑设备的技能，甚至学会了一些主持新闻节目的技巧。虽然现在电视台并不需要这名记者亲自去摄像和编辑，也不需要他去当主持人，但这些技能已经积累在他身上，对他和整个媒体组织而言，都成了一种未加开发利用的剩余资源。如果制片人或更高一级的经营管理者不想办法发挥这名记者身上的剩余资源的能量，那么对这个媒体组织来讲，就产生了人力资源和信息资源的浪费。如果电视台扩大了事业规模，人手就有可能不够，这时经营管理者可以在合理的范围内，适当地增加这个年轻人的工作内容，比如让他同步制作新闻纪录片，甚至制作新闻访谈类节目，这样栏目或电视台就没有必要再去引进新的资源。而且我们也有理由相信，只要这名记者肯努力，他在从事这些新工作的同时，还会积累更多的经验和技能。

第二，媒体组织的成长使得生产制作的平均成本下降，从而带来更大的经济效益。

一般来讲，用人均产值减去人均成本就能得到人均利润。如果媒体组织能够降低生产制作环节中的人均成本，就能带来人均利润的增加，也就意味着媒体组织所能获得的经济效益有所增加。如果媒体组织能够降低人均成本，自然在媒介产品或服务市场中的竞争力就会增强。

媒体组织在实现成长的过程中，虽然会尽力发挥内部资源的价值，减少不必要的资源引进和相应的支出，但还是不可避免地会觉得人手不够，因此需要引进大量人力资源。

众所周知，媒体组织的人均成本和从业人员的年龄结构有很大的关系。虽然有长年从业经验的员工的生产效率要高于年轻员工，但媒体从业人员的平均年龄越大，媒体组织在相应的工资和劳动保障等方面的支出也就越大，自然就会带来人均成本的上升，从而影响媒体组织的经济收益。所以说，只要保持一个适当的比例，能够充分发挥从业经验丰富的员工的积极性，降低从业人员的平均年龄也是降低平均成本的一个方法。伴随着媒体组织的成长和规模的扩大，必定要补充员工的数量，这不但是一种人才储备，也是降低从业人员的平均年龄的方法。如果媒体组织停止了成长，就意味着从业人员的平均年龄上升，人均成本开始增加。所以说，从人才储备、成本和利润结构的角度来讲，媒体组织也要不停地追求成长。

第三，媒体组织的成长和规模扩大不但能够吸引优秀的人才，也会对从业人员产生巨大的心理激励作用。

研究表明，一个有明显成长的企业，能够给员工带来精神上的振奋和工作上的激励，结果就能带来企业生产经营上的高效率。一般来讲，实施多元化战略的媒体组织的规模会比较大，而人们也大都愿意去大型媒体组织供职。这不仅是心理感受上的问题，也关系到员工的实际利益。这是因为伴随着媒体组织规模的扩张，不但工作机会会有所增加，从业人员的数量会增加，管理部门的职位也会增加。一般来讲，每个人都有被社会认可并实现人生价值的欲望，而这些是需要通过工作平台才能实现的。所以组织要提供较多的平台帮助员工实现其愿望。比如一家电视台，如果成长顺利，频道和电视栏目就会有所增加，自然员工数量就会增加，于是频道道长、频道总监、栏目制片人等岗位也会增加。这样就会为从业人员提供更多的晋升机会。这会起到一种激励作用，能够振奋员工的精神，让其最大限度地发挥主观能动性，从而为媒体组织带来各种有形和无形的利益。

为了实现上述的成长经济性，媒体组织就应该维持一定的成长速度。如果媒体组织现在进入的媒介产品或服务市场能够有相当程度的成长率，那么媒体组织就能够实现成长的经济性。即使所参与的市场已经开始停顿，但如果媒体组织能够在其中获得较大的市场份额，也还是能够维持成长的经济性。但是，依靠一个媒体市场来维持媒体组织成长的经济性有很大的局限性，甚至可能面临相当大的风险。而能够解决这个问题的方法就是，媒体组织进入新的媒介产品或服务市场，或进入新的事业领域。

进入新的市场或进入新的事业领域的具体手段有两个。

一是扩大市场地域，比如进入国际市场，在国际市场中提供现有的媒介产品或服务，或开发新的媒介产品或服务，这就是媒体组织的国际化经营战略。这方面的内容，我们将在下一章进行详细的论述。

另一个手段是媒体组织进入新的事业领域，开发全新的媒介市场和相应的媒介产品或服务，这就是媒体组织的复数事业战略，亦即多元化战略。

案例研究

日本动漫衍生品开发的借鉴

王沁沁

众所周知，影视媒体组织是以影视内容为生产对象的，然而随着企业的成长，以及对利润的追求，衍生品成为越来越多的媒体组织涉猎的多元化事业领域。尽管在我们常规的认识中，好莱坞电影已足够称得上是深谙衍生品开发之道，然而从全球范围来看，日本动漫业界在衍生品开发方面对消费者需求的深度挖掘、对利基市场的细分及产品层级的拓展,早已后来者居上。日本的秋叶原之所以成为全世界动漫迷心中的圣地,正是源于其庞大的衍生品市场。在此,仅从以下两方面,简单阐述日本动漫公司在开发多元化衍生品市场方面的经验。

1. 深度挖掘消费者需求

目前国内的衍生品厂商还停留在搭便车的阶段,尚未深度挖掘消费者的消费习惯。以旅游类衍生品授权为例,通常国内影视机构会选择影视基地或主题公园进行合作,将剧照或海报悬挂、张贴于景点内。这种形式虽然也有一定的收益,但有一定的区域限制,电影制作方在此方面的版权收入甚微,大多只是为当地旅游宣传作嫁衣。而在这一点上,日本动漫为我们做了很好的榜样。

笔者在日本旅行时,很惊讶地发现了一个有趣的现象,即在所到的旅游胜地都能看到《KERORO军曹》(日本动画片)的手机链,并且每个旅游地的款式都不相同。由于区域限定,每个地区销售的都是不同于其他地区的造型独特的手机链。比如奈良以佛教闻名,这里的主题手机链就以金身佛像KERORO为造型;而在京都,可以买到身着和服的舞姬KERORO;在以牛肉名满世界的神户,可以买到对着牛排大快朵颐的神户牛KERORO;而在大阪城则可以买到丰臣秀吉变装版KERORO。旅行者大多有在旅游地购买土特产回家馈赠亲朋好友的需求,日本动漫制作方正是看中了这一需求,联合当地政府,深度结合旅游地的特色推出相应的衍生品。尽管这些手机链价格不菲,每款折合人民币也要30多元,但比起更加昂贵的土特产,定价要低很多,同时这些手机链大多与土特产陈列在一起,以便旅行者在购买土特产之余,也能顺手买上几条送给家中的亲友。尽管各地的KERORO手机链款式造型各不相同,并标记着某某区域限定的字样,但包装一致,定价统一,确保了衍生品的质量和动漫形象的一致性。这小小的手机链不仅为动漫制作方带来了销售收入,更让动漫形象与日本各地的文化特色随着这小小的物件而传播到日本之外的地方。

2. 突出衍生品创意,做好利基市场

众所周知,日本是一个崇尚创意和精益求精的国家,而其动漫业内对衍生品利基市场的细分和开发程度已经到了极致,可以大致切分为横向和纵向两个开发维度。

横向开发,主要是围绕动漫产业实现平行产业的拓展,如衍生出的COSPLAY产业、声优产业、同人产业等,并且每一个产业之下又会形成新的衍生品市场层级。比如声优产业,原本只是日本动漫产业链上的一个环节,负责替日本动漫人物配音。随着日本动漫的量产化,这一环节逐渐转向规模化、专业化。不但有声优学校,还有声优事务所,而声优事务所又通过贩卖某一些声优的声音,打造声优明星。这些声优明星,不仅要参与各种热门游戏及动画片的配音工作,还要像演艺明星一样开演唱会、制作广播剧、主持节目、发行唱片CD、为其他产品进行配音工作等。又如COSPLAY产业,其产业核心在于让观众扮演自己喜爱的动漫或游戏角色,从而带动了餐饮服务、服装饰品、影楼拍摄等多个领域的发展。现如今此产业在国内电影业之外也逐渐发展起来,随着一部电影的上映,不少影楼也会适时推出主题艺术照的拍摄,如让观众身着哈利·波特的学院装一偿角色扮演的夙愿。

纵向开发,则主要是一部动漫或游戏在形象授权后,通过产品规划策略,加深某一衍生品领域产品的丰富程度。在日本动漫业内,这一维度开发的衍生品被统称为Hobby。其中又分为观赏性质较强、价格较高、主打核心动漫消费者的Core Hobby,以及主打更广泛的消费群体、价格相对便宜、产品仅仅借用某一动漫形象、购买者更看重其产品功能的Light Hobby。以Core Hobby为例,动漫制作方会指导衍生品生产厂商,根据不同的产品质地、不同的消费者群体、不同的玩法、不同的产品销售渠道,开发出不同的产品种类,如专为娱乐业生产的"景品"、随着糖果小零食一起销售的"食玩"、只在特殊的贩售机里才能买到的"扭蛋"、可以为其更换衣服的"SD人偶"、使用大量金属零件制成的"超合金"、带有丰富配件的"可动型人偶"、极具收藏价值并且限量发售的"手办"等,而在每类产品之下又会进一步进行细分。这些不同类型的Core Hobby,均出自专业设计团队之手,机械模型玩具(如"高达")更有机械设计师绘制产品图纸并设计每个零件,这种高度的专业性保证了产品的创新性和整体品牌形象的统一。各类产品因在定价、造型款式、涂装材料、产品质地等方面的不同,而具有不同的投资收藏价值,尤其是不少限量版发售的"手办"在动漫核心消费者心目中的价值等同于LV和Gucci,为此一掷千金者大有人在。如万代联合东映动画为纪念《圣斗士星矢》发售的一整套"圣衣神话"系列可动人形模型,无论在细节做工和成品着色上均属上乘,单个模型的市场价从300元到1000元人民币不等,如果想收集完整的一套,总价格也要数万元以上,然而此系列至今仍未全部出完。

二、范围的经济性

媒体组织的**范围的经济性**是指媒体组织在同时运营多元化事业领域的时候,比起各自单独地运营各个事业,更能降低运营成本。范围的经济性是媒体组织展开多元化战略的另一个理由。

在某种意义上讲,媒体组织成长的经济性更多地是指在一个相同或近似的事业领域内,媒体组织实现组织规模的扩张而体现其经济性。例如我们有很多民营电视节目制作公司,因为大举承包各个电视台的各类节目,例如不但制作电视栏目,还制作纪录片、电视剧等,所以组织规模急剧扩张,在招聘大量人才的同时,也可以充分共享资源,由此实现成长的经济性。而范围的经济性更多地体现为媒体组织从事不同的事业领域时的经济性。

让我们举一个例子来说明这个问题。一个媒体组织甲单独经营一个电视台。另一个媒体组织乙单独经营一个报社。现在出现了一个叫作丙的媒体组织,它同时经营电视台和报社,展开了多元化战略,而且丙的电视台从规模到事业领域等都和甲一样,同样,丙的报社的规模和事业领域也和乙一样。如果丙的总体经营成本比甲和乙的经营成本之和低,这就是说在这两个事业领域之间存在着范围的经济性。这时,丙在电视台的经营方面,就有可能比甲的经营成本低,而在报社的经营方面,就有可能比乙的经营成本低,这就意味着丙在两个事业领域都有可能具有成本上的竞争优势。媒体组织的范围的经济性,实际上就是在实施多元化战略的时候所带来的成本上的节约。

正是因为范围的经济性能够带来综合经营成本的降低,所以很多媒体组织都纷纷利用这一特性,进入了不同的事业领域,展开了多元化的战略。

媒体组织之所以能够利用多元化战略产生范围的经济性,还是因为能够充分利用经营资源。媒体组织在从事一个事业领域的经营活动时,需要投入一些必要的经营资源,而这些经营资源不可能在这个事业领域得到完全充分的利用。另外,在媒体组织从事某个事业领域的经营活动时,很多新的经营资源还会产生,虽然这些经营资源会得到积累,还会被重新投入这些事业领域,但它们也有可能得不到充分的利用。媒体组织内部的资源,有很多是可以在其他范围领域得到应用的,例如土地资源和行政资源可以根据需要应用到广播、电视和纸媒介等不同的媒介形态中。特别是媒体组织的品牌资源在拓宽事业范围的时候更能体现低成本和高价值的特征。如果媒体组织通过多元化战略,使得这些经营资源能够在其他事业领域得到充分的利用,就等于无偿地得到了很多经营资源,因此会产生范围的经济性。

在媒体行业,有很多资源属于信息资源。信息资源具有能被同时利用和在使用过程中没有损耗等特性,因此采访技能、品牌、社会公信力等信息资源就为媒体组织展开多元化战略提供了极大的可能性和便利性。另外,数字技术、播出网络平台、有线线路等经营资源也为媒体组织展开多元化战略、进入不同的市场领域带来了便利条件。

比如说,中国的有线电视非常发达,在很多新建的小区,都已经铺设了有线电视网,这为媒体组织展开宽带服务提供了可能。同样,因为有线电视网络的发达而开始闲置的无线电视频率等资源也可以为手机电视等新型的事业领域提供服务。

在某种意义上讲,政府推进的三网融合也是对媒体组织的范围经济性的推进。在当今社会,随着互联网技术的普及和应用,为广大互联网消费者提供网络接入服务已经形成一个竞争十分激烈的战场,而且,很有可能电网部门也会加入这个市场的竞争。实际上,在中国已经开始了使用电网进行互联网接入服务,在欧洲,欧盟也强烈呼吁大规模展开这项服务。对于电网部门来讲,提供互联网接入服务,完全是一个崭新的事业领域。利用电网接入互联网的技术已经获得了突破性的进展。特别是,电力网络公司的网络是最发达的,在中国乃至全世界,也许很多家庭没有电话、没有有线电视线路、没有宽带,但是很少有家庭没有电线,所以在入户问题上没有任何障碍。如果电力网络部门真正要进入网络接入市场,甚至提供信息及内容服务,中国的互联网行业将很有可能经历一次大地震。另外,因为已经持有网络资源,所以电力网络公司开展互联网事业而需要的网络建设成本将有可能是"零",因此完全可以实施低价格战略进行竞争。如果电力网络公司在电网和互联网两大事业领域展开多元化战略,那么成长的经济性和范围的经济性就会为其带来巨大的经济利益。

三、分散风险

媒体组织展开多元化战略的第三个理由是,通过进入不同的市场领域,能够分散媒体组织的经营风险。我们已经了解了市场生命周期的概念,如果媒体组织把所有的经营资源都投入一个事业领域,一旦这个市场出现任何风吹草动,就会给媒体组织带来意想不到的风险,使得媒体组织面临生存的危机。

就像人们常说的不要把鸡蛋都放进一个篮子里,媒体组织也不应该把所有的经营资源全部放在一个事业领域,而应该通过多元化战略,尽可能地分散风险。这样一来,即使某个事业领域出现了激烈的市场竞争或市场衰退等问题,其负面影响也会被多元化战略所减弱或屏蔽,从而不会给媒体组织带来致命的打击。

当然,任何事情都是相对的,如果媒体组织在某一事业领域有绝对的竞争能力,而且这个事业领域也具有较大的市场空间,那么这个媒体组织在一个相对稳定的时间段集中资源执着于一个领域也是可取的战略。特别是在新媒介时代,由于信息沟通和物流成本急剧下降,所以形成了外包(制播分离)的潮流趋势,再加上各种技术不断普及,制作成本急剧下降,媒体组织可以使用更少的人力资源完成工作。这也许就意味着,一个小规模的媒体组织可以集中在一个事业领域内形成世界范围内的领先优势,并在世界范围内接受工作任务。这也是一种分散风险的好战略。

第三节 多元化事业战略的定位

媒体组织开展多元化战略时要考虑三个层面的问题。第一个是媒体组织的事业领域的战略内容;第二个是在决定了多元化事业战略的基本方针后,媒体组织所要实行的吸收合并战略和合作战略;第三个就是媒体组织要制定在多元化事业领域里进行经营资源分配的战略方针。

一、经营理念决定事业领域

媒体组织多元化事业领域的战略包括媒体组织的事业战略的定位和事业领域的组合。

媒体组织首先应该有一个明确的经营理念。媒体组织的**经营理念**是在哲理的层面上阐述媒介事业追求的目标。明确了经营理念后,媒体组织自然就会发现自己所能够从事的事业范围,然后才能有针对性地制定事业领域的战略,其中包括事业领域的组合战略。

我们在研究传媒产业这个问题的时候,经常会听到诸如电视事业、广播事业、新闻事业、广告事业等名词,也常常听到诸如节目市场或数字广播技术之类的概念。上述这些事业的概念,一般来讲,在很大程度上是从媒介市场和媒介技术的角度定义的。因为市场的变化和技术的变化都会对媒体组织的营销管理产生很大的影响,所以媒体组织在考虑事业范围以及事业组合的时候,常常会在这两个方面有所考虑和侧重,然后制定相应的决策。在媒体组织和外部环境的关系这一营销层面上,市场会成为中心点。而在媒体组织内部资源的积累和有效利用的管理层面上,技术问题则会被考虑得更多一些。

案例研究

凤凰卫视的定位与发展

定位对一个媒体组织的生存与发展非常重要,因为其所有的营销管理战略(节目、观众等)都要围绕着定位的影响力进行诉求。凤凰卫视在当今中国的电视节目市场上,可以算得上是一个有"影响力"的媒体组织。凤凰卫视能发展到

第十章 事业领域的多元化战略

今天,是和其正确的组织定位以及节目制作与营销的战略理念息息相关的。

在某种意义上讲,凤凰卫视因为地处香港这个特殊的地理位置,所以在信息收集和节目制作领域有一定的优势,特别是其可以吸引境内外的电视人才资源并可以制作一些有"独特风格"的电视节目。但从另外一个层面上讲,其特殊身份,成为进入内地市场的一个制约条件。因此,特殊的身份和限制条件,就要求其只有具备恰当的战略定位和理念才能在激烈竞争的电视市场环境中生存下去。我们从实际观察来看,凤凰卫视正因为在摸索中确定了自己的媒体形象和节目制作理念,才使有限的资源力量发挥出了最高的水平。

在1997年香港回归期间的大型直播活动中,凤凰卫视主持人的风格和对其电视素材的大胆运用等,使得该台得到了人们的关注。其后发生了英国戴安娜王妃车祸事件,全世界的媒体机构都对此进行了大规模的报道,凤凰卫视也对事件本身以及其后的所有环节做了全程报道。而这样的新闻报道活动是在当时的社会和媒介环境下,内地的媒体组织难以实现的。这些报道活动的成功让凤凰卫视的定位逐渐清晰起来。也就是说,在当时的社会历史条件下,凤凰卫视必须要利用时事新闻创造自己的影响力。

对于其后发生的南斯拉夫事件,凤凰卫视进行了为期一个星期的直播活动,这可以说是在当时的资源条件下对凤凰卫视的定位的一种考验。这些活动再加上在千禧年和世界上一百多家媒体机构联合开展的直播活动,都受到了内地市场的高度关注,这进一步让凤凰卫视确立了自己的节目制作理念,那就是利用重大事件作重大直播。

在某种意义上讲,2000年以前是凤凰卫视确立了自身定位和走向成熟的阶段。凤凰卫视基本上确立了"影响那些有影响力的人"的战略目标,甚至广告战略都采用概念性销售模式,也就是说连广告都是给那些有影响力的人看的。而且为了弥补人力资源方面的欠缺,凤凰卫视采取了从外部聘请人力资源制作节目的战略方式。由于地处香港这一特殊的地理位置,凤凰卫视很容易聘请到和内地的专家或学者风格不同的评论嘉宾,不但节目制作成本不高而且也因为节目"风格独特",很能吸引目标人群的注意力。

在2001年,以资讯台的开播为标志,凤凰卫视的定位发生了一定的转变。特别是以对2001年的"9·11"事件的直播为标志,不但内地市场的观众对凤凰卫视的节目内容生产能力更加看重,它在国际资讯大潮中也赢得了自己的位置。同时,凤凰卫视也开始在美国、中国台湾等地区产生影响力。可以说,正是对重大事件的连续报道,为凤凰卫视树立了一个虽然规模小但具有国际化特征的形象。换句话说,凤凰卫视的目标受众人群从内地转向了全世界的华人。

一般来讲，企业的定位能为其指明市场范围，同时也决定了企业战略行为模式以及劳动力资源个体的努力方向。在"影响有影响力的人"这个定位和理念的指引下，凤凰卫视具体的战略实践行为模式就体现为：驻外记者虽然很少，但驻美国记者必须能进白宫，驻法国记者必须能进总统府。而且这个能力必须要在节目内容中体现出来，而人们也能看出凤凰卫视在尽可能坚持新闻直播的模式，并且坚决地贯彻"快"和"现场"的节目制作理念。从其具体的操作模式上看，凤凰卫视的"快"战略是这样实施的：第一手消息用字幕，得到画面后，不进行编辑立刻播出，然后直接由播音员讲述，最后再进行剪辑做出正式的节目。当然，出于对政治、经济、道德等方面问题的考虑，"快"的概念也是相对的。而"现场"是其最大特点，按照凤凰人自己的说法，他们从骨子里理解并忠实于这个概念。

对定位和理念的坚持是凤凰卫视持续保持影响力的基础，但是这个基础目前也受到了一定的冲击。例如以中央电视台新闻频道的开播为标志，内地的电视媒体的新闻报道机制发生了变革，在某种意义上说这意味着凤凰卫视的时事新闻的竞争优势受到了挑战。内地的媒体组织在资金、人员以及在全国乃至世界各地设置记者站等方面具有凤凰卫视难以企及的竞争优势。这就意味着在"快"和"现场"等方面，只要内地的媒体组织想做，就能比凤凰卫视做得更好。

虽然曾经的"快"和"现场"这些特色受到了挑战，但是凤凰卫视可以利用自己的资源，实施和内地电视媒体组织之间的差异化竞争战略。例如深度报道（做深度报道的观察员把新闻、报道、评论打包做成节目）和评论（评论是新闻频道确立形象的基础）就是凤凰卫视现在能和内地的媒体组织抗衡的有力武器。

凤凰集团为了适应环境的变化，求得更好的生存和发展空间，也开始实施多元化战略，例如创办了凤凰网、《凤凰周刊》，并且也进入了户外大广告牌业务领域。多元化事业领域的业绩表现，让其在海外的股价表现良好，至少在2011年凤凰网是诸多中国概念股中的佼佼者。

二、媒体组织的事业战略定位及其意义

事业战略定位在经营理念的指导下，能为媒体组织选择事业范围提供参考方向。媒体组织之所以要进行事业战略的定位，是从市场需求的角度出发的。因为消费者的媒介需求是多种多样的，所以就存在多种多样的媒介市场领域，但是无论媒体组织再怎么努力，也不可能满足消费者的所有媒介需求。另外，媒体

第十章 事业领域的多元化战略

组织所拥有的经营资源也是有限的,所以不可能进入所有的媒介事业,因此就必须对事业领域加以选择并进行适当的组合。如果没有事业战略定位,媒体组织在事业领域的选择上就会存在盲目性和随机性,会把资源随意地投入互不相干的事业领域。这虽然也是一种多元化战略,但是这种多元化战略的结果反而会不利于媒体组织的健康发展。所以,我们看到的媒体组织的事业战略的定位都是遵循一定的原则的。

也许在很多人的眼里,IBM是一个计算机公司,是向消费者提供高品质电脑的公司。然而,IBM却不会承认自己是生产和销售电脑的公司,甚至它把自己最为得意的笔记本电脑事业部门卖给了中国的联想公司。这是因为IBM自认为是一个致力于让计算机技术为消费者提供问题解决方案的服务性企业。同样,也许SONY在很多消费者眼中是一家著名的家电企业。但是,SONY在很早以前,就把自己公司的经营战略定位为向消费者提供娱乐产品。所以我们可以看到,不但SONY生产的家电产品都带有娱乐功能,而且在影视节目制作、唱片业、演艺经纪等众多领域都能看到SONY的身影。

一旦媒体组织确立了事业战略的定位,也就等于决定了事业领域的范围以及所需要的人力和技术等资源的范围。比如,如果媒体组织把自己的事业领域定位在广播上,就等于宣布这个媒体组织最大的市场范围限定在所有广播能够涵盖的领域,包括新闻、财经、天气预报、音乐、戏剧等市场,并且其使用的技术也是广播所需要的技术。但是,如果媒体组织把自己的事业领域定位在传媒产业上,那么广播、影视、报纸杂志、网络乃至移动通信等事业领域都可以进入,而且其需要的技术和人力资源的范围也就变得很大,这就是典型的多元化战略。当然,如果媒体组织把自己定位于为媒介消费者提供全方位的服务,那么传统的媒介产业的概念就需要重新结构,那个时候媒体组织或者其提供媒介服务的渠道或平台就成了多元产业链的核心节点。

进行多元化经营的媒体组织往往有一个通病,就是在多元化的过程中会不知不觉地迷失方向,结果多元化战略变成了随机的多元化的事业组合,经营资源被投入不能发挥优势的事业领域,这样一来也就无法享受范围的经济性,无从实现经济效益。

媒体组织确立事业战略定位的重要性,更在于事业战略定位能够决定媒体组织的性格,为媒体组织的事业领域的发展提供参考的边界,为媒体组织的营销管理提供一个指导性的方向。具体分析如下:

第一,媒体组织通过事业战略的定位,能够帮助营销人员提高收集和分析信息的效率,并能够为经营管理者提供决策的指针。

媒体组织在进行日常的营销管理的过程中，常常会受到外部环境变化的干扰。市场是千变万化的，会给媒体组织带来巨大的信息量，其中包含了很多不真实的信息。这些纷杂的信息既能够给媒体组织带来机会，也能够带来风险。另外，接受信息和分辨信息的过程需要很高的成本。如果有了明晰的事业战略定位，营销人员就不容易在信息的收集和判断方面出现差错，并培养出从纷杂的信息中找出能够给媒体组织带来重大利益的信息的能力。

媒体组织的发展离不开多元化战略，而多元化战略在某种意义上说就是对多个可能的事业领域进行取舍的问题。媒体组织对事业战略的取舍一般会有两种方式。第一种方式就是高层经营者直接做出决策，也就是说经营者根据自己对环境和内部资源的综合判断直接做出决定。还有一种是基层做决策。因为媒体组织的经营者不一定能够掌握所有的信息，所以经营者在决定事业范围的取舍之前，要充分听取基层组织的意见和建议，归纳后形成整体的战略决策。然而不论是在媒体组织的高层还是基层做事业取舍的战略决策，都需要有取舍的标准，这个标准就是媒体组织的战略定位。如果没有一个明确的战略定位，各级经营管理者就难以抉择，甚至来自内部和外部的意见和建议也会杂乱无章，无法形成一个统一的战略决策，甚至会干扰经营管理者的决断。

第二，媒体组织的事业战略定位能为媒体组织提供竞争的方向。媒体组织在很多事业领域都会遇到竞争对手，但是媒体组织的事业战略定位能够为其提供一个参考坐标，让内部人员都能清楚地认知竞争对手的存在和威胁，并且能够在工作中针对竞争的目标展开有效的竞争战略。之所以强调这一点，是因为人们在考虑和设计竞争战略的时候，由于受到很多因素的制约和影响，视角不是过窄就是过宽。比如，广播电台把自己的事业战略就定位在广播上，就容易让员工把注意力只放在广播领域的竞争对手上，而忽视了来自其他领域的竞争。如果广播电台把自己的事业战略定位于生活文化领域，员工们自然就会把竞争的视角扩展开来，转向娱乐、休闲等领域，并找出更好的解决方案。

第三，适当的事业战略定位，会给媒体组织的从业人员带来合理的激励以及归属感。比如，媒体组织把自己的事业领域定位在"提供信息和内容"上面，久而久之媒体组织的从业人员就变成了机械地制造内容的劳动力。这正好说明了为什么我国很多的电视媒体从业人员，常常把自己看作是一个"做节目"的人。我们有理由相信，在这种心态下，从业人员很难有工作激情。媒体行业是一个需要激情的行业，制作人员都没有了激情，制作出来的媒介产品或服务如何能有生命力，如何能有竞争力？如果把事业领域定位在"为受众提供快乐的生活"这个领域，并且使得所有员工都接受这个定位，对此产生共鸣，那么在媒介产品或服务的生产制作过程中,员工们自然而然就会有激情,并能保持很久,制作出来的媒介产品或服务也会带有很强的生命力。

第四,适当的事业战略定位还能强化媒体组织的团结和合作,并带来组织管理效率。在任何一个媒体组织内部都会存在很多部门,从管理学的角度讲,只要有部门存在就不可避免地会存在部门之间的利益冲突。而且伴随着媒体组织的事业领域的增加,部门和层级就会变得更为复杂,员工的部门意识会逐渐加重,甚至会造成部门之间的严重对立。另外,有些媒体组织的多元化事业领域是通过兼并其他的媒体组织得到的,不同的媒体组织会有不同的组织文化,而文化之间的冲突是最难调和的。所以媒体组织就有必要在经营理念的指导下,制定明晰的事业战略定位,朝着一个方向努力。如果缺乏一个有效的事业战略定位,媒体组织就难以产生凝聚力。例如,美国在线和时代华纳之间的合并之所以并不成功,很重要的一个原因是两者的文化是互相冲突的。原美国在线的员工无论在衣着打扮上,还是在人员沟通上都比较随意,而原时代华纳的员工就比较传统,思想相对保守。两者之间的差异与矛盾在合并后渐渐显露,所以并未实现当初所期待的业绩。

第五,事业战略定位能够指导媒体组织获得和积累资源,并增强员工的学习欲望。比如,如果一个电视媒体把自己的事业战略定位为"提供带有影像的新闻和娱乐内容",自然而然就会在媒体组织内部形成一个共识——媒体有必要引进和积累采访、摄像、编辑、播出等方面的人力和技术资源。更重要的是,达成共识后,媒体组织的从业员工在今后的工作过程当中,就会注意积累这方面的知识和技能,从而能够通过学习不断地提高工作效率,这样在质量以及制作成本两个方面都能提升媒介产品或服务的竞争能力。

媒体组织应该在较早的阶段制定媒体组织的事业战略。现在很多媒体组织,一开始往往对自己的事业领域没有一个合理的限定,然而伴随着媒体组织的发展,在实施多元化战略之后,又会发现媒体组织的 CI(Corporate Identity,企业形象识别)出了问题,事业领域的边界非常模糊,失去了方向性,投入的经营资源也不容易产生效率。很多媒体组织在切身感受到这些负面影响之后,才意识到进行事业战略定位的重要性。

在上文中,我们探讨了媒体组织事业战略的意义,接下来我们继续探讨媒体组织如何展开它的事业战略。

三、多元化事业战略的思考路径

一般来讲,媒体组织的多元化战略可以走市场或者技术轴线的道路,从而实现对事业范围的领域进行合理的限定。

中国的电子商务企业一般都是先从图书销售开始,然后慢慢地加入众多的产品供消费者选择,把自己打造成网络超市。这实际上是一种市场轴线路径下的媒体组织的多元化事业战略选择。在前面的学习中,我们已经知道,媒介产品或服务市场上的消费者是可以分类的,那么媒体组织就可以针对一类消费者,以他们和他们的需求为轴线,在已有的事业领域的基础上,展开多元化战略,提供更为综合的服务,这就是**市场轴线的多元化战略**。可能所有的手机用户都会经常接到运营商的短信通知,提醒消费者运营商又提供了新服务或新功能,希望消费者选择使用。随着手机智能化的快速进展,手机早已经从最初的单纯的通话工具逐渐演变成多媒体业务终端,而这意味着移动运营商从消费者那里获得了多元业务的收入。一般来讲,市场轴线的多元化战略路径比较容易得到消费者的认可,或者说是可以在不知不觉间让其选择消费,这意味着媒体组织在推出新产品和服务的时候,其推广的成本相对较低。

在现代传媒环境中,由于各大媒体组织推出的产品或服务普遍具有社交化的倾向,所以市场轴线的多元化战略将会越来越盛行。或者换言之,以提供流通渠道和网络平台类服务为主的媒体组织适合采取市场轴线的多元化战略。

摄像器材领域巨头佳能在2012年年初宣布,计划到2015年实现5万亿日元的收入,并将通过向医疗设备和电影摄像机等领域拓展多元化业务来完成这一目标。从这个描述可以看出,佳能公司制订的是一个在规定时间内以增加营业收入为核心目标的发展计划,而且准备以其具备的影像技术为轴线,通过进入多元事业领域的市场实现其战略目标。媒体组织以自身所具有的技术或技能作为市场的切入口,展开多元化事业战略的方法就是**技术轴线的多元化战略**。

众所周知,胶片产业曾经是传媒产业的一个重要合作领域,但伴随着数字化技术的演变,这一产业中的传统技术,如拍照和印刷技术对现代传媒业的影响越来越小,也因此曾经的产业巨头们感受到了生存危机。这就是产品的生命周期对企业的生存与发展的影响。不能跟上环境变化的企业巨头已经申请破产保护,而富士胶片公司也已从一家业务范围相当狭窄的照相产品提供商转变成为一家拥有多元化事业领域的公司。该公司并不是简单地从模拟产品转向数字摄影,而是利用化学方面的专业技术拓展范围更加宽泛的业务,如药品和液晶显示器面板等,此外还进入了化妆品市场。

例如,照相胶片的表面有20层超薄的薄膜层,其中包含大约100种化合物。

富士胶片公司将其在化学元素和原子级粒子领域的专业技术用于开发薄膜,并将其用于电脑、电视机及其他电子设备的 LCD 面板。显示屏面板的显示效果如何决定了消费者视听体验的效果,而向 LCD 面板部件提供商出售薄膜已经成为富士胶片公司最具竞争力的业务之一。富士胶片公司的另外一项业务是化妆品,而这项业务使用的技术来自防止相片褪色的抗氧化技术。

相对而言,拥有生产技术或技能的媒体组织比较容易采用技术轴线的多元化战略。例如,印刷类的企业可以利用自己的印刷技术为报纸、杂志、海报等提供印刷服务;还有影视制作类的企业也愿意用自己拥有的技能为不同的领域制作节目。这种战略模式往往因为要侵入其他领域既有的市场,或者需要开发新的市场空间,而需要更高的开发和宣传成本,但是实现暴发性增长的可能性也比较大。例如,分众传媒就是最好的典型,它把从事广告服务的技能从传统的室内电视领域直接移到户外,创造出了庞大的户外广告市场。

实际上,很多时候市场轴线和技术轴线的多元化战略是可以混合使用的,或者说是很难区分的。这是因为媒体组织在媒介市场中会同时积累市场和技术方面的经验。如果媒体组织把市场和技术经验同时运用到多元化事业领域,那么就有可能向着**综合多元化**的事业方向发展。例如近年来,物流企业从单纯地提供送货服务逐渐向产业链上游拓展业务领域,进入电子商务领域就是一个典型的混合型多元化战略模式。对于终端消费者而言,物流企业提供了新产品和服务;而从产业链的角度看,这是一种技能轴线的多元化战略。前述的分众传媒也是如此,既为传统的广告主提供新的户外广告投放服务,同时利用自己的技能拓展了新的市场。

在媒介产业领域,演艺明星的价值越来越被看重。从明星营销(经纪)的角度讲,最好的战略就是向综合多元化方向发展,以获得多元的演艺收入。例如,明星歌手可以组织自己的粉丝团,通过演唱会、唱片销售(市场轴线的多元化产品)等方式不停地获取歌唱领域的收入。同时,他们也可以利用自己的演艺技能进出影视市场,而他们的粉丝也会为影视领域带来票房收入或高收视率,而他们在影视市场的产品对于原有的粉丝市场而言,是一种新的市场轴线多元化战略模式下的产品。

我们已经知道,事业战略的定位之所以重要,是因为它能够为媒体组织提供营销管理上的指标和激励。制定媒体组织的事业战略并非易事,这是因为所制定出来的事业战略必须能用简短的话语进行概括,要为全体员工所理解和接受,而且要引发共鸣并渗透到他们的思想和行动当中。媒体组织的事业战略既要能给从业人员指明事业的战略方向,也要能强调媒体组织的市场或技术的特征或

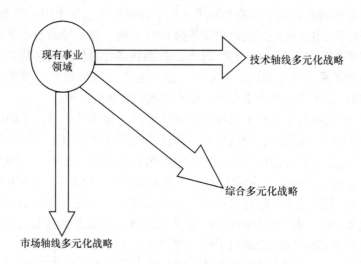

图 10-1 媒体组织多元化事业战略发展路径选择

优势,给从业人员以自信。相反,如果媒体组织的事业战略不能够指明事业发展的方向或者不能突出自身的特点,则不但不能够给员工以激励,还会让从业人员摸不着头脑,不能给媒体组织带来发展。

有很多媒体组织的事业战略及其表达方式过于泛泛而谈或者过于抽象,使人难以理解并与之产生共鸣。比如,"为广大电视观众服务"是比较常见的说法,往往具有口号性的色彩,但是这样抽象的口号很难指明媒体组织事业发展的具体方向,不但很难让广大从业人员产生共鸣,也难以触动媒介消费者。

传媒行业是一个朝阳行业,特别是在经济高速发展的今天,其他行业都要借助媒介行业实现品牌传播和自身的发展,所以媒体组织进入各种事业领域的机会很多,往往在不经意中实行了多元化的事业战略,形成了事业战略的定位。在这种状况下形成了大而全的事业战略以后,媒体组织往往并不懂得如何放手,所以只好一直延续无意识的多元化事业战略。但是,媒体组织的事业战略不应该是对过去市场行为的总结,而应该是利用自身的优势,指明发展方向的决策。经济越是发展,媒体组织进入多元化事业领域的机会就越多,也就越应该明确自己的多元化事业战略。只有这样,媒体组织才能实现稳步和健康的发展,社会资源才会得到充分利用。

> **著者观点**

电视媒体实行多元化战略的思考路径

长期以来,我国大多数电视台的经营性收入都主要来自广告,其他经济收入微乎其微,并且随着媒介渠道越来越多,竞争越来越激烈,电视台在广告市场上的主导权逐渐丧失,广告主越来越把握主导权。这种单纯依靠广告收入的赢利模式,给电视台长期的生存发展带来了潜在风险和威胁。因此,电视媒体也开始日渐重视多元化战略的应用。

根据资源学派的理论,企业对资源,尤其是稀缺资源的占有,以及对资源配置方式的选择,是其竞争优势的根本来源。对资源的占有情况及对资源的配置方式,从根本上决定了企业能否实行多元化战略,以及如何实行多元化战略。现在的媒体组织,在某种程度上都在进行多元化战略的经营。多元化既是企业的一种经营方式,也是一种生存方式。

如果仔细观察我国电视传媒组织的多元化战略,就会发现它们更多地涉足租赁、旅游业、娱乐餐饮业、房地产业等业务领域,但这些多元化领域并没有为电视媒体的经营和发展带来什么益处。

对媒体组织多元化战略的研究表明,只有在资源能够得到充分调动和利用,并且沿着技术轴线或者市场轴线等正确的多元化路线发展时,电视媒体的多元化战略才能取得预期的成功,并且带来规模的经济性、范围的经济性和成长的经济性,分散经营风险,并最终带来经济效益;否则只会造成资源的浪费,甚至给电视媒体的生存和发展带来较大的风险隐患。而电视媒体涉足餐饮和房地产等多元化业务领域,并不能很好地利用自身的资源优势,事业领域的关联度不够,员工的心理距离也很远,很难实现资源的充分利用,因此就不能带来范围的经济性和成长的经济性。

电视媒体除了拥有一般企业都有的人力、财力、物力资源外,还拥有其特有的资源,如信息加工和节目制作能力资源、通信网络资源、公信力资源。电视媒体组织的多元化战略必须依靠自己的资源优势,并且能向消费者提供高附加价值,这样才有可能获得成功并实现组织的发展。

以资源定位多元化战略的边界

首先,在现代消费环境中,商品信息可以在大范围内以低廉的成本传播给消费者,无论对商业组织还是对消费者而言,这都具有很高的价值。具有这种手段和能力的组织就可以向商业组织和消费者提供这种价值,例如通信购物、网络购物等。电视媒体组织经过多年的建设,已经具有了很好的信息加工资源,特别是直观的视频展示资源具有无与伦比的竞争优势。

其次，除了商品信息的传播之外，在现代消费环境中，制造商和渠道商的地位已经发生了根本性的逆转。这是因为经济发展必然会带来产品的丰富，由此产品竞争会加剧，很多厂商不得不受制于渠道商的控制，利润空间也被渠道商极大地压缩。为了提高利润水平，并能直接得到消费者的反馈意见，以便于开发新产品，对厂商而言，开拓新的商业渠道，尤其是开拓能够直接和消费者进行接触的渠道就显得极为重要。电视媒体的传播网络覆盖范围广，而且伴随着社会物流体系和金融支付体系的发展，信息的传播渠道完全可以演化成为商品交换和消费渠道，为消费者和生产商提供方便快捷的服务。

品牌竞争也是现代商业竞争的一个核心要素。在当今中国，公信力是最稀缺的资源，而电视媒体具有的公信力资源恰好能够为自身以及合作伙伴带来极大的价值竞争优势。只要电视媒体组织能够整合好上述的制作和渠道等资源，并利用好强大的公信力资源，就能顺利地进入商业零售领域，实现巨大的经济价值。一些省市电视台开设的电视购物频道就取得了不错的经营业绩。如上海文广新闻传媒集团旗下的东方CJ购物，2010年销售额达50亿元人民币，位列同行业第一名。为了扭转电视购物频道所推销的产品长期以来形成的低质、假冒伪劣形象，东方CJ由韩国CJ株式会社参股注资，并聘请韩方从管理模式、经营模式方面对本土购物频道进行全面培训，在坚持优质服务的同时，保证货品的质量，日益受到消费者的青睐。同时，东方CJ在国内首开"高端产品"的电视销售模式，仅几十分钟的节目，多辆宝马、价值几十万的金条等就被销售一空，创下国内电视购物频道的新成绩。

组织和经营管理能力也是实施多元化战略需要储备的资源

首先，要改变传统的广告替代经营模式。我国的电视媒体行业认为电视媒体经营就是广告经营的观念是造成我国媒体的收入来源过于依赖广告的根本原因。由于历史的原因，我国媒体组织的经营管理改革首先是从开放广告经营开始的，并且随着媒体组织广告经营能力的积累和增强，广告收入逐渐成为支配性收入的时候，电视媒体便认为广告经营即媒体经营。然而，媒体经营显然不等于广告经营，电视媒体经营的是媒体的所有资源，如信息加工及节目制作能力资源、网络通信资源、公信力资源、受众的注意力资源等，而广告经营的经营对象只是受众的注意力资源。从经营对象的范围来看，媒体经营涵盖了广告经营。如果将广告经营等同于媒体经营，就势必导致在经营中看不到媒体组织具有的其他资源，不能认清电视媒体自身的资源状况和资源优势，自然不利于电视媒体的多元化经营。

其次，要改变内部的经营和考核理念。虽然我国的电视媒体已经开始强调经营管理的重要性，并逐渐把节目的收视率当作主要的考核指标，但在目前以广告经营为核心的管理模式下，收视率考核和广告考核相脱节。节目制作部门只要收视率达标就可以通过考核，然而高收视率并不完全等同于高广告收入。在重视目标消费者的广告主那里，收视率并非决定广告投播的唯一依据。某些节目的收视率考核成绩也许非常优异，但节目主体收视人群的低质化却难以带来高广告收入。由于对节目制作部门和广告部门的考核标准不一样，所以很难形成合力，并创造出经营管理的高效率。这种思维惯性对多元化战略的展开会带来负面影响。各部门的协调合作，反映的是电视媒体对各种资源的整合。由于当前国内的很多电视媒体承袭了计划经济时代的治理结构，因此仍然存在结构臃肿、运行机制僵化、执行力低下等多方面的缺点，部门之间的壁垒难以消除。各部门之间的横向沟通协调本身就存在一定的困难，储备在各部门内部的资源也就存在一定的整合难度，如果再加上组织对各部门的考核标准不统一，那么必然会加重组织内部经营的无序性，及对资源使用的低效率性，这对媒体的经营管理极为不利。

最后，要以市场意识组建媒体集团，实现长期的生存和发展。媒体组织若要获得长期的生存和发展，就有必要逐步整合资源，展开合理的多元化战略，而多元化战略的展开必将会形成媒体集团。在整合资源的过程中，根据环境和市场的需要，很有可能会对其他的外部组织实施收购或者合作战略。这是因为在多元化战略展开的过程中，电视媒体组织内部的现有资源不能支撑媒体的充分发展，因此需要从外部进行整合。选择何种资源整合模式应从交易成本的角度考量。从长期来看，如果将资源纳入组织内部进行经营成本更低，则应通过收购的方式来整合外部资源；反之，则采取合作战略，以契约的形式取得对资源的一定控制权。然而，无论是收购还是合作，都需要建立在提高媒体集团自身的核心竞争力的基础上，并及时进行内部资源的合理整合，让多元化成为媒体集团提升竞争力的助力，而非成本负担。

四、选择事业领域的标准

在某种意义上讲，媒体组织的多元化战略是一种事业领域的组合。也就是说，媒体组织在其经营理念指导下的事业战略的容许范围内，对所从事的各个事业领域的权重与组合方式的选择就是**媒体组织的事业组合战略**。媒体组织不应该一味地考虑个别事业领域的魅力，而要通盘考虑事业组合能够给媒体组织整体的事业活动带来多大的效果。

　　媒体组织在选择将要进入的事业领域的时候,要以事业领域的发展潜力、媒体组织的竞争力和对其他事业领域的波及效果为判断基准。

　　第一个判断的基准就是事业领域的发展潜力。其中市场的成长性和技术的进步性是事业领域是否具有发展潜力的重要指标。

　　媒体组织之所以实施多元化的事业战略,重要原因之一就是要对抗市场的生命周期所带来的经营风险,保持媒体组织的可持续发展。因此,市场的成长性就成为媒体组织的事业发展潜力的重要指标。但是,这并不是唯一的指标。如果一些事业已经很成熟,不太具有发展潜力,但是和现在所经营的事业领域之间有很强的替代关系,那么从分散风险的角度来说,媒体组织也可以考虑进入这个事业领域。当然,如果新的事业领域具有很好的市场前景,并且和现在的事业领域之间有很强的互补关系,那么就是一个具有很好的发展潜力的事业领域了。比如,影视内容制作产业已经是一个很成熟的领域,但是由于网络视频播出有很好的发展前景,所以那些从事视频播出的网络企业已经开始进入传统的影视内容制作领域,其目的就在于获得影视内容的制作技术,并结合自己的播出渠道资源,打造完整的产业链,并以此获得相对较高的利润。

　　在新媒介产业快速发展的环境下,网络媒体组织介入传统内容产业的制作,似乎已经在很大程度上威胁到电视媒介的生存。为此专家学者提出了不同的意见。一部分专家认为网络和手机电视会取代普通的电视媒介。与此极为相似的是,当初关于电视媒介是否会取代报纸媒介的问题也曾经掀起过社会上的大讨论。而从结果上看,电视发展了几十年,早已经成为强势媒介,但并没有取代报纸。同样,我们也有理由相信,网络和手机电视不会取代普通电视,这是因为它们之间根本不是替代关系,或者说不应该形成替代关系,而应该形成一种互补关系。至少在较长的时间内,网络或手机媒介与电视媒介之间会形成一个"联动"与"融合"的关系。

　　实际上,网络和手机媒介能否取代普通电视媒介这个问题需要从网络、手机和电视的功能以及中国观众的电视消费习惯的角度来分析。相信在今后较长的时间内,普通电视媒介所具有的一些功能是网络和手机媒介不能取代的。另外,中国人有全家围坐在一起收看电视节目的习惯。在某种意义上讲,电视已经成为家庭成员维持亲密关系的纽带,是一种家庭型的媒介形态;而网络视频等新媒介形态更具有个人色彩,是个性化的媒介形态。所以就像电视媒介不能取代报纸媒介那样,网络和手机媒介也不会取代电视媒介。媒体组织应该思考的是,如何在电视媒介、网络媒介、手机媒介以及报纸杂志之间打造较强的互补关系。而且伴随着网络和移动技术的进步,电视媒介和网络视频媒介之间完全可以实现资源、内容生产和播出上的合作。从这个意义上讲,电视媒介进入网络视频领域,实现视频播出产业多元化是一个很好的选择。不过遗憾的是,包括央视在内的电视媒介已经开始实施这一战略,但实际效果却比不上网络视频媒介。造成这种差距的根本原因恐怕还是在于市场意识的淡薄和服务理念的落后。

另外,事业领域中的技术进步也会在很大程度上影响事业的发展潜力。在有些情况下,一个新的事业领域对于媒体组织而言之所以重要,并不完全是因为这个事业领域能给媒体组织带来多少新的市场需求,而是它能够给媒体组织带来新的技术,并且这个新的技术能够支撑媒体组织未来的发展。我们会经常看到一些媒体组织进入本不熟悉的事业领域,例如互联网公司曾经纷纷进入搜索引擎事业领域。很多互联网公司在经历了21世纪初的挫折之后,纷纷寻找新的事业领域。不约而同的是,不管是互联网的门户网站,还是垂直类的电子商务网站,在谷歌和百度的示范作用下,都看准了互联网的搜索市场,加快了进入的步伐。互联网公司之所以纷纷进入搜索市场,归根结底还是看准了搜索技术是未来互联网的核心技术,能够为媒体组织提供更大的市场和利润空间。

第二个判断的基准就是媒体组织在新的事业领域中的竞争力。媒体组织在新事业领域中的竞争力,在很大程度上来源于在既有的事业领域中所积累的,或者通过兼并合作得到的经营资源。那么这些经营资源能够在多大程度上在新的事业领域被利用并发挥作用是媒体组织必须要关心并解决的问题。即使新的事业领域的市场前景很好,但是如果媒体组织拥有的资源并不能在这个领域帮助媒体组织取得竞争优势,那么也不会取得良好的成果。相反,也许新的事业领域的市场成长性较弱,但是媒体组织拥有的资源能够帮助媒体组织取得强大的竞争力,获取巨大的市场份额,甚至成为这个市场上的领导者,从而取得丰硕成果。

媒体组织在新的事业领域里能否取得竞争上的优势取决于媒体组织能够投入的经营资源的数量和质量。因此,媒体组织就要对进入新的事业领域所需要的经营资源和自己能够投入的经营资源进行判断。如果媒体组织所投入的经营资源是那些在既有的事业领域中没有得到充分利用的资源,那么媒体组织就可以节约很多经营成本,并因此能够强化媒体组织在新的事业领域中的竞争力。特别是媒体组织所保存的信息资源,在使用过程中没有衰竭性却有衍生性,如果在新的事业领域中得以充分利用,会给媒体组织带来更强的竞争力。在媒体组织的各个事业领域之间,能够共享的经营资源越多,就越能够给媒体组织带来竞争上的优势。实际上,这是媒体组织的事业范围的经济性在起作用,这种作用会为媒体组织带来一加一大于二的效果。

事业的发展潜力和媒体组织在新事业领域中的竞争力,是媒体组织决定是否进入新的事业领域的判断基准,但是如果作为竞争者的媒体组织也以这种指标来做事业组合上的战略决策,就有可能选择同样的事业领域,并且带来激烈的市场竞争。比如,大多数电视栏目都利用手机短信获得受众反馈、大部分网络媒体都进入了搜索引擎事业领域、网站都跟风开设微博等就是很典型的例子。而这也恰恰体现了我国的媒体组织不擅长创造或不具备创新精神。虽然从营销的角度讲,不擅长创造或创新并不是什么绝对的错误,只要模仿得好并且在成本或其他一些领域创造出优势也是一种可行的营销战略,但一窝蜂似地模仿并带来激烈的竞争却是绝对的错误。所以,媒体组织还要预先考虑这种扎堆或跟风的现象,制定出针对潜在竞争者的竞争策略。媒体组织的营销管理战略是一种战略组合,所有的战略都是相关的,所以就必须要考虑多种战略的相互配合及其带来的影响。

　　第三个判断基准就是波及效果。**波及效果**是指在新的事业领域所从事的经营活动对媒体组织及其已有的事业领域的影响。

　　波及效果有两个层面的内容:一个是经营资源的积蓄效果,另一个就是对员工所产生的心理效果。

　　经营资源的积蓄效果是指在新的事业领域中获得的经营资源给媒体组织带来的影响。事业多元化经营和经营资源是一个相互影响的关系。多元化战略既是对已有的经营资源进行有效利用的手段,也是获得新的经营资源的手段。技术或技能等信息类的经营资源非常有活力。媒体组织可以通过收购其他的媒体组织、购买专利和知识产权、购买品牌的使用权、研究开发和广告等方式获得这些经营资源;也可以通过各种事业活动,在学习和生产等环节生成全新的经营资源,比如日益丰富的生产经验、员工对媒体组织的忠诚等资源。这些资源是不能够通过研究开发和并购方式获得的,只有在经营管理活动中不断积累才能够得到。所以说,多元化经营也是媒体组织获得各种新经营资源的重要手段,而且这些经营资源不但可以强化已有事业领域的竞争力,还能够成为进入新的事业领域的基础,并有可能为媒体组织的发展带来巨大的益处。

　　心理效果是指新的事业领域对媒体组织的内部和外部人员所产生的心理上的影响。我们曾经在前文中论及多元化经营能够让组织的规模变大,从而能为媒体组织的员工提供精神上的激励。同时,新事业领域还能够成为媒体组织今后的发展方向的指针。在很多时候,媒体组织发展到一定程度之后,人们便会在精神和行为上产生懈怠,甚至对媒体组织今后的发展感到迷茫。这种心理状态会对人们的努力程度以及努力方向产生负面的影响,从而让人们失去竞争的动力和能力,很多媒体组织就是因为不能持续地给员工正确的方向感而逐渐走向衰退。甚至有些媒体组织的员工因为看不到新的发展空间,但为了在原有的市场获得更多的收入,就采取刊登虚假广告、制造假新闻等手段来获取媒介消费者的注意并诱导消费。如果媒体组织的经营管理者能够在适当的时机指出新的发展方向,并以具体的事业领域战略目标作为指针,那么整个媒体组织就会不断地产生活力,引导人们不断地调整自己的努力方向,形成整体合力,并最终形成强大的竞争优势。这对于那些已经陷入停滞态势的媒体组织而言是非常有意义的。

五、多元化事业领域之间的关系

媒体组织应从多元化事业战略的宽度、事业之间的关联程度这两个维度考虑多元化战略,并考虑媒体组织本身的成长性和收益性。

多元化事业战略的宽度是指媒体组织的多元化战略的界限范围。一般来讲,媒体组织的多元化战略可以分为专业型、主业重点型和扩张型。

专业型是指媒体组织从事单一事业领域的经营。中国的媒体组织由于受政策的制约,大都形成了专业型的模式,走规模化发展的道路。放眼国际,以开发《魔兽争霸》而闻名全球的暴雪公司,从当年只有15人的工作室发展成为拥有百名员工的国际著名游戏开发公司,十数年来始终专注于PC游戏领域。其所推出的《魔兽世界》《暗黑破坏神》《星际争霸》等作品,部部精益求精,被业界称为"神话的缔造者"。

主业重点型是指媒体组织以既有的事业为核心主业,进入一部分其他事业领域。中国媒体组织目前的集团化建设开始呈现出这种倾向。再如日本最著名的造星机构杰尼斯(Johnny's)事务所,紧紧围绕演艺经纪这一核心主业,拓展了培训学校、演出公司、会员俱乐部、平面出版、音乐出版等多个事业领域,打造了SMAP、New's、岚等一系列偶像天团,成功占据了日本第一造星事务所的地位。

扩张型是指媒体组织并不限制事业领域的范围,在广大的范围内展开多元化战略。美国的大型媒体集团往往通过兼并的方式展开此类战略。如迪斯尼、维亚康姆、默多克的新闻传媒集团等均是实施此战略的范例。

一般来讲,伴随着媒体组织多元化战略的实施,其成长性和收益性都会随之增强,这是因为成长的经济性和范围的经济性发挥了作用。但是,多元化战略的实施超过一定限度之后,虽然媒体组织的成长性还会持续增强,但是收益性会出现减弱的趋势。这是因为媒体组织的经营资源被分散到众多的事业领域中,每个事业领域都不能得到充足的经营资源,结果必然导致媒体组织在各个事业领

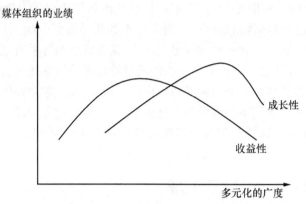

图 10-2　成长性和收益性的关系

域中的竞争力下降,收入也随之减少;同时伴随着组织规模的扩大,管理成本也会上升,自然就会影响利润水平。如果媒体组织持续实施过度的多元化战略,很有可能其成长性也会呈现减弱的趋势,这是因为媒体组织的事业规模范围已经超过了其作为组织能够管理的界限。在现代营销管理学中,CI 的概念之所以日益受到重视,正是因为其背后的企业边界概念。换句话说,任何一个企业都应该有一个可以让组织内外的利害相关者明确识别的边界。特别是对组织内部的员工来说,CI 的概念约束了员工思维的发散,告诫员工要集中精力和资源做边界以内的事业,在边界以内培养自己的技能,而边界以外的事业在企业定位和经营理念没有改变的前提下是不应该做的。如果媒体组织没有受到任何边界方面的约束,盲目地实施多元化战略,其行为很有可能会超出组织所能控制的范围,造成资源的过度分散。

因此,媒体组织各个事业领域之间的关联程度,对媒体组织的资源使用会产生决定性的影响。媒体组织的事业领域之间的关联有集约型和扩散型两种模式。**集约型**是指媒体组织的各个事业领域之间的关联程度密切;**扩散型**是指媒体组织的各个事业领域之间的关联程度相对不高。

媒体组织在实施集约型多元化战略的时候,因为各个事业领域之间关联度比较大,不但资源可以共享,员工之间也有更多的共同语言,这就能让媒体组织拥有的资源较为舒畅地在各个事业领域得到充分的利用,范围的经济性会实现,从而能充分提高经营资源的使用效率。这种战略能够做到步步为营,所以比较容易取得扎实的成绩。但也正是因为事业领域比较接近,所以不太容易实现飞跃性的发展,而且也容易形成一荣俱荣、一损俱损的局面。

媒体组织在实施扩散型多元化战略的时候,由于各个事业领域之间的关联不是十分密切，对资源的要求会有差异，员工心理上的距离也比较远，沟通效果相对较差，因此资源的共享程度就会稍逊一些。但实施这一战略在分散风险和获得组织的成长性方面有一定的优势。这是一种注重新经营资源的积累和波及效果的战略，能够给媒体组织带来很大的发展空间，但是也容易造成资源难以共享，不能支撑各个事业领域的发展，不利于在各个事业领域取得竞争优势。

第四节　并购与战略性合作

我们已经知道，媒体组织实施多元化战略的关键在于其选择进入的新的事业领域具有发展潜力以及拥有的经营资源能够支撑新的事业领域。实际上，经营资源方面的制约是媒体组织实施多元化战略最主要的障碍。但是，媒体组织也有克服这一障碍的方法。一个方法是并购其他的媒体组织甚至是相关行业的企业，直接进入新的事业领域并获得市场和经营资源。另一个方法是和其他的媒体组织或相关行业的企业进行战略上的合作。在国际社会，媒介行业发展的历史也是并购和战略合作的历史，媒体组织之间相互并购的潮流从来就没有停止过。在本小节里，我们将对媒体组织之间的并购和战略性合作行为进行探讨。

一、媒体组织的并购战略及其利弊分析

媒体组织实施并购行为大体上有两个目的。一是实行多元化事业战略，一是强化在某一领域的竞争能力或削减同行业之间的竞争压力。比如近期国内一些纸媒介之间的兼并活动，其目的不是实施多元化战略，而是抢夺各个地区的报刊市场，扩大市场占有率。再如曾经风光一时的美国在线和时代华纳的合并，也是双方为了获得各自没有的资源，在新媒体市场强化竞争力。然而，不论是多元化事业战略，还是竞争战略，都需要经营资源的支持，媒体组织的并购战略的核心目的归根结底还是获取经营资源。一般来讲，我们把在同行业之间展开的并购战略称为水平并购，而把媒体组织实施的对营销链条上游和下游的供应商和销售商的并购战略行为称为垂直并购。

在媒体组织的并购活动中，自然而然会有并购方和被并购方这两方面的媒体组织。一般来讲，如果并购双方都认为通过把两个媒体组织合并为一个媒体组织，能集中资源，提高竞争力，并且实现更大的经济价值，就容易实现**友好并购**。但是，并不是所有的并购都是友好的。一些并购活动是在被并购方不情愿的情况下，由并购方主导完成的，这种并购被称为**敌对并购**。

媒体组织实施并购战略，其目的不单是把两个或以上的媒体组织变成一个媒体组织,实现两个价值的相加,而是通过对合并后的新的媒体组织进行营销管理,追求实现更大的经济价值。通过并购活动,媒体组织不但能够实现成长的经济性和范围的经济性,还能够分散经营风险。而且,如果媒体组织实施的是同行业之间的并购,还能够实现规模的经济性。

当然,媒体组织通过并购活动所能够实现的价值,也可以通过在媒体组织内部开创新的事业领域,通过成长的经济性、范围的经济性以及降低风险的作用机理来实现。这就是管理学上的"内部创业"模式。但如果媒体组织要通过在内部开创新事业来实现更高的价值,就需要获得必要的经营资源并构建新的事业领域的营销管理体系,而且还要形成竞争能力,这些都需要花费很长的时间。而媒体组织可以通过并购活动一次性地获得需要的经营资源和营销管理体系,自然而然就能够节约创建新的事业领域的时间。

媒体组织的并购活动不但能够带来更大的经济利益,也有可能带来问题,甚至是风险。

首先,媒体组织的并购活动往往是在信息不对称的状态下完成的。媒体组织在实施并购活动时,因为能力和时间的关系,通过调查掌握的信息是有限的。特别是被并购方一般不愿意提供真实的信息,所以并购方就很难正确把握被并购方的真实经营状况,这就为并购后的利益分析增加了难度。在这样的信息状态下实施并购活动,自然就会有风险。

其次,媒体组织在实施并购活动时,政府或管理者的思维也会带来问题。在我国,很多媒体组织之间的并购活动是由政府主导完成的,例如大多数传媒集团的建立等。政府主导的媒体组织的并购很多并不是从市场的经济效益角度出发而是从社会效益,或其他角度出发的,因此造成很多媒体组织被迫合并,各个部门的员工之间的心理距离比较远,合作的欲望低下甚至形成对立,自然就不会产生应有的效益。

再次,媒体组织的并购活动有可能带来组织文化的对立冲突和资源的流失。并购活动中组织结构上的统合相对来讲是很容易完成的,但是组织文化的统合就很困难,如果处理不好非常容易造成双方或多方员工的对立和冲突,给新媒体组织的营销管理活动带来不利的影响。例如曾经的美国在线与时代华纳的合并,就是最典型的例子。让穿T恤、登滑板上班的人与西装革履的人一起工作,难免会形成各种对立、冲突,最后,这个合并以失败而告终。也有一些优秀的员工因为待遇或身份的变动等原因,并不满意并购活动,因此会选择离开合并后的媒体组织。这样就造成了人力资源的流失,使得媒体组织的并购活动所期待的价值难以实现。

最后,也许更大的问题来自营销价值链条中的合作。每一个媒体组织都有自己的供应商、经销商和消费群体,这些形成了媒体组织的价值链条。媒体组织的活动之所以能够产生价值,是整个价值链在起作用。如果媒体组织实行并购活动之后,一些原有价值链上的利害相关者出于情感或经济利益等多方面的考虑,拒绝和新的媒体组织进行合作,合并的价值就会大打折扣,甚至于合并后新的媒体组织的市场价值要小于合并前双方的市场价值。

除了上述媒体组织的文化冲突等不利因素外,并购活动还往往容易造成组织规模的庞大。一般来讲,在媒体组织内部存在多个部门和多层级的上下级关系,部门越大,对立的可能性就越大。另外,多层级的上下级关系有可能会造成信息的流失和员工理解上的差错,因此带来一定的风险和问题。从实际操作的层面上看,如果上级部门或领导做出了错误的判断,那么下级组织或员工也只能执行,结果会带来整个部门的损失,组织的规模越大,损失程度也就越大。而且俗话说,船大难以掉头,在面临新的市场机会时,大型媒体组织可能由于反应慢而难以应对市场需求,甚至有可能因此发展停滞或消亡。

为了保障并购的成功,经营管理者应该注重媒体组织的经营理念的统一,并发挥自己的领导作用,对包括人力资源在内的各种资源进行合理配置,同时在媒体组织内部引导生成和谐的文化,促进人员之间的沟通和合作。

综上所述,媒体组织的经营管理者在做出并购决策之前,必须综合考虑各种因素的影响,对并购的价值进行合理、科学的判断后,再作出决定。

二、战略性合作及其利弊分析

和并购不同,战略性合作是一种能够维持原有的媒体组织的独立性,在各个媒体组织之间形成一种柔性联系的战略形式。战略性合作是一种形态上的统称,只要是两个或两个以上的组织有合作关系,并且这种合作关系对各自组织的生存和发展都有益处,都可以算作是战略性合作关系。比如,提供版权、节目内容的共同开发和制作、共同设立合资媒体组织等都属于战略性合作的范畴。这种战略性合作的方式,不但能够在媒体组织和行业之间进行,在媒体组织和其他行业之间,乃至媒体组织和产业链条中的上下游机构之间都可以进行。甚至媒体组织和大学、媒介研究机构之间都有战略性合作关系。

媒体组织在其生存和发展的过程中,遇到的最大难题恐怕就是经营资源的匮乏。所以,媒体组织进行战略性合作的根本目的还是在于弥补经营资源的不足。除了战略性合作以及上述的并购战略等方法,媒体组织也可以通过购买在媒介的资源要素市场中获得重要的经营资源。对此我们该如何看待呢?

我们可以把市场购买手段和并购战略手段看作是一个轴线上的两个极端点。市场购买手段是一次性的行为，每一次交易在理论上都能实现对投入的最大回报，但交易双方很难形成持久而牢固的合作关系，而并购活动把双方捆在了一起，因而形成了牢固而持久的合作关系。战略性合作就正好处在这条轴线中间的一个点上。媒体组织之所以会选择战略性合作这种手段，是因为它具有其他的战略手段所不可比拟的优势。

我们在这里以媒体组织（例如电视台或者网络视频播出公司）和内容供应商的交易为例来说明问题。众所周知，电视台是一个连续播出内容的平台机构，需要有持续的内容资源。在制播分离的前提下，如果电视台采用市场购买的手段获得内容等经营资源，只有在双方都认为能够达到期待目标值的时候，市场交易才可以完成。所以在某种意义上说，市场交易机制能给双方带来最大的满意程度。但市场购买同时也是一种不稳定的交易关系，因为其中的一方在不满意的情况下可以退出交易过程，结果使得交易行为无法完成。这种不稳定的交易关系的存在，意味着媒体组织有可能难以在适当的时机在市场中得到自己需要的资源或内容。比如一些特殊的媒介产品或服务的开发和制作，如果电视台每次都依靠市场购买方式来播出，内容供应商就不能够得到持续购买的保证，也就很难去努力开发和制作优良的媒介产品或服务。换句话说，内容制作商如果不能持续获得生产订单，员工在策划、制作等方面的技能就不能保持，整体的生产水平就会持续下降，而这又会导致电视台难以获得优秀的内容供应，自然不利于电视台的生存和发展。如果双方能建立长期而稳定的合作关系，内容供应商就会有长期收入的保证，就会努力开发和制作优良的内容，并维持其制作水平，而电视台也能够长期获得优秀内容。这对双方都有益处。

媒体组织的价值是在由内容供应商、媒体组织、广告代理商和媒介产品或服务的消费者组成的产业价值链条中产生的。现阶段，在这个链条中，媒体组织作为事实上的播控平台占有绝对的优势地位。伴随着媒介市场的正规化，媒体组织今后有可能要求内容供应商只能做专属供应商，即不能向竞争对手提供类似的媒介产品或服务。从市场竞争的角度来讲，这虽然不完全是一个无理的要求，但也会给供应商带来经营上的问题，影响供应商的利益。因此，供应商也会以单独、持续地供应优秀的媒介产品或服务为条件，要求媒体组织保持持久的合作关系。

可见，市场购买和媒体组织的并购活动都各有其利弊，而媒体组织的战略性合作这种经营战略则能回避上述各种问题。这是因为战略性合作能使双方的媒体组织形成持续但不是固定的关系，所以能够在合作过程中互相取长补短。

但是，这种微妙的合作关系也正是实施战略性合作的难处。在媒体组织的战略性合作关系中，埋藏着不稳定的因素。

互为竞争对手的媒体组织在进行战略性合作的时候，有可能互相背叛。虽然说战略性合作是双方约定的取长补短的战略行为，然而所有的媒体组织都有追求自己利益最大化的动机，所以在实际的操作过程中，双方都可能对对方有所隐瞒，然后尽可能吸收对方的长处为自己服务，久而久之就会使这一合作关系崩溃。

虽然战略性合作也有一定的问题，但近年来在媒体组织之间这种方式比较流行。这是因为现代社会的环境变化非常剧烈，单独一个媒体组织已经无法应对，所以媒体组织在不损害独立性的前提下，纷纷采取战略性合作的方式来实现组织的生存和发展，如电视台与网络视频公司之间的"网台联动"就是比较典型的例子。

第五节　媒体组织的资源分配战略

任何战略都只能在执行的环节产生实际意义，而执行战略需要媒体组织投入经营资源。

在媒体组织决定了多元化事业战略，并且也通过并购战略或战略性合作的方式获得了必要的经营资源之后，就该考虑资源配置问题了。例如近年来，微博在中国的发展令人瞩目，所以很多网络媒体都为消费者提供了这项服务，这势必要在组织内部投入相应的资金、人员等资源，而这也意味着对别的部门的投入的减少。随着微博发展的日益迅猛，也有一些网络媒体组织考虑把微博服务从目前的产品群中分离出来，以便在将来单独上市。

伴随着媒体组织的发展，其所涉及的事业领域会越来越多，媒体组织会发现其所拥有的经营资源也会随之枯竭。虽然经营资源可以通过媒体组织的并购战略或战略性合作战略得到充实和弥补，但也不会有媒体组织能保证自己的经营战略资源一直处于充足状态。欲望的无限性和资源的有限性不但在社会经济中得以体现，在媒体组织的营销管理环节中也会体现出来。一般来讲，媒体组织在实际的营销管理活动中所需要的经营资源往往会超出媒体组织所能拥有和获得的经营资源，因此，媒体组织的营销管理过程实际上也是一个经营者把自己所拥有的有限的经营资源向各个事业领域进行有计划和有比例的分配的过程。

一、资源分配战略的重要性

因为市场生命周期的存在,媒体组织的多元化战略必将处于一个动态的过程中。这个生命周期不但引导媒体组织进入不同的媒介市场或事业领域,还会引导媒体组织退出一些媒介市场或事业领域。特别是媒体组织在一些市场或事业领域失去竞争能力的时候,就更应该考虑退出。

媒体组织决定进入或退出某个市场或事业领域的背后,是媒体组织对经营资源在组织内部之间或内部与外部之间进行的重新配置。

然而,在媒体组织对经营资源进行配置的过程中,往往会产生问题。在很大程度上,媒体组织的经营资源配置战略并不能完全实现整体发展战略意图,而是内部各个部门之间对立和协调的产物。所以,我们常常看到媒体组织选定了新的事业战略,制定了发展规划,却在实施糟糕的资源配置战略。

在媒体组织的内部,每个事业部门对资源的需求和发展程度可能是不成比例的。比如说,一个事业部门已经开始进入一个全新的、有发展前景的事业领域,并期望能够在将来获得更大的经济收益。那么这个事业领域就会需要大量的资金和人才等经营资源来支撑其发展,可是这个事业部门并不能依靠自己获得所需要的经营资源。还有一些事业部门,因为市场已经成熟,就不需要大量的资源进行支撑,所以往往会有较好的经济收入并拥有大量的资源和人才。媒体组织的经营管理者,自然而然就会考虑把那些成熟的事业部门的资金和人才配置到新的事业部门中去,以支撑新的事业部门的发展,然而这就会触动那些成熟的事业部门的利益,并有可能遭到抵制。这样一来,媒体组织的资源配置战略往往就是经营管理者在新的事业部门的发展需要和已有的事业部门的抵制之间进行协调的产物,自然这一战略不会实现最佳的效率和效果。

在组织内部,最常见的资源配置方法有两种:一种是申报批准,另外一种是独立核算。

申报批准的资源配置方式就是各个事业部门向上级部门申报所需的经营资源,由于各部门申报的预算合计会超过组织拥有的资源,所以上级部门在进行通盘考虑之后,要进行资源配置。这种资源配置方法,就是上级部门和各个事业部门之间进行的一种交涉。通过几轮交涉,上级部门逐渐消减了事业部门的要求。

一般来讲,对经营资源的真实需求信息,往往掌握在各个事业部门,而不是媒体组织的高层。为了避免各个事业部门虚报,最常见的办法就是以同样的比例削减各个事业部门的要求,或者就是按照前一个年度的资源配置量按比例增加对各个事业部门的投入。但是,这种方法的弊病就是不能把经营资源进行有效率的配置,因为各个部门的发展潜力是不相同的。而且各个事业部门为了保证获得充足的经营资源,往往都有夸大要求的倾向,这就形成了一个虚报和削减往复循环的过程。

独立核算的资源配置方式是指把各个事业部门都当成独立的核算单位,资源的投入和配置都由各个事业部门独立完成。采取这种方式的前提是媒体组织允许各个事业部门把过去的收益等当成事业部门的经营资源储备在事业部门内部,并以此为各自的投资资源。当然,在必要的时候,媒体组织会对需要发展的事业部门给予一定的支援。

这种资源配置方式,在一定程度上能够增强各个部门在投资上的自律性和内部资源配置的有效性。但对于媒体组织整体而言,还是存在资源配置的效率损失问题。这是因为,在媒体组织内部,总有一些事业部门有资源剩余,一些事业部门则资源短缺。显然,如果把资源投入到有发展前途的事业领域,资源收益率会高一些,而那些成熟的事业领域的资源收益率则会低一些。所以,如果媒体组织不能够在这些部门之间进行有效的资源配置,就不能有效地利用经营资源,最终还是会影响到媒体组织整体的生存和发展。

在媒体组织内部,处于成熟的事业领域的部门占有优势地位,在很大程度上能够影响媒体组织的经营管理者的决策,甚至有可能成为媒体组织在新的事业领域发展的障碍。

申报批准和独立核算都是媒体组织对资源进行配置的方式,也代表了两种经营决策模式。一个是媒体组织高层领导的高度集中决策方式,一个是所谓的事业部门的民主决策方式,这两种方式代表了资源配置领域的两个极端表现。

对于媒体组织的经营管理者而言,若要实施正确的资源配置战略,就需要正确地把握每个事业部门的资源需要情况和资源的贡献度,并且还要对其进行比较。这是一件非常困难的事情。和各个事业部门的人员相比,经营管理者所掌握的信息是有限的,而且各个事业部门的对立和主张也会干扰经营管理者的判断。特别重要的是,媒体组织的经营管理者要对媒体组织的生存和发展负责,为此要从全局的角度出发考虑问题。如果一个媒体组织的经营管理者不能正确地把握和比较各个事业部门的资源需求情况和资源的贡献度,不但难以形成现阶段有效的资源配置战略,也会影响组织的经营资源的储备战略,从而会从根本上影响媒体组织的生存和发展。

二、有效的资源配置战略

一些研究机构开发出了一些非常有用的分析手段,为各类组织的资源配置战略提供了参考依据。这些分析手段和方法往往被称为 PPM(Product Portfolio Management)分析框架,主要是从各个事业领域的发展前景和竞争能力的角度出发考虑对各个事业部门进行战略性的资源配置。在现代比较通用的 PPM 分析框架有两个。

首先是波士顿咨询公司(Boston Consulting Group)的增长—市场份额矩阵(growth-share matrix)模型,如图 10-3 所示。

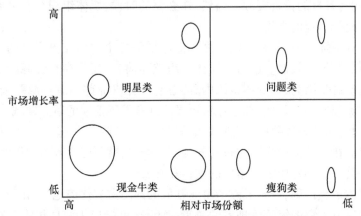

图 10-3 波士顿咨询公司的增长—市场份额矩阵模型

在这一模型中,横坐标代表的是事业部门相对于竞争对手的市场份额,这决定了这个事业部门在市场中的地位。如果这个事业部门的位置处在横坐标的右侧,则意味着和市场领导者相比,其竞争能力很弱,只占有很小的市场份额;如果位于横坐标的左侧,则意味着这个事业部门是市场中的领导者,有很强的竞争力,并占据着很大的市场份额。纵坐标则代表了该事业领域的市场增长率。圆圈的大小代表了每个事业部门的规模或收益水平。这样一来,任何一个媒体组织的事业部门都可以在图中找到自己的位置。让我们以此来考察各个象限的特点。

首先是问题类的事业部门。可以看出,这类事业部门的市场增长率很高,但是竞争能力很弱,现在只占有很小的市场份额。很多媒体组织的事业部门(或产品及服务)都是从问题类的地位开始出发的,力图进入高速发展的市场领域,增强自身的竞争能力,获得更大的市场份额。为此,媒体组织要投入大量的现金等经营资源,以支撑迅速增长的市场需求。但是问题类事业或产品及服务领域的最大问题在于,一些事业部门或产品及服务会直接在这个阶段的竞争中夭折。所以,媒体组织的经营管理者要做好认真的分析和判断。很多问题类的事业部门或产品及服务在发展的过程中会直接掉入瘦狗类领域。如若这样,最好及早脱身,以避免资金等经营资源的浪费。如果该事业部门的经营比较成功,则会从问题类的市场领域进入到明星类的市场领域。

其次是明星类的事业部门。这类事业部门已经进入高速成长期,并且在市场竞争中处于领导地位,有很好的现金收入。但是,媒体组织为了维持市场增长率和应对竞争对手的进攻,持续保持竞争上的优势,还要继续向这类事业部门投入大量的金钱等经营资源。所以,明星类的事业部门也是经营资源的消耗大户,但是这类部门有可能在将来成为媒体组织的现金牛部门。

再次就是现金牛类的事业部门。在这个领域,市场已经进入成熟期,事业部门的市场增长率也已经下降,但是具有很强的市场竞争力,维持着很高的市场份额,并且能够带来大量的现金收入,同时因为不需要媒体组织再进行投入,所以能够为媒体组织贡献资金等经营资源,支持其他的事业部门。

最后是瘦狗类的事业部门。处在这个领域的事业部门的市场增长率很低,并且竞争能力也低。虽然不需要媒体组织为其投入大量的经营资源,但它也不会给媒体组织带来很好的经营收入,甚至因为要维持这些事业部门,有可能会让媒体组织的利益受损。所以,经营管理者要考虑是否从这些业务领域撤退出来,把经营资源转到其他事业部门。

每个媒体组织都会同时保有多个事业部门。媒体组织不能持有瘦狗类的事业部门,因为这样会消耗掉大量的资金等经营资源,且不能实现经济利益。媒体组织也不应该有太多问题类的事业部门,虽然这些部门有可能发展成为今后的明星类部门,但如果持有太多这类部门,它们会消耗掉媒体组织大量的资源。所以,媒体组织要保持一定量的明星类事业部门,因为媒体组织要生存和发展下去,就必须考虑到将来的市场竞争和收入来源。另外,媒体组织也要持有一定的现金牛类事业部门,因为这些业务能为媒体组织带来大量的现金收入,能够支撑媒体组织现今的生存,并为其他事业部门提供资源。媒体组织的经营管理者要做出战略上的分析和判断,保持一个合理的事业部门的组合,使得媒体组织的资金等经营资源得到合理的配置,并保证媒体组织的生存和发展。

从以上的分析中,我们能够得出一个重要的结论,那就是媒体组织的资源配置战略要充分考虑经营资源的投入效率,这和媒体组织的竞争战略是息息相关的。也就是说,要清楚现在的资金和资源的贡献者以及将来的资金和资源的贡献者,采取合理的竞争战略和资源配置战略。比如说,如果向现金牛类事业部门持续投入大量的经营资源,并不能带来更高的竞争水平,也不会带来市场份额的提升,自然也就不会实现更多的经营收入,所以这样的投资(资源配置)效率就不高。而对于那些明星类的事业部门,其主要的竞争战略就是投入大量的资金等经营资源。因为只有这样,才能够维持这些业务部门在市场发展过程中的竞争力,并让其有望在将来成为现金牛类的部门,为媒体组织带来很好的经济利益,所以这样的投资(资源配置)会更有效率。对于问题类的事业部门的竞争战略和资源配置战略的选择是非常困难的,因为这些业务充满着不确定性,所以媒体组织的经营管理者要对市场的发展做出预测,并根据自己的判断,制定相应的竞争战略和配套的资源配置战略。而对于瘦狗类的事业部门,资源配置战略则完全等同于收获战略,也就是说不向这些业务部门投入经营资源,只是提取经营收入,或者干脆放弃这些处于劣势的业务部门,把这些业务部门中的经营资源配置到其他的业务领域中去。

另外一个比较通用的分析模型是通用电气开发的多因素业务经营组合矩阵模型,如图10-4所示。

	业务优势		
	高	中	低
市场吸引力 高	强化投资领域	增加投资领域	有选择投资领域
市场吸引力 中	增加投资领域	有选择投资领域	慎重投资领域
市场吸引力 低	有选择投资领域	慎重投资领域	放弃投资领域

图10-4 通用电气开发的多因素业务经营组合矩阵模型

在这一模型中,我们可以看出,媒体组织可以根据对事业领域业务能力和市场发展前景的判断,更有效地配置自己的资源,强化竞争优势,实现营销管理的高效率。

一般来讲,对于市场吸引力强和业务优势强的事业领域,也就是图中左上角的领域,媒体组织应该强化投资,对资源进行倾斜分配,使得资源能够以最快速度投入到这一领域,以期集中资源,保持竞争上的优势。

对于那些业务优势一般,而市场吸引力强的事业领域,媒体组织应该增强投资,改善在业务竞争上的能力。

对于那些业务上有优势,而市场吸引力中等的事业领域,媒体组织应该增强投资,提高生产能力,用以支撑业务上的优势。

对于那些业务能力弱,而市场发展潜力好的事业领域,媒体组织应该选择有发展潜力的部门集中投资,逐步强化自己的竞争能力。

对于那些业务能力中等,而市场发展潜力也是中等的事业领域,媒体组织应该集中资源,投入到低风险、高回报的业务部门中。

对于那些业务能力强,而市场发展潜力弱的事业领域,媒体组织应该投入资源用以维持业务上的优势。

对于那些业务能力弱,而市场发展潜力中等的事业领域,媒体组织应该维持或者增加对具有发展潜力的部门的资源投入。

对于那些业务能力中等,而市场发展潜力弱的事业领域,媒体组织应该维持对营利部门的资源投入,收缩对非营利部门的资源投入。

对于那些业务能力弱,而市场发展潜力也弱的事业领域,媒体组织应该避免资源的投入,并且在适当的时机转移出资源。

战略思考训练

1. 对过去十年国内各类新旧媒介类型的广告收入总额和其占总广告投放的比例按年度进行调查,并对数据进行详细的分析。

2. 媒体组织实施多元化战略的必要性是什么?当今中国媒体组织的多元化战略的特征又是什么?

3. 据《经济学人》报道,IBM成功的秘密在于建立了一个理念,它超越了具体的产品或者技术,而是向企业提供打包的技术。最初,它提供卡片打孔系统,然后又转向磁带系统、大型主机、PC,最终转型到今天的服务咨询。借用理念建企业,而不是一款特殊的产品,当产业"平台转移"出现时,它更易被接纳。请在分析这段话的核心内容的基础上,对IBM的产业转型过程进行细致的分析。

4. 苹果和谷歌一直致力于开发智能电视。这两个公司一个是提供软硬件的企业组织,一个是提供软件服务的企业,为什么不约而同地走上了智能电视的道路呢?结合智能电视的发展状况,对这两个企业的智能电视战略及现状进行分析。

5. 新媒介技术的发展对于传统媒介和组织而言意味着什么？传统媒体组织在和新媒介技术相融合的时候，往往呈现出什么特征？你认为传统媒介组织应该如何利用新媒介技术展开多元化战略？

6. 分众传媒的急速扩张走的是什么路径？详细说明这种路径对于分众传媒的经营管理的意义和对利润的贡献在哪里。

7. 媒体组织在多元化道路上迷失的主要原因是什么？请举例子进行说明，同时阐述你认为传统的媒体组织应采取什么样的多元化战略。

8. GE是一个拥有百年历史的企业，请对其多元化战略的道路进行总结分析，并阐述其是如何进入媒介产业领域的。

9. 请对CI战略的核心概念进行深入研究，阐述CI战略对企业发展的重要性，并尝试举出媒介产业中比较成功的例子。

10. 媒体报道：雅虎CEO曾经对员工表示，雅虎要成为世界级企业，并在核心业务外投入更多资源进行创新。因此雅虎需要制订一项计划，将相当一部分资源投入新服务。这类服务未必会对财务业绩作出立竿见影的贡献，但却可以在未来获得巨大收益。否则，如果雅虎将所有资源都投入现有业务，就无法引入任何新产品。而部分员工认为，这是新任CEO对雅虎现状的评价，因为该公司的绝大多数资源目前都被用于强化主页、体育、新闻和娱乐内容，以及雅虎电邮、雅虎搜索和网络广告服务的竞争力。你从这段资料中得到什么启迪？请对雅虎目前的战略布局进行细致的考察。

11. 请用简单的文字对本章内容进行归纳总结。

第十一章
国际化经营战略

　　　　　　就像各国的经济活动不能闭关自守,必须和世界接轨一样,传媒产业的国际化进程也是一个不可逆转的现实。媒体组织可以从世界范围内得到自己所需要的经营资源,也可以把自己的媒介产品或服务发行到世界各地。在此基础上,为了实现营销管理的最大效率,媒体组织要根据实际需要实现机构的国际化。新媒介技术的发展使得这个趋势变得越来越快,而且新媒介本身就是国际互联互通的形态。

　　伴随着信息传播的国际化,媒体组织的营销管理活动也已经越过国境,扩展到全球范围。甚至在我们不经意的时候,媒体组织的国际化进程已经成为不可逆转的趋势。目前国际上著名的媒体组织机构都具有强烈的国际化色彩,也就是经济学意义上的跨国公司,甚至是多国籍企业。中国的媒体组织似乎也在朝这个方向努力。例如,中国的网络媒体纷纷在美国的纳斯达克或者香港市场上市以筹集资金;我们的电视频道经常播放外国的影视节目;各地的卫视频道纷纷考虑能否在海外落地;甚至在中央电视台的栏目中,我们也经常能看见外籍主持人和播音员的身影。这就是媒体组织国际化进程的诸多表现。甚至有些媒体组织的国际化战略本身就是以国内市场为目标的,例如一些影视和音乐作品,因为预计暂时不能被国内受众所接受,所以先拿到国外参加一些评奖,产生影响后再到国内进行大规模的发行。

　　然而,在实施国际化战略方面,中国的媒介产业除了在资本国际化方面可圈可点之外,在媒介产品或服务的国际化,以及组织结构的国际化等领域都表现欠佳,最典型的就是我国的媒介产品或服务(如电影)一直高喊走向世界的口号,但却不具备国际竞争力,所以媒介产业领域的贸易额一直是赤字,大文化产业领域就更是如此。在国际媒介资源获取领域,媒体组织也都还停留在聘请国外的演职员(人力资源)参与节目制作以及大型国有媒体机构设置驻外记者站的层面上。当媒介产业的产品或服务的对外出口都难以实现的时候,媒体组织机构的国际化战略只能是虚无缥缈的话题。个别产品或媒体组织的成功案例,不能代表产业的整体水平。

对于中国的媒体组织而言,其国际化经营战略才处于起步阶段。我们现在在国内所看到的国外媒体机构提供的各种信息和节目内容,在某种意义上都是国外的媒体组织在中国实施的国际化营销管理战略的结果。在这方面,除了国外的影视剧产品可以通过正规或非正规的渠道大举进入中国占领市场外,外资的影视节目制作公司也纷纷与国内的影视机构合作创建影视节目制作公司或制作基地,或者自己单独在中国实现组织机构的布局。也就是说,国外的媒体组织及相关机构正在中国实施从市场到资源乃至组织机构的全方位布局。例如英特尔公司在中国成都高新区建立英特尔西部地区分拨中心,为成都、重庆以及其他西部地区的客户提供72小时内的产品送达服务。这种企业层面的战略布局会深刻影响我国西部地区IT信息和传媒产业的整体布局和政策走向。又如,好莱坞的梦工厂要在上海建设东方梦工厂。这样的例子不胜枚举!如果冷静地观察一下就会发现,我们的生活已经在不知不觉中被国外媒体组织提供的媒介产品与服务包围了起来。在国内创造电影高票房的大都是进口影片,连续创造佳绩的大型网络游戏也大都是国外公司开发的,最典型的就是我们须臾不可离的手机这种终端媒介产品,不但国外的著名品牌受到热捧,甚至所有的操作系统都是由外国的企业开发的。重要的是,这些手机操作系统正在成为一个能掌控我们日常生活的媒介平台,在这个平台里集成的内容也大都是国外的媒体组织开发出来的。这恰恰说明国外的媒体组织实施的全球化营销管理战略比较成功,而我们正在拱手相让自己的媒介市场。

当然,国外媒体组织在中国的战略也存在诸多问题,例如因为各种文化和政策冲突,一些媒体组织遭遇了挫折,不得不撤出中国市场。

但是,任何事物都是在发展和变化的。中国的媒介产品或服务之所以不能大举进入国际市场,是因为至今为止具有代表性和收益性的媒介市场是一种典型的大众市场,在这个市场上,我们只有具备强有力的竞争优势才能打败国际上的竞争对手,而现在我们并不具备这种优势。但是伴随着新媒介技术的不断进展,国际媒介市场的细分化进程也在逐渐加快,因此中国的文化传媒产业的国际化进程也有了新的发展趋势。中国的消费者可以更多地在网络上欣赏国外的媒介产品或服务,中国的媒体组织等机构与国际市场接轨的渠道也越来越多。例如,iPhone 4、iPad在中国市场的销售状况很好,其平台上的诸多服务内容(如游戏等)也被大多数中国用户接受。这些看起来和其他外国的文化传媒产品与服务进口中国没有什么区别,但正是在苹果这个平台上,大量中国的游戏开发公司也提供了诸多产品和服务,并且这些产品和服务也开始为国外的消费者接受。由相关报道可知,在苹果公司每年向全球的 iOS 游戏开发团队分成的份额中,中国团队的分成比例近年来一直处于上升的趋势。这足以证明,新媒介渠道能为中国的媒体组织进入国际市场带来机遇,甚至能改变整个世界媒介产业的格局和企业组织的形态,让中国的媒体组织可以更好地参与其中。既然新技术手段能让所有人都成为媒介产品或服务的生产者,那么未来的媒体组织也就很有可能会演变成一个能通过新媒介渠道把世界范围内的生产者(以及其他的资源)联合起来,利用网络互联技术一起或者接力合作生产的组织机构。

媒体组织的国际化经营战略,是指媒体组织在一定地域乃至全球范围内展开营销以及相应的营销管理活动。

营销活动范围的扩大,对追求生存和发展的媒体组织来说是必需的,因为只有这样才能增加经济收入。各地的卫视频道不断扩大落地范围、报纸媒介之间展开收购、媒体组织在全国范围内招聘优秀人才等活动都是媒体组织的营销管理活动扩大范围的例子。而所谓的国际化战略就是把这些活动的范围从国内扩大到国外。当然,伴随着媒体组织的营销管理活动范围的扩大,其所面临的问题也就更多。比如,一些文化传媒与影视作品因为极具地域文化的色彩,所以难以跨越地域市场的界限;也有一些地方政府为了保护本地的媒体组织,有意识地限制外地的媒体组织进入本地市场。同理,当一个国家的媒体组织在国际范围内进行营销战略活动的时候,遇到的语言、文化、宗教、资源和政策等方面的困难自然也就会更多。

如果媒体组织把市场营销管理活动的范围局限在国内,也许借助于行政力量就能解决由市场规则等带来的诸多问题;但是如果媒体组织把营销管理活动的范围扩展到国境之外,其面临的环境和问题就更加复杂,有些时候媒介产品或服务引发的问题甚至会演变成政治问题,造成国际纷争。而国内媒体组织依赖行政资源解决问题的惯用方法在国外是行不通的,因此必须制定详细的国际化营销管理战略,这样才能避免风险,获得事业上的成功。

中国的媒体组织必须要走国际化的道路。第一个原因是出于媒体组织营销管理效率上的需要。媒体组织展开国际化营销管理活动,就可以在世界范围内获得优秀的资源和大规模的市场,这不但能够降低媒体组织的生产成本,还能带来更高的经济收入,从而实现媒体组织的营销管理的高效率。第二个原因是中国其他行业的国际化进程早已经展开,并影响到了国外同行的经济利益,再加上我们的国际传播效果并不非常理想,使得我国很多行业的产品的出口受到了国外的抵制。因此,近年来我国政府加大了外宣的力度,例如国家出资拍摄国家形象宣传片,希望能扭转外国人对中国产品和行业的看法。而且伴随着产业经济全球化进程的进一步加速,我国的各个行业也必将和国外的行业展开更为密切的合作或更为激烈的竞争。因此为了国家的利益,我国的媒体组织必须要开展相应的国际传播活动。第三个原因是伴随着中国经济实力的日益强大和国际地位的日益提升,世界对中华文明和文化的了解的需求也会日益增加,所以中国的媒体组织还担负着在世界范围内传播中华文明的重任。

在信息、内容和组织机构的国际化浪潮下,中国的媒体组织应该清醒地看到,留给我们的市场空间越来越小,留给我们发展和壮大的时间也是很短的,必须要抓紧时间迎头赶上。

第一节 媒体组织的国际化经营战略及其动机

一、国际化目标及其理论基础

媒体组织大都是营利性的商业组织,为了追求利润的最大化,就必须增加经营收入,减少经营成本。然而,在日常的营销管理活动中,市场空间制约的问题会限制媒体组织经营收入的增加,经营资源匮乏的问题则会增加媒体组织的经营成本。所以,媒体组织必须把注意力放到国际市场上去,在国际市场中获得更大的发展空间,并且筹集优质的经营资源。

综观国际上著名的媒体集团的国际化战略,不论其方式和进程如何,其理由只有两个:一是寻求安定的市场空间,获得更多的市场收入;二是寻求优质资源,降低生产成本。

媒体组织之所以会把自己的媒介产品或服务推向广阔的国际市场,是因为国内市场在经过一段时间后会出现饱和的现象,而且媒介产品与服务本身也有生命周期的变化。一般来讲,当媒介产品或服务制作完成后,成本也就固定下来了,因此市场空间越大,获得利润的空间自然就越大。因此媒体组织为了实现长期的生存、发展和资源素材的充分使用,就要不停地寻找新的,并且有成长空间的市场,国际市场正好能够提供这种广阔的空间。但是,媒介市场在国际化过程中也会面临市场选择的问题。比如在媒介产品或服务的出口问题上,就要考虑是向全球出口,或是向美国出口,是向亚洲国家出口,还是向欧洲地区出口。同时也要考虑出口的时间顺序。例如美国的好莱坞电影就是一种典型的面向全球的媒介产品,在以往其市场发行的顺序是先供给国内市场,经过一段时间窗口后面向全球市场供给,而现在为了获取最大的利益回报,则几乎是全球同步发行。这种模式在全球的电视产业中也是一样的。比如很多电视节目也是先经由发达国家开发出来,并在本国市场获得认可后,再逐步通过版权销售等方式,传入其他国家。目前我国很多受欢迎的电视节目都是在购买了国外的版权后制作的。中国的一些古装电视剧则瞄准了东南亚市场和海外华人。优秀的资源必定带来更高的生产效率和更低的成本,所以从获取资源的角度讲,媒体组织从世界范围内获取优秀资源的概率远远高于一国范围。特别是在文化传媒产业中,人才和创意资源是最稀缺的,也是媒体组织最想优先得到的。好莱坞之所以是好莱坞,不仅因为那里集中了全世界最优秀的电影人才,也在于好莱坞善于从全世界范围内获取电影产业必需的创意(题材)资源,而且为了降低制作成本,可以把拍摄场地转移到世界上最适合的地方,甚至可以临时成立项目公司,并且把公司注册在赋税水平最低的国家。

当然,媒介产品和服务要想进入国际市场,必须具备相应的竞争力。国际贸易的经典理论告诉我们,国际竞争力的高低首先取决于国内产业在机会成本上和国外产业相比是否具备比较优势。另外 H-O(赫克歇尔—俄林)国际贸易要素模型也已经证明某类资源较多的国家会相对较多地出口使用这个资源的产业的产品。如电影产业可以说是资本(创意人才)密集型产业,因此资本充裕和高素质电影人才丰富的国家在电影产业领域自然就具备国际竞争力。如美国和欧洲就是最典型的例子。美国拥有大量的资本和商业电影人才,所以在商业电影领域具有国际竞争优势,而欧洲拥有强大的文化资源和艺术电影人才,所以在艺术电影领域相对有竞争力。

必须要提醒的是:虽然媒介产品与服务是一种综合性的内容,需要大量的媒介技术手段支撑,或者说常常要开发最新的技术手段追求媒介产品或服务的效果,但技术必须为创意服务。在所有类型的媒介产品或服务中,影视内容产业是最典型的。为了吸引观众走进电影院,各种视听技术都被率先应用到电影产业,并且和叙事情节进行了有机融合。例如美国的电影产业之所以具有国际竞争力,在于其了解观众的需求,擅长进行创意表现,懂得如何把技术手段与故事创意表现融为一体,打造整体效果。换句话说,好莱坞是为了追求电影的整体效果而开发新的视听技术,并把内容叙事和技术手段深度融合后的电影产品推向世界市场,从来不会为了表现技术而采用技术。

媒介行业是创意人才密集型行业,技术也是创意表现的一部分。而我们恰恰缺乏优秀高端的文化传媒创意人才,因此我们的媒介产品或服务在质量和综合成本上缺乏竞争力。

中国的影视内容产业开始大量使用最新的视听技术手段制作影视内容。我们的电影、电视节目和国外相比，采用的设备及技术手段丝毫不逊色，但我们常常让技术和内容叙事脱节，也就是说我们很多时候是在单纯地应用技术，并没能让技术和叙事有机结合，观众感受到的是各种视听技术的大杂烩。例如，近年来国内各地举办的春节联欢晚会就是典型例子——投入巨资布景，投入大量人员保障技术效果，而观众最期待的节目本身却并不吸引人。

著者观点

对3D时代中国电影内容产业发展的思考

一部《阿凡达》带动了世界电影行业投资3D电影的热潮，这对我国电影界的冲击也是无比巨大。毋庸讳言，以《阿凡达》为代表的3D电影的出现，使我国电影产业的水平和世界先进电影水平的差距进一步被拉大，国产电影内容产业也因此面临着更为严峻的挑战。

在某种意义上讲，人类社会已经步入了体验经济的时代。内容产业的体验效果一旦给消费者带来了全新的感觉，就会主导消费者的后续消费。所以从这个意义上说，《阿凡达》树立的是3D电影的欣赏标准，消费者会在有意无意之中以《阿凡达》带来的体验感觉作为衡量的基准评价其他的3D电影并做出是否消费的决定。从产业发展的一般规律上看，我们有理由相信，未来的电影技术，例如全景电影等，能带给人们更强的体验效果，也必将带来更高的体验标准。与此同时，我们也应该清醒地认识到，《阿凡达》带来的是现代技术与艺术的深度融合，是好莱坞新一轮技术和体验标准的侵略。不管我们愿意不愿意，好莱坞再次为全球电影产业树立了行业新标准，而我们的电影内容产业也不得不遵循这个标准。

中国电影产业发展面临的障碍或者说矛盾是多层次的，甚至我们的电影产业往往把摄影、剪辑等技术层面的东西看作是艺术层面的东西，而忽略了电影产业本身的属性。现在国内电影界跟着国际潮流大量投拍3D电影就带有相当的盲目性。中国电影的票房不断创出新高，并不见得能为国内的电影内容产业带来什么益处，反而有可能酝酿出巨大的泡沫。

近些年来，国内的电影内容产业虽然在2D电影创作的数量上有了极大的发展，但在叙事、技术和艺术的融合质量上普遍缺乏竞争力，这是最为根源性的问题，并且一直未能得到解决。在国内电影观众的欣赏标准已经被好莱坞的3D电影抬得更高的今天，国产3D电影内容产业又如何能有竞争力呢？这一点从国产电影的票房结构上便可窥一斑。虽然电影票房数值连年攀升,但排行榜上的前几名依然是国外大片和少数国内影片,特别是一部《阿凡达》,其吸金能力竟然高达13.2亿元人民币,几乎占据了2010年第一季度中国电影总票房(29.3亿元)的半壁江山。为数不多的进口电影所取得的电影票房成绩远远超出了国内电影票房的总和。

今天3D电影形成的热潮,和当年动画电影掀起的热潮极为相似。动画和3D一样,都是电影内容产业的技术支撑手段。当初,鉴于《功夫熊猫》等国外动画电影进入中国市场并获得了巨大的成功,国内电影内容产业也跟着这一潮流投拍动画电影。经过业界和学界的互动,这一做法被提升到了促进文化产业和经济发展的高度,国家给予了大量政策和资金方面的支持。然而,时至今日,在耗费了大量资金、人力以及诸多的相关资源,并建立了大量的制作基地等硬件设施后,国内的动画电影内容产业在整体水平上并没有取得什么值得骄傲的进步。

从中国经济大环境来看,国内并不缺少资金。资本是追逐利益的,所以缺少资金只是一种表面的幻象。国内真正缺少的是高层次的电影创意和营销人才(能把叙事、电影技术和艺术乃至相应的商业活动进行深度融合的人),这种关键资源的欠缺制约了中国电影的发展。

实际上,发展3D电影内容产业有一个简单的思路,即实现关键资源的国际融合。也就是说,中国电影界提供资金资源(或者共同投入资金),在好莱坞乃至全球范围内搜罗内容创意人员资源,并且在整合了这些资源后,打造出具有中国制造属性的3D电影,去占领国内和国际票房市场。实际上,这种整合国际资源的方法是所有的产业界都在普遍使用的战略方式,即使是美国的电影界也常常这样做。我国的动画电影界也曾经进行过这样的战略尝试,但并没有获得预期的成功。

电影技术和艺术只是电影创作的手段,是为电影所要展现的内容(或思想)等服务的。国内电影界要摆脱以往那种盲目追随技术或艺术潮流的电影制作方式,不能因为动画片有市场就拍摄动画片,也不能因为3D电影受追捧就大量拍摄3D电影,这样做只会造成国家和产业资源的严重浪费,也不符合当今社会可持续发展的理念。

电影是世界性的产品。好莱坞的电影根本就不是美国人的电影,它从骨子里就是要拍给全世界看,要向全世界推广,而为了实现这个目标,好莱坞就必须要调集全球的资源,包括创意元素资源、资金和技术人才资源等。在3D电影的内容创作上也没有任何特殊性。换句话说,好莱坞整合了全世界的资源,创作全世界都看得懂的电影,这就是好莱坞电影之所以强大的根本原因。而我们总在强调我们要做中国电影,从一开始我们就已经把视野缩小了,再加上我们市场意识淡薄,资源整合能力欠缺,这也就决定了我们很难做出拥有国际视野和市场的电影。

虽然中国的电影内容产业在整体上不具备国际竞争力,但不意味着我们就要完全放弃这个领域的发展,因为这个市场规模很大,决不能完全拱手相让。当然,那种盲目空洞地喊发展口号的习惯更要摒弃,重要的是要实现科学有效的发展。

一般而言,科幻、恐怖以及战争等题材的电影比较适合3D的效果体验。但这些题材的3D电影往往更需要极佳的创意配合,而这恰恰不是中国电影内容产业界的优势所在。

中国电影界最重要的发展目标是赶超世界先进水平,不是单纯的技术,也不是单纯的艺术,而是电影产业整体的发展,但这应该是一个长期的发展战略目标。与此同时,电影界更应该有相对短期和可行的发展战略路径规划,通过执行短期战略获取经验,并把经验逐步应用到长期的战略规划中。

从国际电影产业竞争的宏观大环境上看,中国电影界不具备优势是显而易见的;但是从微观产业竞争的本质上看,决定竞争优势的不是绝对优势,而是比较优势。换句话说,也许我们在电影题材,如科幻、恐怖、战争以及纪录片等领域,和发达国家相比不具备绝对优势,但如果在某一特定领域具备比较优势,那就应该在这个领域集中资源进行发展。所以,从这个意义上讲,相对于剧情类题材的电影而言,我国的电影界更适合拍摄写实类的纪录片电影,也就是在产业内竞争的角度上看,中国电影界在纪录片领域具有相对的比较优势。

而3D技术恰恰非常适合山川风景类、动植物类、世界自然遗产等题材类型的纪录片电影的拍摄。中国拥有丰富的自然资源,很容易转化为3D电影的内容资源。因此,从这个意义上说,3D电影形成的热潮,也为我国电影界带来一种以往不能展现出来的比较优势。我们可以在纪录片领域,发挥出资源比较优势,专注于上述题材的纪录片领域的3D电影拍摄。这样不但能在影院中给电影观众营造出非凡的体验效果,更有可能进一步带动国际社会对中国自然、地理和文化消费的需求。其实,在这方面,我国的电影前辈已经做出了榜样。早在20世纪50年代,当立体电影刚刚出现时,八一电影制片厂就拍摄制作了展现桂林漓江优美的山水风景的彩色立体纪录电影《漓江风光》,在当时引起了很大轰动。

二、常见的国际化营销管理战略的发展阶段

如果我们考察海内外的媒体组织国际化经营战略的历史和经验,就会发现媒体组织进行国际化经营是一个循序渐进的过程。一般来讲,主要包括媒介产品或服务及经营资源的进出口阶段、发生文化和政治摩擦以及规避风险的投资(其中包括追求低成本的海外投资、追求市场的海外投资)阶段、全球化媒体组织的建设阶段等这样的过程。

首先是媒介产品或服务和经营资源的进出口阶段,主要包括销售市场的国际化(媒介产品或服务的出口)和要素市场的国际化(经营资源的进口)。这种国际化的核心理由是媒体组织在国内市场会遇到"市场饱和"的问题。如果国内市场趋于饱和,那么媒体组织自然会把着眼点放到海外市场,把自己的媒介产品或服务出口到海外市场,以争取获得更大的经济利益。

业界大观

国际影视版权贸易

彭　超

在影视行业的诸多问题之中,国际影视版权贸易应是排在最末端的。因为在该领域中不涉及任何制作因素,纯粹进入交易阶段,是单纯的买卖关系。从这个意义上讲,国际影视版权贸易是影视领域中最可控、流程相对规范的一个环节,在中国影视产业中尤其如此。

国际影视版权贸易分为买和卖两个部分。以我国为例,我国影视作品的海外发行贸易量相当有限,因为自身制作水平的原因,每年只有少数作品可以卖出海外版权,如电影中的功夫片(《叶问》),电视剧中的古装片(后宫片、四大名著电视剧等)、功夫剧(金庸系列等)等,金额也不高,在中国市场上属于边缘产品。下文所述为我国国际影视版权贸易中"买"这一部分。

- 影视版权贸易渠道

按照发行渠道来区分,我国的影视版权贸易可分为四类:(1)院线发行;(2)电视发行;(3)新媒体发行;(4)音像发行。

在这四个发行渠道中,院线发行利润最高,也最为复杂,电视发行渠道较少,新媒体发行最为简单。由于近年音像制品衰落,音像发行已逐渐淡出市场。以下分别叙述:

1. 院线发行

院线发行只允许发行电影,同时发行难度也最大,这是因为我国对于影视作品的院线发行审查非常严格。由于政策层面的原因,电影发行基本为中影集团垄断运营。审查+垄断,使得这一部分发行基本不能被称为市场行为。

在我国院线发行海外电影,首先相关发行方应取得进口片"配额"。此配额在2012年之前的三种形式为:分账片20部,批片20部,特种片5部。此为我国加入WTO后执行的政策,即有限度地开放国内电影市场,体现为:(1)通过电影局审查、发放配额的形式严格控制国外影片进入;(2)通过国有的中国电影集团进出口公司独家负责进口、国有的中影发行公司和华夏电影发行公司分别发行的形式将发行权牢牢掌控在官方手中,当然,利润也掌控在官方手中。

三种配额形式的具体含义为:

(1)分账片,即和外国版权方分享利润的影片。此20部影片由中影和华夏专属经营,一般与好莱坞六家大片厂——索尼哥伦比亚、环球、派拉蒙、华纳兄弟、迪士尼、20世纪福克斯合作。当然,在这六家大片厂之外,还会有4—5部影片配额分给其他国家的片厂,以体现我国电影引进领域"百花齐放"的政策。在分账比例上,国内票房以13%为底,辅以一定的上浮额度(随票房上升)分给国外版权方。

(2)批片,即以买断的形式引进的海外影片,以后不需要给国外版权方票房分账。这一名字是循历史沿革而来,但其实在近些年的批片中,国内早已开始与国外版权方分账,只不过不是中影与其分账,而是国内发行商与国外版权方分账。至于何为国内发行商,下文会有详细叙述。

(3)特种片,即以IMAX、3D等形式引进的影片。实际上,这也已经成为一个历史称谓,因为现在的影片很多都有IMAX和3D的格式,而且也以分账或者批片形式引进。但特种片作为一部分配额保留了下来,这5部特种片也由华夏和中影垄断运营,并直接和国外影片公司分账。

2012年之后的最新情况是:中美双方在2012年2月17日就解决WTO电影相关问题的谅解备忘录达成协议。根据这一协议,中国政府同意在每年20部海外分账电影的配额之外,再增加14部分账电影的名额,但必须是3D电影或者是IMAX电影,而美方票房分账比例也将由此前的13%提高到25%,同时还会增加民营公司发行进口影片的机会。

虽然协议已经达成,但在院线发行这一部分,20部分账片以及即将增加的14部特种片在短期内仍将由中影和华夏电影公司专属经营,民营公司无法涉及。虽然中方许诺会增加民营公司发行进口片的机会，但日后的政策和实际执行情况还有待观察。

有消息显示，万达影视、华谊兄弟、上影集团、博纳影业等公司都在争夺中影和华夏之外的第三张进口影片发行牌照。

截止到本文写作时，进口片方面真正能够让民营资本参与的部分是批片。随着批片的利润越来越高，国际影视贸易展会上的影片在中国区的版权费用已经越炒越高。这也是我国影视版权贸易的院线发行领域唯一可以被称为部分"市场化"运作的部分，尽管这个市场化是加了引号的。

民营公司获得进口批片的流程如下：

（1）首先，民营电影公司通过日常电邮、电话联系得知国外影片销售公司的信息，在国际展会或者日常通信中签下影片购买合同。

（2）影片签下后，版权方会给予中国的电影公司必要的审查物料，即全片光碟和台词本，国内公司在进行必要的译制，即加字幕后，将影片提交中影进出口公司。该公司进行初步审查后，将合适的影片提交电影局审查，再次通过的影片即能得到配额。这一过程通常会持续大概4个月左右，这就无法实现影片在海内外同步上映。另外，很多大的影片公司出于保护本土利益的需要，一般都是等影片在本土上映后才提供海外上映的全片物料，比如样片。

（3）拿到配额后，国内公司将会和外国公司联系，进行下一步的物料购买，如发行物料、宣传物料等，同时在国内展开宣传，确定上映日期。一切办理完成后，在国内上映的影片开始取得票房收益。

在批片的票房分配上，以往国内公司不需要和国外公司分配票房，只和中影或者华夏发行公司分配票房。通常的情况下，两家国有公司不负责任何宣发费用，仅仅收取一定的管理费用，也就是配额费后，就不再参与具体运作，全部的发行工作由民营公司负责。这笔配额费一般在几十万到百万左右，也就是国营的中影和华夏公司的净收益。但在批片越来越赚钱的今天，国有公司已经不满足于只收取配额费，而是开始进行票房分账。这一比例根据影片不同而不同，并没有一定的规则，但总体来说，国有公司的赢利只是多少的问题。

近年来由于国内票房暴涨，国外版权方也开始认识到中国市场的重要性，不仅索要的版权费连年增长，也开始要求票房分账；而中影或者华夏公司并不会与批片的国外版权方分账，于是，这部分分账也摊到了民营发行公司的那部分收益中。民营公司先从中影或者华夏公司那里拿到自己的票房分成，扣除成本后，还需要按照合同所写比例再次和版权方分成。

总体来讲,国际版权贸易的院线发行程序异常繁复,国内从事这一行业的公司非常少。2011年美国电影市场(AFM)也就是全球最大的影视交易市场的注册资料显示:只有21家公司的33位买家来自中国,比起日韩邻国均有150位左右买家的规模,国内的这一市场远未成熟,而且由于官方垄断和审查等原因,使得从事这一行业的国内公司均具有种种背景,中国买家的电影进口生意用"在夹缝中生存"来形容也并不为过。

需要重点提到的是:民营公司运作引进影片最大的风险来自审查。我国针对进口影片的审查条例的规定并不十分明确。因此一旦购买的影片无法通过审查,而国外版权方又不同意退款或者更换影片,国内民营公司就只能独自承担版权费的损失了。比较有经验的民营公司会在签合同的时候就将审查条款放入,规定影片通不过审查就要更换影片甚至退款等。当然,这一条款也要因"公司"而异,有的版权公司十分强势,根本不接受审查条款,只做一锤子买卖,是否能通过审查与公司无关。但一般这种公司的影片也十分抢手,许多国内公司并不在乎是否有审查条款,只顾抢片,由此也就造成了风险的加大。

2. 电视发行

电视发行相对院线发行要简单一些,原因在于发行出口非常狭小。原则上讲,引进海外电影电视剧只能在中央六套和中央八套播放,各省级卫视每年也有20集电视连续剧或者10部电影的引进配额。但省级卫视的配额如此之少以至于大部分省级卫视都不重视这些配额,而一些商业化运营程度比较高的省级卫视会把其他省级卫视的配额通过交易买下来,以达到引进整部电视剧或者多部电影的目的,如湖南卫视大量播放韩剧就是一例。

主要的电视发行机构为央视六套和八套,这两个频道都有自审自播的权利,引进的电视剧和电影也没有数量的限制,于是在这两个频道,经常可以看到国外的新片和电视剧,在质量和数量上都远超过院线发行。

虽然电视发行有数量上的优势,但与院线发行相似的一点,也是对版权交易致命的一点,就是电视台都为国家运营,相对来讲还是垄断的。以央视六套为例,除去好莱坞等一些大公司在中国有办事处并直接与其接洽,六套基本不直接向国外公司买片,而是坐等各种国内的代理公司找上门来推荐影片。基本流程为:国内公司找到影片后,在签约或者不签约的情况下拿到样片送交中央六套审查,六套会有两次审查,初审复审均通过后,会向影片代理公司发出合同,并索要各种版权文件,以明晰影片的版权归属,在影片播放后,会向代理公司付款。与央视六套做生意的好处是各种流程相对规范,价格合理。价格合理是指虽然不可议价,但央视会直接给出采购价格,这个价格基本可以让代理公司有利可图。不好的地方则是等待时间太长,建立联系困难。通常从送入样片到最后签约收款大概要经历一年到两年的时间。如果影片代理公司贸然签下影片合同,就会面临资金长期被占用且有可能赔钱的状况,如果外方影片公司又急着催款则更为尴尬。这种情况下,除了等待别无他法。而另一个不利之处就是建立联系困难,由于央视六套买片总量有限,所以目前各种民营公司已经各显神通基本瓜分了这些影片的"配额",如果新的公司想要向六套卖片,可谓难上加难。

3. 新媒体发行

在所有发行渠道中,新媒体发行最为简单快速,或许这就是新经济模式的特点。新媒体发行从得到样片到签约,基本都在几个月之内,最后付款也不会拖延很久。网络时代讲求快速高效,这一点在新媒体上体现得很突出。新媒体发行最大的特点是无审查机构,也就是所有的影视作品如果在新媒体上播放,并没有相对的审查机构。在这种情况下,比较规矩的视频网站会购买那些已经在其他渠道通过审查并发行的电影电视剧作品,以规避风险,胆大的视频网站则直接购买新剧新电影,并直接播放,既然没有审查机构也就不去寻找上映资质。当然,这一状况会随着国家对于互联网监管的加强而逐渐改变,比如2012年年初制订的电影促进法草案就提出了相关要求。《中华人民共和国电影产业促进法(征求意见稿)》第二十六条规定:"未取得《电影公映许可证》的电影,不得发行、放映、参加电影节(展),不得通过互联网、电信网、广播电视网等信息网络进行传播,不得制作音像制品。"虽然是建议稿,但该稿的出现立刻造成了整个互联网视频行业的恐慌,因为这意味着互联网等新媒体发行的无审查状态即将结束。

到目前为止,新媒体时代还是群雄并起的战国时代。因此,如果从事新媒体领域的国际版权购买,能实现快速汇款,操作简单。当然,缺点就是如果不是大制作影片及电视剧,则卖出价格很低,因此多以打包多部电影或者多集电视剧的形式进行。

4. 音像发行

音像发行在盗版横飞、互联网视频兴起的今天,早已式微到可以被忽略了。做一个对比,在音像发行的巅峰期《英雄》的音像版权卖出了1800万元人民币,而现在,票房过亿的影片的音像版权也不过对应5万—10万元人民币的买断价,由此可以看出这一产业的发展轨迹。

音像发行比较简单,在与外国影片公司联系拿到样片后,音像商如果有兴趣购买,国内的影片贸易公司就会签下影片,买入数字 BETA 带或者高清带等物料,并索要一系列版权文件,配合音像商去国营出版社和国家新闻出版总署报批。报批通过一般需要三个月时间,通过后出版社会发放一个对应的发行编号,音像商即可印制碟片开始发行售卖。

- 影视版权贸易流程

在对影视贸易的国内发行渠道进行介绍后,下文对影视贸易的流程进行介绍:

1. 选择产品

选片是影视贸易中最前期的一个步骤,考验着影视采购人员的专业能力、市场经验以及眼光。购买影视产品一般是和世界各国的销售公司联系,这些销售公司会定期和本国的制片公司联系,拿到影片的代理权,通过卖出版权得到版权费从中抽成。世界上影片贸易比较活跃、产品质量较高的几个区域是:北美,欧洲的英国、法国、德国、西班牙、意大利,亚洲的日本、韩国、中国、泰国、新加坡。

2. 洽谈购买

在和国外的销售公司建立定期联系后,他们会以电邮形式向国内的公司发送新片新剧信息。这些产品有时候并不是成品,有可能仅仅是剧本第一稿或者一个故事大纲,也有可能处于后期制作中或者已制作完成。随着国内影视贸易公司的竞争越来越激烈,如果不做预购也就是购买处于制作前期的影片,是不可能拿到比较好的作品的。

拿到影视产品信息后,国内的影视贸易公司会评估是否适合采购,利用电邮、合同,或者在国际影视市场上当面签约的形式签下影片。

国际影视市场是购买影片的重要渠道,俗话说百闻不如一见,再频繁的电邮和电话沟通终究不如见面洽谈来得快捷实在。而且,由于国际电影市场的买卖双方高度集中,销售公司也愿意在市场上收集最高报价,决定最终将影片出售给哪个区域的哪家公司。在市场买片则是对买家的最终考验,厉害的买家出手快、准、狠,因为很有可能稍有犹豫,产品就会被其他竞争对手买走。

国际上有很多重要的影视市场,参加这些展会的花费不小,在机票、住宿等方面每人要花费数万元,但考虑到购买回的产品的收益,这些成本还是值得付出的。表11-1列出了国际主要的影视交易市场及其简介。

表 11-1　国际主要影视交易市场列表

时间	展会	介绍
1月	NATPE 北美电视节	北美影视娱乐产品市场
2月	EFM 柏林电影市场	欧洲主要电影交易市场
3月	FILMART 香港国际影视展	主要针对亚洲市场的影视交流展会
4月	MIP TV	欧洲最大的影视娱乐产品交易展会
5月	Marche Du Film Market	欧洲最大的电影交易展会
6月	SIFF 上海电影市场	中国最大的电影交易市场之一
8月	中国国际影视节目展	中国最大的影视交易市场之一
10月	MIP COM	秋季的 MIP TV 展会
11月	AFM 美国电影市场	世界最大的电影交易市场
12月	ATF 新加坡亚洲电视节	沟通亚洲买家和世界卖家的市场

3. 合同等法律文件

法律文件是签下影视产品过程中的重要一环。对于影视产品这种虚无缥缈的东西，完整的法律文件十分重要，其中包括合同、授权书、原产地证明、版权链接，以及必要的公证文件。

合同是缔约双方达成共识的一个文件，但在国际影视版权合同中，一般会包括一个标准条款，也就是任何合同都必须附加的一个合同文件。这个标准条款是对合同中的各种名词做定义的解释性文件，目的是避免合同双方对主要条款的理解歧义。

授权书是一个简单版的合同，将主要事实叙述清楚，以便让被授权方可以在合同保密的情况下出示授权书证明自己对影视作品拥有的权利和年限等。

原产地证明是国际贸易中的一个常见文件，是由合约双方之外的第三方出具的法律文件，证明产品的产地、生产商、生产年代，以及必要的产品信息。在影视版权贸易中，原产地证明必不可少，因为本来版权贸易就虚幻缥缈，不像实体产品那样能看到大宗货物，所以法律文件就更显得重要了。

版权链接是证明产品的版权转移过程的文件。在影视版权贸易中，经常出现影视产品的卖家并不是生产商，而是发行代理的情况，就像房地产中介一样。因此，需要一个法律文件来证明生产商将发售权授予了卖家。将生产商、卖家、买家连接起来的法律文件就是版权链接。

公证文件是近年来兴起的一种法律文件，这是因为近年来国内关于国际影视版权的法律纠纷越来越多。由于国际影视版权均涉及两个以上国家的贸易，因此在国内发生侵权等纠纷问题时，法院往往取证困难，尤其是国外开具的法律文件的真伪确实难以辨别，因此，公证文件就应运而生了。公证文件是这样一种文件,从流程上讲,当国外卖家与国内买家达成协议后,一般国外卖家会准备好相应的授权文件,然后提交给当地的政府贸易管理部门,由其对该文件的签名等进行验证并作出证明。之后,文件会被转递到当地的公证机构,或具有公证资质的律师处,由其对授权书本身和当地政府的证明进行公证。最后,文件被转交到当地的中国大使馆,由大使馆负责文化事务的官员对该文件的一系列签名进行证明。这样的一系列公证提交给国内买家,一旦出现法律纠纷,此文件是最重要也是最好的证据,因为经过层层证明,省去了法院调查和取证的过程,使得维权和判决变得非常简单。

4. 物料引进

这个步骤是影视贸易的最后一环。基本上版权贸易属于无形产品交易,涉及的实物比较少,不像其他国际贸易那样各种因素都要考虑,如货运代理公司、起运、运送过程等。基本上一部影片的物料不会超过一个旅行箱大小。物料引进的过程根据发行渠道的不同而不同:

(1) 院线发行

在院线发行这一渠道,物料引进比较复杂,如果影片需要上映数字和胶片版,则需要同时引进影片声底、画底、工作拷贝、影片数字版硬盘、影片台词本。

声底、画底、工作拷贝是为了进行国内的胶片版发行准备的。声底、画底合在一起冲洗就可以得到一个完整的电影胶片,声底、画底的作用好像是我们用过的胶片照相机的底片,有声音内容的声底和有画面内容的画底经过洗印厂的冲洗,就会合成为可以放映的胶片,而工作拷贝则是一个已经冲洗完成、色彩正常、声画对位的可以直接使用的拷贝,能起到校正颜色和对位声画的作用。

影片数字硬盘是可以复制的存储着影片的数字文件的介质。在数字硬盘的使用上,还需要应用一个叫作密钥的物料。这是版权方为了控制影片的数字文件不外流而使用的密码,每台硬盘和对应的数字放映机都会对应一个单独的密钥。影院需要得到密钥才能打开硬盘播放。密钥还有时间的限制,比如一个月,在第一次使用的一个月后密钥就会失效,硬盘便不能再打开,版权方会利用这种方法限制影片的上映时间。当然,如果版权方对此控制不严,也可以用 HDCAM SR 母带在国内转制文件来代替直接进口数字硬盘,这样密钥问题就不存在了。

台词本是用来配音和上字幕的影片台词的文本文件。院线发行的物料也包括宣传物料,这一般包括影片的海报文件、剧照文件、主创采访视频、预告片视频等,可以用 FTP 下载或者寄送光盘、Beta 带等方法拿到。

虽然物料比较少,但也要履行正常的报关程序。这一过程一般是与中影合作,因为只有中影进出口公司才有资格从海关提取影音类产品,所以只需要把货物的信息清单提交给中影就可以了。货物通过海关后,就可以批量复制,拷贝冲洗好连同海报文件等分发到各影院,再利用各种剧照、海报、视频等进行一定的宣传,就可以准备上映了。

(2) 电视台发行

电视台发行比较简单,只需要根据电视台的需求向外方购买磁带(通常为高清带)和国际声道(也就是供配音用的只有音乐和音效的文件)就可以了。

(3) 音像发行

基本等同于电视台发行,额外需要的物料是 5.1 声道终混文件光盘或磁带,这是制作高质量的 DVD 9 光盘所必需的声音文件,可以实现环绕立体声的效果。

(4) 新媒体发行

只需要 DVD 9 质量的影音光盘即可。

同样,在资源的筹集方面也会出现国内资源枯竭的问题,所以媒体组织为了获得持续的生存和发展,就必须在海外寻找合适的资源。市场的国际化和资源的国际化,必然要求媒体组织进行国际化经营。伴随着国际化经营的经验的积累,在媒介产品或服务的初期创意和策划阶段,媒体组织就可以放眼整个世界。例如,美国电影之所以被称为大片,是因为其制作规模宏大。而之所以要制作规模宏大的影片是因为美国的制片商在初期的策划阶段就把世界当作一个整体的发行市场来看待。所以我们在看美国大片时,即使听不懂语言,也能被它的气势和强烈的特效体验所感染,不由自主地沉浸到影片的氛围中。

但是,媒介产品或服务的国际化经营战略往往会遇到阻碍。政治、经济、文化和宗教等因素都会对媒体组织的国际化经营战略产生影响。比如,各国政府常常把媒体组织及其媒介产品或服务当作宣传的工具和手段,自然也就会限制国外媒体组织的媒介产品或服务进入本国市场。在很多国家,长期以来都对文化和传媒产品的进口有各种限制,例如在中国就有每年发行的海外分账影片数量不超过一定数量的规定。要想规避这类限制,要么通过谈判扩大市场份额,要么直接登陆进口国家,成立一家在本地运营的合资电影公司。另外,资金和创意人才等媒介资源的国际移动也不是一件容易的事情。

文化和媒介产品或服务的贸易往来反过来又会影响世界各国的经济状况。针对媒介行业而言,本国的文化和媒介产品或服务的出口,势必会影响到进口国的文化和媒介行业的市场格局,使得进口国的文化和媒介行业生产制作机构的市场份额下降，并影响到行业内的就业水平。这些问题会引起进口国行业人员的强烈不满，并会以各种机会和形式向社会表达这种不满。例如韩国电影产业界人士就曾经进行大规模的示威活动，抗议政府准备取消电影进口配额的政策。而这类抗议活动往往会带动各个产业背后的政治势力的介入，于是贸易问题就会从经济问题上升为政治问题。最后，政府为了保护本国文化和传媒行业的经济利益，可能会以各种理由出台或维持相关政策，阻止国外的文化和媒介产品或服务的进口。例如中美在中国加入WTO的谈判过程中，关于文化和传媒产业的谈判就持续了很长时间，就是因为中国担心一旦放开本国的文化和媒介产品或服务的市场，国外的产品会对相关行业和市场造成巨大的冲击。

2012年初春，我国影视主管部门发布的《广电总局关于进一步加强和改进境外影视剧引进和播出管理的通知》指出：为提高引进节目质量，扩大高清节目源，应优先引进高清版本的境外影视剧；境外影视剧不得在电视台黄金时段播出。有研究咨询机构认为，该政策会对视频行业有利好影响，因为这可以使其在版权内容方面较传统媒体有更丰富的播出渠道，同时对破解行业目前的内容同质化现象有帮助。实际上，政府部门出台此政策的初衷依然是为了保护国内影视剧制作产业。但有一点要注意的是，在网络视频产业不发达的时候，此类政策具有一定的效果，可以为国内的影视剧制作产业提供市场空间，例如曾经的规定海外剧不能在黄金时段播出的政策就促进了电视剧制作产业的发展。但是在网络视频产业发达的今天，该政策的效果会受到影响，因为网络视频产业在某种意义上讲是传统电视产业的替代品。姑且不讨论该政策的必要性和合理性，单从政府主管部门保护国内制作产业的角度出发，可能还需要出台针对网络视频产业的配套政策。但是任何政策的出台，在市场国际化的今天，必定会给一些国家的产业带来影响。例如韩国有关媒体报道：中国的这条"禁令"使每年高达1500多万美元的韩国电视剧对华出口战略亮起红灯。而且报道还指出，韩国相关业界正在探讨以"共同制作"的形式曲线进军中国市场。虽然该报道对政策影响的分析有些夸大，但还是能看出其产业界对我国政策的关注。

实际上，中国对国内的影视产业一直有保护政策，主要是产品的进口限制，例如电影的配额制度。而近年来，随着中国的影视产业呈现出繁荣景象，包括美国好莱坞在内的国际著名影视产业集团都在考虑以合作的方式进入中国市场，希望能更多更好地分享中国影视市场的蛋糕。

第十一章　国际化经营战略

> 业界大观

境外频道在中国内地的业务模式

刘思沅

目前,境外频道在中国内地的业务框架一般如图 11-1 所示:

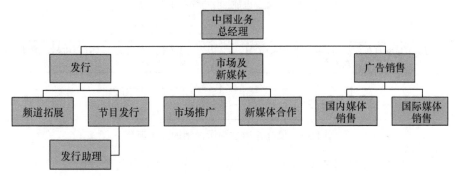

图 11-1　境外频道在中国内地的业务框架

1. 发行业务

境外频道目前在中国内地的发行业务分为频道落地业务和节目发行合作业务。

首先是频道落地业务模式。

频道落地业务是基于国家广电总局对境外媒体有条件落地的政策而开展的。按照政策规定,由中国国际电视总公司代理向国内的涉外小区及三星级以上的酒店推广境外频道的落地,其具体销售策略是每个房间终端每天向中国国际电视总公司境外节目代理公司支付收视费(通常在 0.4—0.6 元;HBO 目前是最贵的;还有一些境外频道是免费的,如 V 音乐台等)。理论上,境外频道不能直接与地方一级的频道落地代理商直接建立合作关系,但是为了促进业务销售,基本上境外频道也都要与地方代理机构产生一些直接的联系,甚至去拜访酒店和小区客户。因此,实际的业务流程如图 11-2 所示。

对于各个境外频道来说,在其他国家落地,虽然没有政策限制,但是要加入当地的卫星频道竞争,同样还是要付出落地成本的,甚至要向当地有线电视运营商或政府缴纳落地费用。但是在中国内地,虽然大部分境外频道还不允许落地,但能获得批准有限制落地的频道,却可以获得收视费,这是唯一能够付费给境外频道的市场。失去了广告收入的境外频道,对于收视费这个"意外的收获"都很重视。

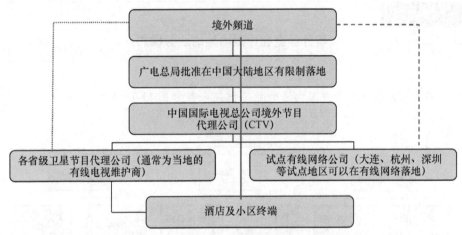

图11-2 境外频道在中国内地的业务流程

与此同时,政府对于落地的境外频道也有一些政策上的管理措施,例如:
- 所有境外频道不得在落地地区宣传自己的品牌。
- 境外频道在落地地区的所有衍生业务必须由中国国际电视总公司代理。
- 境外频道的标志、主题内容、卫星信道、语言种类等细节,一经批准,其落地版本就不能有任何变化。
- 境外频道一旦播出涉及和落地地区意识形态不符合的节目,就要受到处罚。

其次是节目发行合作业务模式。

以目前某境外频道为例,其在中国开展节目发行已经有十年的时间,也与三十多家省级电视台建立了合作关系,其一个品牌电视栏目也被市场所接受并认可。由于境外频道没有广泛落地,其广告也不能覆盖内地市场,因此通过节目发行换取相应的广告时间并独立经营,是大部分境外内容商必须要经历的选择。近年来,由于中国内地电视媒体的增值以及其对境外内容控制的加强,中国内地的电视频道对这类境外节目的态度有了以下变化:
- 频道中境外节目所占比例不能超过30%;
- 频道中境外节目的播出时间不能安排在黄金时段;
- 由于内地电视频道受到广电总局的市场规范政策的限制,广告总长减少,因此能够置换给电视栏目的广告也相应减少;
- 内地电视台的收视竞争压力越来越大,对于境外节目的本地化要求也越来越高。

由此可见,境外节目在内地的投入成本日渐加大,竞争压力日渐加大,但是收益空间却逐渐减小。随着内地电视台的经济实力日趋加强,广告时间愈加减少,电视台更加趋向于购买节目。目前购买境外节目的市场现状可以归纳为以下几点:

● 影视剧类节目在电视上播出受到指标的限制:每年能够引进内地的影视剧受到指标的限制,审查严格。

● 境外卡通节目受到政策影响,不能在黄金时段播出,并且有总量限制。

● 境外专题节目如纪录片,在2011年受到了广电总局的新政策限制,不能超过频道全部节目的30%,预计在2012年以后还会在时段上做出限制。因此,其价格受到严重压制。

● 内地电视台在国际版权交易上还不够有经验,很多涉外合同和付款问题尚无法顺利解决,也导致节目销售成本上升,利润被严重压缩。

2. 市场及新媒体业务

根据我国政策,境外媒体的市场推广和新媒体业务这两类业务也是受到限制的,很多业务几乎无法开展。一些与地方电视台合作的推广活动,均不得以任何境外频道的名义举办。

3. 广告销售业务

目前,境外频道的广告销售主要有以下几种形式:

● 国内电视栏目广告销售:面对国内广告客户的投放;

● 国内电视栏目广告销售:面对海外广告客户的投放;

● 国外频道广告销售:面对国内有海外投放需求的客户。

由此可见,境外媒体在中国内地的业务发展最主要的瓶颈来自政策。与此同时,每个地方电视台在政策要求和自我发展的目标控制之下,都不可能展示境外频道的品牌,这也就导致境外频道最强有力的武器失去了用武之地。

如果单纯销售内容,境外媒体公司都很难适应内地电视台的需求,例如:

第一,内地电视台及栏目都需要根据《境外节目引进播出管理规定》对节目内容进行包装和剪辑。

第二,内地电视台对于电视节目播出的授权限制还不能贯彻执行:在国际版权授权业务中,对于节目播出授权期限、播出轮次都有严格的限制,但是内地很多电视台对于这些限制都不重视,因此会导致超期播出和超轮次播出的问题。

新媒体公司对于版权的保护和管理就显得更加松散,这也给境外机构造成了一些困扰。

综上所述,境外媒体在中国内地的发展受到的限制比较多,如果希望以自身品牌推广带动业务发展,难度比较大。但是内地市场对于境外节目的需求是存在的,因此境外频道要对自身业务进行调整,适应内地电视媒体的发展需要,进行业务探索。

另外,文化和习俗等方面的原因也会影响媒体组织的国际化经营战略。我们经常在媒体组织的报道中看到某个国家为抵制其他国家的产品进口而进行大规模的示威游行。虽然这其中一大部分原因是进口品抢夺了国内市场和从业人员的工作岗位,但也有一部分原因是为了反对外国的文化侵略。每个民族都有民族自豪感,一些敏感的行业和市场,是不希望国外的企业组织的产品进入的,即使这些产品能给本国的经济和社会发展带来好处。传媒行业基本上属于文化行业,而文化行业的产品又是世界各国人民非常看重的精神财产,其中承载着民族精神和文化传统。一旦国外的媒体组织的产品和服务进入到国内市场,本国国民自然就会担心本民族的文化和精神受到打压和变质,于是就会起来抵制。最典型的例子就是美国人对日本企业收购美国电影公司的敌视。美国人常常引以为自豪的就是美国文化在世界范围内的流行,尤其是影视传媒和娱乐业的产品。而在20世纪90年代初期,在美国掀起了大规模的抵抗日货行动,经常发生大规模的示威游行。当时几宗包括娱乐文化产业在内的大规模交易的曝光就更是火上浇油,使得美国人的不满情绪大规模爆发。整个美国社会为此掀起了一次大讨论,大多数美国民众对日本企业收购美国电影制片公司持否定的态度。美国人觉得美国的消费品市场已经被日本占领了,绝对不能容忍日本人再占领他们引以为自豪的文化市场和产业组织。美国人担心从此将会失去美国文化和精神的象征,或者换句话说,美国人认为美国的文化领域不容外国人侵略。

还有,宗教也是文化的象征,而宗教领域又有许多习俗影响着人们的生活方式。媒体组织在进行媒介产品或服务的出口时,其中的内容表现也可能在有意识或无意识中触动宗教禁忌,从而引起当地人的反感和抗议活动,甚至引起大规模的冲突。比如一些美国好莱坞电影在全球上映时,常常会遭到一些国家或地区教会组织的公开抵制,其理由是影片的部分内容涉嫌对宗教领袖形象的歪曲。

为了避免这种情况的发生,甚至因此失去国际市场,也为了在第一时间了解目标消费市场的需求信息,及时提供媒介产品或服务,媒体组织的国际化经营会进入第二个阶段,也就是生产基地的国际化经营阶段。具体的形态有追求低成本的海外投资和追求市场的海外投资两种方式。

追求低成本的国际化经营战略是指一个有经济利益追求的媒体组织,把生产制作环节中成本较高的部分转移到海外成本较低的地方,以降低生产制作的总成本。特别是由于发达国家的人力资源成本日益高涨,国际上著名的媒体组织纷纷把生产制作基地转移到成本相对较低的国家,当然这也是避免贸易摩擦的一个方式。例如,在美国电影制作基地好莱坞,由于其制作成本日益高涨,所以美国的电影制片商纷纷把拍摄基地转移到海外,最近比较常用的拍摄基地是加拿大、澳大利亚和新西兰。在世界范围内引起轰动的电影巨作《指环王》就是在新西兰拍摄完成的,这反映了美国电影厂商资源筹集领域的国际化进程。另外,动漫题材的电影是近年来受国际市场欢迎的媒介产品之一,而美国和日本在这种电影题材上具有很强的竞争力,甚至日本的动漫产业和美国的电影产业一样,已经成为其国内的一种支柱性产业。但是这两个国家的很多动漫电影制作公司把加工制作环节放在了中国,为的就是降低整体制作成本。

我们有时也会看到,为了避免贸易摩擦,一些国际著名的媒体组织把生产和制作基地设立到了人力资源成本和税率成本并不低的国家,这是采用了**追求市场的国际化经营战略**。因为媒体组织要获得经济利益的最大化,媒介产品或服务就必须进入国际市场,而要把媒介产品或服务推向国际市场,就必须了解国际市场,并且还要仔细研究各个分市场。如果媒体组织只是在国内策划和制作媒介产品或服务,有可能和世界市场的需求不相吻合。所以为了更好地了解各地市场的真正需求,媒体组织有必要把生产和制作基地移到市场附近,就近了解市场动态,把握市场信息,开发和生产制作出市场真正需求的媒介产品或服务。例如默多克就把自己的媒体王国从澳大利亚搬到了美国,为的就是更好地占领美国这个巨大的市场,并进而辐射到全世界。

案例研究

国际化的日本动漫

如果说在电影界是好莱坞称霸,那么动漫业则由日本来扛鼎。尽管近些年来,日本总体经济一直处于持续低迷的状态,但日本的动漫产业却已经成为国民经济的支柱型产业之一。在日本动漫业,不但出现了手冢治虫、宫崎骏、押井守、大友克洋等一批国际闻名的动漫巨匠,《圣斗士星矢》《机动战士高达》《名侦探柯南》《七龙珠》等更是在世界各国拥有大批的忠实粉丝。

日本动漫之所以能风靡全世界,主要有以下几点原因:

丰富的想象力。众多日漫迷们给予日漫的评价是"想象力满点"。无论是多么简单的故事，日漫总能为它披上一件充满想象力的外衣。最著名的莫属《哆啦A梦》。故事的内容十分简单——一只拥有稀奇古怪的道具袋的机器猫，帮助他的好伙伴实现了很多梦想。这部创作于20世纪70年代的漫画中出现的很多稀奇古怪的道具已经被现代科技变为现实，这本书成为众多新生代科学家的启蒙之作。而如今风靡日本的《海贼王》同样充分发挥了想象力——服食了橡皮果实的路飞拥有弹性十足的肢体，服食了花花果实的罗宾可以变身千手观音……服食了不同的果实便拥有各种不同的神奇力量的人们，构筑了一个大航海时代的社会体系。

做到极致的细节。日本动漫在细节上较真的劲头与好莱坞电影不相上下。如日本动漫电影《夏日大作战》中所创造的 OZ 社交网络系统，让世界各国的人通过这一系统进行交流，而在表现中国人通过 OZ 交流的视窗部分，选用了最具代表性的"天涯论坛"，尽管镜头只有不到 5 秒的时间，却足见原作者对于他国文化的了解。

高度专业化。在读图时代，日本动漫的专业性进一步增强。如医疗漫画的代表作品《医龙》，以反讽日本大学医院的陈规陋习为着眼点，通过故事性的编排，高度还原了当代日本社会中所存在的问题。漫画中所涉及的心外科手术用语、手术原理剖析、手术过程再现均有据可考，强大的医疗专业顾问团队加盟其中，保障了漫画的高度专业性。又如风靡亚洲的红酒漫画《神之雫》，摒弃了市面上红酒鉴赏手册式的教条文字，将作者多年来对于红酒的研究，如葡萄品种、土壤类型、气候特征、酿造工艺、产区分级、酒庄历史、侍酒礼仪、品酒技巧、酒食搭配、口感层次的体会等，借由生动具象的漫画故事传递给读者。由于漫画中所提及的各种红酒均来自现实，该漫画的出版直接推动了整个亚洲红酒销量的疯狂增长，各地以品尝《神之雫》中提及的红酒为内容的品酒会层出不穷。该漫画全球销量超过3000万册，被誉为"葡萄酒的百科全书"。

生产的国际化。日本动漫普遍采用分包加工的方式。日本动漫制作公司只将人物设定、故事设定等创作核心保留在国内生产，而将上色等低端工作外包给韩国、中国和菲律宾的公司，在中国有30家左右的动画外包加工厂，集中在上海、江苏和广东一带。如大家耳熟能详的《圣斗士星矢》《KERORO军曹》《火影忍者》等均出自中国动画制作人员之手。这种资源配置方式，大大提升了日本动漫的制作效率，确保了日本动漫产业的发展规模。

定位的国际化。不拘一格地汲取各国文化精华，是日本动漫得以获得国际市场的又一重要利器。日本动漫题材涉猎广泛，包括英、美、法、中等各国故事，人物塑造不拘泥于本土，具有国际化性格。如《最游记》《七龙珠》等取材于中国古典名著《西游记》，《尼罗河女儿》取材自埃及。这种做法带来了日本动漫出口上的便利，在一定程度上造就了国际市场。

在经历了市场的国际化、组织的国际化之后，媒体组织会进入全球化营销管理的阶段。现在国际著名的媒体组织都已经实现了真正意义上的全球化经营，在世界范围内设有研发和生产制作基地，资源也是在世界范围内筹集，同样媒介产品或服务的市场也伸展到世界的各个角落。也就是说，无论是从成本的角度考虑，还是从生产制作基地的角度考虑，或是从避免贸易摩擦的角度考虑，都是把世界当成一个单位来展开媒体组织的营销管理战略。这个阶段和上一个阶段的主要区别就在于，媒体组织已经淡化了自己的国家属性，而把自己看成是一个具有全球身份的组织机构。

之所以在此列举了媒体组织国际化经营战略的诸阶段，是为了方便媒体组织思考自己的国际化经营战略的内容。媒体组织应该首先清楚自己现在正处于哪一个阶段，在所处的阶段上应该选择什么样的战略。

三、国际化经营战略的影响分析

国际化经营，从经济学的角度讲意味着经营资源在国际社会间进行转移。这种转移必然会带来一定的影响，其中包括对各种资源的收入分配的影响和对文化的影响，而这些影响又必将冲击媒体组织的经营和管理，给媒体组织的国际化经营战略带来不小的课题。

第一是资源的流动带来价值分配的变化。一个媒体组织是价值生产者的同时，也是价值分配者。也就是说，媒体组织利用各种资源生产价值，同时又会把价值分配给这些资源所有者。媒体组织的国际化经营带来了资源的流动，自然就会带来价值分配上的变化。比如说，如果一个媒体组织只是进入媒介产品或服务的国际市场，并不进行组织的国际化经营，那么就意味着所有的资源都会来自国内，然后利用这些资源生产媒介产品或服务，并且把它们出口到国际市场。这时媒体组织得到的价值就会在这些国内资源中进行分配，并不会分流到国外。而这个媒体组织一旦实施国际化经营，资源就会来自世界各地，所以媒体组织得到的价值也就会在这些资源中进行分配，这就意味着媒体组织的价值会来自国际媒介产品或服务的市场，并分配回世界资源市场。

现如今，任何一个著名的国际传媒企业的人力资源和资金等经营资源都是来自世界各地,这实际上说明了一个问题——媒体组织的国际化经营的阶段越是高级,就越能够带动相关的经营资源在国际社会之间进行流动。而在这些经营资源的流动的背后,是媒体组织的财富分配范围的改变。比如说,一个美国的媒体组织使用美元作为工资支付给中国雇员,这就意味着美元财富分配到了中国。

第二是国际化经营战略对环境的影响。除了人力资源、资金和自然资源在国际市场流动之外,还有其他一些技术、技能和文化资源也会伴随着媒体组织的国际化经营战略在世界范围内流动,并带来对环境的影响。

首先是生产、制作技术和营销管理技能的移动。媒体组织通过实施国际化经营战略,会在有意识和无意识之间,把自身掌握的各种技术和技能带到世界各地。而各地的媒体组织也会通过直接或间接的学习,掌握这些技术和技能,并因此提高自己的生产效率,增加媒体组织的价值。这是媒体组织的国际化经营战略对当地媒介行业的贡献。

其次就是信息和文化资源的转移。众所周知,媒体组织在很大程度上是利用信息和文化加工制造媒介产品或服务的。最后,媒体组织传播的还是信息和文化。媒体组织通过实施国际化经营战略,使得各地各民族的信息和文化得以更快地在世界范围内传播,虽然可能带来冲突,但更多的是促进了世界各地的文化交流。如今我们能够在家中了解世界各国的文化和风情,全部是得益于媒体组织国际化经营战略的实施。

第二节　对国际化经营战略的思考

媒体组织的国际化经营战略要考虑所选择地域的发展性、自身的竞争能力和选择地域的组合。这些是媒体组织的国际化战略成功的关键。在本节我们只讨论媒体组织的国际化战略的战略规划。

一、所选择地域的发展性

首先,从微观层面考虑媒体组织的国际化战略。实现媒介产品或服务市场的国际化就要考虑市场需求的大小以及市场的成长性。实现经营资源市场的国际化就应该考虑资源要素供给的稳定性、价格以及质量等。实现组织的国际化就要综合考虑人力资源的素质、资源的供给体制和综合的生产成本等问题。

其次,从宏观层面考虑媒体组织的国际化战略。媒体组织要考虑所选择地域和国家的经济发展阶段、将来经济发展的走向、媒介产业发展的政策等方面的内容。实际上,在选择要进入的地域和国家的问题上,需要媒体组织具有对这些地域和国家的政治和经济发展趋势的判断能力。

经济发展意味着国民生活水平的提高,也意味着国民消费能力的提升。特别是当一个国家经济发展之后,国民对生活必需品的消费不会有大幅度的上升,而会把消费的重心转移到文化和娱乐产品上来,而且经济越发展,国民在文化、教育和娱乐方面的支出也就越多,这就为媒体组织的国际化经营提供了良好的商机。而且在很多国家和地区,经济的发展和政治环境的稳定是正相关的,也就是说经济的发展也容易带来政治环境的稳定,这也给媒体组织的国际化经营战略的实施提供了保障。例如正是看中了中国市场的稳定,迪士尼才全面展开中国战略,现已成为中国最大的动画节目提供商,每天为40多家有线电视台提供节目;迪士尼相关卡通衍生产品在内地设专柜的数量已超过1000个;除了香港迪士尼乐园外,上海迪士尼乐园也已准备兴建。因此,迪士尼集团的四大业务——电影娱乐、媒体与网络、主题公园与度假胜地、消费产品,都已在中国落地生根。

二、所选择地域的竞争能力

媒体组织实施国际化经营战略的时候,在所选择的地域或国家的竞争能力是媒体组织能否在这个地域或国家生存下去的重要决定因素。

如果把所选择的地域或国家当成是销售市场的话,那么就要考虑自身的媒介产品或服务的竞争能力。媒介产品或服务具有很强的时效性和文化性的特征。媒介产品或服务如果不能在第一时间传播有效的信息,自然就不会受到媒介消费者的青睐,也就不能占领国际市场。同样,如果媒体组织的媒介产品或服务的文化特征和所选择地域的文化价值取向相违背,自然就会受到进口国市场的抵制,也就不能和当地以及其他的媒体组织的媒介产品或服务形成有效的竞争。

如果把所选择的地域或国家当成是资源筹集的场所,媒体组织就需要考虑自己的组织是否在资源的获得上有竞争优势。媒体组织能否为资源的拥有者提供很好的交易条件(如工资、福利、培养方式,甚至感情交流等)决定了媒体组织在获得资源方面是否有竞争能力。如果没有这方面的能力,媒体组织的国际化经营战略就应该慎重考虑其他的出路。

如果把生产基地设在所要选择的地域或国家,就应该考虑设立的生产基地是否拥有技术、技能和营销管理上的竞争能力。一般来讲,如果在所选择的地域设立生产基地,媒体组织会向这个生产基地提供相应的生产技术、技能和营销管理等方面的资源。有些生产技术、技能以及营销管理能力在本国应用的时候,能带来很高的生产效率,并具有很强的国际竞争力,而应用到所选择的地域之后,则可能会失去原有的生产效率和竞争能力。这是因为本国的生产技术、技能以及营销管理在所选择的地域有一个被消化和吸收的过程。特别是媒介产品或服务的生产制作技能的理念等是需要当地的人力资源用心来把握的东西,但是因为所受的教育和文化背景不同,在这方面可能会出现偏差,结果生产技术和技能就会在这个地域失去其原有的生产效率和国际竞争力。另外,媒体组织的营销管理战略基本上是在本国的环境中形成的,所以在所选择的地域也会遇到水土不服的问题,自然营销管理的效率就会大打折扣,也会失去原有的国际竞争力。同时,媒体组织的国外生产基地要受到所选择地域的政府的制约,所以和当地政府部门协调关系的能力也是媒体组织的竞争力之一。

三、国际化经营战略的实施

很多媒体组织在实施国际化经营战略的时候,往往会对所选择的地域和国家进行适当的组合。因为媒体组织要进入许多国家,而这些国家的基本状况又不尽相同,特别是当组织机构进入的时候,遇到的问题将会远远多于产品和服务进入时的情况,所以媒体组织需要选择不同的国际化经营战略。

第一,媒体组织可以把所有的地域当成一个整体市场来考虑自己的国际化经营战略。我们可以把这种国际化经营战略称为**全球化共通战略**。这时候媒体组织的国际化经营战略的经营方针是,在全世界的媒介产品和服务市场地域范围内,寻找共通的需求,并且向这个全球化的市场提供共通的媒介产品或服务,并且以此建设高效率的生产和供给体制。如果媒体组织采取了这样的国际化经营战略,就应该把生产基地集中起来,设在比较合适的地域。

这样的全球化经营战略的特点是,能够降低生产媒介产品或服务的成本,实现单一资源的生产高效率。但是这种国际化经营战略很难对应各个地域市场的细致的消费需求,并且应对政治和经济风险的能力相对也比较弱。

第二,媒体组织可以把各个地域看成是一个个不同的市场,要根据各个地域市场的不同特点,进行相应的媒介产品或服务的策划、开发、营销和生产制作等。我们可以把这种战略称为**多元化细分战略**。这时,媒体组织国际化经营的方针是,把国际市场看成是多个地域市场的简单相加,国际化经营战略也是各个地域单独战略的集合。在这种国际化经营战略的方针下,地域与地域之间的联结不是很密切,不但是市场,甚至连生产基地也要根据需要,以效率原则为指导,分散建立在世界各地。

这样的全球化经营战略的特点是,媒体组织能够细致入微地应对世界各国不同的需求,并且应对各种政治、文化和经济风险的能力也比较强。但是,这也会使媒体组织营销管理方面的成本上升。

第三,媒体组织可以采取一种在国际社会上被称为 GLOCAL 的战略。这是一种把前两种战略的优点进行结合的战略,在发达国家的很多行业都比较盛行。在这种国际化经营战略的指导下,媒体组织既要持有在全世界范围内相对统一的方针,又要兼顾地域和国家的不同需求。也就是说,媒体组织要在全球化的战略眼光下,形成具有自律性的多元化的国际化经营战略。例如探索频道传播公司为了在世界范围内持续获得成长,就必须考虑世界各地不同的文化背景,所以其打算为中国观众量身定做节目。但是为了满足中国观众的观赏口味,就要在策划制作等方面展开营销活动,特别是在对导演的选择上至关重要。为此,《探索》已经连续在中国开展了一系列新锐导演竞赛,以期能打造出符合其战略目标的内容。尽管如此,一些媒体组织,特别是从事新媒介业务的媒体组织之所以难以进入一些国家市场,重要的原因之一就是受到进入国的法律法规的限制。而进入更多的国际市场恰恰又是媒体组织发展壮大的必要条件。据媒体报道,Twitter 已经对网站技术进行改进,从而可以按国家对用户发布的消息进行审查。Twitter 认为,审查机制将确保更多的人能够使用 Twitter。Twitter 将对全球各个国家的法律进行研究。此前,当 Twitter 删除一条消息后,这条消息将彻底消失;而借助这项新的技术,当某些消息由于某些国家的法律规定而无法显示时,仍可以出现在其他地区。

GLOCAL 战略能够弥补上述两种战略的弊端,并且也能够发挥两种战略的长处。但是为了实现这种战略,媒体组织会在生产基地的建设、计划的执行等领域遇到很多难题。

案例研究

在世界舞台上演的太阳马戏

说到马戏团,人们总会产生喧闹欢乐的感觉。在驯兽师的指引下,狮子变得温驯听话,猩猩会做算术题,艺人口中喷吐出熊熊火焰,小丑们进行滑稽有趣的搞怪表演……然而,诞生于加拿大魁北克的太阳马戏团完全颠覆了人们对马戏的传统印象。走入那座蓝黄相间的城堡,你不禁会疑惑:这到底是一出没有动物的马戏,还是一出后现代的高科技歌剧?这里有魔幻的灯光、立体的音效、精致的布景、绚丽的舞台、奇特的装扮、不知道用什么语言吟唱出的歌曲……芭蕾、马戏、歌剧、杂技都被很好地编排在一幕幕故事中。这就是太阳马戏团(Cirque du Soleil)！这个全球最赚钱的马戏团，年销售额达6.5亿美元，并持续增长。这个案例曾被编入《蓝海战略》一书，它与"玲玲马戏团"竞争的故事被广为传颂，成为差异化营销最精彩的注脚。

然而，笔者认为，作为一个改变了行业的生存模式而被全球观众所争相追捧的马戏团，它无疑可以和可口可乐、好莱坞大片、麦当劳一样，成为全球化战略最出色的代表品牌之一。

太阳马戏团是一个国际公司。这不仅表现为它在全世界演出，同时也表现在员工的民族多样性上。太阳马戏团创立之初，其成员是73名加拿大街头艺人；经过近30年的发展，它现在拥有3800多位来自40个国家和民族的员工。

太阳马戏团的表演人才完全国际化，它每年定期到世界各地招募具有特殊才艺者，招募对象甚至包括参加过奥运会的运动员、声乐家、舞蹈家等。

毋庸置疑，太阳马戏团的核心产品是演出剧目。通常，马戏表演剧目随意性较强，表演内容单一，可替代性强。而太阳马戏团为了保证营收的最大化，以GLOCAL战略为核心，拥有两套剧目设计方案。一种是适用于巡回演出的全球化的通用产品，这类剧目通常拥有国际化的多元元素，只需提供场地便可以在世界各地上演。另一种则是在世界某些著名城市里进行驻地演出，开发具有唯一性的特色剧目。

目前，太阳马戏团共设计了八个全球性的巡回演出剧目，此类剧目拥有更强的国际化特色，取材广泛，表演元素力求展现无国界概念，并由总部直接管理。

Saltimbanco：以各种形式探索都市经历。

Corteo：一个小丑想象的节日流行队伍。

Varekai：歌颂流浪精神、马戏传统精神与艺术。

Dralion：将中国古代传统马戏和太阳马戏相结合的前卫表演方式。

Quidam：讲述一个年轻女孩的神奇经历。

Alegría：展现随时间推移而世代相传的权力、古代君主到现代民主的演变、迟暮与青春的故事。

Delirium：在越来越从现实中超脱的世界中寻求平衡的探索故事。

Kooza：讲述一个忧郁而孤僻的笨蛋在世界上寻找其容身之地的故事。

太阳马戏团分别在九个常驻地设计了九档不同的演出剧目，并采取相对独立的组织架构。如果你想看这九部作品中的某一部，就必须前往当地。这种像"分公司"一样的运作模式，保证了产品在世界范围内的唯一性。

Kà，仅在拉斯维加斯的米高梅酒店上演。

La Nouba，仅在奥兰多迪斯尼市镇上演。
Love，仅在拉斯维加斯的金殿大酒店上演。
Macau 2008，仅在澳门的威尼斯人饭店上演。
Mystère，仅在拉斯维加斯的金银岛饭店上演。
O，仅在拉斯维加斯的贝拉吉欧饭店上演。
Tokyo 2008，仅在日本东京剧院上演。
Wintuk，仅在纽约麦迪逊花园广场上演。
Zumanity，唯一的成人主题节目，仅在拉斯维加斯的纽约大酒店上演。

四、资源的转移战略

媒体组织一旦展开生产基地的国际化经营战略，资源的转移就会成为头等大事。媒体组织在考虑自身资源的国际化转移时，一般会从两个角度进行判断。

首先是选择和判断自身所拥有的资源的竞争力。媒体组织在海外进行媒介产品或服务的制作和发行时，肯定会遇到竞争对手。对于能够形成竞争优势的资源，媒体组织必须进行转移，以构筑营销管理体系，形成和强化竞争上的优势。对于无助于形成竞争优势的资源，就没有必要进行国际转移，在当地筹集即可。

比如，媒体组织在某地域和当地的媒体组织形成竞争关系，媒介产品或服务的生产制作成本成为决定竞争胜败的关键因素。这时，就需要媒体组织进行判断。如果内容的制作方法和理念至关重要，媒体组织就应该考虑把自己的教育和培训机制引入海外生产基地；如果生产和制作的营销管理体系至关重要，那么就需要考虑把自身的营销管理体系转移到海外生产基地。

众所周知，能为媒介产品或服务带来核心竞争力的是品牌和版权资源。这种资源在媒体的国际化经营战略中发挥着举足轻重的作用。很多媒体组织的国际化经营战略实际上就是对这种资源的转移战略。例如，创刊于1888年的美国《国家地理》杂志是一本具有全球影响力的杂志，其黄色边框已经成为世界著名的品牌标识。为拓宽市场以增加销售额，美国《国家地理》杂志走国际化发展道路，采取品牌扩张策略，向海外输出版权。此外，美国国家地理学会创办的子刊也纷纷进入其他国家的传媒市场。例如，在西班牙，旅行类杂志的市场竞争本来就极为激烈，可当杂志封面上出现"国家地理"字样时，《国家地理·旅行家》立刻从同类杂志中脱颖而出，成为该国最成功的旅游杂志。同时，《国家地理·旅行家》还与赫斯特、IDG两家公司合作，授权中国《时尚》杂志社出版了《时尚旅游》。为了维持各产品在品牌形象上的统一，《国家地理》杂志在和其他国家合作发行的杂志上都保留了黄色边框。

国内很多电视节目是通过购买国外的版权资源获得市场认可的，例如颇受欢迎的电视真人秀节目《中国达人秀》。在利用版权资源制作自己的节目时，一方面要学习国际先进的制作流程和理念，另一方面也要注重本土化的改造。《中国达人秀》脱胎于英国著名的节目模式公司弗莱蒙特(FremantleMedia)开发的同类节目。东方卫视在引入该节目模式时，不仅看中了该节目所传达的鼓励平凡人追逐梦想的理念与东方卫视主打的"梦想力量"的频道定位相契合，更看中了模式方所提供的版权服务。为了使该节目能够在中国成功制作播出，模式方弗莱蒙特公司向东方卫视提供了一本近百页的制作宝典，内容涵盖如何选择选手、主持人的功能、评委的角色定位、场景的搭建、机位灯光的布置、后期剪辑的要点等各项"工业化"制作流程，并从英国总部派遣专员前往上海，从前期策划到后期剪辑进行全方位的指导。东方卫视在学习先进节目制作模式的同时，结合中国观众的情感需求，突出"有故事的人"的选角理念，对节目模式进行了进一步的本土化改造，引起了观众的共鸣。从中也能看出，国际上的版权开发公司，不但输出版权资源，还同时输出制作技能资源。

其次是判断自身拥有的资源可进行转移的难易程度。在媒体组织所拥有的经营资源当中，有的资源进行转移的可能性比较大，而有的资源进行转移的可能性就比较小。比如资金和技术进行转移的可能性就比较大，甚至各种专业设备进行转移的可能性也比较大。只要有资金，什么样的设备都能够转移。但是，信息加工和制作理念方面的资源就很难进行转移。另外，媒体组织和利益相关者的合作关系(营销链条)也是媒体组织的经营资源，这些资源的转移也比较困难。

技术的转移分为多种情况，难以一概而论。技术资源包含几个方面。第一是具体的设备等硬件技术，其技术含量体现在设备的生产水平上。第二是软性的技能，包括运用设备的技能(人机关系)、人员与生产体系的合作关系(标准化生产)，以及生产体系内部的人际关系(职权和责任关系)等内容。

硬件技术是比较容易转移的，而软性技能的转移则是非常困难的，因为其和人类的生活习惯以及民族文化有密不可分的联系。可是，在媒体组织的媒介产品或服务的生产和制作过程中，软性技能是保证产品质量的重要因素，也是媒介产品或服务的竞争力的源泉，所以如果把媒介产品或服务的生产和制作技术看作是媒体组织的核心竞争力，就需要考虑如何对这些资源进行转移，并让其在海外发挥出应有的作用。事实上，因为中国的媒体组织大多还没有真正进入到国际化经营的阶段,还停留在和国外媒体组织合作的阶段,而国外的媒体组织在中国进行国际化经营的时间还比较短,也大都停留在资金和硬件技术的转移阶段,所以真正的软性技能的转移还没有开始。

虽然软性的技能资源不容易转移,但是媒体组织为了强化国际竞争力,不得不转移这些资源。媒体组织在转移这些资源的时候,有必要考虑如下的内容。

第一,重视生产过程的标准化和自动化。通过对生产和制作环节进行标准化设计,媒体组织就可以在很短的时间内让海外员工尽快熟悉和掌握生产体系。自动化是为了减少不必要的失误,使得不熟练的员工也能操作机械设备。

第二,在海外开展教育和研修活动。正是因为在媒体组织的生产和制作过程中,大量看不见的技能在发挥着巨大的作用,所以媒体组织就必须在海外的制作基地展开大规模的教育和研修活动,使得员工真正理解和掌握先进的媒介产品或服务的制作理念和营销管理体系的作用。如果媒体组织能做到这一点,那么其营销管理体系就有可能转移到制度和文化不同的国家,并发挥相应的作用。

第三,媒体组织应该持续地和海外基地进行交流和沟通,并且不间断地保持人员的交流和教育培训。之所以这样做,就是为了保证媒体组织的营销管理体系能够在海外基地持续地发挥作用。人都有惰性,并且随时都在经受海外文化的熏陶。即使在基地设立之初,通过教育和培训,员工们理解了媒体组织的经营理念,但在实际的工作过程中,理念会逐渐弱化甚至被环境完全同化,从而就会削弱营销管理体系的作用。所以,媒体组织要在适当的时机,不断地强化自己的经营理念。

五、均衡发展战略

包括资源转移在内的媒体组织的国际化经营活动,不但可能在国外遇到抵制,也有可能会承受来自国内的压力。媒体组织如果不能应对来自国内的压力,那么其国际化经营战略也一样很难成功。

媒体组织的国际化经营战略之所以会在国内遇到阻力,是因为这种国际化经营战略有可能带来国内相关行业雇佣水平的降低和技术能力的弱化。

我们已经知道,媒介领域的很多技能是在不停的生产和制作过程中被掌握和得到发展的,一旦某个国家的媒介行业开始实施大规模的国际化经营战略,不但有可能造成国内媒介行业就业规模的萎缩,更有可能带来生产和制作技能水平的下降,这是因为大量的工作内容已经转移到国外的生产基地去了,国内的员工没有足够的生产量用以维持自己的技能水平,也就更谈不上技能的增强了。这会带来如下危害:

从短期看,雇佣水平的降低会降低人们的生活水平,所以会引起人们的恐慌;从长期看,技术水平的降低是一件更可怕的事情。雇佣水平降低了,政府可以通过发放一定的政府补贴,或者鼓励其他有发展潜力的行业提高雇佣水平等手段来解决,而生产技术水平一旦降低则没有可以弥补的措施,所以其危害性就更大。

　　媒介行业的技术,包括两个层面的内容:一是媒介产品或服务的生产制造技术,一是和制造技术相关的基础技术和关联技术。

　　从媒介生产和媒介消费的必要性角度看,只要进口优秀的媒介产品或服务,也可以满足人民大众对媒介产品或服务的需求。实际上,在某种意义上说,媒介产品或服务的进口能够弥补没有生产制造技术的缺憾和影响。但是如果基础技术和关联技术对产业发展至关重要,则进口的方式不能解决任何问题,因为这些技术都是由人掌握的,只有"进口"那些拥有技术的人才,才能根本解决问题。然而,这当然不会这么简单。

　　对于进行国际化经营的媒体组织而言,避免雇佣水平降低的唯一方法就是不断进行创新,不是依靠政府长期的保护,而是依靠产业和行业创新保障就业水平。但是,我们在媒介创新领域却鲜有成果。例如,虽然汉字激光照排技术的发明,为中国的出版行业带来了一次技术上的革命,但是这类具有自主知识产权的发明或者创新在我国却非常少见。中国之所以很难开发出具有自主知识产权的媒介产品的摄制和播放机器(DVD机和摄像机),也很难研发出媒介信息的传递技术(手机的芯片技术和信号传递技术),主要的原因之一就是我们缺乏相关的基础技术和关联技术。有人认为,只要我们引进这些技术就能解决问题。但是,这么多年来我们一直在引进这类技术,可是为什么一直解决不了自主创新的问题呢?关键之处在于,这类技术是分散在众多的行业领域和企业组织当中的,要想从根本上解决这个问题,就要引进整个技术体系,这涉及媒介行业、家电行业、信息行业、网络行业、军工行业等领域的生产体系的引进,绝非易事。

　　中国的媒体组织并没有走到国际化经营的前沿,但却承受着国外媒体组织国际化经营的压力。伴随着中国传媒市场的开放和竞争势态的不断强化,中国的媒介行业会遇到前所未有的压力,这势必会影响行业就业水平。在中国的媒介行业内部存在着大量行业内失业现象,竞争的加剧必然会减少媒体组织的收益,所以中国媒体组织向外分流员工也将是一个不可逆转的事实。

　　如果认定技术、技能的维持与发展和媒介行业的发展有密切关联,那么媒体组织在实施国际化经营战略的过程中,就该考虑不要把生产和制作的全部环节转移到海外的生产基地。现在,各国的媒体组织都还在本国保留相当的力量和资源用以制作新闻内容,但在电影、动漫画等领域,为了追求效率和经济利益,媒体组织可能会把生产基地转移到最具有成本竞争力的地区,或者以 OEM 的方式把生产和制作环节转包给国外的公司,这种国际化经营方式就有可能导致国内行业技术水平的下降。

一旦媒体组织把生产基地全部转移到海外,那么在媒体组织需要这样的技术和技能的时候,就会遇到意想不到的困难,这甚至会威胁到媒体组织的生存。所以,媒体组织只有维持国内的生产制作基地,才能维持生产和制作的技术和技能,并且不断地开发出新的生产技术和技能,创造新的竞争力。另外,媒体组织通过在国内维持一定的生产和制作能力,也能够为提高雇佣水平作出一定的贡献。

无论如何,媒体组织在进行国际化经营战略的抉择过程中,不应该单纯地以生产成本为决策标准,而要充分考虑到国际化经营战略所带来的长期影响。

第三节　国际合作与中国传媒产业的国际化路径

近年来,中国经济一直保持高速增长,人民的收入水平也不断提高,因此人们在文化传媒产业领域的支出也一直在持续增长。受美欧等发达国家经济不景气并对其文化传媒产业产生影响,以及我国政府要大力发展文化产业等多重影响,国外文化传媒产业机构纷纷瞄准了中国市场,准备以各种方式进入中国。这对于中国的文化传媒产业而言,既是挑战又是机会。我们可以从国际合作中学到产业发展的经验,实现自己产业的升级,并最终具有国际竞争力。因此,我们有必要讨论一下我国的文化传媒产业参与国际合作的意义以及可能的发展路径。

一、国际合作的意义和效果分析

从产业经济的角度来讲,生产能力的增强,必将带来生产技术和劳动力的转移,其中包括各种资源在国内各个产业之间和国家之间的转移,其他业界乃至国外的资本进入我国传媒产业就是最典型的例子。

伴随着资本在国家间的流动,文化传媒产业的生产技术也会发生国际转移。当新的媒介产品或制作技术在发达国家被开发出来之后,国内的媒体组织可以通过支付相应的专利或版权费用,或通过合拍或技术合作等手段获得,这不但能够提高单个媒体组织的业绩,也能给其他媒体组织带来影响。也就是说,个别媒体组织的示范效应和从业人员在文化传媒产业间的流动,会让技术在相关产业和媒体组织间扩散,并直接或间接地提升整个文化传媒产业经济的效率。

另外,经营管理人员和技术人员等广义的文化传媒产业的劳动力资源也会伴随着资本的国际移动进行合作与交流,这自然也会对我国文化传媒产业或媒体组织的生产能力的提升,即劳动生产率的提升作出贡献。一般来讲,当资本在国际流动的时候,相关的经营管理人员和技术人员等在经济学层面被称为熟练劳动力的资源是必不可缺的。同样,非熟练劳动力资源也是一种宝贵的生产资源,因为从产业经济的层面上讲,非熟练劳动力资源只要其熟练水平不断提高,也会给产业的整体生产效率(质量和成本两个方面)带来积极的影响。

特别要指出的是,在资本、土地、劳动力等资源要素中,劳动力作为人才资源是各种技术和资本的载体,所以往往被看成是企业组织、产业和国家整体经济发展过程中的根本性资源。从这个意义上讲,一个国家的熟练劳动力越多,这个国家的经济就越发达。同样,文化传媒产业内的熟练劳动力(创意与管理人才等)资源越丰富,其经济效率就越高,国际竞争力也就越强。

一般来讲,参与国际合作会给本国的文化传媒产业带来如下影响:

第一,国际合作意味着成本分摊,也就是说双方的资本利润率可能会有所上升,这样会在资本市场上实现较好的业绩,并能降低后续项目的融资成本。

第二,参与国际合作能改善发达国家和我国之间产业贸易摩擦的问题。例如中外合拍电影意味着电影发达国家以前向我国出口电影产品,现在转变为出口电影资源(我国从文化产品贸易赤字变为资本贸易黑字),双方还可以一起向第三方国家出口电影产品。

第三,如果我国文化传媒产业的生产能力显著提升,媒介市场的竞争激烈程度会进一步强化,从而刺激产业制作水平逐渐提升,还能带来更多的媒介产品或服务的类型,这也就等于提高了媒介消费者的消费福利水平。

第四,在参与国际合作的过程中,最新的生产模式和营销管理模式会被引入,这不但能提高我国媒介产业的技术水准和经营管理能力,还能加深从业人员的技术熟练程度,实现劳动生产率的提升。

第五,参与国际合作能增加资本接受国的税收。由于相对的生产效率普遍低下,很多媒体组织要接受政府的财政援助才能生存。而伴随着国际合作的常态化而逐步实现的生产效率的提升,可能让文化传媒产业成为赢利行业,甚至成为某个地区的经济支柱性产业,为国家或地区提供税收支持。例如,北京市就宣布文化传媒产业是其支柱性产业之一。

现阶段,我国已经把发展文化传媒产业定位成未来经济发展的引擎之一。在这一政策引导下,资本和人才会纷纷进入这个产业。所以,资源的投入已经不是问题,而高素质人才的缺乏则成为制约文化传媒产业发展的首要问题。从理论上讲,参与国际合作是提高文化产业人才综合素质的最佳途径,只要持之以恒就会逐渐产生效果。

二、我国媒介产业参与国际合作面临的障碍

第一,中国文化传媒产业缺少熟悉全球市场的高级营销与管理人才,也缺少法律与财务方面的高端人才。文化传媒产业是创造性产业,涉及经济、艺术、技术等多个方面,而且每一个具体项目都包含着从项目定位、策划、创作到宣传发行等一系列环节,每个环节都有大量的专业人才参与。相关从业人员需要既了解市场又理解文化传媒艺术,既富有组织能力又善于沟通协调,以保证文化传媒产品或服务能够高效高质地生产和发行。例如,在成熟的电影和游戏产业中,制作人需懂得分析国际市场,并能在国际市场整合资本与人才等资源,以保证电影或游戏行业的投入资源能获得最大效益。

第二,中国缺少优秀的创意和编审人才。例如,好莱坞的剧本创作已经实现科学化、专业化,导演在影片制作前期和后期也有科学与专业化的分工,所有的一切都是为了保证电影的商业利益。而中国的编剧和导演普遍缺乏市场意识和成本概念,过于专注个人化的作品创作,所以其作品大多很难受到市场的认可。

第三,国内还存在各工种辅助人才综合素质不高的问题。最大的问题便是劳动生产效率低,这是国内业界长期无序的管理和低效落后的操作模式所造成的。和文化出版行业相比,影视产业的从业人员受教育水平较低,这会影响文化传媒产业实现高效率。

虽然中国文化传媒产业当中存在着诸多人才方面的问题,不过,在国际合作已经成为一个趋势的前提下,我们需要考虑的是如何让从业人员在国际合作中提升综合素质和技能,并避免让国际合作给中国的相关产业带来负面影响。在国际合作过程中,可能出现如下问题:

首先,国际合作是两种文化、两个市场的碰撞与融合,最常见的问题是因文化差异所带来的水土不服。从市场的角度来看,由于两个市场有着各自不同的文化心理和审美趋向,因此文化与传媒产品的策划和制作很难做到同时兼顾。许多西式幽默不符合中国人的思维方式,而很多中国传统文化又不为西方人所理解。因此,参与国际合作的媒体组织必须能找到两种文化的交融点,把握好人类的共通心理,这样才有可能获得更广大的市场,否则,两个市场都会丢失。或者,只能选择其中一个更重要的市场来开展主要工作。从策划和创作者的角度来看,文化差异导致东西方创作人员的观念难以对接,影响沟通效果和工作效率。

其次，中国内地文化传媒产业人士由于面临语言不通的问题加上不熟悉国际市场，所以在国际合作过程中往往愿意借助香港地区或者是欧美国家一些中间团队的力量。目前，中国的电影界是如此的状况，中国的广告界也有这一倾向。借助于中介，虽然可以在某种程度上解决沟通问题，但长此以往不仅会导致低效率，更会增加成本和风险。并且，从长期来看，我们会因此错过绝佳的学习和进步机会。

再次，很多国际合作并不是真正意义上的合作。例如，在电影领域，我们为来华拍摄的外国团队提供拍摄基地和设备，外国团队主导整个电影的制作、发行。即使我们提供了资金和演员，但如果我们不参与全部环节，虽然会获取短期利益，但从长远看则不利于培育市场。国外很多成熟的电影创作和制作人员、成熟的制作公司之所以会被吸引来华，看重的是中国的资金和票房空间，他们想要抢占中国市场。如果中国电影人仍旧沾沾自喜于上述伪合拍的利益，不但不能培养具有竞争力的人才，还等于把辛苦做大的市场拱手相让。不仅如此，这还会进一步影响到从业人员的就业水平，长此以往从业人员由于事实上的失业，综合能力会大大降低。

总而言之，参与国际合作只是一种手段，不是目的更不是结果，我们所要追求的是中国文化传媒产业人士整体专业素质的提升和整个产业国际竞争力的加强，从而实现国家产业经济结构转型的意图。

三、在国际合作中必须具备的理念

筹集生产资源，在国际化十分普遍的今天已经不是困难的问题了，只要有利润空间，资源的所有者自然会调整资源的投入方向。在未来我国文化传媒产业被看好的前提下，资本和劳动力资源会源源不断地从国内其他产业以及国外进入中国的文化传媒产业。既然文化传媒产业在本质上是人才密集型产业，所以要重视产业发展政策的有效性和可行性，并且通过培养人才最终实现产业效率的提高。

首先，产业发展要有长远的眼光。

高素质的人才之所以宝贵，就在于其难以培养，需要投入大量的金钱和时间。因此，中国的文化传媒产业要有学习意识和耐心，不要指望通过一两个项目的国际合作就能学到产业发展的精髓，要做好长期交学费的准备，逐渐提升从业人员的素质和策划与制作水平。国内的产业机构常常有急功近利的想法，总是想通过与国外合作获得国际市场并且尽快获得利润，而这种思维总会阻碍我们做出正确的决策。的确,每一个合作项目都应该追求利润的最大化,但是我们更应该制定长远的人才培养目标。

其次,政府主管部门要放弃传统思维和陈旧的考核指标。

目前,国内每年都在为电影年产量的增加和票房收入的刷新而庆祝。实际上,这是数量思维,不是质量思维。文化传媒产业的传统考核指标包括:电影的制作数量、出版物的数量、动漫的制作分钟数量、电视剧的集数。这和用GDP数据考核地方或部门的经济业绩是一样的做法。而经济领域的考核指标已经向全面综合效果转型,因此文化传媒产业也应该全面向产业综合质量指标靠拢。即使考核数量指标,也应该考核具体从业人员的人均产值、资本效益等。

另外,近年来国内媒介产业形成了大型国有媒体组织和小型民营企业并存的产业格局。在媒介产业参与国际合作的进程中,大型国有媒体组织要发挥带头作用,以国际合作项目带动整体产业效率的提升。由于发展的历史较短,近年来蓬勃兴起的民营公司虽然为文化传媒产业注入了新鲜血液,提供了众多的媒介产品与服务,丰富了人民的文化生活水平,但是其抗风险能力还是较弱的。而且一般而言,面向国际市场的合作往往要求巨大的资本存量,这也是民营公司难以做到的。

四、善用新媒介渠道助力国际化

在当今时代,媒体组织越来越小型化,那么就更应该学会利用新媒介渠道进入国际市场。我国文化传媒领域的创业者应该努力抓住平台开发商提供的机会,走向世界舞台。例如,微软为了和苹果以及安卓系统竞争,在移动应用领域快速进军全球市场,于2012年同时开始接受六个新地区的软件与游戏应用申请,其中就包括中国,开发者可以直接将应用程序提交给一个或全球市场。在所有六个新市场中,App Hub的开发者支持项目目前仅向中国提供。由此可以看出微软对中国市场的重视,也说明我们的应用软件开发者将会获得更多的机会。

实际上,如今我国的媒介消费者已经在充分利用各种新媒介手段消费国外的各类传媒产品或服务。新媒介渠道和传统媒介渠道最大的不同就是其在国际范围内是互联的,而媒介产品或服务的数字化又能让商流、金融流、信息流和物流合一。换句话说,媒介产品或内容完全可以在新媒介渠道上制作并被消费者消费。

更为重要的是,借助新媒介渠道,人们可以在世界范围内找到志同道合的人,这些人也会形成一个个具有相同特征的消费群体,媒体组织可以为他们提供相应的媒介产品或服务。而在传统媒介市场中,这些人不能相互联系,所以就不能形成规模市场。

总而言之,新媒介渠道为媒体组织提供了全世界范围内的制作资源和市场,这意味着媒体组织可以获得更多的创意源泉和更优秀的制作人才。借助新媒介渠道,媒体组织还可以把一些制作环节在全世界范围内分包,不但能够降低成本,还能获得更好的质量,并让组织规模变得更为小巧,同时利用精准的专业化特色在全世界范围内接受订单。从营销管理的角度看,媒体组织的抗风险能力将会大大增强。更为重要的是,新媒介渠道能为媒体组织找到更多的细分市场空间。就像长尾理论所提示的那样,即使每个国家的消费市场规模很小,但通过网络联系就能形成一个有效的市场规模,媒体组织可以借此实现生存和发展。

著者观点

产业发展要基于对现实清醒的认识

近年来,世界上很多国家针对中国的工农业产品采取了反倾销的措施。这实际上说明我们这些产业具有比较优势,产品在国际市场上具有很强的竞争力。但同时,我们在国内也能听到一些不同的声音,其大意就是中国的出口产品实际上是在为外国的企业创造价值。例如玩具产业,如果一个玩具在国外能卖10美金,我们也就只能赚取其中十分之一左右的价值,其他的9美金都让全球产业链上的外国合作者拿走了。按照这个逻辑,我们出口的产品越多,消耗的资源就越多,而且替外国人赚的钱就越多。也有媒体大量报道说:中国那些为苹果公司代工的企业只能赚取微不足道的加工费,利润率只有区区的2%左右,而且员工们还要忍受高强度的劳动和精神压力等,而苹果公司每销售一台设备就能赚取好几百美金。这两个例子要说明的观点是一样的。

实际上,所有的产业都在进行国际化分工,这是一个不可避免的趋势,而且我们也有理由相信随着国际化进程的逐步展开,中国的媒介产业必然会更加充分地融入国际分工合作。例如,从20世纪80年代开始,动画加工开始进入中国。国外的媒体组织或厂商看中的是中国"低价高质"的劳动力。很多中国动漫企业因为缺少原创性的内容和品牌,也乐得通过简单的加工活动赚取一定的加工费,从而将大量精力用于动漫产品的加工。目前,中国已经成为美国、日本等动漫大国的重要代工基地,替海外加工的动漫作品远远多于原创动漫作品。也就是说,我们虽然成了国外媒体组织的加工基地,但是我们的产业不能因此而获得高附加价值。如果套用上述观点,也许又会引导出压榨论。

虽然类似的观点或报道能吸引眼球,但过于强调压榨论对产业价值的提升并没有实质意义。如果我们为了保障自己的利益,停止为国外企业代工,也就是说我们斩断这个产业链,会有什么结果呢?外国的企业就只能自己生产,因为成本高所以其利润率就降低,但我们也因此失去了大量的就业机会,而且在产业聚集程度很高的今天,此举很有可能会让国内一些地区的经济状况出现严重的问题。

就在我们抱怨我们的产业替外国人赚钱的时候,外国的媒体组织乃至政治界人士也有另外的忧虑。例如,美国的政治家和一些学者开始担心美国的苹果公司把制造环节转移到中国,会让美国人失去大量的就业机会,从而威胁到美国中产阶层的利益。

从长期视角来看,我们和美国人的担忧都有一定的片面性,但的确也代表了现在各自产业面临的问题。从目前的情况看,在产业经济国际化的今天,我们占有劳动力成本低廉的优势,所以能占据产业链中端的制造环节,而最具价值的前端策划、创意产业以及后端销售产业等环节都在国外。而在传媒产品或服务领域的国际产业链中,可能除了动漫的制作加工这个特殊行业以外,我们连中间的制造环节都没有普遍的竞争力。

对于中国的文化传媒或者内容创意产业而言,我们该做的不是抱怨我们获取的比较少,而是要争取在国际合作产业链上获取更多。参与国际产业链并获得较少的回报是一个必经的历史阶段,重要的是要通过政策制定、产业升级以及对员工的培训尽快缩短这个历史阶段,或者直接并购发达国家的产业部门,使得我们的企业组织从产业链的中端环节快速进入到前后端,在国际社会获取更多的经济利益。例如我们在为外国加工动漫产品的同时,如果能努力学习和吸收国外媒体组织的创作理念,创作自己的原创作品和品牌,中国动漫与国际动漫间的差距就会缩小。当然我们也应该清醒地认识到,媒介产品或服务的核心价值在于创意。我们并不缺少加工人才,而缺少创意人才,所以我们有必要改进教育体制和教育理念。

另外,国内的文化传媒产业人员必须引起注意的是:文化传媒或者内容创意产业本身具有二元属性。一个是文化传媒自身的产业链,如影视文化类产品自身的产业链(策划创意—生产制作—市场发行—进入渠道),另一个就是和其他产业的结合,成为其产业链前端的环节之一,获取相应的经济价值。文化传媒产业的从业人员要有脱离自身行业界限束缚的能力,具备更广阔的视野,在从国际产业链获取更多经济回报的同时,努力把自己打造成其他产业链的前端部分,用自己的策划创意和设计为其他产业带来附加价值,并参与分成。

至此为止,我们已经对媒体组织的营销活动及相应的营销管理战略进行了全面而系统的论述。这些战略若想获得成功则需要媒体组织内部的经营管理战略对其进行支撑。

一般来讲,媒体组织内部的经营管理战略可以分为组织构造战略、人力资源战略、激励战略、计划和控制战略、组织文化战略和领导战略等内容。这些战略内容也都是相互关联、相互影响的。比如,组织构造战略中的相关内容会影响人力资源战略的形成,而人力资源战略又势必会影响激励战略的设计,同时一个好的激励战略又是在组织文化战略的影响下才能发挥预期作用,而能够产生正面激励作用的组织文化战略又是在领导战略的影响下形成的,同时所有战略的实施都离不开计划和控制体系的监督和引导。

总而言之,媒体组织的营销管理战略是一项复杂的战略系统工程。因此,媒体组织只有实现媒介营销管理和组织经营管理战略的平衡,才能更好地生存和发展,也才能使得我国的媒介行业整体实现全面合理的发展,并最终具有国际竞争力。

战略思考训练

1. 媒体组织为何要进行国际化营销管理活动?当今,中国媒体组织的国际化战略表现如何?请举出具体的例子。

2. 国外的媒体组织大都是利用何种方式进入我国的?我国对国外媒体组织进入我国市场普遍采取的政策是什么?

3. 媒体报道说:"毫无疑问,随着中国银幕数量的飞速增加,中国引进片所产生的票房占全球票房的比重将越来越大。截至2010年年底,中国的银幕数为6000多块。《阿凡达》的中国票房尽管高居全球第二,但所占全球票房的比重却只有8%。而截至2011年年底,中国的银幕数已经超过9000块,增长幅度约50%。于是,2011年的大量引进片在这里大卖,中国票房占全球票房的比重一路飙升。可以预计的是,当中国的银幕数达到两万块、三万块甚至更多的时候,中国市场将有实力与美国本土市场抗衡。"请针对此报道谈谈你的观点。

4. 路透社报道称,原本富士康准备在巴西投资120亿美元,生产iPad等产品。但由于税收减免问题谈判进展不顺,加上巴西存在产业结构问题,比如缺少熟练技工、缺少政府资源等,富士康的投资项目可能搁浅。试分析为何富士康要到巴西建厂?文章中提到的一些问题,在你看来核心内容是什么?

5. 2011年秋季,iPhone 5爽约了苹果新品发布会。一位苹果公司内部人士告诉记者,由于受到大地震的影响,日本一家为苹果手机提供软件服务的公司仪器受损,目前依然没有恢复到震前水平,导致苹果新款手机的稳定性受到影响。为了保障消费者的使用体验,iPhone 5不得不推迟发布。这则消息意味着什么?据此尝试分析苹果公司的生产战略。

6. 中国已经成为为国际社会进行动画加工制作的基地。对此,有专家采取了批判的态度。对此你怎么看?通过调研分析中国动画产业的发展状况,并阐述你对中国动画产业发展的建议。

7. 在每年必不可少的大型春节联欢晚会之外,北京电视台还连续几年举办了环球春晚和网络春晚等大型节目。请对电视台举办的此类活动(或其他媒体的类似活动)进行细致分析,并探讨其效果如何。

8. 近年来,来华展开国际化战略的媒体组织纷纷遭到败绩,其中不乏国际著名的媒体集团。对近年来国际媒体组织的在华战略模式进行细致分析,并尝试找出是什么原因让这些在国际社会取得成功的媒体组织在中国很难成功。

9. 新媒介技术的发展对媒体组织的国际化战略会带来什么样的影响?尝试举一个例子进行全面而细致的分析,并尝试探讨中国的媒体组织应该如何利用新媒介平台展开有效的国际化战略。

10. 近年来,一些媒体组织开始尝试并购买发达国家的媒体机构。请对此现象进行细致的调查,并在此基础上提出我国媒体组织与国外传媒企业合作方面的建议。

11. 2011年,温州网率先在意大利、法国等地开通了手机报服务。请从营销学的视角对温州网的该战略进行细致的分析,并探讨其赢利的可能性。

12. 新华社旗下的"中国新华电视"作为一个新的股份公司于2012年春正式在香港资本市场亮相。由此,新华社海外电视事业的发展将获得国际资本市场平台的支持,而且上级领导也希望中国新华新闻电视网公司(CNC)能发展成有竞争力、影响力的现代国际知名传媒企业。请对该公司的发展状况进行分析。

13. 国外媒体曾经撰文指出,华为虽然在美国网络设备市场的业务开拓进展不顺,但该公司的智能手机产品却以低廉的价格赢得了美国低收入家庭的青睐,成功跻身美国十大智能手机品牌之列,觅得了适合自己发展的细分市场。请对近年来中国媒介与电信产业界的企业组织实施的国际化战略进行考察并作出评价。

14. 有研究机构的报道指出:2012年最具价值的中国品牌50强的总价值达

到 3250 亿美元,已经超过中国 GDP 的 5%。中国在加入 WTO 十年后,荣登 BrandZ 全球最具价值品牌百强榜的品牌数达到 12 个,这个数量已经远远超过日本品牌在全球榜单中的数量。围绕媒介产业如何更好地帮助中国品牌走向国际,提出你的观点或建议。

15. 请用简单的文字对本章内容进行归纳总结。

致　谢

《媒介营销管理》初版面世后，得到了广大传媒界学子和业界人士的认可，并且能够多次重印，实在是令人非常荣幸，在此衷心地感谢广大读者的厚爱。本书还被评为北京市精品教材，这既是一种值得欣慰的荣誉，也是一种鞭策我继续努力的动力。

笔者在构思《媒介营销管理》的过程中，就考虑要把经济学和营销学乃至管理学的理论框架与媒介产业进行深度融合，为读者提供全新的思维和解决问题的框架，因为如果没有理论基础，媒介产业组织所实施的营销和管理活动就会缺乏前瞻性，而只顾眼前的利益，无法更好地有效利用资源。这是一个艰苦的尝试。但幸好有北大出版社周丽锦和谢佳丽两位女士及其团队的大力支持和帮助，并且在得到两位女士的许多中肯的建议后得以完成。今天，《媒介营销管理》能够以修订版(第二版)的方式再次和广大读者见面，也完全是周丽锦和谢佳丽两位女士的功劳，在此致以深深的敬意。

感谢我所在学校的领导、同事和那些可爱的学生们。在良好的工作和研究环境中上课和研究已经成为我每天必不可少的生活情景。也正是这些才使得我坚持到了今天，是他们让我感受到大学教师"传道授业和解惑"的快乐和责任。而且我也坚信，这份快乐和责任会伴随我今后的人生。

在修订本书的过程中，我依然得到了传媒学界和业界人士的鼎力帮助，那些真知灼见都在本书里有所体现。本书也参考了许多领域研究者的研究成果。因为篇幅的关系，在此不能一一列举这些业内外专家和研究者的名字，谨表示衷心的感谢。

张　宏
二〇一二年春·北京